suhrkamp taschenbuch
wissenschaft 597

Die vorliegende Ausgabe ist text- und seitenidentisch mit der 1983 erschienenen revidierten und erweiterten Fassung von *Wider den Methodenzwang*. Eine erste gedruckte Fassung erschien 1975 unter dem Titel *Against Method. Outline of an Anarchistic Theory of Knowledge* im Verlag New Left Books. Für die 1976 in der Reihe *Theorie* des Suhrkamp Verlags erschienene Fassung unter dem Titel *Wider den Methodenzwang. Skizze einer anarchistischen Erkenntnistheorie* hat Paul Feyerabend den englischen Text revidiert und erweitert. Die von Hermann Vetter übersetzte Textfassung wurde anschließend von Paul Feyerabend für die Neuausgabe von 1983 gekürzt, ergänzt und zum Teil umgeschrieben.

Paul Feyerabend (1924-1994) studierte Philosophie, Astronomie und Physik und lehrte u.a. in Berkeley, Kalifornien, und an der ETH Zürich. Von Paul Feyerabend sind im Suhrkamp Verlag erschienen: *Briefe an einen Freund* (es 1946); *Erkenntnis für freie Menschen* (es 1011); *Irrwege der Vernunft*; *Wissenschaft als Kunst* (es 1231); *Zeitverschwendung* (st 2722); *Naturphilosophie* (2009).

Paul Feyerabend

Wider den Methodenzwang

Suhrkamp

Die vorliegende Taschenbuchausgabe ist text- und seitenidentisch mit der 1983 erschienenen revidierten und erweiterten Fassung von *Wider den Methodenzwang*. Eine erste gedruckte Fassung erschien 1975 unter dem Titel *Against Method. Outline of an Anarchistic Theory of Knowledge* im Verlag New Left Books. Für die 1976 in der Reihe *Theorie* des Suhrkamp Verlags erschienene Fassung unter dem Titel *Wider den Methodenzwang. Skizze einer anarchistischen Erkenntnistheorie* hat Paul Feyerabend den englischen Text revidiert und erweitert. Die Übersetzung wurde von Hermann Vetter besorgt. Diesen Vetterschen Text hat Paul Feyerabend für die Neuausgabe von 1983 teils gekürzt, teils ergänzt, teils umgeschrieben.

17. Auflage 2024

Erste Auflage 1986
suhrkamp taschenbuch wissenschaft 597

Umschlag nach Entwürfen von
Willy Fleckhaus und Rolf Staudt
Druck und Bindung: C. H. Beck, Nördlingen
Printed in Germany
ISBN 978-3-518-28197-0

www.suhrkamp.de

Inhalt

Vorbemerkung des Übersetzers zur Zitierweise

Anstelle der zahlreichen Verweise »op. cit.« des Verfassers wurde jeweils ein Hinweis auf die Stelle mit der vollständigen Literaturangabe eingesetzt, und zwar in der Form /2^3/ für Kap. 2, Anm. 3.

Vorwort

Im Jahre 1970 zog mich Imre Lakatos, einer der besten Freunde, die ich je besessen habe, zur Seite und sagte mir: »Paul«, sagte er, »du hast doch so komische Ideen. Warum schreibst du sie nicht nieder, ich schreibe eine Antwort, wir publizieren die Sache und haben einen Heidenspaß.« Der Vorschlag gefiel mir und ich machte mich an die Arbeit. Das Manuskript meines Teils des geplanten Buches war im Jahre 1972 beendet und ich schickte es nach London. Dort verschwand es auf geheimnisvolle Weise. Imre Lakatos, der dramatische Gesten liebte, verständigte die Interpol, und in der Tat, die Interpol fand mein Manuskript und schickte es an mich zurück. Ich las es noch einmal und schrieb es zum großen Teil um. Im Februar des Jahres 1974, nur einige Wochen nachdem ich meine Revision beendet hatte, starb Imre Lakatos. Ich habe dann meinen Teil ohne seine Antwort publiziert.

Diese Entstehungsgeschichte erklärt die Form des Buches. Das Buch ist kein systematischer Traktat, es ist ein Brief an einen Freund und geht dabei auf die Eigentümlichkeiten des Adressaten ein. Zum Beispiel: Imre Lakatos war ein Rationalist, also spielt der Rationalismus im Buch eine große Rolle. Imre Lakatos bewunderte auch Popper, darum kommt Popper viel öfter vor, als es seiner »objektiven Bedeutung« entspricht. Imre Lakatos nannte mich, in etwas scherzhafter Weise, einen Anarchisten, darum stelle ich mich selber als einen Anarchisten vor. Imre Lakatos war ein Freund der Ironie, und darum machte ich von der Ironie häufigen Gebrauch. Zum Beispiel ist das Ende von Kapitel 1 ganz ironisch gemeint; denn *anything goes* ist nicht *mein* Grundsatz – ich glaube nicht, daß man »Grundsätze« unabhängig von konkreten Forschungsproblemen aufstellen und diskutieren kann, und solche Grundsätze ändern sich von einem Fall zum anderen –, sondern der erschreckte Ausruf eines Rationalisten, der sich die von mir zusammengetragene Evidenz etwas genauer ansieht. Bei der Lektüre der vielen ernsthaften und gründlichen Kritiken, die mir nach Publikation der englischen Fassung ins Haus flatterten, dachte ich oft mit Wehmut an meine Diskussionen mit Lakatos: wie hätten wir beide doch gelacht, wäre es uns vergönnt gewesen, diese Kritiken zusammen zu studieren.

Die neue Fassung unterscheidet sich von der des Jahres 1975 durch Kürzungen, stilistische Änderungen, Einschübe und drei völlig neue Kapitel. Die politischen Anwendungen sind jetzt zur Gänze in *Erkenntnis für freie Menschen* (Suhrkamp 1980) zu finden. Weiteres (und älteres Material) zu den Problemen findet der Leser in den beiden Bänden meiner *Philosophical Papers*, Cambridge 1981, sowie in den (etwas anders gestalteten) *Ausgewählten Schriften*, 2 Bde., Vieweg 1980, 1981. Anwendungen auf die Kunst sind zu finden in *Wissenschaft als Kunst*, 1983. Noch einmal betone ich, daß die im Buch vorgetragenen Auffassungen nicht neu sind – für Physiker wie Mach, Boltzmann, Einstein, Bohr waren sie eine Selbstverständlichkeit. Aber die Ideen dieser großen Denker wurden von den Nagetieren des Wiener Kreises und den sie wieder benagenden kritisch-rationalistischen Nagetieren bis zur Unkenntlichkeit entstellt. Imre Lakatos war einer der wenigen Denker, die diese Diskrepanz bemerkten und durch die Entwicklung einer sehr viel komplexeren Rationalitätstheorie beseitigen wollte. Ich glaube nicht, daß ihm das gelungen ist. Aber die Anstrengung war der Mühe wert und hat zu vielen interessanten Ergebnissen geführt. Ihm widme ich daher auch diese, leider schon etwas weniger ironische, Fassung meines vereinsamten Teils unserer gemeinsamen Arbeit.

Meilen, August 1982

Einleitung

> Ordnung ist heutzutage meistens dort,
> wo nichts ist.
> Es ist eine Mangelerscheinung.
>
> *Brecht*

Vernunft und Wissenschaft gehen oft verschiedene Wege. Ein heiterer Anarchismus ist auch menschenfreundlicher und eher geeignet, zum Fortschritt anzuregen, als »Gesetz- und-Ordnungs«-Konzeptionen.

Der vorliegende Essay wurde in der Überzeugung geschrieben, daß der *Anarchismus* vielleicht nicht gerade die anziehendste *politische* Philosophie ist, aber gewiß eine ausgezeichnete Arznei für die *Wissenschaften* und die *Philosophie.*
Der Grund dafür ist nicht schwer zu finden.
»Die Geschichte im allgemeinen und die Geschichte der Revolutionen im besonderen ist stets inhaltsreicher, mannigfaltiger, vielseitiger, lebendiger, ›vertrackter‹«, als sich der beste Historiker und der beste Methodologe vorstellen können.[1] Die Geschichte ist voll von »Zufällen, Verbindungen und merkwürdigen Kollisionen von Ereignissen«[2] und zeigt uns »die Kompliziertheit der menschlichen Entwicklung und die Unvoraussagbarkeit der letzten Folgen irgendeiner menschlichen Handlung oder Entscheidung«.[3] Sollen wir wirklich

1 »Die Geschichte im allgemeinen und die Geschichte der Revolutionen im besonderen ist stets inhaltreicher, mannigfaltiger, vielseitiger, lebendiger, ›vertrackter‹, als die besten Parteien, die klassenbewußtesten Avantgarden der fortgeschrittensten Klassen es sich vorstellen.« W. I. Lenin, »Der linke Radikalismus, die Kinderkrankheit im Kommunismus«, Abschnitt 10 (»Schlußfolgerungen«); *Werke,* Bd. 31, Dietz, Berlin 1966, S. 82 f. Lenin wendet sich an Parteien und revolutionäre Avantgarden, nicht an Wissenschaftler und Methodologen, doch die Lektion ist die gleiche. Vgl. Anm. 5 zu diesem Kapitel.

2 Herbert Butterfield, *The Whig Interpretation of History,* New York 1965, S. 66.

3 Ebenda, S. 21.

glauben, daß die naiven und biederen Regeln, von denen sich viele Philosophen und auch viele Wissenschaftler leiten lassen, ein solches »Labyrinth von Wechselwirkungen«[4] auflösen können? Und liegt es nicht auf der Hand, daß eine erfolgreiche *Teilnahme* an einem solchen Vorgang nur einem rücksichtslosen Opportunisten möglich ist, der an keine bestimmte Philosophie gebunden ist und jede gerade geeignet erscheinende Methode anwendet?
Zu diesem Schluß sind in der Tat kluge und nachdenkliche Beobachter gelangt. »[Aus dieser Eigenart des Geschichtsablaufs] ergeben sich zwei sehr wichtige praktische Schlußfolgerungen«, schreibt Lenin[5] im Anschluß an die soeben zitierte Stelle. »Erstens, daß die revolutionäre Klasse [d. h. die Klasse derer, die entweder einen Teil der Gesellschaft, wie etwa die Wissenschaft, oder die Gesellschaft als Ganzes verändern wollen], wenn sie ihre Aufgabe erfüllen will, es verstehen muß,

4 Ebenda, S. 25. Vgl. Hegel, »Philosophie der Geschichte«, *Werke*, Bd. 9, Hg. Eduard Gans, Berlin 1837, S. 9 (*Werke*, Bd. 11, Frommann, Stuttgart, S. 31): »Was die Erfahrung aber und die Geschichte lehren, ist dieses, daß Völker und Regierungen niemals etwas aus der Geschichte gelernt und nach Lehren, die aus derselben zu ziehen gewesen wären, gehandelt haben. Jede Zeit hat so eigentümliche Umstände, ist ein so individueller Zustand, daß in ihm aus ihm selbst entschieden werden muß, und allein entschieden werden kann.« – »Sehr klug!«, »NB« schreibt Lenin als Randbemerkung dazu. (*Philosophische Hefte*, Dietz, Berlin 1971 [auch *Werke*, Bd. 38], S. 297.)

5 Ebenda (vgl. Anm. 1), S. 83. Man erkennt hier sehr gut, wie durch ein paar Ersetzungen eine politische Lektion zu einer Lektion für die *Methodologie* wird. Das ist keineswegs überraschend. Methodologie und Politik sind beide Mittel, um die Geschichte von einem Stadium ins nächste zu bringen. Während nun die besten Politiker die Launenhaftigkeit des geschichtlichen Wandels durchaus erkennen und daher im Laufe ihrer Tätigkeit ständig neue Verfahrensweisen zu erfinden suchen, wollen die Methodologen jeden Fall nach den gleichen Grundregeln behandeln. Man erkennt auch, daß ein Mensch wie Lenin, der sich nicht durch herkömmliche Begrenzungen einschüchtern läßt und nicht in den Geleisen einer Berufsideologie denkt, nützliche Ratschläge an jedermann geben kann, auch an Wissenschaftstheoretiker. Die Idee einer elastischen und historisch verstandenen Methodologie war übrigens im 19. Jahrhundert eine Selbstverständlichkeit. So schreibt Ernst Mach in *Erkenntnis und Irrtum*, Neudruck Wissenschaftliche Buchgesellschaft 1980, Seite 200: »Man hört

alle Formen oder Seiten der gesellschaftlichen Tätigkeit ohne die geringste Ausnahme zu beherrschen [sie muß nicht nur eine bestimmte Methodologie verstehen und anwenden können, sondern jedwede, und jede vorstellbare Abwandlung davon] . . .; zweitens, daß die revolutionäre Klasse gerüstet sein muß, aufs schnellste und unerwartetste von der einen Form zur anderen überzugehen.« »Die äußeren Bedingungen«, schreibt Einstein[6], »die für [den Wissenschaftler] durch die Erfahrungstatsachen gegeben sind, gestatten es ihm nicht, sich beim Aufbau seines Weltbildes zu stark durch die Bindung an ein erkenntnistheoretisches System einschränken zu lassen. Daher muß er dem systematischen Erkenntnistheoretiker als eine Art bedenkenloser Opportunist erscheinen . . .« Ein komplexer Gegenstand, der überraschende und unvorhergesehene Entwicklungen enthält, erfordert komplexe Methoden und entzieht sich der Analyse aufgrund von Regeln, die im vorhinein und ohne Rücksicht auf die ständig wechselnden geschichtlichen Verhältnisse aufgestellt worden sind.

Nun kann man natürlich die Verhältnisse, unter denen der Wissenschaftler arbeitet, simplifizieren, indem man die Hauptakteure simplifiziert. Die Geschichte der Wissenschaft besteht ja nicht bloß aus Tatsachen und Schlüssen aus Tatsachen. Sie enthält auch Ideen, Deutungen von Tatsachen, Probleme, die aus widerstreitenden Deutungen entstehen, Fehler und anderes mehr. Bei genauerer Untersuchung stellt sich sogar heraus, daß die Wissenschaft überhaupt keine »nackten Tatsachen« kennt, sondern daß alle »Tatsachen«, die in unsere

oft sagen, das Forschen könne nicht gelehrt werden. Das ist auch in gewissem Sinne richtig. Die Schablonen der *formalen* und auch der *induktiven* Logik können nicht viel nützen, denn die intellektuellen Situationen wiederholen sich nicht genau. Aber die Beispiele großer Forscher sind sehr anregend.« Sie sind anregend nicht darum, weil man Regeln von ihnen abstrahieren und dann automatisch auf neue Fälle anwenden kann, sondern weil eine Beschäftigung mit ihnen den Geist auf neue Dinge vorbereitet und zum Erfinden neuer Regeln befähigt. Zu Mach vgl. auch Kap. 5 und 6, Bd. 2 meiner *Philosophical Papers*, Cambridge 1981.

6 In: *Albert Einstein: Philosopher Scientist*, Hg. P. A. Schilpp, New York 1951, S. 683 f.

Erkenntnis eingehen, bereits auf bestimmte Weise gesehen und daher wesentlich ideell sind. Und damit ist die Geschichte der Wissenschaft so komplex, chaotisch, voll von Fehlern und so unterhaltend wie die in ihr enthaltenen Ideen, und diese wiederum sind so komplex, chaotisch, voll von Fehlern und so unterhaltend wie das Bewußtsein derer, die sie erfinden. Umgekehrt macht ein wenig Gehirnwäsche die Geschichte der Wissenschaft sehr viel flacher, simpler, einförmiger, »objektiver« und strengen, unveränderlichen Regeln zugänglicher.
Die wissenschaftliche Ausbildung, wie wir sie heute kennen, hat genau dieses Ziel. Sie simplifiziert die »Wissenschaft«, indem sie die Akteure simplifiziert. Zunächst wird ein Forschungsgebiet festgelegt. Es wird von der übrigen Geschichte abgetrennt (die Physik zum Beispiel von der Metaphysik und der Theologie) und mit einer eigenen »Logik« ausgestattet. Eine gründliche Ausbildung in einer solchen »Logik« bestimmt dann das Arbeiten auf dem Gebiet; es vereinheitlicht die *Handlungen* und bringt auch große Teile des *Geschichtsablaufs* zum Stillstand. Feststehende »Tatsachen« bilden und erhalten sich, trotz der Wechselfälle der Geschichte. Ein wesentlicher Bestandteil der Ausbildung, die solche Tatsachen entstehen läßt, ist die Bändigung und oft die völlige Kastration von Institutionen, die zu einer Verwischung der Grenzen führen könnten. Jemandes Religion etwa, oder seine Metaphysik, oder sein Humor (sein *natürlicher*, nicht der anerzogene und stets eher abstoßende Humor der Spezialberufe) dürfen mit seiner wissenschaftlichen Tätigkeit nicht das geringste zu tun haben. Die Einbildungskraft wird eingeschränkt, selbst die Sprache eines Menschen ist nicht mehr seine eigene.[7] Das wiederum spiegelt sich in der Eigenart wissenschaftlicher »Tatsachen«, die als unabhängig von Meinung, Glauben und kulturellen Bedingungen empfunden werden.

7 Zur Sprachverderbnis, die auf jede Zunahme des Professionalismus folgt, siehe meinen Aufsatz »Experts in a Free Society«, in: »*The Critic*, November/Dezember 1970, ebenso Anm. 13 zu »Against Method«, in: *Minnesota Studies in the Philosophy of Science*, Bd. 4, Minneapolis 1970. Ausgezeichnete Analysen des Stils von Experten finden sich bei G. Or-

Man *kann* also eine Tradition schaffen, die durch strenge Regeln zusammengehalten wird und die auch einen gewissen Erfolg hat. Ist es aber *wünschenswert*, eine solche Tradition zu unterstützen und alles andere auszuschließen? Soll man ihr das Alleinvertretungsrecht auf dem Gebiet der Erkenntnis einräumen, so daß jedes Ergebnis, das nach anderen Methoden gewonnen wurde, von vornherein gar nicht als Konkurrenz zugelassen wird? Diese Frage möchte ich im vorliegenden Essay stellen. Und meine Antwort ist ein festes und vernehmliches NEIN.

Eine solche Antwort erscheint aus zwei Gründen als angemessen. Der erste: die Welt, die wir erforschen möchten, ist etwas weitgehend Unbekanntes. Daher müssen wir uns offenhalten, dürfen uns nicht im voraus beschränken. Erkenntnistheoretische Vorschriften glänzen vielleicht im Vergleich mit anderen erkenntnistheoretischen Vorschriften oder mit allgemeinen Grundsätzen – aber wer kann gewährleisten, daß sie die beste Methode sind, nicht bloß ein paar isolierte »Tatsachen« zu entdecken, sondern auch tiefliegende Naturgeheimnisse? Der zweite Grund: eine wissenschaftliche Ausbildung wie die oben skizzierte (wie sie an unseren Hochschulen betrieben wird) ist menschenfeindlich. Sie widerstreitet »der Förderung der Individualität, die allein wohlentwickelte Menschen erzeugt, erzeugen kann«[8]; sie »erdrückt, wie den Fuß einer Chinesin, jeden herausragenden Teil der menschlichen Natur, der der Persönlichkeit Profil verleihen könnte«[9] gegenüber den Vernünftigkeitsidealen, die in der Wissenschaft oder Wissenschaftstheorie gerade Mode sind. Wenn man also die Freiheit ausweiten, ein erfülltes und befriedigendes Leben führen will, wenn man zusätzlich noch die Geheimnisse der Natur und des

well, »Politics and the English Language«, *Selected Essays*, Penguin Books, 1957, S. 143 ff., sowie im Anhang zu *1984;* bei Mao Tse-tung, »Oppose Stereotyped Party Writing« (»Gegen die stereotype Parteiliteratur«), *Selected Works*, Bd. 3, Peking 1965; sowie bei Norman Mailer, *Of a Fire on the Moon*, New York 1968, Kap. 3.

8 John Stuart Mill, »On Liberty«, in: *The Philosophy of John Stuart Mill*, Hg. Marshall Cohen, New York 1961, S. 258.

9 Ebenda, S. 265.

Menschen aufdecken möchte, dann muß man alle umfassenden Maßstäbe und alle starren Traditionen verwerfen.
Die verdummende Wirkung der »Gesetze der Vernunft« oder der wissenschaftlichen Praxis wird von Berufsanarchisten überraschend selten unter die Lupe genommen. Berufsanarchisten widersetzen sich jeglicher Einschränkung und fordern die freie Entfaltung des Individuums ohne Behinderung durch Gesetze, Pflichten oder Verpflichtungen. Und doch nehmen sie ohne Widerspruch die strengen Regeln hin, die Wissenschaftler und Logiker der Forschung und jeder Art erkenntnisvermehrender und -verändernder Tätigkeit auferlegen. Manchmal werden die Gesetze der wissenschaftlichen Methode oder das, was ein bestimmter Autor dafür hält, geradezu in den Anarchismus selbst einbezogen. »Der Anarchismus ist eine Weltvorstellung, die sich auf die mechanische Erklärung aller Erscheinungen gründet«, schreibt Kropotkin.[10] »Seine Untersuchungsmethode ist die der exakten Naturwissenschaften ... die Methode der Induktion und Deduktion.« »Es steht gar nicht fest«, schreibt ein »radikaler« Professor an der Columbia-Universität[11], »daß die wissenschaftliche Forschung absolute Rede- und Diskussionsfreiheit verlangt. Vielmehr deutet die Erfahrung darauf hin, daß bestimmte Arten der Unfreiheit der Wissenschaft keine Hindernisse in den Weg legen ...«

10 Peter Alexejewitsch Kropotkin, »Moderne Wissenschaft und Anarchismus«, in: *Kropotkin's Revolutionary Pamphlets*, Hg. R. W. Baldwin, New York 1970, S. 150–152. »Es ist eine von Ibsens hervorragenden Eigenschaften, daß für ihn einzig die Wissenschaft Geltung hatte.« B. Shaw, *Back to Methuselah*, New York 1921, XCVII. Über diese und ähnliche Erscheinungen äußert sich Strindberg (»Antibarbarus«): »Eine Generation, die den Mut hatte, sich von Gott loszusagen, Staat und Kirche zu zerschmettern, Gesellschaft und Moral umzustürzen, fiel vor der Wissenschaft immer noch auf die Knie. Und in der Wissenschaft, in der Freiheit herrschen sollte, hieß die Parole: Glaube an die Autoritäten oder Kopf ab.«

11 R. P. Wolff, *The Poverty of Liberalism*, Boston 1968, S. 15. Eine ausführlichere Kritik an Wolff findet sich in Anmerkung 52 zu meinem Aufsatz »Against Method«, in: *Minnesota Studies in the Philosophy of Science*, Bd. 4, Minneapolis 1970.

Gewiß gibt es Leute, für die das »nicht feststeht«. Beginnen wir also mit der Skizze einer Methodologie, die unsere Erkenntnis nicht zu einer Zwangsjacke, sondern zu einer Hilfe für die freie Entwicklung aller Menschen macht, oder, wie sich ein überzeugter Rationalist ausdrücken würde, beginnen wir mit der Darlegung der »Elemente eines theoretischen Anarchismus«. Es gibt keinen Anlaß zu der Befürchtung, daß ein solcher »Anarchismus« zum Chaos führen muß. Dazu ist das menschliche Nervensystem zu hochorganisiert.[12] Es kann natürlich eine Zeit kommen, etwa ein Krieg, in dem das Verhalten der Menschen viel mehr eingeschränkt werden muß – aber das ist eine Notlage. Tritt eine solche Notlage auf – und leider befinden wir uns sehr nahe daran, in einen Atomkrieg verwikkelt zu werden –, dann ist sie nicht das Ergebnis der Unvernunft, sondern der genau berechnenden strategischen Vernunft der wissenschaftlichen Ratgeber kriegführender Nationen. Was wiederum nur zeigt, wie unvernünftig die Vernunft vieler zeitgenössischer »Rationalisten« ist.

12 Selbst in unbestimmten und mehrdeutigen Situationen kommt es rasch zu einheitlichem Handeln, an dem zäh festgehalten wird. Siehe Muzafer Sherif, *The Psychology of Social Norms*, New York 1964.

1

Das wird sowohl durch eine Untersuchung historischer Episoden als auch eine abstrakte Analyse des Verhältnisses von Denken und Handeln gezeigt. Der einzige allgemeine Grundsatz, der den Fortschritt nicht behindert, lautet: Anything goes.

Die Idee einer Methode, die feste, unveränderliche und verbindliche Grundsätze für das Betreiben von Wissenschaft enthält und die es uns ermöglicht, den Begriff »Wissenschaft« mit bescheidenem, konkretem Gehalt zu versehen, stößt auf erhebliche Schwierigkeiten, wenn ihr die Ergebnisse der historischen Forschung gegenübergestellt werden. Dann zeigt sich nämlich, daß es keine einzige Regel gibt, so einleuchtend und erkenntnistheoretisch wohlverankert sie auch sein mag, die nicht zu irgendeiner Zeit verletzt worden wäre. Es wird deutlich, daß solche Verletzungen nicht Zufall sind; sie entstehen nicht aus mangelndem Wissen oder vermeidbarer Nachlässigkeit. Im Gegenteil, man erkennt, daß sie für den Fortschritt notwendig sind. Einer der auffälligsten Züge der neueren Diskussionen in der Wissenschaftsgeschichte und Wissenschaftstheorie ist ja die Erkenntnis, daß Ereignisse und Entwicklungen wie etwa die Erfindung der Atomtheorie im Altertum, die Kopernikanische Revolution, der Aufstieg der modernen Atomtheorie (kinetische Theorie, Dispersionstheorie, Stereochemie, Quantentheorie), das allmähliche Entstehen der Wellentheorie des Lichts nur deshalb stattfanden, weil einige Denker sich entweder *entschlossen*, nicht an gewisse »selbstverständliche« methodologische Regeln gebunden zu sein, oder weil sie solche Regeln *unbewußt* verletzten.

Diese liberale Praxis, ich wiederhole es, ist nicht bloß eine *Tatsache* der Wissenschaftsgeschichte. Sie ist sowohl vernünftig als auch *schlechthin notwendig* für den Erkenntnisfortschritt. Genauer, man kann folgendes zeigen: Zu jeder Regel, sei sie noch so »grundlegend« oder »notwendig« für die Wissenschaft, gibt es Umstände, unter denen es angezeigt ist, die Regel nicht nur zu mißachten, sondern ihrem Gegenteil zu folgen. Beispielsweise gibt es Umstände, unter denen es angezeigt ist, ad-hoc-Hypothesen einzuführen, auszubauen und zu verteidigen; oder Hypothesen, die gut bestätigten und allgemein anerkannten experimentellen Ergebnissen widersprechen; oder Hypothesen, deren Gehalt geringer ist als der einer bestehenden und mit der Erfahrung übereinstimmenden anderen Hypothese; oder widerspruchsvolle Hypothesen; und so weiter.[1]

Es gibt sogar Umstände – und sie treten recht häufig ein –, unter denen die *Argumentation* ihre Vorwärtsgerichtetheit verliert und zum Hindernis des Fortschritts wird. Niemand würde behaupten, die Belehrung *kleiner Kinder* sei ausschließ-

1 Einer der wenigen Denker, die diese Eigenschaft der Entwicklung der Erkenntnis verstanden haben, war Niels Bohr: ». . . er versuchte nie, ein fertiges Bild zu entwerfen, sondern durchlief geduldig alle Phasen der Entwicklung eines Problems, ging von einer scheinbaren Paradoxie aus und gelangte allmählich zur Lösung. Man kann sagen, er betrachtete erzielte Ergebnisse stets nur als Ausgangspunkte für weiteres Forschen. Wenn er über die Möglichkeiten eines Untersuchungsansatzes nachdachte, schob er die üblichen Gesichtspunkte der Einfachheit, Eleganz, ja selbst der Widerspruchsfreiheit mit der Bemerkung beiseite, solche Qualitäten könnten erst *hinterher* [Hervorhebung von mir] richtig beurteilt werden . . .« L. Rosenfeld in: *Niels Bohr. His Life and Work as seen by his Friends and Colleagues,* Hg. S. Rosental, New York 1967, S. 117. Nun ist die Wissenschaft nie abgeschlossen, daher befinden wir uns immer »vorher«. Also sind Einfachheit, Eleganz oder Widerspruchsfreiheit *niemals* notwendige Bedingungen der (wissenschaftlichen) Praxis.

Solche Betrachtungen werden gewöhnlich mit dem kindischen Hinweis kritisiert, aus einem Widerspruch folge jede beliebige Aussage. Das stimmt – aber nur in den stark vereinfachten Modellen, die unsere Logiker entwickelt haben. Auf die Wissenschaft angewendet, führen diese Modelle in der Tat zu absurden Folgerungen. Das zeigt, daß sie für das Verständnis der Wissenschaft unbrauchbar sind, und *nicht,* daß die Wissenschaft verändert werden müßte. Eine solche Forderung wäre nur dann gerechtfertigt, wenn sich zeigen ließe, daß eine logisch desinfizierte Wissenschaft mehr Entdeckungen macht als jenes komplizierte, feingesponnene, halbintuitive und stets widerspruchsvolle Gebilde, das wir heute vor uns haben. Ein Blick auf die Logikbücher macht es klar, in welcher Richtung die Antwort zu suchen ist.

lich eine Sache der Argumentation (obwohl diese in sie eingehen sollte, und zwar in größerem Umfang als üblich), und fast jedermann erkennt heute an, daß das, was wie ein Ergebnis der Vernunft aussieht – die Beherrschung der Sprache, das Vorhandensein einer reich gegliederten Wahrnehmungswelt, die Fähigkeit zur Anwendung der Logik –, teils auf Einübung und teils auf einen *Entwicklungsvorgang* zurückzuführen ist, der mit naturgesetzlicher Macht abläuft. Und wo Argumente doch eine Wirkung zu haben scheinen, da liegt es öfter an ihrer *physischen Wiederholung* als an ihrem *semantischen Gehalt*.
Hat man einmal so viel zugestanden, so muß man auch die Möglichkeit nicht argumentbedingter Entwicklungen beim *Erwachsenen* wie auch bei den (theoretischen Teilen der) *Institutionen* wie Wissenschaft, Religion, Prostitution usw. zugeben. Man kann sicher nicht einfach davon ausgehen, daß etwas, das einem kleinen Kind möglich ist – die Aneignung neuer Verhaltensweisen beim geringsten Anlaß, das Hinübergleiten in sie ohne merkliche Anstrengung –, dem Erwachsenen unmöglich sein sollte. Vielmehr sollte man erwarten, daß katastrophenhafte Veränderungen der physischen Umwelt, Kriege, der Zusammenbruch umfassender Moralsysteme, politische Revolutionen auch die Verhaltenssysteme Erwachsener verändern, wichtige Argumentationsformen eingeschlossen. Ein solcher Wandel kann wiederum ein rein natürlicher Vorgang sein, und die einzige Funktion der vernünftigen Argumentation könnte darin bestehen, die geistige Spannung zu erhöhen, die dem Verhaltensschub vorangeht *und ihn verursacht*.

Wenn es nun Ereignisse gibt, die *bewirken*, daß wir neue Grundsätze – darunter neue und kompliziertere Argumentationsformen – annehmen, müssen dann nicht die Verteidiger des Status quo nicht bloß Gegenargumente, sondern auch entgegenwirkende *Ursachen* liefern? (»Tugend ohne Schrecken ist wirkungslos«, sagt Robespierre.) Und wenn es sich herausstellt, daß die alten Argumentationsformen zu schwache Ursachen sind, müssen dann nicht jene Verteidiger entweder aufgeben oder zu stärkeren und mehr »irrationalen« Mitteln Zuflucht nehmen? (Es ist äußerst schwierig, vielleicht überhaupt unmöglich, den Wirkungen einer Gehirnwäsche mit Argumenten entgegenzutreten.) Auch der puritanischste Rationalist wird dann gezwungen sein, mit dem Denken aufzuhören und *Propaganda* und *Zwang* anzuwenden, nicht weil seine *Gründe* nicht mehr gültig wären, sondern weil die *psychologischen Bedingungen* nicht mehr bestehen, die ihnen Wirkung und Einfluß auf andere verleihen. Und was hilft ein Argument, das die Leute kalt läßt?

Natürlich stellt sich das Problem nie genau in dieser Form. Das Lehren von Grundsätzen und ihre Verteidigung besteht nie bloß darin, daß man sie dem Lernenden vorstellt und möglichst *klarmacht*. Die Grundsätze sollen auch möglichst große *kausale Wirksamkeit* besitzen. Das macht die Unterscheidung zwischen der *logischen Kraft* und der *materiellen Wirkung* eines Arguments äußerst schwierig. Ganz wie ein gut dressiertes Haustier seinem Herrn gehorcht, wie verwirrt es auch immer sein mag, genauso gehorcht ein gut dressierter Rationalist dem Vorstellungsbild *seines* Herrn, er hält sich an die Grundsätze des Argumentierens, die *er* gelernt hat, und zwar auch dann, wenn er sich in der größten Verwirrung befindet, und er kann überhaupt nicht erkennen, daß das, was er als »die Stimme der Vernunft« ansieht, nichts anderes ist als eine *kausale Nachwirkung* seines Trainings. Es kommt ihm nicht in den Sinn, daß die Berufung auf die Vernunft, der er sich so bereitwillig unterwirft, ganz einfach ein *politisches Manöver* ist.

Daß Interessen, Macht, Propaganda und Gehirnwäschemethoden in der Entwicklung der Erkenntnis und der Wissenschaft eine viel größere Rolle spielen, als allgemein angenommen wird, das läßt sich auch an einer Analyse des *Verhältnisses von Denken und Handeln* erkennen. Es wird oft für selbstverständlich gehalten, daß ein klares und deutliches Verständnis neuer Ideen ihrer Formulierung und Institutionalisierung vorangeht und vorangehen sollte. (Eine Untersuchung beginnt mit einem Problem, sagt Popper.) *Zuerst* hat man einen Gedanken oder ein Problem, *dann* handelt man, d. h. redet, baut oder zerstört. Doch so entwickeln sich gewiß nicht kleine Kinder. Sie gebrauchen Wörter, verbinden sie, spielen mit ihnen, bis sie eine Bedeutung erfassen, die ihnen bisher unzugänglich war. Und die anfängliche spielerische Tätigkeit ist eine wesentliche Voraussetzung für das schließliche Verstehen. Es gibt keinen Grund, warum dieser Mechanismus beim Erwachsenen nicht mehr arbeiten sollte. Es ist beispielsweise zu erwarten, daß die *Idee* der Freiheit erst im Verlauf jener Handlungen klar wird, die nötig sind, um die Freiheit zu *schaffen*. Die Schaffung eines *Gegenstands* und die Schaffung und das vollständige Verständnis einer *richtigen Vorstellung* von dem Gegenstand *gehören sehr oft zu ein und demselben unteilbaren Vorgang* und lassen sich nicht trennen, ohne diesen zu unterbrechen. Der Vorgang selbst wird von keinem wohldefinierten Programm geleitet, denn er enthält die Bedingungen für die Verwirklichung möglicher Programme. Er wird vielmehr von einem unbestimmten Drang geleitet, einer »Leidenschaft« (Kierkegaard). Aus ihr entspringt ein bestimmtes Verhalten, das wiederum die Umstände und die Ideen hervorbringt, die für die Analyse und Erklärung des Vorgangs nötig sind, also nötig sind, um ihn »rational« zu machen.[2]

2 Ich kann nicht glauben, daß Ereignisse wie die Französische Revolution »*im vollen Bewußtsein* der Menschen- und Bürgerrechte« geschehen sein sollen, wie sich Wilhelm von Humboldt ausdrückt (zit. nach Gooch, *Germany and the French Revolution*, London 1960, S. 109), oder daß die Kopernikanische Revolution im vollen Bewußtsein ihrer Folgen, ja auch nur der Bedeutung der in ihrem Verlauf gemachten Aussagen erfolgt sein sollte. In allen diesen Fällen schafft das zufällige Zusammentreffen verhältnismäßig unabhängiger Ereignisse eine Struktur, die den Ereignissen erst lange nach ihrem Eintreten eine Bedeutung verleiht und das Verständnis ermöglicht, das anfangs fehlte. *Das Verstehen kommt immer erst nach dem Ereignis* und ist kaum je eine der Ursachen seines Eintretens.
Im Falle der Entwicklung des Individuums wurde dies sehr klar von J. St. Mill beschrieben (»Autobiography«, zit. nach: *Essential Works of John Stuart Mill*, Hg. Lerner, New York 1965, S. 21). Über die Erklärungen seines Vaters zu logischen Fragen schreibt er: »Die Erklärungen machten mir damals die Sache keineswegs durchsichtig; doch sie waren darum nicht nutzlos; sie blieben *ein Kristallisationskern für meine Beobachtungen und Überlegungen;* die Bedeutung seiner allgemeinen Bemerkungen erschloß sich mir an den Einzelfällen, auf die ich *erst später* stieß.« (Hervorhebungen von mir) Ähnlich stellt Hegel fest: »Es ist damit der-

Die Entwicklung des Kopernikanischen Standpunktes von Galilei bis ins 20. Jahrhundert ist ein gutes Beispiel für die Situation, die ich beschreiben möchte. Man beginnt mit einem starken Glauben, der der Vernunft und der Erfahrung der Zeit zuwiderläuft. Der Glaube breitet sich aus und findet Stützen in anderen Anschauungen, die ebenso unvernünftig oder noch unvernünftiger sind (Trägheitsgesetz, Fernrohr). Die Forschung wird jetzt in neue Richtungen gelenkt, man baut neue Instrumente, setzt »Daten« in neue Beziehungen zu den Theorien, bis eine Ideologie zustande kommt, die reich genug

selbe Fall wie mit anderen Vorstellungen und Begriffen, deren Verstehen gleichfalls mit einer unverstandenen Kenntnis anfängt.« (»Gymnasialreden«, zit. nach K. Löwith und J. Riedel [Hg.], *Hegel, Studienausgabe*, Bd. I, Frankfurt 1968, S. 54; vgl. *Logik* 1, 39-40.)
Bei der Entwicklung der Arten stellt man fest, daß die Ausbildung des Gehirns nicht immer den anatomischen und Verhaltenseigenschaften vorausgeht, die mit der Intelligenz verbunden sind. Mit dem Australopithecus wurde ein Wesen entdeckt, das ein Affengehirn und gleichzeitig fast menschliche Zähne, Haltung und möglicherweise auch Verhaltensweisen besaß. Eine solche Kombination »wurde von früheren Spekulationen nicht vorausgesehen« (George Simpson und andere, *Life: An Introduction to College Biology*, New York 1957, S. 793), nach denen das Gehirn für die übrigen menschlichen Eigenschaften maßgebend war und nicht umgekehrt: der Mensch nahm den aufrechten Gang an und begann seine Hände zu gebrauchen, weil ihn sein Gehirn dazu veranlaßte. Im Gegensatz dazu müssen wir nun zugeben, daß eine neue Haltung, die neue Aufgaben mit sich bringt, das dafür nötige Gehirn »schaffen« kann (dies war im Grunde der Inhalt von Engels' Vermutung über die Funktion der Hand bei der Menschwerdung unserer affenähnlichen Vorfahren).
Es scheint auch, daß gewisse Züge der Frühkultur wie die Domestikation von Haustieren und der Ackerbau keine Problemlösungsversuche waren, sondern daß »der Mensch spielerisch und unabsichtlich auf ihren praktischen Nutzen kam«. F. Alexander, *Fundamentals of Psychoanalysis*, New York 1948, S. 113; vgl. auch G. Roheim, *The Origin and Function of Culture*, New York 1943, S. 40–47, zur Entstehung des menschlichen Wirtschaftens und sein Buch *Psychoanalysis and Anthropology*, New York 1950, S. 437, zu den Gründen dafür, warum sich Eltern um ihre Kinder kümmern. Die Hypothese wird dadurch gestützt, daß die Wolle der Schafe, die überschüssige Milch bei Kühen, die große Menge der Eier des Geflügels *Folgen* der Domestikation sind, also nicht Gründe für sie gewesen sein können. Hahn, *Die Haustiere in ihrer Beziehung zur Gesellschaft des Menschen*, Leipzig 1896, S. 79, 154, 300, meint, die Menschen

ist, um unabhängige Argumente für jeden ihrer Teile bereitzustellen, und beweglich genug, um solche Argumente jederzeit bei Bedarf zu finden. Heute kann man sagen, daß Galilei auf einem engen Gebiet der Erkenntnis, nämlich dem der Bewegungslehre, auf der richtigen Spur war, denn seine hartnäckige Verfolgung einer zunächst als völlig abwegig erscheinenden Kosmologie hat inzwischen das notwendige Material zu ihrer Verteidigung gegenüber all denen herbeigeschafft, die einer Auffassung nur dann zustimmen, wenn sie in bestimmter Art vorgebracht wird, und die ihr nur dann Vertrauen entgegen-

hätten Geflügel zunächst als Wachtiere oder für Hahnenkämpfe gehalten – was beides keine wirtschaftlichen Beweggründe sind. Er meint auch, der Frühmensch sei ein Müßiggänger gewesen, der nutzbringende Arbeit als Zeitvertreib und nicht mit ernsthafter, problemorientierter Absicht geleistet habe (was angesichts neuerer Entdeckungen über die wirtschaftlichen Verhältnisse in der älteren Steinzeit eine durchaus einleuchtende Vermutung ist). Q. H. Schultz schreibt in S. L. Washburn (Hg.), *Social Life of Early Man,* Chicago 1961, S. 63: »Es war für den Frühmenschen keine umwälzende Neuerung, mit den Händen Stangen oder Knüppel als Verteidigungswaffen aufzunehmen, die die fehlenden großen Zähne ersetzen sollten. Fast jeder in Gefangenschaft gehaltene Makake schleppt mit Begeisterung neue Gegenstände in seinem Käfig herum, und Menschenaffen können sich *stundenlang* mit einer Decke oder einem Eimer *beschäftigen,* die sie nicht kampflos aus der Hand geben.« (Hervorhebung von mir) Es ist interessant, daß diese Abfolge der Ereignisse gleich in den ersten geistigen Produkten der Menschheit umgekehrt wird. Man setzt entweder einen göttlichen Erfinder oder eine Problemsituation, in der einem hervorragenden Menschen eine hervorragende Lösung einfällt. Der moderne Rationalismus hält an einem wesentlichen Teil dieses Märchens fest und liefert damit Stereotypen statt einer zutreffenden Analyse. »Die den späteren Generationen überlieferten Bilder von Autoren«, schreibt darüber Ilja Ehrenburg (*People and Life, Memoirs of 1891-1917,* London 1961, S. 8), »sind formalisiert und manchmal völlig wahrheitswidrig ... Man spricht manchmal von der ›Erstürmung der Bastille‹, obwohl in Wirklichkeit niemand die Bastille erstürmt hat – der 11. Juli 1789 war lediglich eine Episode in der Französischen Revolution; das Volk von Paris drang ohne Mühe in das Gefängnis ein und fand dort nur ganz wenige Häftlinge. Doch gerade die Einnahme der Bastille wurde zum nationalen Feiertag der Revolution.« (Man vergleiche damit die Hervorhebung entscheidender Daten in der Wissenschaftsgeschichte.) Über die erstaunlichen Unterschiede zwischen standardisierten Versionen und den »wirklichen Ereignissen« siehe Georges Pernoud und Sabine Flaissier, *The French Revolu-*

bringen, wenn sie bestimmte magische Formeln, sogenannte »Beobachtungsaussagen«, enthält. Und das ist keine Ausnahme – es ist der Normalfall: Theorien werden klar und »vernünftig«, erst *nachdem* inkohärente Bruchstücke von ihnen lange Zeit hindurch verwendet worden sind. Ein solches unvernünftiges, unsinniges, unmethodisches Vorspiel erweist

tion, New York 1960. Heinrich von Kleist beweist großes Verständnis für die Grundvorgänge, die später zu einem »historischen Ereignis« werden. Er schreibt (»Über die allmähliche Verfertigung der Gedanken beim Reden«, zit. nach Hans Mayer, Hg., *Meisterwerke deutscher Literaturkritik,* Stuttgart 1962, S. 743): »Ich glaube, daß mancher große Redner in dem Augenblick, da er den Mund aufmachte, noch nicht wußte, was er sagen würde. Aber die Überzeugung, daß er die ihm nötige Gedankenfülle schon aus den Umständen und der daraus resultierenden Erregung seines Gemüts schöpfen würde, machte ihn dreist genug, den Anfang auf gutes Glück hin zu setzen. Mir fällt jener ›Donnerkeil‹ des Mirabeau ein, mit welchem er den Zeremonienmeister abfertigte, der nach Aufhebung der letzten monarchischen Sitzung des Königs am 23. Juni, in welcher dieser den Ständen auseinanderzugehen anbefohlen hatte, in den Sitzungssaal, in welchem die Stände noch verweilten, zurückkehrte und sie befragte, ob sie den Befehl des Königs vernommen hätten? ›Ja‹, antwortete Mirabeau, ›wir haben des Königs Befehl vernommen‹ – ich bin gewiß, daß er bei diesem humanen Anfang noch nicht an die Bajonette dachte, mit welchen er schloß: ›Ja, mein Herr‹, wiederholte er, ›wir haben ihn vernommen‹ – man sieht, daß er noch gar nicht recht weiß, was er will. ›Doch was berechtigt Sie‹ – fuhr er fort, und nun plötzlich geht ihm ein Quell ungeheurer Vorstellung auf – ›uns hier Befehle anzudeuten? Wir sind die Repräsentanten der Nation.‹ – Das war es, was er brauchte! ›Die Nation gibt Befehle und empfängt keine‹ – um sich gleich auf den Gipfel der Vermessenheit zu schwingen. ›Und damit ich mich Ihnen ganz deutlich erkläre‹ – und erst jetzo findet er, was den ganzen Widerstand, zu welchem seine Seele gerüstet dasteht, ausdrückt: ›so sagen Sie Ihrem Könige, daß wir unsere Plätze anders nicht als auf die Gewalt der Bajonette verlassen werden‹ – worauf er sich selbstzufrieden auf seinen Stuhl niedersetzte.« Unter den Philosophen beweist nur Kierkegaard ein ähnliches Verständnis dessen, was manche »vernunftgeleitetes Handeln« zu nennen belieben (aber man darf auch Kant nicht vergessen).

Für die Politik (und Religion) geht aus dem Gesagten die Notwendigkeit des Handelns (der Massen) neben der Doktrin (der Partei) hervor, auch wenn diese eindeutige und völlig klare Verfahrensanweisungen enthalten sollte. Denn solche Regeln mögen im Vergleich zu anderen Regeln klar und vollständig erscheinen, doch angesichts der sich immerfort wandelnden Vielfalt der gesellschaftlichen (der geistigen) Verhältnisse sind sie nur

sich also als unerläßliche Vorbedingung der Klarheit und des empirischen Erfolgs.[3]

Wenn man nun derartige Entwicklungen in allgemeiner Form beschreiben und verstehen will, dann muß man sich natürlich der vorhandenen Sprachformen bedienen, die ihnen nicht entsprechen und die verbogen, mißbraucht, gewaltsam umge-

allzu unzulänglich. Auch bedarf jede Deutung als Ergebnis früherer Tätigkeit weiterer Klärung durch weitere Tätigkeit. In der Physik ist die Lage dieselbe. Der Formalismus der elementaren Quantentheorie, so wie er heute vorliegt, ist ein Monstrum von Schönheit und Präzision. Doch es ist sehr schwierig, eine Versuchsanordnung anzugeben, mit der auch nur die einfachste physikalische Größe gemessen werden kann. Hier muß man sich nach wie vor auf das Korrespondenzprinzip stützen.

3 Ein weiteres Beispiel ist die Geschichte des Glaubens an Hexerei und Umgang mit Teufeln vom 13. bis zum 17. Jahrhundert, dessen greifbarste praktische Folgen, die Hexenverfolgungen, gleichzeitig mit dem Aufstieg der modernen Wissenschaft stattfanden. Kepler mußte seine Mutter gegen die Anklage der Hexerei verteidigen; Descartes verwendet die Ereignisse in Loudun (die Ken Russell in seinem vulgären Film »The Devils« verhunzt hat) in seiner Erörterung der Skepsis (der böse Dämon). Rationalisten wie Lecky, Buckle oder Dean White erklären die Erscheinung entweder mit Vorurteil oder mit nackter Gewalt: sie verschwindet, wenn sich Denken und Beobachtung darauf richten. Nach dieser Erklärung ist nur schwer zu verstehen, wie der Glaube überhaupt aufkommen konnte: soll man annehmen, mittelalterliche Denker wie Augustinus und Thomas, die beide fest von der Existenz teuflischer Einflüsse überzeugt waren, seien blind und töricht gewesen und plötzlich im 17. Jahrhundert seien die Menschen sehend und vernünftig geworden? Die Theorie von Vorurteil und Gewalt erklärt auch nicht die *Einzelzüge* der Erscheinung. Es gab alle möglichen Vorurteile; warum erlangte *dieses besondere* Vorurteil im 15. und 16. Jahrhundert so großen Einfluß? Gleiches gilt für eine andere Theorie, die bei fast allen liberal-rationalistischen Kommentatoren beliebt ist: Die Inquisitoren holten Bestätigungen für ihre Auffassungen aus ihren Opfern mittels der Folter heraus (offenbar sagt der Mensch, der ja vernünftig ist, Unvernünftiges nur unter Folterqualen). Denn warum stellten die Inquisitoren bestimmte Fragen und keine anderen? Stand hinter diesen Fragen vielleicht ein vernünftiger Grund? Die Antwort ist ein ganz nachdrückliches Ja. Es gab auf vielen verschiedenen Gebieten eine große Menge merkwürdiger Erscheinungen (in der Geschichte, Soziologie, Psychologie, ja selbst in der Astronomie und Physik), die auf den Einfluß nichtphysikalischer intelligenter Wesen hinzudeuten schienen. Schon im späten Altertum hatte man diese Erscheinungen durch Geister erklärt. Die Aristotelische Philosophie brachte im 13. Jahrhundert eine systemati-

formt werden müssen, um auf unvorhergesehene Situationen zu passen (ohne ständigen Sprachmißbrauch keine Entdekkung und kein Fortschritt). »Weiter: da die herkömmlichen Kategorien das Evangelium des Alltagsdenkens (einschließlich des gewöhnlichen wissenschaftlichen Denkens) und der Alltagspraxis sind, liefert [ein solcher Verstehensversuch] faktisch Regeln und Formen falschen Denkens und Handelns – und zwar falschen vom Standpunkt des (wissenschaftlichen) All-

schere Formulierung dieser Annahme und eine sehr starke Erhöhung ihrer Erklärungskraft. Jetzt konnte man Dinge *verstehen,* die vorher verwirrend und erschreckend gewesen waren. *Dieses intellektuelle Verstehen, das sich auf höchst eindrucksvolles Beweismaterial stützen konnte, führte zu der Vorstellung von einem Kampf zwischen bösen Geistern und den Menschen und zu Maßnahmen, die zum Siege in diesem Kampf führen sollten.* Das alles wird von den rationalistischen Historikern verkannt, die Argumente preisen, aber sie nur dann anerkennen, wenn sie zu den von ihnen bevorzugten Folgerungen führen. Wenn das nun die richtige Darstellung der Verhältnisse ist – und Forschungen, denen ich mich in den letzten zwölf Jahren gewidmet habe, zeigen es –, dann war der »Rationalismus« *außerstande,* dem Hexenwahn ohne weitere Hilfe Einhalt zu gebieten. Dazu bedurfte es nicht der »Kritik« oder der »Beobachtung«, *sondern einer Veränderung des Bewußtseins,* eines anderen Glaubens, und dieser Glauben mußte trotz widersprechender Beobachtungen, Gefühle und Vernunftgründe eingeführt und aufgebaut werden.
Diese Auffassung vertritt übrigens auch Hugh Trevor-Roper in seinem ausgezeichneten Essay *The European Witch Craze,* New York 1969. Er schreibt (S. 181): »Keine bloße ›Skepsis‹, kein bloßer ›Rationalismus‹ hätte die alte Kosmologie beseitigen können.« »Es bedurfte eines anderen Glaubens . . .« Trotz zahlreicher kritischer Argumente »blieb die intellektuelle Grundlage des Hexenwahns während des ganzen 17. Jahrhunderts unerschüttert. Kein Kritiker war über die Argumente von Weyer hinausgekommen; keiner hatte den Kern des Mythos angegriffen . . .« (S. 160 f.). Die intellektuellen Gegenangriffe scheiterten nicht einfach an der Unvernunft der Hexengläubigen, sondern daran, daß die Grundannahmen der Hexentheorie »empirisch bestätigt« waren (S. 191), daß sie »ihre eigenen Bestätigungen« hervorbrachten (S. 166), ganz wie die heutigen Experimente und ihre standardisierten Deutungen nur ganz bestimmte Daten aufkommen lassen. Die Sachlage wird höchst prägnant zusammengefaßt von George Lincoln Burr in seinem Brief an A. D. White, einen Rationalisten an der Cornell-Universität (zit. nach: *George Lincoln Burr, his Life and Selected Writings,* New York 1943: »Nach meiner Auffassung – und hier unterscheide ich mich stark von Buckle und Lecky . . . – hat nicht die Wissenschaft oder die Vernunft auf vielen Gebieten der Unmenschlichkeit

tagsverstands aus.«[4] So entsteht das *dialektische Denken* als eine Denkform, die »die Bestimmungen des Verstands in Nichts auflöst«[5], eingeschlossen die formale Logik.
(Es sei übrigens darauf verwiesen, daß mein häufiger Gebrauch von Wörtern wie »Fortschritt«, »Verbesserung« usw. nicht bedeutet, daß ich ein besonderes Wissen darüber zu besitzen behauptete, was in den Wissenschaften gut und was schlecht ist, und dieses Wissen meinen Lesern oktroyieren möchte. *Jeder kann die Ausdrücke auf seine Art verstehen* und gemäß der Tradition, der er angehört. Für einen Empiristen bedeutet also »Fortschritt« den Übergang zu einer Theorie, die unmittelbare empirische Prüfungen für die meisten ihrer Grundannahmen ermöglicht. Einige halten die Quantentheorie für eine solche Theorie. Für andere könnte »Fortschritt« Vereinheitlichung und Harmonie bedeuten, möglicherweise sogar auf Kosten der empirischen Stimmigkeit. So sah Einstein die allgemeine Relativitätstheorie. *Und meine These ist, daß der theoretische Anarchismus zum Fortschritt in jedem Sinne beiträgt, den man sich aussuchen mag.* Selbst eine »Gesetz- und Ordnungs«-Wissenschaft wird nur dann Erfolg haben, wenn gelegentlich anarchistische Schritte zugelassen werden.)
Es ist also klar, daß der Gedanke einer festgelegten Methode oder einer feststehenden Theorie der Vernünftigkeit auf einer allzu naiven Anschauung vom Menschen und seinen sozialen Verhältnissen beruht. Wer sich dem reichen, von der Geschichte gelieferten Material zuwendet und es nicht darauf abgesehen hat, es zu verdünnen, um seine niedrigen Instinkte zu befriedigen, nämlich die Sucht nach geistiger Sicherheit in

ein Ende gesetzt: *die Pedanten waren so grausam wie die Bigotten.* Die Vernunft hat hier lediglich Reformen sanktioniert, die ihr zum Trotz zustande gekommen waren. Der wirkliche Gegenspieler der Theologie wie auch des Rationalismus war der vernunftlose Impuls menschlicher Güte.« (Hervorhebung von mir.)

4 Herbert Marcuse, *Reason and Revolution,* London 1941, S. 130. Dt. *Vernunft und Revolution,* Luchterhand, Neuwied und Berlin 1962.

5 Hegel, *Wissenschaft der Logik,* Bd. 1; Meiner, Hamburg 1965, S. 6; Frommann, Stuttgart (*Werke,* Bd. 4), S. 17; Originalausgabe S. 7.

Form von Klarheit, Präzision, »Objektivität«, »Wahrheit«, der wird einsehen, daß es nur *einen* Grundsatz gibt, der sich unter *allen* Umständen und in *allen* Stadien der menschlichen Entwicklung vertreten läßt. Es ist der Grundsatz: *Anything goes.*

Diese Situation müssen wir jetzt in ihren konkreten Einzelheiten untersuchen und erklären.

2

Zum Beispiel kann man Hypothesen verwenden, die gut bestätigten Theorien und/oder experimentellen Ergebnissen widersprechen. Man kann die Wissenschaften fördern, indem man kontrainduktiv vorgeht.

Die Situation in ihren konkreten Einzelheiten untersuchen heißt, die Konsequenzen von »Antiregeln« verfolgen, die bekannten Regeln des wissenschaftlichen Vorgehens widersprechen. Sehen wir zu, wie das läuft. Nehmen wir die Regel, daß der Erfolg unserer Theorien durch die »Erfahrung« oder die »Tatsachen« oder durch »experimentelle Ergebnisse« gemessen wird; Übereinstimmung zwischen Theorie und »Daten« spricht für die Theorie (oder läßt die Situation unverändert), während Nichtübereinstimmung sie erschüttert und womöglich zu ihrer Aufgabe zwingt. Diese Regel ist ein wichtiger Bestandteil aller Theorien der Bewährung. Sie ist der Kern des Empirismus. Die ihr entsprechende »Antiregel« weist uns an, Hypothesen einzuführen und auszubauen, die gut bestätigten Theorien und/oder Tatsachen widersprechen. Sie weist uns an, *kontrainduktiv* vorzugehen.

Das kontrainduktive Vorgehen wirft folgende Fragen auf: Ist es vernünftiger als die Induktion? Gibt es Umstände, die seine Anwendung erfordern? Und welchen Argumenten folgen wir, wenn diese Umstände vorliegen? Oder ist vielleicht doch die Induktion immer besser? Und so weiter.

Diese Fragen sollen in zwei Schritten beantwortet werden. Zunächst untersuche ich die Antiregel, die verlangt, Hypothesen zu entwickeln, die anerkannten und bestens bestätigten *Theorien* widersprechen. Danach beschäftige ich mich mit der Antiregel, nach der man Hypothesen entwickeln soll, die wohlbestätigten *Tatsachen* widersprechen. Die Ergebnisse lassen sich folgendermaßen zusammenfassen.

Im ersten Fall stellt es sich heraus, daß Daten, die eine Theorie widerlegen könnten, oft nur mit Hilfe einer dieser Theorie widersprechenden Alternative gewonnen werden: der Grundsatz (der auf Newton zurückgeht und heute noch sehr beliebt ist), Alternativen nur dann zu gebrauchen, wenn die orthodoxe Theorie bereits durch Widerlegungen erschüttert ist, fängt die Sache am falschen Ende an. Auch erkennt man einige der wichtigsten formalen Eigenschaften einer Theorie nicht durch Analyse, sondern durch Kontrast. Ein Wissenschaftler, der den empirischen Gehalt seiner Ideen möglichst groß machen und sie möglichst klar verstehen möchte, muß daher andere Ideen einführen; das heißt, er muß eine *pluralistische Methodologie* verwenden. Er muß Ideen mit anderen Ideen vergleichen, nicht mit der »Erfahrung«, und er muß versuchen, die Auffassungen, die im Wettbewerb unterlegen sind, zu verbessern und nicht fallenzulassen. Wenn er so vorgeht, wird er die Theorien über den Menschen und den Kosmos beibehalten, die sich in der Genesis oder im Pimander finden, er wird sie weiterentwickeln und an ihnen den Erfolg des Darwinismus und anderer »moderner« Auffassungen messen.[1] Er macht dann vielleicht die Entdeckung, daß die Abstammungstheorie gar nicht so gut ist, wie allgemein angenommen wird, und durch eine verbesserte Fassung der Schöpfungsgeschichte ergänzt oder völlig ersetzt werden muß. Erkenntnis in diesem Sinne ist keine Abfolge in sich widerspruchsfreier Theorien, die gegen eine Idealtheorie konvergieren; sie ist keine allmähliche Annäherung an eine »Wahrheit«. Sie ist ein stets anwachsendes *Meer miteinander unverträglicher (und vielleicht sogar inkommensurabler) Alternativen*; jede einzelne Theorie, jedes Märchen, jeder Mythos, der dazugehört, zwingt die anderen zu deutlicherer Entfaltung, und alle tragen durch ihre Konkurrenz zur Entwicklung unseres Bewußtseins bei. Nichts wird jemals endgültig entschieden, keine Auffassung kann je aus einer umfassenden Darstellung weggelassen werden.[2] Plutarch, Diogenes Laertius und Hegel (oder Bohr), nicht aber

1 Über die Rolle des Pimander in der Kopernikanischen Revolution vgl. Anm. 12 zu Kap. 8.

2 Diese Auffassung wurde von John Stuart Mill in unübertrefflicher Klar-

Dirac oder von Neumann sind Vorbilder für die *Darstellung* einer Erkenntnis dieser Art, in der die Geschichte einer Wissenschaft ein untrennbarer Teil der Wissenschaft selbst wird[3] – sie ist wesentlich für ihre weitere *Entwicklung* wie auch zur Konstruktion des *Gehalts* der ihr angehörenden Theorien. Fachleute und Laien, Professionelle und Dilettanten, Wahrheitsnarren und Lügner – sie alle sind zu dem Wettbewerb eingeladen und sollen das Ihre zur Bereicherung unserer Kultur beitragen. Der Wissenschaftler aber hat nicht mehr die Aufgabe, »die Wahrheit zu suchen« oder »Gott zu loben«[4] oder »Beobachtungen zu systematisieren« oder »Voraussagen zu verbessern«. Das sind nur Nebenergebnisse einer Tätigkeit, auf die sich seine Aufmerksamkeit jetzt hauptsächlich richtet, nämlich, *»die schwächere Sache zur stärkeren zu machen«*, wie es die Sophisten ausgedrückt haben, *und so das Ganze in Bewegung zu halten.*

Die zweite »Antiregel«, zugunsten von Hypothesen, die *Beobachtungen, Tatsachen und experimentellen Ergebnissen* widersprechen, bedarf keiner besonderen Verteidigung, denn es gibt keine einzige interessante Theorie, die mit allen bekannten Tatsachen auf ihrem Gebiet übereinstimmt. Die Frage ist daher nicht, ob kontrainduktive Theorien in der Wissenschaft *zugelassen* werden sollen, sondern ob die *bestehenden* Unstimmigkeiten zwischen Theorie und Tatsachen vermehrt oder vermindert werden sollen, oder was sonst mit ihnen geschehen soll.

heit entwickelt. Für Details vgl. meine *Philosophical Papers,* Bd. 1, Kap. 8 sowie Bd. 2, Kap. 4.

3 Zu Bohr vgl. Bd. 1, Kap. 16 meiner *Philosophical Papers.*

4 »Der Puritanismus selbst hat der Wissenschaft einen dreifachen Nutzen zugeschrieben. Die Naturphilosophie diente erstens dazu, praktische Beweise für den Gnadenstand des Wissenschaftlers zu erbringen, zweitens die Beherrschung der Natur zu erweitern und drittens Gott zu verherrlichen. Die Wissenschaft war in den Dienst am Einzelnen, an der Gesellschaft und an Gott einbezogen.« Robert Merton, *Science, Technology and Society in Seventeenth-Century England,* New York 1970, S. 85. Weiteres Material zur Stützung dieser These bringt Richard Westfall, *Science and Religion in Seventeenth Century England,* Ann Arbor, 1973.

Um diese Frage zu beantworten, genügt es, sich daran zu erinnern, daß Beobachtungsaussagen, experimentelle Ergebnisse, »Tatsachenaussagen« entweder theoretische Annahmen *enthalten* oder sie durch die Art ihres Gebrauchs *machen*. (Vgl. dazu die Diskussion der natürlichen Interpretationen in Kap. 6 ff.) Wir sind gewohnt zu sagen: »Der Tisch ist braun«, wenn wir ihn unter normalen Bedingungen und mit scharfen Sinnen sehen, dagegen: »Der Tisch scheint braun zu sein«, wenn die Beleuchtung schlecht ist oder wir unsicher bezüglich unserer Beobachtungsfähigkeit sind; darin drückt sich die Auffassung aus, es gebe wohlbekannte Umstände, unter denen unsere Sinne die Welt wahrnehmen, »wie sie wirklich ist«, und andere, ebenso wohlbekannte Umstände, unter denen sie sich täuschen. Es drückt sich die Auffassung aus, daß manche unserer Sinneseindrücke wahrheitsgetreu sind und andere nicht. Wir halten es auch für ausgemacht, daß das materielle Medium zwischen dem Gegenstand und uns keine Verzerrungen hervorruft, und daß der physikalische Vermittler – das Licht – ein richtiges Bild überträgt. Das alles sind abstrakte und höchst zweifelhafte Annahmen, die unser Weltbild gestalten, aber nicht unmittelbar kritisiert werden können. Gewöhnlich ist man sich ihrer gar nicht bewußt und erkennt ihre Wirkungen erst, wenn man auf eine völlig andere Kosmologie stößt: Vorurteile findet man durch Kontrast und nicht durch Analyse. Das Material, das dem *Wissenschaftler* zur Verfügung steht, seine erhabensten Theorien und seine ausgefeiltesten Methoden eingeschlossen, ist genau so aufgebaut. Es enthält ebenfalls Grundsätze, die nicht bekannt sind oder, wenn sie es wären, äußerst schwer zu prüfen wären. (Daher kann eine Theorie den Daten widersprechen, nicht weil sie falsch ist, sondern weil die Daten verseucht sind.)

Aber – wie kann man etwas überprüfen, das man die ganze Zeit anwendet? Wie kann man die Begriffe analysieren, mit denen wir gewöhnlich unsere einfachsten und eindeutigsten Beobachtungen ausdrücken, und die in ihnen steckenden Voraussetzungen aufdecken? Wie kann man entdecken, welche Welt man voraussetzt, wenn man in üblicher Weise vorgeht?

Die Antwort ist klar: man kann das nicht von *innen* her auffinden. Man braucht einen *äußeren* Maßstab der Kritik, ein System alternativer Annahmen, oder, da diese Annahmen sehr allgemein sind und gewissermaßen eine ganze Gegenwelt konstituieren: *man braucht eine Traumwelt, um die Eigenschaften der wirklichen Welt zu erkennen, in der wir zu leben glauben* (und die in Wirklichkeit vielleicht nur eine andere Traumwelt ist). Der erste Schritt in unserer Kritik gewohnter Begriffe und Verfahren, der erste Schritt in unserer Kritik von »Tatsachen« muß also ein Versuch sein, den Kreis zu durchbrechen. Wir müssen ein neues Begriffssystem erfinden, das den besten Beobachtungsergebnissen widerspricht, die einleuchtendsten theoretischen Grundsätze außer Kraft setzt und Wahrnehmungen einführt, die nicht in die bestehende Wahrnehmungswelt passen. Dieser Schritt ist wiederum kontrainduktiv. Daher ist die Kontrainduktion jederzeit vernünftig und hat immer Erfolgsaussichten.
In den folgenden sieben Kapiteln wird diese Schlußfolgerung genauer ausgeführt und an geschichtlichen Beispielen erhellt werden. Es könnte daher der Eindruck entstehen, daß ich eine neue Methodologie befürworte, die die Induktion durch die Kontrainduktion ersetzt und anstelle des herkömmlichen Paares von Theorie und Beobachtung eine Vielheit von Theorien, metaphysischen Vorstellungen und Märchen verwendet.[5] Dieser Eindruck wäre sicher falsch. Ich habe nicht die Absicht, eine Menge allgemeiner Regeln durch eine andere zu ersetzen; meine Absicht ist vielmehr, den Leser davon zu überzeugen, daß *alle Methodologien, auch die einleuchtendsten, ihre Grenzen haben.* Das läßt sich am besten an den Grenzen, ja der Unvernünftigkeit von Regeln dartun, die der Leser für grundlegend hält. Im Falle der Induktion (einschließlich der Induktion durch Falsifikation) wäre zu zeigen, wie gut sich das Kontrainduktions-Verfahren mit Argumenten stützen läßt. Man habe stets vor Augen, daß meine Demonstrationen und meine

5 So faßte Professor Ernan McMullin einige meiner früheren Schriften auf. Siehe »A Taxonomy of the Relations between History and Philosophy of Science«, in: *Minnesota Studies 5*, Minneapolis 1971.

Rhetorik keinerlei »tiefe Überzeugung« ausdrücken. Sie zeigen lediglich, wie leicht es ist, die Menschen im Namen der Vernunft an der Nase herumzuführen. Ein theoretischer Anarchist ist wie ein Geheimagent, der das Spiel der Vernunft mitspielt, um die Autorität der Vernunft (der Wahrheit, der Ehrlichkeit, der Gerechtigkeit usw.) zu untergraben.[6]

6 »Dada«, sagt Hans Richter in *Dada: Art and Anti-Art,* »hatte nicht nur kein Programm, sondern war gegen jedes Programm.« Das schließt die geschickte Verteidigung von Programmen nicht aus, die das Scheinhafte jeder Verteidigung aufzeigen soll, wie »rational« sie sich auch gebe. Vgl. auch Kap. 16, Text zu den Anm. 21-23. (Ähnlich könnte ein Schauspieler oder Dramatiker alle äußeren Zeichen »tiefer Liebe« darstellen, um dem Gedanken der »tiefen Liebe« selber den Nimbus zu nehmen. Beispiel: Pirandello.) Ich hoffe, daß diese Bemerkungen Noretta Koertges Befürchtung beschwichtigen werden, ich möchte einfach eine neue Bewegung ins Leben rufen, in der die Schlagworte des Falsifikationismus oder des Induktivismus oder des Forschungsprogrammismus durch Schlagworte wie »Vielfalt« oder »Anything goes« ersetzt werden.

3

Die Konsistenzbedingung, nach der neue Hypothesen mit anerkannten Theorien *übereinstimmen müssen, ist unvernünftig, weil sie ältere und nicht bessere Theorien am Leben erhält. Theorienvielfalt ist für die Wissenschaft fruchtbar, Einförmigkeit dagegen lähmt ihre kritische Kraft. Die Einförmigkeit gefährdet auch die freie Entwicklung des Individuums.*

In diesem Kapitel lege ich mehr ins einzelne gehende Argumente für die »Antiregel« vor, daß man Hypothesen einführen sollte, die wohletablierten *Theorien widersprechen.* Die Argumente sind indirekt. Sie gehen von einer Kritik der Forderung aus, daß neue Hypothesen mit solchen Theorien logisch *verträglich* sein müssen. Diese Forderung nenne ich die *Konsistenzbedingung.*[1]

Auf den ersten Blick scheint sich die Frage der Konsistenzbedingung mit ein paar Worten klären zu lassen. Es ist bekannt (und wurde auch von Duhem im einzelnen gezeigt), daß die Newtonsche Theorie dem Galileischen Fallgesetz und den Keplerschen Gesetzen widerspricht; daß die statistische Thermodynamik dem zweiten Hauptsatz der phänomenologischen Theorie widerspricht; daß die Wellenoptik der geometrischen Optik widerspricht; und so weiter.[2] Man beachte, daß es sich hier um *logische* Inkonsistenz handelt; es ist durchaus möglich, daß die Unterschiede der Voraussagen so klein sind, daß sie experimentell nicht festgestellt werden können. Man beachte auch, daß es sich nicht um die Inkonsistenz z. B. der Newtonschen *Theorie* und des Galileischen Gesetzes handelt,

1 Die Konsistenzbedingung geht mindestens bis auf Aristoteles zurück. Sie spielt in Newtons Philosophie eine wichtige Rolle (Newton selbst freilich verletzte sie ständig). Sie wird von der Mehrheit der Wissenschaftstheoretiker des frühen 20. Jahrhunderts für selbstverständlich gehalten.

2 Pierre Duhem, *La théorie physique: son objet, sa structure*, Paris 1914, Kap. 9 u. 10.

sondern um die Inkonsistenz *bestimmter Folgerungen* aus der Newtonschen Theorie im Geltungsbereich des Galileischen Gesetzes mit diesem. Im letzteren Falle ist die Sachlage besonders klar. Das Galileische Gesetz besagt, die Beschleunigung beim freien Fall sei eine Konstante, während nach dem Newtonschen Gesetz die Beschleunigung an der Erdoberfläche mit steigender Entfernung vom Erdmittelpunkt (wenn auch nur unmerklich) *abnimmt.*

Abstrakter gesprochen: Betrachten wir eine Theorie T′, die die Verhältnisse in einem Bereich D′ richtig beschreibt. T′ stimme mit einer *endlichen* Zahl von Beobachtungen überein (bezeichnen wir diese Klasse als F), und zwar mit einer Ungenauigkeit M. Jede andere Theorie, die T′ außerhalb F im Rahmen von M widerspricht, wird durch genau die gleichen Beobachtungen gestützt und ist daher annehmbar, wenn T′ annehmbar ist. (Ich setze voraus, daß F die Gesamtheit der vorliegenden Beobachtungen ist.) Die Konsistenzbedingung ist weit weniger großzügig. Sie eliminiert eine Theorie oder eine Hypothese, nicht weil sie den Tatsachen widerspricht, sondern einer anderen Theorie, deren bestätigende Instanzen sie teilt. Damit wird der noch ungeprüfte Teil dieser Theorie zum Gültigkeitskriterium erhoben. Der einzige Unterschied zwischen diesem Kriterium und einer neueren Theorie sind Alter und Gewohnheit. Wäre die jüngere Theorie eher dagewesen, dann wäre *sie* von der Konsistenzbedingung begünstigt worden. »Die *erste* brauchbare Theorie hat die Priorität vor ebenso brauchbaren Nachfolgern.«[3] In dieser Hinsicht ähnelt die Wirkung der Konsistenzbedingung jener der herkömmlicheren Methoden der transzendentalen Deduktion, der Wesensanalyse, der phänomenologischen Analyse, der Sprachanalyse. Sie trägt zur Erhaltung des Alten und Gewohnten bei, nicht weil es einen Vorzug besäße – etwa weil es besser durch Beobachtungen gestützt wäre als das neu Aufgekommene oder weil es eleganter wäre –, sondern weil es alt und vertraut ist.

3 C. Truesdell, »A Program Toward Rediscovering the Rational Mechanics of the Age of Reason«, in: *Archives for the History of Exact Sciences*, Bd. 1, S. 14.

Das ist nicht der einzige Fall, in dem man bei genauerer Betrachtung eine recht überraschende Ähnlichkeit zwischen dem modernen Empirismus und manchen der von ihm angegriffenen Schulphilosophien entdeckt.

Nun scheinen mir diese kurzen Erwägungen zwar zu einer interessanten *taktischen* Kritik an der Konsistenzbedingung zu führen und der Kontrainduktion erste Andeutungen einer Stützung zu verleihen, aber sie treffen noch nicht den Kern der Sache. Sie zeigen, daß eine Alternative, die die konfirmierenden Instanzen des akzeptierten Standpunktes teilt, durch Berufung auf Tatsachen nicht *ausgeschieden* werden kann. Sie zeigen aber nicht, daß eine solche Alternative *annehmbar* ist, und noch weniger, daß sie *verwendet werden sollte.* Schlimm genug, könnte ein Verteidiger der Konsistenzbedingung argumentieren, daß die anerkannte Theorie nicht vollständig empirisch gestützt ist; nimmt man weitere *ebenso unbefriedigende Theorien hinzu, so macht das die Sache nicht besser; es hätte auch wenig Sinn, die anerkannten Theorien durch einige ihrer möglichen Alternativen ersetzen* zu wollen. Eine solche Ersetzung ist keine einfache Sache. Man muß einen neuen Formalismus lernen, und bekannte Probleme müssen auf neue Art durchgerechnet werden. Man braucht neue Textbücher, Hochschullehrpläne sind umzustellen, experimentelle Ergebnisse neu zu deuten. Und was ist das Resultat aller dieser Bemühungen? Eine neue Theorie, die von einem empirischen Standpunkt aus betrachtet nicht den geringsten Vorzug gegenüber der Theorie hat, die sie ersetzt. Die einzige wirkliche Verbesserung, so würde der Verteidiger der Konsistenzbedingung fortfahren, liegt in der *Gewinnung neuer Tatsachen.* Diese stützen entweder die bestehenden Theorien, oder sie zwingen zu ihrer Abänderung, indem sie ganz genau zeigen, an welchen Stellen sie falsch sind. In beiden Fällen führen sie zu wirklichem Fortschritt und nicht bloß zu willkürlichen Veränderungen. Die richtige Methode besteht also in der Konfrontation des orthodoxen Standpunktes mit möglichst vielen relevanten Tatsachen. Der Ausschluß von Alternativen ist dann einfach eine Sache der Bequemlichkeit: ihre Erfindung hilft nicht nur nichts, sondern behindert sogar den Fortschritt, indem sie Zeit und Arbeitskraft beansprucht, die man besser anders einsetzen könnte. Die Konsistenzbedingung schaltet solche unnützen Diskussionen aus und zwingt den Wissenschaftler, sich auf die Tatsachen zu konzentrieren, die schließlich die einzigen annehmbaren Richter einer Theorie sind. So wird der praktisch tätige Wissenschaftler seine Konzentration auf eine einzige Theorie unter Ausschluß aller empirisch zulässigen Alternativen verteidigen.[4]

4 Genaueres Material, aus dem das Vorhandensein dieser Einstellung und ihre Wirkung auf die Entwicklung der Wissenschaften hervorgeht, findet sich bei Thomas Kuhn, *Die Struktur wissenschaftlicher Revolutionen,* dt. Suhrkamp, Theorie, Frankfurt 1967; Suhrkamp Taschenbuch Wissenschaft 25, Frankfurt 1973. Diese Einstellung ist in der Quantentheorie sehr verbreitet. »Freuen wir uns an den erfolgreichen Theorien, die wir haben, und verschwenden wir nicht unsere Zeit mit der Frage, was geschehen *würde,* wenn wir *andere* Theorien besäßen« – das scheint der Leitgedanke fast aller heutigen Physiker (siehe z. B. W. Heisenberg, *Physics and Philosophy,* New York 1958, S. 56 u. 144) und »wissenschaftlichen« Philosophen zu sein (z. B. N. R. Hanson, »Five Cautions for the Copenhagen Critics«, in: *Philosophy of Science* 26 [1959], S. 325 ff.). Er läßt sich auf Newtons Arbeiten und Briefe (an Hooke, Pardies und andere) über die Farbenlehre und auf seine allgemeine Methodologie zurückführen. Diese allgemeine Methodologie ist prägnant in Regel 4 der »Principia« ausgedrückt. Newton hat die Regel mehrere Male umformuliert. Folgende Fassung (sie findet sich in Koyré, *Newtonian Studies,* London 1966, S. 269) ist die ausführlichste: »In der experimentellen Philosophie soll man nicht aufgrund von Hypothesen gegen Aussagen argumentieren, die induktiv aus den Erscheinungen abgeleitet sind, denn sonst könnten Induktionen, auf denen die gesamte experimentelle Philosophie fußt, jederzeit durch Gegenhypothesen umgeworfen werden. Ist eine induktiv gewonnene Aussage noch nicht genau genug, so ist sie nicht durch Hypothesen zu korrigieren, sondern durch vollständigere und genauere Naturbeobachtung.« Damit nimmt Newton alle die Argumente vorweg, die später gegen neue Theorien ins Feld geführt werden, die einer wohlbestätigten Auffassung widersprechen, und er drückt sie klarer aus als die meisten seiner Nachfolger. Nagels Wissenschaftstheorie ist nichts als eine ziemlich umständliche Wiederholung von Newton. Eine genauere Analyse von Newtons Wissenschaftstheorie und ihrer Anwendung in den Diskussionen über die Beschaffenheit des Lichts findet sich in meinem Aufsatz »Classical Empiricism«, in: *Philosophical Papers,* Bd. 2, Kap. 2. Der Vergleich mit Nagel erfolgt in Kap. 3 desselben Bandes.

Es lohnt sich, den vernünftigen Kern dieses Arguments zu wiederholen. Theorien sollten nicht abgeändert werden, ohne daß es zwingende Gründe dafür gibt. Der einzige zwingende Grund für die Abänderung einer Theorie ist ein Konflikt mit den Tatsachen. Die Diskussion widersprechender Tatsachen bringt Fortschritt, nicht aber die Diskussion widersprechender Hypothesen. Es ist also vernünftig, die relevanten Tatsachen zu vermehren. Es ist nicht vernünftig, die mit den Tatsachen verträglichen, aber mit der bestehenden Theorie unverträglichen Theorien zu vermehren. Man könnte hinzufügen, daß formale Verbesserungen wie größere Eleganz, Einfachheit, Allgemeinheit und Kohärenz nicht ausgeschlossen werden sollten. Doch wenn sie einmal stattgefunden haben, dann scheint die Sammlung von Tatsachen zu Prüfungszwecken das einzige zu sein, was dem Wissenschaftler zu tun bleibt.
Und das ist so – falls Tatsachen *existieren* und *verfügbar sind, unabhängig davon, ob man Alternativen zu der zu prüfenden Theorie in Betracht zieht.* Diese Voraussetzung, von der die Gültigkeit des angeführten Arguments ganz entscheidend abhängt, nenne ich die Annahme der relativen Autonomie von Tatsachen oder das *Autonomieprinzip.* Das Autonomieprinzip besagt nicht, daß die Entdeckung und Beschreibung von Tatsachen *völlig* theorieunabhängig ist, wohl aber, daß die zum empirischen Gehalt einer Theorie gehörenden Tatsachen verfügbar sind, gleichgültig, ob man Alternativen zu *dieser* Theorie in Betracht zieht. Mir ist nicht bekannt, daß diese sehr wichtige Annahme jemals ausdrücklich als eigenes Postulat der empirischen Methode formuliert worden wäre. Sie wird aber offensichtlich in fast allen Untersuchungen vorausgesetzt, die sich mit Fragen der Bestätigung und Prüfung beschäftigen. Alle diese Untersuchungen gehen von einem Modell aus, in dem eine *einzige* Theorie mit einer Klasse von Tatsachen (oder Beobachtungsaussagen) verglichen wird, die als irgendwie »gegeben« vorgestellt werden. Das ist ein viel zu einfaches Bild. Tatsachen und Theorien sind viel enger verknüpft, als es das Autonomieprinzip wahrhaben will. Nicht nur hängt die Beschreibung jeder einzelnen Tatsache von Theorien ab (die

natürlich von der zu prüfenden Theorie ganz verschieden sein können), sondern es gibt auch Tatsachen, die nur mit Hilfe von Alternativen zu der zu prüfenden Theorie zutage gefördert werden können und die nicht zur Verfügung stehen, wenn solche Alternativen ausgeschlossen sind. Das deutet darauf hin, daß die methodologische Einheit, auf die man sich bei der Diskussion von Fragen der Prüfung und des empirischen Gehalts beziehen muß, aus einer *Menge sich teilweise überschneidender, mit den Tatsachen vereinbarer, aber miteinander unverträglicher Theorien* besteht. In diesem Kapitel werden nur die gröbsten Umrisse eines solchen Prüfungsmodells angegeben. Doch vorher möchte ich ein Beispiel besprechen, das sehr deutlich die Funktion von Alternativen bei der Auffindung kritischer Tatsachen zeigt.

Man weiß heute, daß das Brownsche Teilchen ein Perpetuum mobile zweiter Art ist, und daß sein Vorhandensein den zweiten Hauptsatz der phänomenologischen Wärmelehre widerlegt. Die Brownsche Bewegung gehört also zum Bereich der für das Gesetz relevanten Tatsachen. Hätte nun diese Beziehung zwischen der Brownschen Bewegung und dem Gesetz *direkt* entdeckt werden können, d. h. durch Betrachtung der beobachtbaren Folgerungen aus der phänomenologischen Theorie, ohne eine andere Theorie der Wärme? Diese Frage spaltet sich sofort in zwei Fragen auf: 1. Hätte die *Relevanz* der Brownschen Bewegung auf diese Weise entdeckt werden können? 2. Hätte gezeigt werden können, daß sie tatsächlich den zweiten Hauptsatz *widerlegt*?

Die Antwort auf die erste Frage lautet: man weiß es nicht. Es läßt sich nicht sagen, was geschehen wäre, wenn die kinetische Theorie nicht in die Diskussion eingeführt worden wäre. Ich vermute aber, daß man das Brownsche Teilchen als eine Anomalie betrachtet hätte – ganz wie man einige der erstaunlichen Effekte des verstorbenen Professors Ehrenhaft als Anomalien betrachtet hat[5] – und man hätte ihm nicht die ent-

5 Ich habe diese Erscheinungen wie zum Beispiel den heute (Sept. 1975) viel dieskutierten Nachweis von magnetischen Monopolen unter vielen verschiedenen Bedingungen beobachtet und bin weit weniger geneigt als

scheidende Stellung eingeräumt, die es in der heutigen Theorie einnimmt.

Die Antwort auf die zweite Frage lautet einfach – nein. Um zu zeigen, daß das Brownsche Teilchen den zweiten Hauptsatz der phänomenologischen Theorie verletzt, muß man zeigen, daß seine Bewegung auf einem ständigen Wärmeaustausch mit der umgebenden Flüssigkeit beruht: daß Wärme in Bewegung und diese wieder in Wärme verwandelt wird. (Man beachte, daß hier der Standpunkt der phänomenologischen Theorie eingenommen wird, die die makroskopische mechanische Bewegung des Teilchens von der Wärme der Flüssigkeit unterscheidet und beide nach verschiedenen Grundsätzen behandelt.) Man muß zeigen, daß jede Veränderung der Bewegung des Teilchens durch eine Änderung des Wärmeinhalts der Umgebung genau ausgeglichen wird. Das ist aber grundsätzlich unmöglich, und zwar wegen der Gesetze, die den Austausch regeln. Einerseits gehorcht das Brownsche Teilchen einer »Unbestimmtheitsrelation«: $\Delta x. \Delta v_x \geqq D$, wo D die Diffusionskonstante der Flüssigkeit ist.[6] Andererseits ist jedes Thermometer Schwankungen von derselben Größenordnung ausgesetzt wie jene, die man messen möchte. Daher ist eine »direkte« Widerlegung des zweiten Hauptsatzes, die sich nur

die heutige Wissenschaft, sie als bloßen Dreckeffekt abzutun. Ehrenhaft wurde von vielen seiner Kollegen als Scharlatan angesehen. Wenn er das war, so war er doch ein weit besserer Lehrer als die meisten von ihnen und vermittelte seinen Studenten eine viel bessere Vorstellung von der Fragwürdigkeit des physikalischen Wissens. Ich erinnere mich noch, wie eifrig wir die Maxwellsche Theorie (in dem Lehrbuch von Abraham-Becker, bei Heaviside, den Ehrenhaft in seinen Vorlesungen oft erwähnte, und in Maxwells eigenen Arbeiten) und die Relativitätstheorie studierten, um seine Behauptung zu widerlegen, die theoretische Physik sei barer Unsinn; und wie erstaunt und enttäuscht wir waren, als wir feststellten, daß es keine einfache deduktive Kette zwischen Theorie und Experiment gibt und daß manche veröffentlichten Ableitungen sehr willkürliche Annahmen enthalten. Wir erkannten auch, daß fast alle Theorien ihre Überzeugungskraft von einigen paradigmatischen Fällen herleiten. Es ist bedauerlich, daß Wissenschaftstheoretiker nur selten Grenzfälle wie Ehrenhaft oder Velikovsky aufgreifen und das Lob der großen Tiere der Wissenschaften einer besseren Einsicht in die Natur der Erkenntnis vorziehen.

6 Einzelheiten bei R. Fürth, *Z. Physik* 81 (1933), S. 143 ff.

auf die phänomenologische Theorie und die »Tatsachen« der Brownschen Bewegung stützt, unmöglich, und zwar wegen der Beschaffenheit der Welt, in der wir leben, und der in ihr geltenden Gesetze. Und es ist bekannt, daß die tatsächliche Widerlegung auf ganz andere Weise zustande kam: mit Hilfe der kinetischen Theorie und ihrer Verwendung durch Einstein bei seiner Berechnung der statistischen Eigenschaften der Brownschen Bewegung. Dabei wurde die phänomenologische Theorie (T′) in den größeren Rahmen der statistischen Physik (T) derart eingebaut, daß *die Konsistenzbedingung verletzt wurde*, und erst *dann* wurde ein Experimentum crucis angesetzt (Svedberg und Perrin).[7]

Dieses Beispiel scheint mir charakteristisch zu sein für die Beziehung zwischen ziemlich allgemeinen Theorien oder Auffassungen und den »Tatsachen«. Sowohl die Relevanz als auch die widerlegende Kraft entscheidender Tatsachen läßt sich nur mit Hilfe anderer Theorien gewinnen, die zwar den Tatsachen entsprechen[8], die aber nicht mit der zu prüfenden Auffassung übereinstimmen. Aber wenn das so ist, dann muß sowohl die Erfindung als auch die Artikulation von Alternativen der Pro-

7 Zu diesen Untersuchungen (deren philosophischer Hintergrund von Boltzmann herkommt) vgl. A. Einstein, *Investigations on the Theory of Brownian Motion,* Hg. R. Fürth, New York 1956; dieses Buch enthält alle einschlägigen Arbeiten Einsteins und eine erschöpfende Bibliographie von R. Fürth. Über die experimentellen Arbeiten von J. Perrin siehe *Die Atome,* Leipzig 1920, sowie Mary Jo Nye, *Molecular Reality,* London 1972. Zur Beziehung zwischen der phänomenologischen und der kinetischen Theorie v. Smoluchowskis siehe »Experimentell nachweisbare, der üblichen Thermodynamik widersprechende Molekularphänomene«, in: *Physikalische Z.* 13 (1912), S. 1069, sowie die kurze Notiz von K. R. Popper, »Irreversibility, or Entropy, since 1905«, in: *British Journal for the Philosophy of Science* 8 (1957), S. 151, wo die wesentlichen Argumente zusammengefaßt werden. Trotz Einsteins epochemachender Entdeckungen und v. Smoluchowskis glänzender Darstellung ihrer Konsequenzen (*Œuvres de Marie Smoluchowski,* Cracovie 1927, Bd. 2, S. 226 ff., 316 ff., 462 ff. und 530 ff.) ist die gegenwärtige Situation in der Thermodynamik höchst unklar, besonders weil sich immer noch einige recht zweifelhafte Reduktionsgedanken herumtreiben. Genauer, es wird oft versucht, die Entropiebilanz eines komplizierten *statistischen* Vorgangs mit Hilfe des (widerlegten) *phänomenologischen* Satzes zu bestimmen und Schwankun-

duktion widerlegender Tatsachen vorausgehen. Der Empirismus verlangt jedenfalls in einigen seiner mehr raffinierten Fassungen, daß der empirische Gehalt aller unserer Erkenntnisse möglichst groß gemacht werden soll. *Mithin bildet die Erfindung von Alternativen zu der im Zentrum der Diskussion stehenden Auffassung einen wesentlichen Bestandteil der empirischen Methode.* Und die Tatsache, daß die Konsistenzbedingung Alternativen ausschaltet, zeigt jetzt umgekehrt, daß diese Bedingung nicht nur der wissenschaftlichen Praxis, sondern auch dem Empirismus widerspricht. Indem sie wertvolle Prüfungen ausschließt, verringert sie den empirischen Gehalt der Theorien, die bleiben dürfen (und das sind, wie ich oben ausführte, gewöhnlich die Theorien, die zuerst da waren); insbesondere verringert sie die Zahl der Tatsachen, die ihre Grenzen aufzeigen könnten.

Diese Ergebnisse einer konsequenten Anwendung der Konsistenzbedingung lassen sich unmittelbar auf einige neuere Diskussionen in der Physik, Biologie, Physiologie, Genetik usw. anwenden. Es könnte durchaus sein, daß sich die quantentheoretischen Unbestimmtheitsrelationen nur widerlegen lassen, wenn die Quantentheorie in einen größeren Zusammen-

gen nachher ad hoc einzuführen. Dazu siehe meine Notiz »On the Possibility of a Perpetuum Mobile of the Second Kind«, in: *Mind, Matter and Method,* Minneapolis 1966, S. 409, und meinen Aufsatz »In Defence of Classical Physics«, in: *Studies in the History and Philosophy of Science,* 1, Nr. 2 (1970). Vgl. auch *Philosophical Papers,* Bd. 1, Kap. 8.

Es sollte übrigens nicht unerwähnt bleiben, daß 1903, als Einstein seine Arbeit auf dem Gebiet der Thermodynamik begann, Daten vorhanden waren, die darauf hindeuteten, daß die Brownsche Bewegung kein molekularer Vorgang sein konnte. Siehe F. M. Exner, »Notiz zu Browns Molekularbewegung«, in: *Ann. Phys.* 2 (1900), S. 843. Exner behauptete, die Bewegung liege um Größenordnungen unterhalb des Wertes, der nach dem Gleichverteilungssatz zu erwarten sei.

Die Schwierigkeiten einer unmittelbaren Beobachtung der Brownschen Bewegung werden auseinandergesetzt in der hochinteressanten Arbeit von Peter Clark, »Atomism Versus Thermodynamics«, in: Colin Howson (Hg.), *Reconstruction and Discovery in the History of Science,* Cambridge 1976.

8 Die Bedingung der Übereinstimmung mit den Tatsachen wird in Kapitel 5 aufgehoben.

hang gestellt wird, der nicht mehr mit dem Komplementaritätsgedanken übereinstimmt und daher neue entscheidende Experimente anregen kann. Ähnlich ist der Gedanke, daß die entscheidenden Eigenschaften der Organismen von stabilen materiellen Systemen abhängen, die allen Umwelteinflüssen entzogen sind, in ein so kompliziertes System von Hypothesen eingebaut, daß eine unmittelbare Kritik kaum Aussicht auf Erfolg hat. In allen diesen Fällen wird die Anwendung der Konsistenzbedingung und die Ausscheidung anderer Ansätze mit dem Hinweis auf den ungeheuren Erfolg der orthodoxen Auffassung verteidigt, *behindert aber in Wirklichkeit nur die gründliche Untersuchung dieses Erfolgs.* So macht die Berufung auf die Erfahrung und den bisherigen Erfolg aus guter Wissenschaft leicht schlechte, nämlich starre Metaphysik.

Es lohnt sich, diese scheinbar »empirische« Verteidigung einer dogmatischen Auffassung etwas genauer zu betrachten. Angenommen, eine Gruppe von Wissenschaftlern hält eine bestimmte Auffassung für die einzig richtige (die Komplementarität in der Quantenmechanik; die Stabilität der Gene gegenüber Umwelteinflüssen in der Biologie), widmet sich ihrem Ausbau und weigert sich, andere Ansätze in Betracht zu ziehen. Anfänglich hat ein solches Verfahren eine ganze Menge für sich. Schließlich kann ja ein Mensch und auch eine einflußreiche Gruppe nicht beliebig viel auf einmal tun, und es ist besser, wenn man sich mit einer Theorie beschäftigt, für die man sich interessiert, als mit einer, die man langweilig findet. Außerdem stoßen neue Gesichtspunkte gewöhnlich auf Widerstand, haben innere Schwierigkeiten, stimmen noch nicht mit allen vorhandenen Daten überein und bedürfen zu ihrer Verbesserung eines großen Arbeitsaufwands. Nehmen wir nun an, die Arbeit an der auserwählten Theorie habe überraschende Erfolge gebracht, die Theorie erkläre eine ganze Reihe bisher unerklärlicher Erscheinungen. Das verleiht einem Gedanken empirische Stützung, der zunächst nur einen Vorteil zu haben schien: er war interessant und ungewöhnlich, widersprach aber den anerkannten Auffassungen. Man verschreibt sich jetzt der Theorie mit größerer Entschiedenheit und begegnet Alternativen mit geringerer Toleranz. Wenn es nun richtig ist, daß viele Tatsachen nur mit Hilfe von Alternativen zugänglich werden, dann führt deren Nichtbeachtung *auch zur Ausschaltung möglicher widerlegender Tatsachen*, die die völlige und endgültige Unzulänglichkeit der Theorie zeigen würden.[9] Da derartige Tatsachen nun unzugänglich sind, so sieht die Theorie tadellos aus und es scheint, daß »alle Daten mit unerbittlicher Eindeutigkeit in die ... Richtung weisen ..., daß alle Vorgänge, bei denen ... unbekannte Wechselwirkungen stattfinden, den [Grundgesetzen] entsprechen«.[10] So

9 Die Quantentheorie läßt sich an sehr viele Schwierigkeiten anpassen. Sie ist eine offene Theorie in dem Sinne, daß scheinbare Fehler ad hoc beseitigt werden können, indem man passende Operatoren (Elemente im Hamilton-Operator) hinzufügt, statt die Gesamtstruktur umzubauen. Eine Widerlegung dieses grundlegenden Formalismus würde also zu zeigen haben, *daß es keine denkbare Adjustierung grundlegender Operatoren und vor allem des Hamiltonschen Operators gibt*, die der Theorie zur Übereinstimmung mit einer gegebenen Tatsache verhelfen könnte. Offenbar ergibt sich eine so allgemeine Aussage nur aus einer *anderen Theorie*, die ausführlich genug sein muß, um experimenta crucis zu ermöglichen. Das wird ausgeführt von D. Bohm und J. Bub, *Reviews of Modern Physics* 38 (1966), S. 456 ff.
Die Beobachtungen, die eine Theorie widerlegen, werden nicht immer mit Hilfe einer Alternative *entdeckt*, sondern sind oft schon vorher bekannt. So war die Anomalie des Merkur-Perihels lange vor der Aufstellung der allgemeinen Relativitätstheorie bekannt (die ihrerseits nicht zur Lösung dieses Problems aufgestellt wurde). Das Brownsche Teilchen war schon lange bekannt, ehe die ausführlicheren Fassungen der kinetischen Theorie vorhanden waren. Doch die Erklärung solcher Beobachtungen mittels einer Alternative läßt sie sicherlich in einem neuen Licht erscheinen: man erkennt jetzt, daß sie einer allgemein anerkannten Auffassung widerstreiten. Ich habe den Verdacht, daß alle »Falsifikationen«, auch die banale Geschichte von den weißen Raben (oder den schwarzen Schwänen) auf solcher Beleuchtung durch Alternativen beruhen. Eine sehr interessante Erörterung des Begriffs der »Neuheit« in diesem Zusammenhang findet sich in Abschnitt 1.1 von Elie Zahars Essay »Why Did Einstein's Programme supersede Lorentz's?«, in: *British Journal for the Philosophy of Science*, Juni 1973. Zu den weißen Raben vgl meine Kritik an Poppers »Objective Knowledge« in: *Philosophical Papers*, Bd. 2, Kap. 9.

10 L. Rosenfeld, »Misunderstandings about the Foundations of the Quantum Theory«, in: *Observation and Interpretation*, Hg. Körner, London 1957, S. 44.

wird der Glaube an die Alleingültigkeit der akzeptierten Theorie und die Abwegigkeit jeder andersartigen Analyse weiter verstärkt. Die Wissenschaftler sind jetzt fest überzeugt, daß es nur eine einzige gute Mikrophysik, Vererbungstheorie, Entwicklungstheorie usw. gibt; sie versuchen, widrige Tatsachen in ihrem Rahmen zu erklären, und es stört sie nicht, wenn sich solche Erklärungen gelegentlich als etwas umständlich erweisen. Schließlich ist die Theorie ein kompliziertes Gebilde, und man kann nicht erwarten, daß sich merkwürdige Erscheinungen auf einfache Weise darstellen lassen. Als nächstes wird die Entwicklung öffentlich bekannt. Populärwissenschaftliche Bücher verbreiten die Grundannahmen der Theorie; auf entfernten Gebieten kommt es zu Anwendungen, die Orthodoxen bekommen Geld, die möglichen Rebellen keines, Lehrpläne werden umgestellt, die Wissenschaftstheoretiker geben ihren Segen. Die Theorie ist vernünftiger und erfolgreicher denn je, Alternativen haben kaum mehr eine Chance. Der endgültige Triumph der Komplementarität, der klassischen Genetik, des Darwinismus scheint gesichert.

Es liegt aber auch auf der Hand, daß dieser Schein des Erfolgs *nicht im geringsten als Zeichen der Wahrheit und der Übereinstimmung mit der Natur gelten kann.* Ganz im Gegenteil, es erhebt sich der Verdacht, daß das Fehlen wesentlicher Schwierigkeiten auf die Verringerung des empirischen Gehalts durch Ausschaltung von Alternativen und mit ihrer Hilfe zugänglicher Tatsachen zurückzuführen ist, also darauf, daß *die Theorie bei der Entwicklung über ihren Ausgangspunkt hinaus in eine starre Ideologie verwandelt worden ist.* Eine solche Ideologie ist erfolgreich, nicht weil sie so gut mit den Tatsachen übereinstimmt, sondern weil keine Tatsachen spezifiziert wurden, die eine grundlegende Prüfung darstellen könnten, und weil entscheidende Tatsachen aus dem Gehalt der Ideologie entfernt worden sind: der »Erfolg« der Ideologie ist reines Menschenwerk. Man entschloß sich, an gewissen Ideen festzuhalten, komme was da wolle, und das Ergebnis war natürlich das Überleben dieser Ideen. Wenn nun die anfängliche Entscheidung in Vergessenheit gerät oder nicht ausdrücklich erfolgt, wenn sie etwa physikalisches oder biologisches Gewohnheitsrecht wird, dann wird das Überleben selbst unabhängige Evidenz, es bestärkt die Entscheidung oder macht sie zu einer ausdrücklichen und schließt damit den Kreis. So können empirische Gründe durch ein Verfahren *produziert* werden, das zu seiner Rechtfertigung genau diese von ihm produzierten Gründe anführt.

Entwicklungen wie diese erklären, warum der anfängliche Erfolg einer neuen Theorie immer so viel eindrucksvoller zu sein scheint als der Erfolg einer seit langem etablierten Auffassung. Eine neue Theorie sieht sich wohletablierten Konkurrenten gegenüber. Wenn sie sich Gehör verschaffen will, muß sie ausgezeichnete Argumente haben. Die Tatsachen, die für sie sprechen, sind den orthodoxen Auffassungen gewöhnlich nicht zugänglich und daher um so überzeugender. Sie bestätigen nicht nur die neue Theorie, sondern wurden überhaupt erst mit ihrer Hilfe gefunden. Später, wenn die Theorie orthodox geworden ist, hört der Kampf mit den Konkurrenten und mit ihm der Zufluß von Datenmaterial auf. Spezifische Argumente für die Theorie werden ersetzt durch die Aussage, sie »stimmt mit dem Experiment überein«, sowie durch die ermüdende Wiederholung von Standardbeispielen, die für empirische Gründe ausgegeben werden. Wer wissen will, warum die Theorie eigentlich noch aufrechterhalten werden soll, und wem solche mythologischen Antworten nicht genügen, der tut gut daran, auf den Anfang zurückzugehen: die besten Argumente für die Quantentheorie finden sich in den frühen Arbeiten von Bohr, Einstein, Heisenberg und den Publikationen der Solvay-Konferenzen.

Angesichts derartiger Entwicklungen kann man sich des Eindrucks nicht ganz erwehren, daß »empirische« Theorien in ihren späteren Entwicklungsstadien nicht mehr von zweitrangigen Mythen zu unterscheiden sind.[11] Um das zu erkennen,

11 John Stuart Mill hat in seiner *Autobiographie* (zitiert nach M. Lerner [Ed.], *Essential Works of John Stuart Mill,* New York 1965, 149, Hervorhebungen von mir) diesen Prozeß auf ganz ausgezeichnete Weise beschrieben. Diskussionen, vernünftige Überlegungen, so schreibt er, »gehören zu

braucht man nur einen Mythos wie den Hexen- und Dämonenglauben zu betrachten, der vom 15. bis 17. Jahrhundert die Sozialtheorie in Kontinentaleuropa beherrschte. Wie schon dargelegt, wurden die Grundgedanken dieses Mythos von Theologen entwickelt, die eine einheitliche Erklärung für seltsame und furchterregende Erscheinungen suchten und die Anweisungen zur Behandlung dieser Erscheinungen liefern wollten. Einige der Grundgedanken stimmten mit verbreiteten Vorurteilen überein und fanden bei großen Teilen der Bevölkerung Zustimmung. Als der Hexenwahn seinen Höhepunkt erreichte, war der Mythos zu einem komplizierten Erklärungssystem geworden, das zahlreiche Hilfshypothesen zur Behandlung von Spezialfällen enthielt. Unschwer erlangte er einen hohen Bestätigungsgrad.[12] Er war lange Zeit gelehrt worden; sein Inhalt war der Öffentlichkeit durch Furcht, Vorurteil, Unwissenheit wie auch durch einen neidischen und grausamen Klerus aufgezwungen.[13] Seine Gedanken durch-

Übergangsperioden, wenn alte Begriffe und Gefühle erschüttert sind, ohne daß neue Vorstellungen an ihre Stelle getreten wären. Zu solchen Zeiten hören Menschen, die auch nur irgendwie denken, die ihre alten Ansichten aufgegeben haben und die nicht ganz sicher sind, ob jene Ideen, die sie noch immer beibehalten, ohne alle Änderungen fortleben können, begierig auf neue Ideen. Aber dieser Zustand ist notwendigerweise ein vorübergehender: im Laufe der Zeit versammelt eine Gruppe von Ansichten die Mehrzahl um sich, organisiert soziale Institutionen und Handlungsweisen, die ihr entsprechen, die Erziehung prägt diesen neuen Glauben der neuen Generation auf, *aber ohne jene geistigen Prozesse, die zu ihm geführt haben*, und er erlangt so Schritt für Schritt dieselbe Eindruckskraft, die so lange von den vorhergehenden Ansichten ausgeübt wurde.« Kürzer und schöner könnte man die Kuhnsche These von der Verschiedenheit zwischen normalen Perioden wissenschaftlicher Forschung und Revolutionen gar nicht ausdrücken.

12 Um das einzusehen, betrachte der Leser die deskriptiven Teile des »Malleus maleficarum«, wo sich zahlreiche sehr ausführliche klinische Berichte finden. Später, als der Hexenglaube nur noch als Aberglaube ohne empirischen Gehalt angesehen wurde, wurden diese Berichte zusammen mit den Theorien, die sie so schön bestätigt hatten, beseitigt. Als Ergebnis erlitt die Psychologie einen großen Rückschlag.

13 Die Hexenprozesse waren nicht immer durch Grausamkeit motiviert. So vermerkt Remigius im Rückblick auf sein langes und fruchtbares Leben als Hexenverfolger mit Bedauern die unreifen Gefühle seiner Jugend, die

drangen die gewöhnlichste Umgangssprache und jeden Zweig des Denkens und beeinflußten viele schwerwiegende Entscheidungen. Er stellte Modelle für die Erklärung jedes denkbaren Ereignisses bereit – denkbar für diejenigen, die sich dem System angeschlossen hatten. So wurden die zentralen Begriffe bald unzweideutig festgelegt, und der Gedanke, sie seien Abbilder unveränderlicher Gegenstände und eine allfällige Bedeutungsänderung sei ein menschlicher Fehler, dieser Gedanke – der erst den Anstoß zu einem solchen Verfahren gegeben haben könnte – erlangte jetzt eine große Überzeugungskraft. Diese wieder gewährleistete den Erfolg von Methoden wie der transzendentalen Deduktion, der Analyse des Sprachgebrauchs, der phänomenologischen Analyse, der Ableitung aus Axiomen – alles Mittel zur weiteren Festigung des Mythos (was übrigens zeigt, daß die erwähnten Methoden alle etwas gemeinsam haben: sie *erhalten den Status quo*). Auch Beobachtungsergebnisse sprachen für den Mythos, denn sie wurden in seiner Sprache formuliert, und es gab weit und breit keine andere Formulierung. Es schien, als sei die Wahrheit endlich gefunden. Und doch liegt es auf der Hand, daß jede Verbindung zur Welt verlorengegangen war und daß die erzielte Stabilität, der Anschein absoluter Wahrheit, der sich im Denken wie in der Wahrnehmung äußerte, *nichts anderes war als das Ergebnis eines absoluten Konformismus.* Denn wie kann man wohl eine Theorie prüfen oder ihre Grundsätze verbessern, die so gebaut ist, daß sich jedes denkbare Ereignis in ihr beschreiben und jede denkbare Schwierigkeit mit ihrer Hilfe erklären läßt? Die einzige Möglichkeit der Prüfung einer solchen Theorie wäre der Vergleich mit einer anderen, ebenso umfassenden Theorie – doch dieser Weg ist ja von Anfang an ausgeschlossen worden. Der Mythos hat daher keine objektive Bedeutung; er lebt allein durch die Bemühungen der Gemeinde der Gläubigen und ihrer Führer fort, seien diese Führer nun Priester oder Nobelpreisträger. Dieses Ergebnis halte

ihn hinderten, die Kinder von Hexen zu verbrennen (was damals üblich war). Wegen seiner Rührseligkeit seien diese Kinder nun zum ewigen Höllenfeuer verdammt.

ich für das entscheidendste Argument gegen jede Methode, die die Einheitlichkeit fördert, ganz gleich, ob diese Methode »empirisch« ist oder nicht. Jede solche Methode ist im Grund eine Methode der Täuschung: Sie erzwingt einen blinden Konformismus und redet von der Wahrheit; sie läßt intellektuelle Fähigkeiten und die Einbildungskraft verkommen und redet von tiefer Einsicht; sie zerstört die kostbarste Gabe der Jugend – ihre kolossale Phantasie – und redet von Bildung. Zusammengefaßt: *Eine einheitliche Meinung mag das Richtige sein für eine Kirche, für die eingeschüchterten oder gierigen Opfer eines (alten oder neuen) Mythos oder für die schwachen und willfährigen Untertanen eines Tyrannen. Für die objektive Erkenntnis brauchen wir viele verschiedene Ideen. Und eine Methode, die die Vielfalt fördert, ist auch als einzige mit einer humanistischen Auffassung vereinbar.* (In dem Maße, in dem die Konsistenzbedingung die Vielfalt beschränkt, enthält sie ein theologisches Element, das natürlich in der für fast alle Empiristen so charakteristischen Anbetung von »Tatsachen« liegt.[14])

14 Es ist nicht ohne Interesse, daß die Plattheiten, die protestantische Gläubige auf die Bibel verweisen, oft fast die gleichen sind wie jene, mit deren Hilfe Empiristen und andere Fundamentalisten *ihre* Grundlage einführen, nämlich die Erfahrung. So fordert Bacon in seinem *Novum organum,* allen vorgefaßten Begriffen (Aphorismus 36), Meinungen (Aphorismen 42 ff.), ja *Wörtern* (Aphorismen 59, 121) »entschlossen und feierlich abzuschwören; der Verstand muß von ihnen vollständig befreit und gereinigt werden, so daß der Zutritt zum Königreich des Menschen, das auf den Wissenschaften ruht, dem ins himmlische Königreich ähneln mag, wo nur Kinder Einlaß erhalten« (Aphorismus 68). In beiden Fällen wird die »Diskussion« (d. h. die Betrachtung von Alternativen) kritisiert, in beiden Fällen werden wir aufgefordert, auf sie zu verzichten, und in beiden Fällen wird uns eine »unmittelbare Schau« versprochen, und zwar eine Schau hier Gottes, dort der Natur. Zum theoretischen Hintergrund dieser Ähnlichkeit vgl. meinen Aufsatz »Classical Empiricism«, in: *The Methodological Heritage of Newton,* Hg. R. E. Butts, Oxford u. Toronto 1970. Über die engen Zusammenhänge zwischen Puritanismus u. moderner Wissenschaft s. R. T. Jones, *Ancients and Moderns,* California 1965, Kap. 5-7. Eine gründliche Untersuchung der zahlreichen Faktoren, die beim Aufstieg des modernen Empirismus in England am Werke waren, findet sich bei R. K. Merton, *Science, Technology and Society in Seventeenth Century England,* H. Fertig, New York 1970 (Buchausgabe d. Artikels v. 1938).

4

Kein Gedanke ist so alt oder absurd, daß er nicht unser Wissen verbessern könnte. Die gesamte Geistesgeschichte wird in die Wissenschaft einbezogen und zur Verbesserung jeder einzelnen Theorie verwendet. Auch politische Einflüsse werden nicht abgelehnt. Sie sind notwendig, um den wissenschaftlichen Chauvinismus zu überwinden, der sich oft der Einführung von Alternativen zum Status quo widersetzt. Den Alternativen muß es aber erlaubt sein, sich zu vollständigen Subkulturen auszubilden, die nicht mehr auf Wissenschaft und Rationalismus beruhen.

Damit ist die Erörterung des ersten Teils der Kontrainduktion beendet, der sich mit der Erfindung und dem Ausbau von Hypothesen beschäftigt, die einer bestens bestätigten und allgemein anerkannten Auffassung widersprechen. Es wurde gezeigt, daß die Prüfung einer solchen Auffassung oft einer ihr widersprechenden Theorie bedarf, so daß der Vorschlag (Newtons), Alternativen zurückzustellen, bis die ersten Schwierigkeiten aufgetreten sind, das Pferd beim Schwanz aufzäumt. Ein Wissenschaftler, der an hohem empirischem Gehalt interessiert ist und der möglichst viele Seiten seiner Theorie verstehen möchte, wird sich also eine pluralistische Methodologie zu eigen machen, er wird Theorien mit anderen Theorien statt mit der »Erfahrung«, »Daten« oder »Tatsachen« vergleichen und er wird versuchen, Auffassungen, die im Wettbewerb zu unterliegen scheinen, zu verbessern, statt sie fallenzulassen.[1] Denn die Alternativen, die er zur Aufrecht-

1 Es ist daher wichtig, daß die Alternativen gegeneinander eingesetzt und nicht isoliert oder durch eine Form der »Entmythologisierung« entmannt werden. Im Gegensatz zu Tillich, Bultmann und ihren Anhängern sollte man die Weltbilder der Bibel, des Gilgamesch-Epos, der Ilias, der Edda als vollentwickelte *Alternativkosmologien* betrachten, die man verwenden kann, um die »wissenschaftlichen« Kosmologien einer Epoche zu verändern und in ihre Schranken zu weisen.

erhaltung des Wettstreites braucht, können ebensogut der Vergangenheit entnommen werden. Man kann sie aufgreifen, wo immer man sie findet, sei dies nun in der antiken Mythologie, in modernen Vorurteilen, in den Elaboraten von Fachleuten oder den Fantasien komischer Käuze. Die gesamte Geschichte einer Disziplin wird herangezogen, um ihren neuesten und »fortgeschrittensten« Entwicklungsstand zu verbessern. Die Trennung zwischen der Geschichte einer Wissenschaft, ihrer Philosophie und der Wissenschaft selber löst sich in nichts auf, desgleichen der Unterschied zwischen Wissenschaft und Nichtwissenschaft.[2]

Dieser Standpunkt, der sich zwanglos aus den oben angeführten Argumenten ergibt, wird oft angegriffen – nicht mit Gegenargumenten, die man leicht beantworten könnte, sondern mit rhetorischen Fragen. »Wenn man jede Metaphysik nehmen kann, die man will«, schreibt Mary Hesse in ihrer Be-

2 Eine Darlegung und wahrhaft humanitäre Verteidigung dieses Standpunkts findet sich in J. S. Mills *On Liberty*. Poppers Philosophie, die uns manche als den einzigen heute vorhandenen humanitären Rationalismus aufoktroyieren möchten, ist nur ein schwacher Abglanz von Mill. Sie ist spezialisiert, formalistisch und elitär und entbehrt völlig des Interesses am Glück des Individuums, das für Mill so kennzeichnend ist. Man kann ihre Eigenheiten verstehen, wenn man (a) den Hintergrund des logischen Positivismus bedenkt, der in der *Logik der Forschung* eine wichtige Rolle spielt, (b) den unbeugsamen intellektuellen Puritanismus des Verfassers (und der meisten seiner Anhänger) und wenn man sich an den Einfluß von Harriet Taylor auf Mills Leben und Lehre erinnert. In Poppers Leben gibt es keine Harriet Taylor. Die obigen Argumente sollten auch klargemacht haben, daß ich den Theorienpluralismus nicht bloß als einen »äußeren Katalysator« des Fortschritts betrachte, wie Lakatos in seinen Aufsätzen schreibt (»History of Science and its Rational Reconstructions«, in: *Boston Studies,* Bd. 8, S. 98; »Popper on Demarcation and Induction«, Ms. 1970, S. 21), sondern als einen wesentlichen Bestandteil. Stets seit »Explanation, Reduction, and Empiricism« (*Minnesota Studies,* Bd. 3, Minneapolis 1962) und besonders in »How to be a Good Empiricist« (*Delaware Studies,* Bd. 2, 1963) habe ich behauptet, daß Alternativen den empirischen Gehalt der Auffassungen erhöhen, die gerade im Mittelpunkt stehen, und daher »*notwendige* Bestandteile« des Falsifikationsvorgangs sind (so Lakatos, »History . . .«, Anm. 27, als Beschreibung seines eigenen Standpunkts). In »Reply to Criticism« (*Boston Studies,* Bd. 2, 1965) führte ich aus, daß »das Proliferationsprinzip nicht nur die Erfindung *neuer* Al-

sprechung eines älteren Aufsatzes von mir[3], »dann erhebt sich die Frage, warum wir nicht *zurückgehen* und uns die objektive Kritik an der modernen Wissenschaft zunutze machen, die der Aristotelismus oder gleich der Wodu-Kult zu bieten haben« – und sie läßt durchblicken, daß eine derartige Kritik völlig lächerlich wäre. Damit setzt sie leider ein hohes Maß von Unwissenheit bei ihren Lesern voraus. Oft wurde Fortschritt durch eine »Kritik aus der Vergangenheit« von genau der Art erzielt, die sie nun mit so leichter Hand zur Seite schieben möchte. Nach Aristoteles und Ptolemäus wurde der Gedanke der Erdbewegung – diese sonderbare, altertümliche und »unglaublich lächerliche«[4] pythagoreische Anschauung – auf den Müllhaufen der Geschichte geworfen, aber alsbald von Kopernikus wieder zum Leben erweckt und zu einer Waffe umgeschmiedet, mit der er seine Bezwinger bezwang. Die Hermetischen Schriften spielten bei dieser Wiedererstehung eine bedeutende Rolle, die immer noch nicht genügend geklärt ist[5],

ternativen empfiehlt, sondern auch die Ausscheidung *älterer* widerlegter Theorien verhindert. Der Grund: solche Theorien tragen zum Gehalt ihrer siegreichen Konkurrenten bei« (S. 224). Das stimmt mit Lakatos' Bemerkung von 1971 überein, daß »Alternativen nicht bloße Katalysatoren sind, die später in der rationalen Rekonstruktion weggelassen werden können« (»History . . .«, Anm. 27), nur daß Lakatos die psychologistische Auffassung mir und meine *tatsächlichen* Auffassungen sich selbst zuschreibt. In Anbetracht der Argumentation im Text liegt es auf der Hand, daß die zunehmende Trennung von Wissenschaftsgeschichte, Wissenschaftstheorie und Wissenschaft selbst nachteilig ist und im Interesse aller drei Disziplinen beendet werden sollte. Andernfalls bekommen wir tonnenweise ausgefeilte, genaue, aber völlig sterile Ergebnisse.

3 Mary Hesse in *Ratio* 9 (1967), S. 93; vgl. B. F. Skinner, *Beyond Freedom and Dignity*, New York 1971, S. 5: »Kein heutiger Physiker würde sich bei Aristoteles Rat holen.« Das ist vielleicht richtig, aber kaum von Vorteil.

4 Ptolemäus, »Syntaxis«, zit. nach der Übersetzung von Manitius, *Des Claudius Ptolemaeus Handbuch der Astronomie*, Bd. 1, Leipzig 1963, S. 18.

5 Eine positive Beurteilung der Rolle der Hermetischen Schriften in der Renaissance findet sich bei F. Yates, *Giordano Bruno and the Hermetic Tradition*, London 1963; siehe auch die dort angegebene Literatur. Eine nicht sehr eindrucksvolle Kritik an dieser Auffassung ist enthalten in den Artikeln von Mary Hesse und Edward Rosen in Bd. 5 der *Minnesota*

und sie wurden selbst vom großen Newton sorgfältig studiert.[6] Solche Entwicklungen überraschen nicht. Kein Gedanke wird jemals in allen seinen Verzweigungen untersucht, und keine Auffassung erhält jemals alle Chancen, die sie verdient. Theorien werden aufgegeben und durch modische Analysen verdrängt, lange bevor sie Gelegenheit haben, alle ihre

Studies in the Philosophy of Science, Hg. Roger Stuewer, Minnesota 1970; vgl. auch Anm. 12 zu Kap. 8 des vorliegenden Essays.

6 Vgl. J. M. Keynes, »Newton the Man«, in: *Essays and Sketches in Biography,* New York 1956, und wesentlich ausführlicher McGuire und Rattansi, »Newton and the ›Pipes of Pan‹«, in: *Notes and Records of the Royal Society* 21, Nr. 2 (1966), S. 108 ff. Über den Zusammenhang zwischen Newtons Religiosität und seiner Wissenschaft vgl. F. Manuel, *The Religion of Isaac Newton,* Oxford 1974. Newton widersetzte sich der bei Descartes, Leibniz und Spinoza vorhandenen Tendenz, Gott zu einem abstrakten Prinzip zu machen, dessen Wirkung auf die physikalische Welt entweder in unveränderliche Gesetze gefaßt werden konnte oder sich auf eine ferne Vergangenheit beschränkte. »Denn das Wort ›Gott‹ bezieht sich nicht auf Gottes metaphysisches Wesen, sondern auf seine Herrschaft. Es ist ein Relationsausdruck und bezieht sich auf uns als Gottes Diener. Es ist ein Wort mit der gleichen Bedeutung wie ›Herr‹ oder ›König‹, aber in stärkerem Sinne.« (Jahuda, Ms. 15.7, fol. 154, zit. nach Manuel, ebenda, S. 22). Ein Gott »ohne Herrschaft, Vorsehung und letzte Ursachen ist nichts anderes als Schicksal und Natur. Blinde metaphysische Notwendigkeit, die gewiß immer und überall dieselbe ist, könnte keine Vielfalt erzeugen. Die ganze Vielfalt der Natur, die wir zu verschiedenen Zeiten und Orten vorfinden, konnte nur aus den Gedanken und dem Willen eines notwendig existierenden Wesens entstehen.« (*Principia,* übers. v. Motte, Bd. 2, S. 391). Man erkennt, daß Newtons »Gottheit durch ihr Handeln und Eingreifen in der Welt zeigt, daß sie sie geschaffen hat und auch *regiert.«* (McLaurin, *An Account of Sir Isaac Newton's Philosophical Discoveries,* London 1748, S. 382). Aus diesem Grunde hielt Newton eine rein mechanische Erklärung der Welt für unzureichend. Er nahm zum Beispiel an, daß das Planetensystem sich allmählich auflöst und von Gott periodisch geordnet werden muß.

Um Gottes Plan zu erkennen, studierte Newton die Natur wie auch alte Schriften und Sagen. Den Propheten widmete er große Aufmerksamkeit. Für ihn war »ein wahrer Prophet ein besonders vernunftbegabter Mensch, der würdig war, mittels des prophetischen Geistes Mitteilungen von der göttlichen Vernunft zu empfangen ... Die Sprache der Prophetie war dunkel und verschleiert; doch das Bewußtsein des Propheten war von höchster Klarheit und ließ den Heiligen Geist knapp und genau aus sich sprechen. Die Bedeutung der Prophetie lag im dunkeln, so wie die Natur-

Qualitäten zu zeigen. Außerdem erscheinen alte Lehren und »primitive« Mythen nur darum so sonderbar und unsinnig, weil ihr wissenschaftlicher Gehalt entweder unbekannt ist oder von Philologen und Anthropologen verfälscht wurde, denen das einfachste physikalische, medizinische oder astronomische Wissen fehlt.[7] Der Wodu, Hesses pièce de rési-

gesetze, jenes andere Buch, in das Gott seine Taten geschrieben hat; Newton zog häufig Parallelen zwischen der Entschleierung der Geheimnisse der prophetischen Bücher und der Entdeckung der Geheimnisse im Buch der Natur« (Manuel, ebenda, S. 88). Die verwendete Methode ist in beiden Fällen empirisch. Sie muß empirisch sein, weil man *Gottes Handlungen nur als Augenzeuge feststellen, aber nicht in der menschlichen Vernunft vorwegnehmen kann.* (Es ist interessant, daß Agrippa von Nettesheim, der große deutsche Magier, aus ebendiesem Grunde zum Empirismus kommt, nur daß bei ihm nicht Gott, sondern die Natur selbst nicht antizipiert werden kann: »Formale Kräfte«, schreibt er in *De occulta philosophia* I, 10, »heißen okkulte Kräfte, weil uns ihre Ursachen verborgen sind; die menschliche Vernunft kann sie nicht allseitig untersuchen, daher haben sie die Philosophen aus der Erfahrung entnommen ...«)
Newtons Einstellung zur Alchemie, den Hermetischen Schriften und anderen antiken Überlieferungen beruht auf der gleichen Annahme. Er »war überzeugt, daß alle wahren Alchemisten dasselbe Werk erklärten, dieses aber unter einer anstößigen Üppigkeit geheimnisvoller Symbolik verbargen. Er stand also unter anderem vor der Aufgabe, die verschiedenen Symbolsprachen der biblischen Propheten auf einen Nenner zu bringen« (R. Westfall, »Alchemy in Newton's Career«, in *Reason, Experiment and Mysticism in the Scientific Revolution,* Hg. M. L. Righini und William R. Shea, New York 1975, S. 198). In allen diesen Fällen geht er von der vernünftigen Annahme aus, daß der frühe Mensch im Einklang mit Gott und der Natur gelebt und also deren Grundeigenschaften gekannt hat. Siehe auch die nächste Anmerkung.

7 Im 19. und frühen 20. Jahrhundert war die Deutung antiker Theorien, Mythen und Kosmologien der sogenannten »Primitiven« durch folgende Umstände bestimmt: 1. Der auch heute noch vorhandene Glaube, die Wissenschaft habe in Griechenland begonnen und könne unmöglich in früheren Zeiten oder von nichtabendländischen Kulturen vorweggenommen oder übertroffen worden sein, hatte zur Folge, daß Vorstellungen und Instrumente, die offensichtlich in die Astronomie (Biologie, Physik) gehören, eine primitive und subjektive Mißdeutung erfuhren. Diese Tendenz wurde durch den Aufstieg der Psychoanalyse gefördert. – 2. Der unter (1) genannte Glaube wurde durch die astronomische (physikalische, biologische usw.) Unkenntnis der Deuter bestärkt. Das wurde gelegentlich zugestanden. So schreibt A. Kraemer über die polynesische Naviga-

stance, ist ein einschlägiger Fall. Niemand kennt ihn, jeder zieht ihn als Beispiel für Rückständigkeit und Verworrenheit heran. Und doch hat Wodu eine feste, wenn auch noch nicht genügend erkannte materielle Basis, und die Untersuchung

tion (*Die Samoainseln*, Bd. 2, Stuttgart 1903, S. 244): »Mein alter Freund Le'iato von Tutulia gab sich große Mühe, mir diese Art der Navigation zu erklären, und als er einmal hierzu eines Abends gekommen war und seinen Vortrag wegen einiger mangelnder Sterne nicht vollenden konnte, weckte er mich wenige Stunden später während der Nacht schon wieder und ... ließ mich nicht los, bis die Sonne aufging. Ich muß gestehen, daß ich nicht alles kapiert habe, ... denn ich bin ein schlechter Astronom ...« Doch solche Eingeständnisse sind sehr selten. Statt seine Unkenntnis zuzugeben, beschreibt der Forscher eine neue Entdeckung der »Primitivität« des vor- und außer-abendländischen Denkens. – 3. In engem Zusammenhang mit (1) und (2) steht die Verkennung der Möglichkeit, daß die untersuchten Geschichten in einer *Fachsprache* abgefaßt sein könnten, was tatsächlich oft der Fall ist. Die Sprache ist nicht geometrisch, wie in den Anfängen des abendländischen Denkens, sondern sozial, was die damals bestehende enge Verbindung zwischen Mensch und Natur ausdrückt. »Man erkennt also«, schreibt de Santillana in *The Origin of Scientific Thought*, New York 1961, insbes. in der Vorrede, »daß sehr viele als phantastisch und willkürlich erscheinende Mythen – die griechische Argonautensage ist ein später Abkömmling – eine Terminologie von Bildmotiven bereitstellen, einen Code, den man jetzt zu entziffern beginnt. Der Code sollte es den Eingeweihten ermöglichen, (a) die Stellung von Planeten bezüglich der Erde, des Fixsternhimmels und untereinander eindeutig zu bestimmen, (b) die vorhandenen Kenntnisse über den Aufbau der Welt in Geschichten über den ›Ursprung der Welt‹ darzustellen.« Siehe auch Maud Makemsons Darstellung der polynesischen Astronomie in *The Morning Star Rises*, New Haven 1941. – 4. Früher sprachen die Forscher nur selten die Sprache des Volkes, mit dem sie sich beschäftigten. Sie mußten sich auf Gewährsleute stützen: entweder Einheimische, die auch die Sprache des Fremden beherrschten, oder christliche Missionare verschiedener Kirchen. Beide waren unzuverlässig. – 5. Außerdem zeigte es sich, daß Grundmythen stets verschiedene Formen haben. Gewisse dieser Formen dienen dazu, neugierige Eindringlinge abzuspeisen. Vgl. die Einleitung zu M. Griaule, *Conversations with Ogotemmeli*, Oxford 1962. – 6. Nach gewissen dogmatischen Fassungen der Abstammungslehre stehen »Primitive« oder Steinzeitmenschen auf einer früheren Entwicklungsstufe und können also unmöglich fundierte astronomische, physikalische usw. Kenntnisse besitzen. – 7. Ein falscher Begriff der »wissenschaftlichen Objektivität« hinderte die Forscher daran, mit den Angehörigen der von ihnen untersuchten Kulturen zu *diskutieren* (wenn man mit einer Person diskutiert, dann

seiner Äußerungsformen kann unser physiologisches Wissen bereichern, vielleicht sogar berichtigen.[8]

Aristoteles ist ein noch besseres Beispiel. Jeder schimpft auf ihn, aber gelesen hat ihn fast niemand. Als Ergebnis davon haben die meisten Menschen – viele Wissenschaftstheoretiker eingeschlossen – eine sehr einfältige Vorstellung von jenen Vorgängen, die man heute gerne mit den etwas dramatischen Worten ›die Kopernikanische Revolution‹ bezeichnet. Da

beeinflußt man ihren Bewußtseinszustand, das heißt, man untersucht ihn nicht mehr »objektiv«). Daher lernten sie nie die ausgezeichneten Gründe kennen, die die »Primitiven« für ihre Anschauungen haben. Evans-Pritchards Entdeckung, daß die Azande jeden Einwand (z. B.) gegen ihre Verwendung von Orakeln treffend beantworten können, zeigt, daß es eine Fülle solcher Gründe gibt. – 8. Endlich herrschte die Auffassung, daß ein der augenblicklichen wissenschaftlichen Ideologie widersprechender Standpunkt ohne objektive Bedeutung sei.

Die meisten dieser Umstände sind heute beseitigt aufgrund von Felduntersuchungen, neuen Deutungen archäologischer Funde (Marshack; Hawkins; Thom) und einem genauen Studium der schriftlich überlieferten Mythen (über die Verhältnisse auf diesem Gebiet siehe de Santillana und von Dechend, *Hamlet's Mill,* Boston 1969). Man kann nicht bestreiten, daß »Primitive« sehr gut denken können und manche Teile der Natur viel besser kennen als wir. Man kann nicht bestreiten, daß es eine internationale steinzeitliche Astronomie mit Schulen, Sternwarten, Traditionen und höchst interessanten Theorien gab. Diese waren in soziologischer und nicht mathematischer Sprache ausgedrückt und hinterließen ihre Spuren in Fundstücken (Steinritzungen, Anordnungen von Steinen) und in Sagen, Mythen und Legenden. Sie lassen sich auf zweierlei Art rekonstruieren: indem man *in die Gegenwart vorwärtsschreitet,* d. h. das archäologische Material deutet (darüber vgl. A. Marshack, *The Roots of Civilization,* New York 1972), oder indem man von den überkommenen Sagen, Mythen, Legenden usw. *in die Vergangenheit zurückgeht.* Man sieht also: auch die ausgefallensten Alternativen sind *vernünftig,* ja möglicherweise besser als das, was die Wissenschaft zu bieten hat.

8 Vgl. Kap. 9 von Lévi-Strauss, *Strukturale Anthropologie,* Suhrkamp, Frankfurt 1967. Über die physiologischen Grundlagen des Wodu siehe C. R. Richter, »The Phenomenon of Unexplained Sudden Death«, in: *The Physiological Basis of Psychiatry,* Hg. Gantt, sowie W. H. Cannon, *Bodily Changes in Pain, Hunger, Fear and Rage,* New York 1915, und »›Voodoo‹ Death«, in: *American Anthropologist,* n. s., 54 (1942). Die ausführlichen biologischen und meterologischen Beobachtungen sogenannter »Primitiver« werden mitgeteilt in Lévi-Strauss, *Das wilde Denken,* Suhrkamp, Frankfurt 1968.

wird angenommen, daß Kopernikus, Galilei und Kepler eine sehr naive Philosophie durch eine viel gründlichere und bessere Philosophie ersetzt haben und daß sie sich dabei zwingender Argumente bedienten. Das ist eine Karikatur der tatsächlichen Vorgänge. Aristoteles hatte sich die Aufgabe gestellt, alle bekannten Erscheinungen der Welt zu erfassen und systematisch darzustellen, und zwar so, wie sie in der Beobachtung vorlagen. Qualitative Veränderungen, wie etwa die Abgabe von Lehrstoff durch einen Lehrer und die Aufnahme desselben Lehrstoffes durch einen Schüler – ein von Aristoteles häufig verwendetes Beispiel – waren genauso zu behandeln wie die Ortsbewegung oder die Entstehung völlig neuer Gebilde. Aristoteles schuf spezielle Terminologie zur Beschreibung spezieller Veränderungen und allgemeine Begriffe zur Erfassung der allen Bewegungen gemeinsamen Züge. Er untersuchte auch die Anordnung der Bewegungen in der Welt, das heißt, er stellte die Frage, welche Bewegungen eine fundamentalere Rolle spielten und welche eine untergeordnetere Rolle. Außerdem war er der erste Denker, der die sehr wichtige Unterscheidung zwischen »natürlichen« Bewegungen (oder Trägheitsbewegungen, wie wir sie heute nennen) und anderen Bewegungen traf, die unter der Einwirkung von Kräften vor sich gehen. In diesem Zusammenhang hat er eine interessante Theorie des Kontinuums entwickelt, die der viel späteren Theorie Weyls in vieler Hinsicht sehr ähnelt.[9] Als Ergebnis dieser Bemühungen gab es bei Aristoteles keine bevorzugten Wissenschaften. Es gab auch kein Leib-Seele-Problem. Was geschah nun als Folge der Bemühungen des Galilei (und des Descartes, der Galilei zwar wegen seiner Systemlosigkeit kritisiert, dessen mechanische Philosophie aber dem Mechanizismus Galileis in vielen Zügen ähnelt)? Die Ortsbewegung wird ohne weiteres Argument als die einzig wichtige Bewegung ausgewählt und im Detail untersucht. Diese Untersuchung führt zu gewissen

9 Vgl. meine Studie »Aristotele's Theory of Mathematics and of the Continuum«, in: *Midwestern Studies of Philosophy*, 1982, wo der Vorteil der Aristotelischen Theorie gegenüber der Theorie Galileis und später Cantors, im Detail beschrieben wird.

Fortschritten in einem engen Raum. Abgesehen davon kommt es zu einer unglaublichen Vergröberung des Naturbildes. Zum Beispiel ist Galileis Theorie des Kontinuums sehr viel oberflächlicher als die des Aristoteles, die gewisse Züge der Quantentheorie vorwegnimmt (siehe wieder meinen eben angeführten Artikel). Veränderungen, die keine Ortsveränderungen sind, werden entweder überhaupt nicht beachtet oder mit dem Versprechen zur Seite geschoben, daß sich eine rechte Erklärung schon einmal einstellen werde. Damit werden Forschungsbereiche wie die Botanik, die Biologie, die Psychologie, die Geschichte, wo es durchweg auf qualitative Veränderungen ankommt, mit frecher Geste in eine untergeordnete Stellung verwiesen. Und damit entsteht auch das Leib-Seele-Problem. Das Leib-Seele-Problem wird nicht gelöst, obwohl selbst die einfachste Beobachtung nur dann einen »objektiven« Sinn hat, wenn man annimmt, daß das Problem gelöst ist. Dieser Konflikt zwischen der gewählten Fundamentaltheorie und makroskopischen Ereignissen, die ihr nicht entsprechen, dauerte an bis ins späte 19. Jahrhundert. Die Gleichungen der Mechanik, die damals für viele Wissenschaftler Grundgleichungen für alles darstellten, sind reversibel. Ist ein Prozeß, der in gewisser Richtung abläuft, mechanisch möglich, dann ist es auch seine Umkehrung. Wachstum, Leben etc. sind aber irreversibel. Das galt für lange Zeit als Schein, hervorgerufen durch eine etwas spezielle Stellung des Beobachters. Dann aber nahm die Zahl der Physiker zu, die Phänomene wie diese nicht einfach als Schein beiseite schieben wollten. Beispiele waren Mach, Duhem, Ostwald und, später, Bohm, Prigogine und Primas. Unter ihnen kommen jene Denker, die sich des logisch-algebraischen Vorgehens bedienen, dem Aristotelischen Standpunkt sehr nahe.[10] Aber ganz abgesehen davon ist ja Aristoteles bei weitem nicht so schnell verschwunden, wie seine ahnungslosen Kritiker behaupten. Seine Ideen spielten im 17. Jahrhundert eine große Rolle und halfen bis ins 18.

10 Vgl. Hans Primas, *Chemistry Quantum Mechanics and Reductionism*, Verlag Springer 1981, sowie mein Vorwort zum gleichen Buch.

Jahrhundert bei Entdeckungen auf dem Gebiet der Elektrizität und der Wärmelehre.[11]

Ein kenntnisloses Abschieben alter Ideen verfälscht also nicht nur die Geschichte der Wissenschaften, es ist auch eine große Gefahr für die Forschung selbst, *denn jede Idee, sei sie auch noch so voll von Fehlern, hat einen zukunftsträchtigen Gehalt, der unter neuen Umständen die Forschung vorantreiben kann* (außerdem redet man ja von Fehlern immer in bezug auf einen gewissen kritischen Apparat – aber der kritische Apparat ist nicht unfehlbar und kann fruchtbare Ideen beseitigen).

Ein gutes Beispiel für die entdeckungsbildende Kraft von Ideen, die bereits auf dem Abfallhaufen der Denkgeschichte gelandet waren, ist die Wiederbelebung der Medizin des *Nei Ching* im kommunistischen China. Am Anfang steht eine gewohnte Entwicklung[12]: ein großes Land mit großen Traditionen wird vom Westen bedrängt und ausgebeutet. Eine neue Generation erkennt die materielle und intellektuelle Überlegenheit des Westens, oder glaubt sie zu erkennen, und führt sie auf die Wissenschaft zurück. Diese wird importiert und gelehrt und verdrängt alles Traditionelle. Der wissenschaftliche Chauvinismus triumphiert: »Was mit der Wissenschaft vereinbar ist, soll leben, was nicht, sterben.«[13] »Wissenschaft« bedeutet in diesem Zusammenhang nicht bloß eine bestimmte Methode, sondern auch alle von ihr bisher gezeitigten Ergebnisse. Was mit diesen unvereinbar ist, ist zu beseitigen. Ärzte alten Stils zum Beispiel müssen entweder von der ärztlichen Tätigkeit ausgeschlossen oder umerzogen werden. Kräuter-

11 Zur Lage in der Elektrizität vgl. die ausgezeichnete Darstellung in John Heilbronn, *Electricity in the 17th and 18th Centuries*, Berkeley und Los Angeles 1979.

12 R. C. Croizier, *Traditional Medicine in Modern China*, Harvard University Press, 1968. Der Verfasser liefert eine sehr interessante und unparteiische Darstellung der Entwicklungen mit zahlreichen Zitaten aus Zeitungen, Büchern und Pamphleten, aber oft hemmt ihn sein Respekt vor der Wissenschaft des 20. Jahrhunderts.

13 Chou Shao, zit. in Croizier /4[12]/ S. 109. Vgl. auch D. W. Y. Kwok, *Scientism in Chinese Thought*, New Haven 1965.

medizin, Akupunktur, Moxibustion* und die zugrundeliegende Philosophie gehören der Vergangenheit an und sind nicht mehr ernst zu nehmen. Dies war die Lage bis etwa 1954, als mit der Verurteilung bürgerlicher Elemente im Gesundheitsministerium ein Feldzug für die Wiederbelebung der traditionellen Medizin begann. Der Feldzug war ohne Zweifel politisch inspiriert: die Wissenschaft wurde mit der bürgerlichen Wissenschaft identifiziert und die Partei verweigerte den Spezialisten besondere Vorrechte.[14] Dieser Feldzug war aber

* Stimulierung der Akupunktur-Punkte durch Verbrennen der Pflanze Artemisia moxa.

14 Zur Vernünftigkeit dieser Verweigerung siehe meinen Artikel »Experts in a Free Society«, in: *The Critic*, November/Dezember 1970, sowie Kap. 18 des vorliegenden Essays. Vgl. auch *Erkenntnis für freie Menschen*, Frankfurt 1981. Über die Spannungen zwischen »rot« und »Spezialist« vgl. F. Schurmann, *Ideology and Organization in Communist China*, University of California Press, 1966.
Mao Tse-tung scheint erkannt zu haben, (1) daß die Wissenschaft eine Ideologie enthält, die (a) mit einer grundlegenden Wandlung des Menschen und der Gesellschaft unvereinbar ist und (b) den Fortschritt der Wissenschaft selbst behindert; (2) daß die Wissenschaft ohne diese Ideologie leben und gedeihen kann; und (3) daß man Wissenschaftlern, »Experten«, nur höchst allgemeine Ratschläge geben kann. Vgl. »Über den Widerspruch«; »Über die richtige Behandlung von Widersprüchen im Volke«, hier insbes. Abschnitt 5, der sich mit den Intellektuellen beschäftigt; »Gegen den blinden Glauben beim Lernen«, zit. nach St. Schram, *Mao Tse-Tung Unrehearsed*, Penguin Books, 1974, S. 118 f.: »Seit jeher waren Menschen, die neue Denkrichtungen schufen, jung und besaßen keine große Gelehrsamkeit ... In der Geschichte sind es immer die weniger Gelehrten, die die Gelehrteren stürzen ... Wir möchten Zeitschriften herausgeben und uns gegen die bürgerlichen Intellektuellen durchsetzen; man braucht nur etwa ein Dutzend Bücher zu lesen, um sie zu schlagen ... Ich sage nicht, daß man alle Schulen schließen soll. Ich meine nur, daß es nicht unbedingt nötig ist, die Schule zu besuchen ...« Schurmann, a.a.O., S. 507, schreibt: »Aufgrund des Buches ›Die Gedanken Mao Tse-Tungs‹ ist alles erreichbar, wenn sich die Menschen von Maos Gedanken leiten lassen: die Atombombe, die Besteigung des Mount Everest, die Herstellung eines neuen Kraftfahrzeugs, eine Rekordernte. Doch der Vorsitzende Mao hat nichts über die Methoden zu sagen, die bei solchen Erfolgen verwendet werden«, und das ganz mit Recht, denn die Methoden hängen vom jeweiligen Fall ab und lassen sich nicht unabhängig davon einführen.

die Gegenkraft, die nötig war zur Überwindung des herrschenden wissenschaftlichen Chauvinismus und zur Ermöglichung einer Vielheit (in diesem Fall einer Zweiheit) von Auffassungen. (Das ist ein wichtiger Punkt. Oft verhärten sich Teile der Wissenschaft und werden intolerant, so daß der Pluralismus von außen und mit politischen Mitteln erzwungen werden muß. Natürlich kann man keinen Erfolg *garantieren* – siehe die Affäre Lysenko. Doch das hebt die Notwendigkeit außerwissenschaftlicher Kontrollen der Wissenschaft nicht auf.)

Der politisch erzwungene Dualismus hat nun in China wie auch im Westen zu höchst interessanten und verwirrenden Entdeckungen und zu der Erkenntnis geführt, daß es Wirkungen und Mittel der Diagnose gibt, die die moderne Medizin nicht kennt und nicht erklären kann.[15] Es zeigten sich erhebliche Lücken in der westlichen Medizin. Man kann auch nicht erwarten, daß das übliche wissenschaftliche Vorgehen schließlich zu einer Antwort führen wird. Im Falle der Kräutermedizin besteht es aus zwei Schritten.[16] Zunächst wird die Kräuterzubereitung in ihre chemischen Bestandteile analysiert. Dann werden die *spezifischen* Wirkungen jedes Bestandteils bestimmt und die Gesamtwirkung auf ein bestimmtes Organ auf dieser Grundlage erklärt. Das läßt die Möglichkeit außer acht, daß das unanalysierte Kraut den Zustand des *ganzen* Organismus verändert und daß dieser Zustand, nicht ein herausanalysierter Bestandteil des Tees, dann das kranke Organ heilt. Hier

15 Über ältere Ergebnisse siehe T. Nakayama, *Acupuncture et médicine chinoise vérifiées au Japon*, Paris 1934, und F. Mann, *Acupuncture*, New York 1962, verb. Aufl. 1973. In der traditionellen Medizin ist das Pulsnehmen die hauptsächliche Diagnosemethode, sie kennt 12 verschiedene Pulse. E. H. Hume, *Doctors East and West*, Baltimore 1940, S. 190-92, gibt interessante Beispiele an, in denen Pulsdiagnose und moderne wissenschaftliche Diagnose zum gleichen Ergebnis führen. Vgl. auch E. H. Hume, *The Chinese Way of Medicine*, Baltimore 1940. Über den historischen Hintergrund und weiteres Material vgl. die Einleitung zu *The Yellow Emperor's Classic of Internal Medicine*, übers. v. Ilza Veith, Berkeley und Los Angeles 1966.

16 Vgl. M. B. Krieg, *Green Medicine*, New York 1964.

wie anderswo gewinnt man Erkenntnis allein durch eine Vielfalt von Anschauungen, nicht durch entschiedene Anwendung einer bevorzugten Ideologie. Und man erkennt, daß die Vielfalt manchmal von außerwissenschaftlichen Instanzen erzwungen werden muß, die genügend Macht haben, um sich gegen die mächtigsten wissenschaftlichen Institutionen durchzusetzen. Beispiele sind die Kirche, der Staat, politische Parteien, öffentliche Unzufriedenheit oder Geld: der beste Einzelgegenstand, der einen modernen Wissenschaftler von dem abbringt, was ihm sein »wissenschaftliches Gewissen« eingibt, ist immer noch der Dollar. Eine Demokratie ist schließlich nicht nur für die Qualität ihrer Panzer, Bomben und Fernsehapparate verantwortlich, sondern auch für die Qualität ihrer Ideen.

Die Beispiele des Kopernikus, der Atomtheorie, des Wodu, der chinesischen Medizin und andere Beispiele zeigen, daß auch die fortgeschrittensten und scheinbar gesichertsten Theorien nicht sicher sind, daß sie mit Hilfe von Auffassungen verändert oder gänzlich gestürzt werden können, die eine hochmütige Unwissenheit schon in den Mülleimer der Geschichte geworfen hat, und daß *jede beliebige Anschauung*, wie ausgefallen und »veraltet« sie auch erscheinen mag, zum Ausgangspunkt einleuchtender Erklärungen und fruchtbarer Entdeckungen werden kann. So kann die Erkenntnis von heute zum Märchen von morgen und der lächerlichste Mythos schließlich zum festen Bestandteil der Wissenschaft werden.

Wenn nun alte Mythen, verbrauchte wissenschaftliche Theorien, merkwürdige Vorstellungen einen Kern enthalten, der sich bei einiger Mühe in eine Reihe faktischer Behauptungen verwandeln läßt, die dann mit den modernsten Ideen in fruchtbaren Wettstreit treten können, dann ist die ideologische Vielfalt, auf die Mill so großen Wert legte, nicht nur ein wesentlicher Bestandteil der Demokratie, sondern auch eines vernünftigen wissenschaftlichen Vorgehens. Leider haben die Demokratien ihre gleichzeitige Bindung an die »Rationalität« – und das bedeutet heute vor allem die Wissenschaften – und an die Gedankenfreiheit immer als ein Problem empfunden.

Als Ausweg werden die demokratischen Grundsätze gewöhnlich da außer Kraft gesetzt, wo sie am wichtigsten sind: in der Erziehung. Und so kann eine moderne »wissenschaftliche« Demokratie keine Hopi-Kultur im vollen Sinn des Wortes enthalten; sie kann keine schwarze Kultur im vollen Sinn des Wortes enthalten; sie kann keine jüdische Kultur im vollen Sinn des Wortes enthalten. Was sie bietet, ist eine unheilige Allianz von Wissenschaft und Kapitalismus (oder Wissenschaft und Staatskapitalismus in den Volksdemokratien), der dann die eine oder die andere kastrierte Lebensform wie eine Verzierung umgehängt wird. Solche Einschränkungen sind unfair und ungerecht. Sie unterdrücken wesentliche Möglichkeiten der menschlichen Entwicklung. Das war früher das einzige Argument gegen sie. Seit Mill erkennen wir, daß sie auch die Entwicklung der Wissenschaften und des Rationalismus behindern.[17]

Die Folgerungen für das *Erziehungswesen* liegen auf der

17 Das gilt vor allem für das heute sehr populäre Prinzip, daß Annahmen, die »der« Wissenschaft widersprechen, vor ihr nicht bestehen können. Dieses Prinzip ist einer der Gründe für die hündische Unterwürfigkeit, die selbst sehr mächtige Institutionen, wie etwa die Römische Kirche, heute den Wissenschaften gegenüber an den Tag legen. Nun gibt es, erstens, »die« Wissenschaft gar nicht. Es gibt verschiedene Wissenschaften mit sehr verschiedenen Methoden, und innerhalb jeder dieser Wissenschaften gibt es wieder verschiedene Schulen, und die bieten durchaus nicht immer ein einheitliches Bild (ich spreche jetzt von der Forschung und nicht von der Haltung, die der Öffentlichkeit gegenüber aus Propagandagründen eingenommen wird). Zweitens aber ist ein Widerspruch zwischen einer akzeptierten (oder »wohlbegründeten«) wissenschaftlichen Aussage und einer Aussage anderer Art keinesfalls ein Beweis für die Falschheit der letzteren. Wie wir gesehen haben, kann das weitere Verfolgen des Konflikts zur Einsicht führen, daß der Irrtum auf seiten der Wissenschaften liegt (vgl. dazu auch Kap. 6 und 8 von Bd. 1 meiner *Philosophical Papers*). Beseitigt man also eine Aussage schon darum, weil sie den Wissenschaften widerspricht (angenommen, es gibt in der fraglichen Sache eine einheitliche wissenschaftliche Meinung), dann *forscht* man nicht, sondern betreibt Wissenschafts*politik:* die meisten modernen Argumente aufgrund der Wissenschaften sind politische Argumente oder, da die Sache niemals klargestellt wird, politische Druckmanöver. Vgl. dazu meinen Aufsatz »Science – Political Pressure Group or Instrument of Research?«, in: *Speculations in Science and Technology*, 1983.

Hand. Fortschrittliche Erzieher haben stets versucht, die Individualität ihrer Schüler zu entwickeln und die besondern, manchmal ganz einzigartigen Fähigkeiten und Ansichten des Kindes zum Zuge kommen zu lassen. Doch eine solche Erziehung erschien oft als eine nutzlose Übung im Tagträumen. Denn muß nicht die Jugend auf das Leben vorbereitet werden, *wie es wirklich ist?* Bedeutet das nicht, daß sie *ein bestimmtes System von Anschauungen* lernen muß und nichts anderes? Und wenn eine Spur ihrer Einbildungskraft übrigbleiben soll, findet sie dann nicht passende Betätigung in den Künsten oder einem verdünnten Gebiet der Träume, das mit der Welt, in der wir leben, nur wenig zu tun hat? Führt aber diese Methode nicht letztlich zu einer Spaltung zwischen einer verhaßten Wirklichkeit und willkommenenen Fantasien, zwischen Wissenschaft und Kunst, zwischen sorgfältiger Beschreibung und ungezügeltem Ausdruck der Persönlichkeit? Die Argumente für den Pluralismus zeigen, daß das nicht so zu sein braucht. Man kann das, was man die Freiheit des künstlerischen Schaffens nennen könnte, *erhalten und voll ausnützen*, nicht als Fluchtweg, sondern als notwendiges Mittel zur Erkenntnis und vielleicht sogar Veränderung der Eigenschaften der Welt, in der wir leben. Die dabei verwendeten Alternativen sollten sich zu vollständigen Subkulturen ausbilden können, die nicht mehr auf der Wissenschaft und dem Rationalismus beruhen. Diese Übereinstimmung des Teils (des einzelnen Menschen; der kulturellen Gebilde, denen er angehört) mit dem Ganzen (umfassenderen Gesellschaften; dem Raumschiff Erde), des rein Subjektiven und »Willkürlichen« mit dem Objektiven und Gesetzmäßigen ist eines der wichtigsten Argumente für eine pluralistische Methodologie. Einzelheiten entnehme der Leser Mills großartigem Essay *On Liberty*.[18]

18 Vgl. meine Analyse Mills in *Philosophical Papers*, Bd. 1, Kap. 8, und Bd. 2, Kap. 4. Es ist interessant zu sehen, daß Mills Ideen von gewissen Denkern in der Tradition des jüdischen Mystizismus vorweggenommen wurden und sich in gewissen Argumenten Mao Tse-tungs wiederfinden. Vgl. die hochinteressante Biographie des Rabbi Juda Loew, des angeblichen Erbauers des Golem von Rabbi Ben Zion Bokser, *From the World of*

the Cabbalah, New York 1954, S. 83. »Manche denken«, schreibt Rabbi Loew, »daß das Verbot, gegen die Religion zu sprechen, die Religion stärken müsse ... Das ist nicht der Fall. Die Beseitigung der Ideen der Gegner der Religion unterminiert sie und macht sie schwächer.« Gott schuf den Menschen zu seinem Ebenbild, aber dieses Ebenbild liegt nicht in *einem* Menschen, sondern in allen Menschen zusammengenommen, so daß jeder von ihnen einen Teil der Wahrheit besitzt: »Alles ist Teil der Schöpfung, alle Geschöpfe offenbaren die Herrlichkeit seines Werkes. Daher ist alles dem Geheiligten heilig.« Bokser op. cit., 49, 19, 89. Hervorhebung einer bestimmten Idee als *die* Wahrheit ist Idolatrie (81).

5

Keine Theorie stimmt jemals mit allen Tatsachen *auf ihrem Gebiet überein, doch liegt der Fehler nicht immer bei der Theorie. Tatsachen werden durch ältere Ideologien konstituiert, und ein Widerstreit von Tatsachen und Theorien kann ein Zeichen des Fortschritts sein. Er ist auch ein erster Schritt bei unserem Versuch, die Grundsätze aufzudecken, die in den üblichen Beobachtungsbegriffen stecken und kann so ihre Untersuchung ermöglichen.*

Wenn wir nun die Erfindung, den Ausbau und die Anwendung von Theorien betrachten, die nicht bloß anderen Theorien, sondern sogar *Experimenten, Tatsachen, Beobachtungen* widersprechen, so können wir mit dem Hinweis beginnen, daß *keine einzige Theorie jemals mit allen bekannten Tatsachen auf ihrem Gebiet übereinstimmt.* Und die Schwierigkeit entsteht nicht durch Gerüchte oder nachlässige Verfahren, sondern durch Experimente und Messungen von höchster Genauigkeit und Zuverlässigkeit.

Es ist hier von Nutzen, zwei verschiedene Arten des Konflikts von Theorien und Tatsachen zu unterscheiden: quantitative Unstimmigkeiten und qualitative Fehlschläge.

Der erste Fall ist wohlbekannt: Eine Theorie macht eine bestimmte zahlenmäßige Voraussage, und der tatsächliche Wert unterscheidet sich davon um mehr als die Fehlerspanne. Hier werden gewöhnlich Präzisionsinstrumente verwandt. Quantitative Unstimmigkeiten sind in der Wissenschaft an der Tagesordnung. Sie bilden ein »Meer von Anomalien«, das jede einzelne Theorie umgibt.[1]

So widersprach die Kopernikanische Auffassung zur Zeit Ga-

1 Zu diesem »Meer« und verschiedenen Möglichkeiten, mit ihm fertig zu werden, vgl. meinen Aufsatz »Reply to Criticism«, in: *Philosophical Papers*, Bd. 1, Kap. 6.

lileis derart einfachen und offenkundigen Tatsachen, daß sie Galilei »sicherlich falsch« nennen mußte.[2] »Mein Erstaunen kennt keine Grenzen«, schreibt er in einem späteren Werk[3], »wenn ich darüber nachdenke, daß Aristarch und Kopernikus imstande waren, die Vernunft so über die Sinne zu setzen, daß sie, im Widerstreit mit diesen, zur Beherrscherin ihrer Auffassungen wurde.« Newtons Gravitationstheorie war von allem Anfang an mit ernsten Schwierigkeiten behaftet, die zu ihrer Widerlegung ausreichten.[4] Noch heute und auf nichtrelativistischem Gebiet »gibt es zahlreiche Abweichungen zwischen Beobachtung und Theorie«.[5] Das Bohrsche Atommodell wurde angesichts exakter und nicht zu erschütternder widersprechender Daten eingeführt und beibehalten.[6] Die spezielle Relativitätstheorie wurde aufrechterhalten trotz Kaufmanns unzweideutiger experimenteller Ergebnisse von 1906 und trotz der Widerlegung von D. C. Miller (ich spreche von einer Widerlegung, weil das Experiment unter damaligen Gesichtspunkten mindestens so gut durchgeführt war wie die älteren Experimente von Michelson und Morley).[7] Die allgemeine Re-

2 Galileo Galilei, »Der Münzprüfer«, zit. nach *The Controversy on the Comets of 1618*, Hg. S. Drake und C. D. O'Malley, London 1960, S. 323.

3 Galileo Galilei »Dialog über die beiden hauptsächlichen Weltsysteme«, engl. Berkeley 1953, S. 328.

4 Für Newton selbst zeigten diese Anomalien, daß Gott von Zeit zu Zeit die Weltordnung wiederherstellte und somit die Welt nicht nur *geschaffen hatte,* sondern auch *regierte.* Vgl. Anm. 6 zu Kap. 4.

5 Brower-Clemence, *Methods of Celestial Mechanics,* New York 1961. Siehe auch R. H. Dicke, »Remarks on the Observational Basis of General Relativity«, in: *Gravitation and Relativity,* Hg. H. Y. Chiu und W. F. Hoffmann, New York 1964, S. 1-16. Eine ausführlichere Erörterung einiger Schwierigkeiten der klassischen Himmelsmechanik findet sich bei J. Chazy, *La théorie de la relativité et la mécanique céleste,* Bd. 1, Paris 1928, Kap. 4 u. 5.

6 Vgl. Max Jammer, *The Conceptual Development of Quantum Mechanics,* New York 1966, Abschn. 22. Eine Analyse findet sich in Abschnitt 3. c. 2 von Lakatos' »Falsification and the Methodology of Research Programmes«, in: *Criticism and the Growth of Knowledge*, Hg. Lakatos und Musgrave, Cambridge 1970.

7 W. Kaufmann »Über die Konstitution des Elektrons«, *Ann. Phys.* 19

lativitätstheorie war auf einigen Gebieten zwar überraschend erfolgreich (siehe jedoch die Bemerkungen weiter unten), konnte aber 10″ in der Bewegung der Venusknoten und über 5″ in der Bewegung der Marsknoten nicht erklären[8]; darüber hinaus sieht sie sich weiteren Schwierigkeiten gegenüber aufgrund der neuen Berechnungen der Merkurbahn von Dicke und anderen.[9] Das alles sind quantitative Schwierigkeiten, die

(1906), S. 487. Kaufmann sprach seine Schlußfolgerung ganz eindeutig und mit Hervorhebung aus: »*Die Ergebnisse der Messungen sind mit den Grundannahmen von Lorentz und Einstein nicht vereinbar.*« Die Reaktion von Lorentz: ». . . sehr wahrscheinlich müssen wir diesen Gedanken völlig aufgeben« (*Theory of Electrons,* 2. Aufl., S. 213). Ehrenfest: »Kaufmann zeigt, daß das Lorentzsche verformbare Elektron durch die Messungen ausgeschlossen ist« (»Zur Stabilitätsfrage bei den Bucherer-Langevin-Elektronen«, in: *Phys. Z.* 7 [1906], S. 302). Daß Poincaré Lorentz' »neue Mechanik« nicht anerkennen wollte, läßt sich mindestens zum Teil mit dem Ausgang des Kaufmannschen Experiments erklären. Vgl. *Wissenschaft und Methode,* Buch 3, Kap. 2, Abschn. 5 (autoris. dt. Ausg. v. F. u. L. Lindemann, Teubner, Leipzig u. Berlin 1914), wo Kaufmanns Experiment ausführlich erörtert wird, mit dem Ergebnis, daß »das Relativitätsprinzip . . . nicht die grundlegende Bedeutung haben kann, die man ihm zuzuschreiben geneigt war«. Vgl. auch St. Goldberg, »Poincaré's Silence and Einstein's Relativity«, *British Journal for the History of Science* 5 (1970), S. 73 ff., sowie die dort angegebene Literatur. Einstein hielt die Ergebnisse für »unwahrscheinlich, weil ihre Grundannahme, aus der die Masse des bewegten Elektrons abgeleitet wird, nicht durch theoretische Systeme nahegelegt wird, die größere Bereiche von Erscheinungen umfassen« (*Jahrbuch der Radioaktivität und Elektrizität* 4 [1907], S. 439). Millers Experiment wurde von Lorentz jahrelang studiert, aber er konnte den Fehler nicht finden. Erst 1955, 25 Jahre nachdem Miller seine Experimente abgeschlossen hatte, wurde eine befriedigende Erklärung seiner Ergebnisse gefunden. Vgl. R. S. Shankland, »Conversations with Einstein«, *Am. J. Phys.* 31 (1963), S. 47-57, insbes. S. 51, sowie Anm. 19 u. 34; vgl. auch die ergebnislose Diskussion auf der »Conference on the Michelson-Morley-Experiment«, *Astrophys. J.* 68 (1928), S. 341 ff.

8 J. Chazy /5[5]/, S. 230.

9 Siehe R. H. Dicke /5[5]/. Man beachte, daß die späteren Korrekturen an Dicke das Argument nicht beeinträchtigen, daß überwundene Theorien (wie die klassische Himmelsmechanik) zur Kritik ihrer erfolgreichsten Nachfolger (der allgemeinen Relativitätstheorie) herangezogen werden können. Außerdem war Dicke eine *zeitweilige* Gefahr, und das ist alles, was man hier braucht.

durch Auffindung besserer *Zahlen* behoben werden können, die uns aber nicht zu qualitativen Änderungen zwingen.[10] Der zweite Fall, der Fall qualitativer Fehlschläge, ist weniger häufig, aber von wesentlich größerem Interesse. Hier widerspricht eine Theorie nicht einer verborgenen Tatsache, die mit komplizierten Apparaturen zutage gefördert werden muß und nur Fachleuten bekannt ist, sondern Verhältnissen, die sich leicht wahrnehmen lassen und von denen jedermann weiß. Das erste und nach meiner Auffassung wichtigste Beispiel eines derartigen Versagens ist die Theorie des Parmenides vom unveränderlichen und einheitlichen Einen, der so gut wie alles widerspricht, was wir wissen und erfahren. Die Theorie hat viel für sich und spielt heute noch eine Rolle, etwa in der

10 Herbert Feigl (*Minnesota Studies* 5, 1971, S. 7) und Karl Popper (*Objektive Erkenntnis,* Hamburg 1973, S. 50) haben versucht, aus Einstein einen naiven Falsifikationisten zu machen. So schreibt Feigl: »Wenn sich Einstein bei der Aufstellung ... seiner allgemeinen Relativitätstheorie auf ›Schönheit‹, ›Harmonie‹, ›Symmetrie‹, ›Eleganz‹ stützte, so ist doch nicht zu vergessen, daß er auch sagte (in einer Vorlesung in Prag 1920 – ich war damals als sehr junger Student anwesend): ›Falls die Beobachtungen der Rotverschiebung in den Spektren dichter Sterne nicht quantitativ mit den Grundsätzen der allgemeinen Relativitätstheorie übereinstimmen, dann ist meine Theorie Staub und Asche.‹« Popper schreibt: »Einstein erklärte ..., wenn die Rotverschiebung ... bei weißen Zwergen nicht beobachtet würde, dann wäre seine allgemeine Relativitätstheorie widerlegt.«
Popper gibt keine Quelle für seine Geschichte an; höchstwahrscheinlich hat er sie von Feigl. Doch Feigls Geschichte und ihre Wiederholung durch Popper steht im Gegensatz zu den zahlreichen Gelegenheiten, wo Einstein »die Vernunft der Sache« über die »Verifikation durch kleine Effekte« stellte, und dies nicht nur in beiläufigen Bemerkungen während einer Vorlesung, sondern schriftlich. Vgl. Das Zitat in Anm. 7 zu diesem Kapitel, das von den Schwierigkeiten der speziellen Relativitätstheorie handelt und der Vorlesung, der Feigl beiwohnte, vorangeht. Vgl. auch die Briefe an M. Besso und K. Seelig in G. Holton, »Influences on Einstein's Early Work«, in: *Organon* 3 (1966), S. 242, sowie K. Seelig, *Albert Einstein,* Zürich 1960, S. 271. 1952 schrieb Born an Einstein (Albert Einstein, Hedwig und Max Born, *Briefwechsel* 1916-1955, München 1969; Brief vom 4. 5. 1952, S. 255 f.): »Es sieht wirklich so aus, als ob Deine Formel nicht ganz stimmt. Bei der Rotverschiebung [dem von Feigl und Popper erwähnten Kriterium] sieht es noch schlimmer aus; im Inneren der Sonnenscheibe ist sie viel kleiner, am Rande größer als der theoretische Wert ...

allgemeinen Relativitätstheorie. Von Anaximander wurde sie in unentwickelter Form angewandt und führte zu der von Heisenberg[11] in seiner Theorie der Elementarteilchen wiederholten Einsicht, daß die Grundsubstanz oder die letzten Elemente der Welt nicht denselben Gesetzen gehorchen können wie die sichtbaren Gegenstände. Die Theorie wurde durch Zenons Argumente gestützt, die zeigten, welche Schwierigkeiten in dem Gedanken eines Kontinuums stecken, das aus getrennten Teilen zusammengesetzt ist. Aristoteles nahm diese Argumente ernst und entwickelte seine eigene Theorie des Kontinuums.[12] Doch blieb der Begriff des Kontinuums als einer Menge von Elementen bestehen und wurde weiter angewandt, trotz der ganz offensichtlichen Schwierigkeiten.

Ein weiteres Beispiel einer Theorie mit qualitativen Mängeln ist die Newtonsche Farbenlehre. Nach ihr besteht das Licht aus Strahlen mit verschiedener Brechbarkeit, die sich trennen, wiedervereinigen, brechen lassen, die aber ihren inneren Aufbau nie verändern und eine sehr geringe Breitenausdehnung

Kann es eine Andeutung von Nicht-Linearität (Streuung von Licht durch Licht) ... sein?« Einstein antwortet (Brief vom 12. 5. 1952, ebenda, S. 258): »Der Freundlich aber rührt mich nicht ein bißchen. Wenn überhaupt keine Lichtablenkung, keine Perihelbewegung und keine Linienverschiebung bekannt wäre, wären die Gravitationsgleichungen doch überzeugend, weil sie das Inertialsystem vermeiden (dies Gespenst, das auf alles wirkt, auf das aber die Dinge nicht zurückwirken). *Es ist eigentlich merkwürdig, daß die Menschen meist taub sind gegenüber den stärksten Argumenten, während sie stets dazu neigen, Meßgenauigkeiten zu überschätzen.*« (Hervorhebung von mir.) Wie läßt sich dieser Konflikt (zwischen Feigls Zeugnis und Einsteins Schriften) erklären? Er läßt sich nicht mit einer *Veränderung* von Einsteins Einstellung erklären. Wie wir sahen, war seine legere Einstellung zu Beobachtung und Experiment von allem Anfang an vorhanden. Der Konflikt ist entweder ein Irrtum Feigls oder ein weiteres Beispiel für Einsteins »Opportunismus« – vgl. den Text zu Anm. 6 der Einleitung dieses Buches.

11 W. Heisenberg, »Der gegenwärtige Stand der Theorie der Elementarteilchen«, in: *Die Naturwissenschaften* 42 (1955), S. 640 ff. Eine umfassende Analyse von Heisenbergs Philosophie liefert Herbert Hörz, *Werner Heisenberg und die Philosophie*, Berlin 1966.

12 *Physik*, Buch 6; *De coelo*, 303 a 3 ff.; *De generatione et corruptione*, 316 a.

im Raum haben. Bedenkt man, daß die Oberfläche von Spiegeln viel gröbere Unebenheiten aufweist als die Breite der Strahlen, so stellt sich die Strahlentheorie als unvereinbar mit dem Vorhandensein von Spiegelbildern heraus (wie Newton selbst zugibt): wenn das Licht aus Strahlen besteht, dann müßte sich ein Spiegel wie eine rauhe Oberfläche verhalten, d. h. für uns wie eine Wand aussehen. Newton hielt an seiner Theorie fest und beseitigte die Schwierigkeit mit einer ad-hoc-Hypothese: »Die Zurückwerfung eines Strahls kommt nicht durch einen einzelnen Punkt des reflektierenden Körpers zustande, sondern durch ein Vermögen dieses Körpers, das gleichmäßig über seine Oberfläche verteilt ist.«[13]

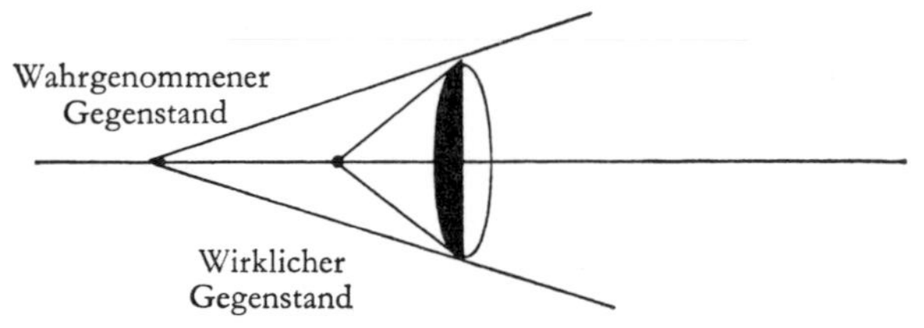

Bei Newton wurde die qualitative Abweichung zwischen Theorie und Tatsachen durch eine ad-hoc-Hypothese beseitigt. In anderen Fällen wird nicht einmal dieses fadenscheinige Manöver angewandt: man hält an der Theorie fest *und versucht, ihre Mängel zu vergessen.* Ein Beispiel dafür ist die Haltung gegenüber Keplers Regel, nach der ein durch eine Linse beobachteter Gegenstand an dem Punkt wahrgenommen wird, an dem sich die von der Linse zum Auge laufenden Strahlen schneiden.[14] Die Regel hat zur Folge, daß ein Gegen-

13 Sir Isaac Newton, *Optics,* Buch 2, Teil 3, Satz 8, New York 1952, S. 266. Zur Diskussion dieser Seite von Newtons Methode siehe meinen Aufsatz »Classical Empiricism« /3[4]/.

14 Johannes Kepler, »Ad Vitellionem paralipomena«, *Gesammelte Werke,* Bd. 2, München 1939, S. 72. Eine eingehende Erörterung der Keplerschen Regel und ihres Einflusses findet sich bei Vasco Ronchi, in: *Optics: The Science of Vision,* New York 1957, Kap. 43 ff. Vgl. auch Kap. 9-11 des vorliegenden Essays.

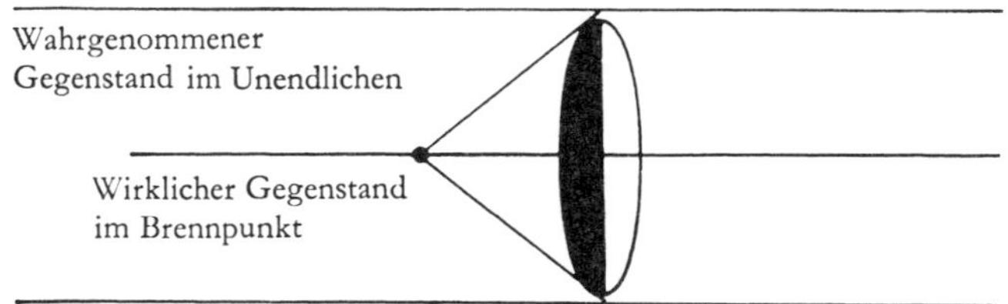

stand, der sich im Brennpunkt befindet, als unendlich fern wahrgenommen wird.

»Doch im Gegenteil«, schreibt Barrow, Newtons Lehrer und Vorgänger in Cambridge über diese Aussage[15], »die Erfahrung zeigt uns, daß [ein Punkt in der Nähe des Brennpunkts] in verschiedener Entfernung erscheint, je nach dem Ort des Auges ... Und er scheint fast nie weiter entfernt zu sein als bei Betrachtung mit unbewaffnetem Auge; wohl aber manchmal wesentlich näher ... Das alles scheint unseren Grundsätzen zuwiderzulaufen.« »Doch für mich«, so fährt Barrow fort, »wird weder diese noch irgendeine andere Schwierigkeit so großes Gewicht haben, daß ich von dem abrücken würde, von dem ich weiß, daß es offensichtlich der Vernunft entspricht.«

Barrow *erwähnt* die qualitativen Schwierigkeiten, und er *erklärt*, er werde trotzdem an der Theorie festhalten. Das ist nicht das übliche Vorgehen. Dieses besteht darin, die Schwierigkeiten zu vergessen, nie über sie zu reden und zu verfahren, als wäre die Theorie fehlerlos. Diese Haltung ist heute weit verbreitet.

So folgt aus der klassischen Elektrodynamik von Maxwell und Lorentz, daß sich ein bewegtes freies Teilchen selbst beschleunigt.[16] Für die Eigenenergie des Elektrons erhält man diver-

15 *Lectiones XVIII Cantabrigiae in scholio publicis habitae in quibus opticorum phenomenon genuinae rationes investigantur ac exponentur*, London 1669, S. 125. Die Passage wird von Berkeley bei seinem Angriff auf die herkömmliche »objektivistische« Optik verwendet (»An Essay Towards a New Theory of Vision«, *Works*, Bd. 1, Hg. Frazer, London 1901, S. 137 ff.).

16 Sei M die beobachtete Masse des geladenen Teilchens, so ergibt sich für

gente Ausdrücke bei Zugrundelegung einer Punktladung, und für eine Ladung endlicher Ausdehnung kommt man nur dann zur Übereinstimmung mit der Relativitätstheorie, wenn man nicht nachprüfbare Spannungen und Drücke innerhalb des Elektrons annimmt.[17] Das Problem taucht in der Quantentheorie wieder auf, wo es freilich durch »Renormalisierung« teilweise verdeckt wird. Dieses Verfahren besteht in der Streichung der Ergebnisse gewisser Berechnungen und ihrer Ersetzung durch eine Beschreibung des tatsächlich Beobachteten. Man gibt also indirekt zu, daß die Theorie in Schwierigkeiten ist, formuliert sie aber so, daß der Eindruck entsteht, es sei ein neuer Grundsatz entdeckt worden.[18] Kein Wunder, daß philosophisch ungebildete Autoren den Eindruck gewinnen, daß

seine Beschleunigung zur Zeit t der Wert

$$b(t) = b(o) \exp \left(\frac{3 M c^3}{2 e^2} \right) t.$$

Vgl. D. H. Sen, *Fields and/or Particles*, New York 1968, S. 10. Über diese spezielle Schwierigkeit vgl. auch H. R. Post, »Correspondences, Invariance and Heuristics«, in: *Studies in the History and Philosophy of Science*, November 1971, Anm. 14. Posts Behauptung, die Physik sei als Wissenschaft »erstaunlich erfolglos ...« (S. 219) und im Vergleich zu ihr habe »die Botanik auf ihrem Anwendungsgebiet keine schlechte Voraussagekraft« (Anm. 14), stimmt mit meiner eigenen Auffassung überein und zeigt, daß die Aristotelische Wissenschaft, im ganzen genommen, vielleicht richtiger war als ihre hochabstrakten Nachfolger. Doch in vielen Punkten bin ich anderer Auffassung als Post. Ich empfehle dem Leser dringend, seine glänzende Arbeit als ein Gegengift gegen die Auffassung zu lesen, die ich hier zu verteidigen suche.

17 Vgl. W. Heitler, *The Quantum Theory of Radiation*, Oxford 1954, S. 31.

18 Neben diesem *methodologischen* Einwand gab es für lange Zeit auch Schwierigkeiten mit den *Tatsachen*. Vgl. die Diskussion auf der 12. Solvay-Konferenz, *The Quantum Theory of Fields*, New York 1962, insbes. die Beiträge von Heitler und Feynman. 1971 war die Situation im wesentlichen unverändert, vgl. Brodsky und Drell, »The Present Status of Quantum Electrodynamics«, in: *Annual Review of Nuclear Science*, Bd. 20, Palo Alto 1970, S. 190. Jedes der Beispiele in Anm. 3-16 läßt sich als Grundlage für Falluntersuchungen der Art verwenden, wie sie in Kap. 6-12 des vorliegenden Essays ausgeführt werden sollen (Galilei und die Kopernikanische Revolution). Das zeigt, daß der Fall Galileis keine *»Ausnahme«* ist, »die den Beginn der sogenannten wissenschaftlichen Revolu-

»alle Daten mit unerbittlicher Eindeutigkeit in die ... Richtung weisen ..., [daß] alle Vorgänge, bei denen ... unbekannte Wechselwirkungen stattfinden, den fundamentalen Quanten entsprechen«.[19]

Ein sehr schönes älteres Beispiel ist das sogenannte Olberssche Paradoxon. Im Jahre 1823 publizierte Wilhelm Olbers ein Argument, nach dem der Nachthimmel in einem unendlich euklidischen Universum mit gleichmäßig verteilten Sternen überall taghell sein müßte. Eine Form des Arguments (nicht die von Olbers verwendete) weist darauf hin, daß die Durchmesser aller Sternscheibchen zwar mit der Entfernung abnehmen, die Zahl der Scheibchen aber mit dem Quadrat zur Entfernung zunimmt. Der Nachthimmel ist jedoch dunkel. Das wird heute durch die Rotverschiebung und die dadurch bedingte Abnahme der Intensität des Sternenlichtes erklärt. Die Gemeinschaft der Wissenschaftler hat dem Paradox aber Jahrzehnte hindurch nur geringe Aufmerksamkeit geschenkt.[20]

Ein weiteres Beispiel aus der modernen Physik ist recht lehrreich, da es zu einer völlig anderen Entwicklung unseres Wissens über den Mikrokosmos hätte führen können. Ehrenfest hat einen Satz bewiesen, nach dem die klassische Elektronentheorie von Lorentz in Verbindung mit dem Gleichvertei-

tion kennzeichnet« (G. Radnitzky, »Theorienpluralismus, Theorienmonismus«, in: *Der Methoden- und Theorienpluralismus in den Wissenschaften*, Hg. Diemer, Meisenheim 1971, S. 164), sondern *typisch* für die wissenschaftliche Entwicklung zu allen Zeiten. Ich stimme jedoch mit Radnitzky darin überein, daß »heute«, d. h. in der Physik von 1960-1970, die Lage vielleicht etwas anders ist. Der Grund ist der, daß die Physik jetzt eine Periode der *Stagnation* durchmacht, in der eine ungeheure Steigerung der Masse von Daten eine erstaunliche Armut an neuen grundlegenden Gedanken verdeckt. (Die Stagnation hängt damit zusammen, daß die Physik sich aus einer Wissenschaft in ein Geschäft verändert und daß die jüngeren Physiker Geschichte und Philosophie nicht mehr als Forschungsinstrumente verwenden.)

19 Rosenfeld in: *Observation and Interpretation*, Hg. Körner, London 1957, S. 44.

20 Eine aufschlußreiche Diskussion des Paradoxons und seiner Voraussetzungen, die bis in die Antike zurückreichen, findet sich in Stanley Jaki, *The Paradox of Olbers' Paradox*, New York 1969.

lungssatz den induzierten Magnetismus ausschließt.[21] Die Überlegung ist höchst einfach: Nach dem Gleichverteilungssatz ist die Wahrscheinlichkeit einer gegebenen Bewegung proportional zu exp(-U/RT), wo U die Energie der Bewegung ist. Nun ist nach Lorentz die Energie eines Elektrons, das sich in einem konstanten Magnetfeld B bewegt, $U = Q(E+V\times B)V$, wo Q die Ladung des bewegten Teilchens ist, V seine Geschwindigkeit und E das elektrische Feld. Diese Größe wird in allen Fällen zu QEV, falls man nicht zugeben will, daß es einzelne Magnetpole gibt. (Im richtigen Zusammenhang gesehen, ist dieses Ergebnis eine starke Stütze für die Gedanken und experimentellen Befunde von Felix Ehrenhaft.[22])

Manchmal ist es unmöglich, alle interessanten Folgerungen zu überblicken und so die absurden Konsequenzen einer Theorie zu entdecken. Das kann daran liegen, daß die verfügbaren mathematischen Methoden unzulänglich sind, oder auch an der Unwissenheit der Verteidiger der Theorie. Unter solchen Umständen pflegt man eine ältere Theorie bis zu einem gewissen Punkt (der oft ganz willkürlich ist) heranzuziehen und die neue Theorie zur Verfeinerung der Berechnungen hinzuzufügen. Methodologisch gesehen ist dieses Vorgehen ein veritabler Alptraum. Führen wir es am Beispiel der relativistischen Berechnung der Merkurbahn vor.

Das Perihel des Merkur bewegt sich mit einer Geschwindigkeit von etwa 5600″ pro Jahrhundert. Davon sind 5026″ geometrischer Natur, sie hängen mit der Bewegung des Bezugs-

21 Diese Schwierigkeit wurde von Bohr in seiner Dissertation erkannt, vgl. Niels Bohr, *Collected Works,* Bd. 1, Amsterdam 1972, S. 158, S. 381. Er zeigte, daß die Geschwindigkeitsänderungen aufgrund der Veränderungen des äußeren Feldes sich nach Aufbau des Feldes ausgleichen würden, so daß keine magnetischen Effekte entstehen. Vgl. auch Heilbron und T. S. Kuhn, »The Genesis of the Bohr Atom«, in: *Historical Studies in the Physical Sciences* 1 (1969), S. 221. Das Argument im Text stammt aus *The Feynman Lectures,* Bd. 2, California und London 1965, Kap. 34.6. Eine etwas klarere Darstellung findet sich bei R. Becker, *Theorie der Elektrizität,* Leipzig 1949, S. 132.

22 Siehe Anm. 5 zu Kap. 3.

systems zusammen; 531″ sind dynamischer Natur und gehen auf Störungen im Sonnensystem zurück. Diese Störungen werden bis auf die berühmten 43″ von der klassischen Mechanik geliefert. So wird die Sachlage gewöhnlich erklärt.
Die Erklärung zeigt, daß die Voraussetzung für die Ableitung nicht die allgemeine Relativitätstheorie mit passenden Anfangsbedingungen ist, sondern *neben* relativistischen Annahmen stets auch die klassische Physik enthält. Außerdem bezieht sich die relativistische Berechnung, die sogenannte »Schwarzschild-Lösung«, nicht auf das Planetensystem in der wirklichen Welt (d. h. in unserem asymmetrischen Milchstraßensystem), sondern auf den völlig fiktiven Fall eines zentralasymmetrischen Universums, das außer einer Singularität in der Mitte nichts enthält. Was sind die Gründe für die Verwendung von so merkwürdigen Annahmen?
Die übliche Antwort lautet: man hat es mit Näherungen zu tun. Die Formeln der klassischen Physik kommen nicht deshalb vor, weil die Relativitätstheorie unvollständig wäre. Auch wird der zentralsymmetrische Fall nicht deshalb genommen, weil die Relativitätstheorie nichts Besseres zu bieten hätte. Beide Schemata ergeben sich aus der allgemeinen Relativitätstheorie unter den besonderen Bedingungen, die in unserem Planetensystem gegeben sind, *falls* man allzu kleine Größen vernachlässigt. Also wird die Relativitätstheorie durchweg angewandt, und zwar in richtiger Weise.
Das ist eine brauchbare Darstellung der Näherungsverfahren, doch sie gibt die wirkliche Situation in der allgemeinen Relativitätstheorie nicht wieder. Gewiß: man hat gewöhnlich eine Theorie, man kann den interessierenden Anwendungsfall berechnen, man erkennt, daß in die Berechnung Größen unterhalb der Meßgenauigkeit eingehen, man läßt sie weg und kommt so zu einem stark vereinfachten Formalismus. In unserem Fall wird aber die vollständige Rechnung durch die klassische Analyse ersetzt, *ehe* gezeigt worden ist, daß die betreffenden Größen unterhalb der zur Zeit der Berechnung erzielbaren Meßgenauigkeit liegen. Die klassische Behandlung des Falls wird nicht darum benützt, weil sie als richtig *erwiesen*

worden wäre, sondern *in der Hoffnung*, daß sie sich als brauchbar erweisen wird. Der klassische Teil des Explanans tritt nicht einfach aus Bequemlichkeitsgründen auf, sondern ist notwendiger Bestandteil der Berechnungen. Und die Näherungen ergeben sich nicht aus relativistischen Berechnungen, sondern werden eingeführt, um die Relativitätstheorie auf den Fall anwenden zu können. Man kann sie ganz mit Recht ad-hoc-Näherungen nennen.

Ad-hoc-Näherungen sind in der modernen mathematischen Physik an der Tagesordnung. Neuere Untersuchungen auf dem Gebiet der allgemeinen Relativitätstheorie sind dem Ziel viel näher gekommen, ad-hoc-Näherungen in echte Näherungen zu verwandeln, und man sieht auch das Problem; doch in der Quantentheorie gibt es keine solchen Entwicklungen. Ad-hoc-Näherungen spielen in der Quantenfeldtheorie eine sehr wichtige Rolle, sie sind ein wesentlicher Bestandteil des Korrespondenzprinzips; das beste Beispiel für sie ist die sogenannte Reduktion des Wellenpakets. Im Augenblick beschäftige ich mich aber nicht mit den Gründen für diesen Zug der modernen Physik, sondern mit seinen Folgen: ad-hoc-Näherungen verbergen qualitative Schwierigkeiten, ja schaffen sie ganz aus der Welt. Sie erzeugen ein falsches Bild von der Güte unserer Wissenschaft. Mithin muß ein Philosoph, der die Brauchbarkeit einer Wissenschaft als Abbild der Welt prüfen oder eine realistische wissenschaftliche Methodologie aufstellen möchte, der modernen Wissenschaft besonders auf die Finger sehen. In den meisten Fällen ist sie dunkler und wesentlich trügerischer, als es ihre Vorläufer im 16. und 17. Jahrhundert jemals waren.

Als letztes Beispiel für qualitative Schwierigkeiten erwähne ich wiederum die heliozentrische Theorie zur Zeit Galileis. Ich werde bald Gelegenheit haben, zu zeigen, daß diese Theorie qualitativ wie quantitativ unzulänglich und auch philosophisch absurd war.

Um diese kurze und ganz unvollständige Liste zusammenzufassen: Wohin man auch blickt, wenn man nur ein wenig Geduld hat und seine Daten ohne Voreingenommenheit auswählt, so findet man, daß Theorien gewisse *quantitative Ergebnisse* nicht richtig wiedergeben und daß sie in überraschendem Maße *qualitativ unzulänglich* sind. Die Wissenschaft liefert uns Theorien von großer Schönheit und großem Scharfsinn. Die moderne Wissenschaft hat mathematische Strukturen entwickelt, die alles Bisherige an Systematik und Allgemeinheit übertreffen. Doch um dieses Wunder zu wirken, mußten alle bestehenden Schwierigkeiten in die *Beziehung* zwischen Theorie und Tatsachen verschoben[23] und durch ad-hoc-Näherungen und andere Verfahren verdeckt werden. Wenn das so ist, was soll man dann von der methodologischen Forderung halten, daß eine Theorie an der Erfahrung beurteilt werden soll und daß sie verworfen werden muß, wenn sie anerkannten Basissätzen widerspricht? Was soll man von den verschiedenen Theorien der Bestätigung und Bewährung halten, die alle von der Voraussetzung ausgehen, daß Theorien in vollständige Übereinstimmung mit den bekannten Tatsachen gebracht werden können, und die den Grad der erreichten

23 Von Neumanns Arbeiten auf dem Gebiet der Quantenmechanik sind ein besonders lehrreiches Beispiel für dieses Verfahren. Um zu einem befriedigenden Beweis des Entwicklungssatzes im Hilbertraum zu kommen, ersetzt von Neumann die halbintuitiven Begriffe Diracs (und Bohrs) durch seine komplizierten Begriffe. Die theoretischen Beziehungen zwischen diesen Begriffen lassen sich strenger behandeln als die zwischen den früheren Begriffen (»strenger« nach den Vorstellungen von Neumanns und seiner Anhänger). Anders verhält es sich mit ihren Beziehungen zu experimentellen Verfahren. Für die große Mehrzahl der beobachtbaren Größen lassen sich keine Meßinstrumente angeben (Wigner, *Am. J. Phys.* 31 [1963], S. 14), und wo es möglich ist, muß man bekannte und unwiderlegte Gesetze willkürlich abändern oder aber zugeben, daß einige ganz gewöhnliche Probleme der Quantenmechanik wie das Streuproblem keine Lösung haben (J. M. Cook, *J. Mathematical Phys.* 36 (1957)). So wird die Theorie zu einem wahren Monstrum an Strenge und Genauigkeit, während ihre Beziehung zur Erfahrung undeutlicher ist denn je. Es ist interessant, daß ähnliche Entwicklungen auch im »primitiven Denken« stattfinden. »Die hervorstechendste Eigenschaft des Sand-Wahrsagens der Nupe«, schreibt S. F. Nader in *Nupe Religion,* 1954, S. 63, »ist der Gegensatz zwischen seinem anspruchsvollen theoretischen Rahmen und seiner primitiven und schlampigen praktischen Anwendung.« Es bedarf keiner Wissenschaft, um v. Neumannsche Alpträume hervorzubringen.

Übereinstimmung zum Maßstab ihrer Beurteilung machen? Diese Forderung, diese Theorien entpuppen sich jetzt alle als völlig unbrauchbar. Sie taugen so wenig wie eine Arznei, die den Patienten nur heilt, wenn er bakterienfrei ist. In der Praxis hält sich niemand an sie. Die Methodologen mögen auf die Bedeutung von Falsifikationen hinweisen – aber sie verwenden fröhlich falsifizierte Theorien; sie mögen sich salbungsvoll darüber auslassen, wie wichtig es sei, alle relevanten Daten zu betrachten, aber sie reden nie von jenen drastischen und schlagenden Tatsachen, die zeigen, daß die Theorien, die sie bewundern und anerkennen – wie die Relativitäts- und die Quantentheorie –, vielleicht so schlecht dastehen wie die älteren Theorien, die sie ablehnen. In der *Praxis* beten sie sklavisch die neuesten Verkündigungen der Bischöfe und Kardinäle in der Physik nach, obwohl sie dabei notwendig ganz grundlegende Regeln ihres Handwerks verletzen. Kann man vernünftiger zu Werke gehen? Sehen wir zu![24]

Nach Hume lassen sich Theorien nicht *aus Tatsachen ableiten.* Wenn man fordert, daß nur Theorien zugelassen werden sollen, die aus den Tatsachen folgen, dann bleibt uns überhaupt keine Theorie. Daher kann die Wissenschaft, *wie wir sie kennen*, nur dann bestehen, wenn man diese Forderung fallenläßt.

Nach den eben erläuterten Ergebnissen ist eine Theorie nur selten mit den Tatsachen *vereinbar.* Die Forderung, nur solche Theorien zuzulassen, die mit den verfügbaren und anerkannten Tatsachen vereinbar sind, führt wiederum dazu, daß uns überhaupt keine Theorie bleibt. (Ich wiederhole: *überhaupt keine Theorie*, denn es gibt keine einzige Theorie, die nicht der einen oder anderen Schwierigkeit ausgesetzt wäre.) Daher kann eine Wissenschaft, so wie wir sie kennen, nur dann be-

24 Das Vorhandensein qualitativer Schwierigkeiten oder »Widerstandsnester« (Augustinus, »Contra Julianum« V, xiv, 51 – Migne, Bd. 44) wurde von den Kirchenvätern zur Entschärfung von Einwänden herangezogen, die die damalige Wissenschaft gegen Teile des christlichen Glaubens ins Feld führte wie die Auferstehung Christi (die Porphyrius als physikalisch unmöglich betrachtete).

stehen, wenn wir auch diese Forderung fallenlassen und unsere Methodologie abändern: *zusätzlich zu nicht gestützten Hypothesen wird jetzt auch die Kontrainduktion zugelassen.* Wenn man schon auf Regeln besteht, dann muß man zumindest Regeln verwenden, die zwischen Theorien *nicht aufgrund von Falsifikationen* entscheiden, sondern die festlegen, wie Theorien, die geprüft *und bereits falsifiziert worden sind*, behandelt werden sollen.

Gehen wir weiter. Nicht nur herrscht eine ständige Disharmonie zwischen Tatsachen und Theorien, sondern die beiden lassen sich voneinander gar nicht so sauber trennen, wie man es sich allgemein vorstellt. Methodologische Regeln sprechen von »Theorien«, »Beobachtungen« und »experimentellen Ergebnissen«, als handele es sich um deutliche, wohldefinierte Gegenstände, deren Eigenschaften leicht zu beurteilen sind und die von allen Wissenschaftlern auf die gleiche Weise aufgefaßt werden.

Doch das Material, das ein Wissenschaftler *tatsächlich* zur Verfügung hat, seine Gesetze, seine experimentellen Ergebnisse, seine mathematischen Methoden, seine erkenntnistheoretischen Vorurteile, seine Einstellung zu den abwegigen Konsequenzen der Theorien, die er akzeptiert, ist in vielerlei Hinsicht unbestimmt, mehrdeutig und *vom historischen Hintergrund nie ganz getrennt*. Dieses Material ist immer durch Grundsätze beeinflußt, die er nicht kennt und die, wenn er sie kennen würde, äußerst schwer zu prüfen wären. Fragwürdige Ansichten über die Wahrnehmung wie etwa die, daß unsere Sinne unter gewöhnlichen Umständen verläßlichen Aufschluß über die Welt geben, können in die Beobachtungssprache selbst eindringen und sowohl die Beobachtungsbegriffe als auch die Unterscheidung zwischen wahrheitsgetreuen Erscheinungen und Täuschungen bestimmen. Als Ergebnis kann die Beobachtungssprache an ältere Spekulationen gebunden werden, die auf diesem Umweg selbst die fortschrittlichste Methodologie beeinflussen. (Beispiel: das absolute Raum-Zeit-Bezugssystem der klassischen Physik, das von Kant kodifiziert und eingeweiht wurde.) Auch der einfachste Sinnes-

eindruck enthält stets einen Bestandteil, dem die physiologische Reaktion des wahrnehmenden Organismus, aber nichts Objektives entspricht. Dieser »subjektive« Bestandteil vermischt sich oft mit dem übrigen zu einem ungegliederten Ganzen, das dann von außen mit Hilfe kontrainduktiver Methoden aufgelöst werden muß. (Ein Beispiel dafür ist das Erscheinungsbild eines Fixsterns für das unbewaffnete Auge, das die subjektiven Wirkungen der Irradiation, Beugung und Diffusion enthält, die durch die laterale Inhibition benachbarter Netzhautelemente beschränkt sind.) Schließlich gibt es die Hilfsvoraussetzungen, die für die Ableitung prüfbarer Folgerungen gebraucht werden und zum Teil ganze *Hilfswissenschaften* bilden.
Betrachten wir die Kopernikanische Hypothese, deren Erfindung, Verteidigung und Teilbestätigung fast allen methodologischen Regeln zuwiderläuft, die man sich heute vorstellen kann. Die Hilfswissenschaften enthielten hier Gesetze, die die Eigenschaften und den Einfluß der Erdatmosphäre beschrieben (Meteorologie); optische Gesetze, die mit dem Bau des Auges und der Fernrohre sowie dem Verhalten des Lichts zu tun hatten; schließlich dynamische Gesetze, die die Bewegung in bewegten Systemen beschrieben. Doch was das Wichtigste ist, die Hilfswissenschaften enthielten eine Theorie der Wahrnehmung, die eine bestimmte einfache Beziehung zwischen den Wahrnehmungen und den physikalischen Gegenständen behauptete. Nicht alle Hilfswissenschaften standen in ausgebauter Form zur Verfügung. Viele von ihnen waren mit der Beobachtungssprache verschränkt und führten zu der zu Beginn des vorigen Absatzes beschriebenen Sachlage.
Die Betrachtung aller dieser Umstände, der Beobachtungsbegriffe, des Wahrnehmungskerns, der Hilfswissenschaften und der Hintergrundspekulation, deutet darauf hin, daß eine Theorie möglicherweise nicht deshalb mit den Daten unvereinbar ist, weil sie nicht richtig wäre, *sondern weil die Daten verseucht sind.* Die Theorie ist bedroht, weil die Daten entweder unanalysierte Wahrnehmungen enthalten, die äußeren Vorgängen nur teilweise entsprechen, oder weil sie in alte Auf-

fassungen eingekleidet sind oder weil sie mittels rückständiger Hilfswissenschaften beurteilt werden. Die Kopernikanische Theorie befand sich aus *allen* diesen Gründen in Schwierigkeiten.

Dieser *historisch-physiologische Charakter der Daten*, der Umstand, daß die Daten nicht einfach einen objektiven Sachverhalt beschreiben, *sondern auch subjektive, mythische, längst vergessene Auffassungen* über diesen Sachverhalt ausdrücken, zwingt uns, die Methodologie von einem neuen Gesichtspunkt aus zu betrachten. Es erweist sich als äußerst unklug, die Daten ohne weitere Umstände über Theorien entscheiden zu lassen. Eine direkte und nicht näher qualifizierte Beurteilung von Theorien im Lichte von »Tatsachen« eliminiert Ideen oft nur darum, *weil sie nicht in den Rahmen einer älteren Kosmologie hineinpassen.* Hält man experimentelle Ergebnisse und Beobachtungen für unproblematisch und erlegt die Beweislast der Theorie auf, dann akzeptiert man die Beobachtungsideologie, ohne sie je geprüft zu haben. (Man beachte unsere Voraussetzung, daß die Beobachtungsergebnisse mit der größtmöglichen Sorgfalt gewonnen worden sind. Beobachtungen und ähnliches als unproblematisch betrachten heißt hier also, dies *nach* sorgfältigster Prüfung ihrer Verläßlichkeit tun: denn auch die sorgfältige Prüfung eines Beobachtungssatzes stört nicht die Begriffe, mittels derer er ausgedrückt ist, oder die Struktur des Wahrnehmungsbildes.)

Wie kann man nun etwas untersuchen, das man ständig verwendet und in jeder Aussage voraussetzt? Wie kann man die Begriffe kritisieren, mittels derer man gewöhnlich Beobachtungen ausdrückt? Sehen wir zu!

Der erste Schritt in unserer Kritik gebräuchlicher Begriffe ist die Schaffung eines Beurteilungsmaßstabes, mit dem diese Begriffe *verglichen* werden können. Natürlich werden wir später etwas mehr über den Maßstab selbst wissen wollen, z. B. ob er besser oder weniger gut ist als das untersuchte Material. Doch um mit *dieser* Prüfung beginnen zu können, muß es erst einmal einen Maßstab geben. Daher besteht der erste Schritt unserer Kritik an herkömmlichen Begriffen und Reaktionen darin, aus dem Kreis herauszutreten und entweder ein neues Begriffssystem zu erfinden, etwa eine neue Theorie, die im Gegensatz zu den bestfundierten Beobachtungsergebnissen steht und die einleuchtendsten theoretischen Grundsätze über den Haufen wirft, oder ein solches System aus einer anderen Wissenschaft, aus der Religion, aus der Mythologie, aus den Ideen Unzuständiger[25] oder aus den Ergüssen Verrückter zu entnehmen. Dieser Schritt ist wiederum kontrainduktiv. Die Kontrainduktion ist also sowohl eine *Tatsache* – die Wissenschaft könnte nicht ohne sie bestehen – als auch ein berechtigter und sehr notwendiger *Zug* im Wissenschaftsspiel.

25 Es ist nicht ohne Interesse, zu erfahren, daß Philolaos, der das Zeugnis der Sinne mißachtete und die Erde in Bewegung setzte, »ein unmathematischer Wirrkopf« war. »Der Wirrkopf hatte den Mut, der vielen großen Beobachtern und mathematisch voll ausgebildeten Wissenschaftlern fehlte, sich um der Prinzipien, an die er glaubte, willen über den sich unmittelbar aufdrängenden Augenschein hinwegzusetzen.« K. von Fritz, *Grundprobleme der Geschichte der antiken Wissenschaft,* Berlin–New York 1971, S. 165. »Es ist daher auch nicht so erstaunlich, wie vielfach angenommen wird, wenn der nächste Schritt auf diesem Wege von einem Mann getan worden ist, dessen Schriften, soweit wir sie kennen, ihn sonst eher als begabten Stilisten und Popularisator mit gelegentlichen guten eigenen Einfällen denn als tiefgründigen Philosophen oder exakten Wissenschaftler charakterisieren ...«, ebenda, S. 184. Wirrköpfe und oberflächliche Denker *schreiten voran,* während »tiefe« Denker in die dunkleren Regionen des Status quo *hinabsteigen,* oder, um es anders auszudrücken, sie bleiben im Dreck stecken. Die im Text kurz erwähnten methodischen Maßnahmen führen auch zu einer einfachen Lösung des sogenannten »hermeneutischen Zirkels«, wie man ein etwas kindliches Problem heute großartig nennt.

6

Als Beispiel für einen solchen Versuch betrachte ich das Turmargument, *mit dem die Aristoteliker die Erdbewegung widerlegten. Es enthält* natürliche Interpretationen – *Vorstellungen, die so eng mit Beobachtungen verbunden sind, daß es besonderer Anstrengung bedarf, ihr Vorhandensein zu erkennen und ihren Inhalt zu bestimmen. Galilei ermittelt die natürlichen Interpretationen, die Kopernikus behindern, und ersetzt sie durch andere.*

Ein großer Fehler (Galileis) scheinen mir seine ständigen Abschweifungen zu sein; auch bleibt er nicht stehen, um alles zu erklären, was jeweils zu einem Punkt gehört. Das zeigt, daß er sie nicht der Reihe nach durchgedacht hat und daß er lediglich Gründe für bestimmte Effekte sucht, ohne ... die ersten Ursachen ... betrachtet zu haben; er hat also auf Sand gebaut. *Descartes*

Ich bin keineswegs gewillt, philosophische Theorien auf den engsten Raum zusammenzupressen und mit jenen steifen, knappen, ungraziösen und völlig schmucklosen Stil zu eigen zu machen, den die reinen Geometer pflegen, die kein einziges Wort aussprechen, das nicht absolut notwendig ist ... Ich betrachte es nicht als einen Fehler, über viele verschiedenartige Dinge zu sprechen, auch in Abhandlungen, die nur ein einziges Thema haben ..., denn mir scheint, daß unsere Taten und Erfindungen Größe, Adel und Qualität nicht durch das Notwendige erhalten – wenn auch dessen Abwesenheit ein großer Fehler wäre –, sondern durch anderes ... *Galilei*

Wo aber das gemeine Wesen dafür hält, daß spitzfindige Vernünftler mit nichts geringerem umgehen, als die Grundfesten der öffentlichen Wohlfahrt wanken zu machen, da scheint es nicht allein der Klugheit gemäß, sondern auch erlaubt und wohl gar rühmlich, der guten Sache eher durch Scheingründe zu Hilfe zu kommen, als den ... Gegnern ... den Vorteil zu lassen ...« *Kant*[1]

1 Die drei Zitate sind: Descartes, Brief an Mersenne vom 11. Oktober 1638, *Œuvres,* 2, S. 380; Galilei, Brief an Leopold von Toscana von 1640, gewöhnlich zitiert unter dem Titel »Sul candor lunare«, *Edizione nazionale,* 8, S. 491. Eine eingehende Diskussion von Galileis Stil und dessen

Als konkretes Beispiel und Grundlage für die weitere Erörterung beschreibe ich jetzt kurz die Art, wie Galilei ein wichtiges Gegenargument gegen den Gedanken der Erdbewegung beiseite schob. Ich sage »beiseite schob« und nicht »widerlegte«, weil wir es mit einem sich verändernden Begriffssystem und mit gewissen Verdunklungsversuchen zu tun haben.
Nach dem Argument, das Tycho überzeugte und von Galilei selbst in seinem »Trattato della sfera« gegen die Erdbewegung angeführt wurde, zeigen die Beobachtungen, daß »schwere Körper ..., die aus der Höhe herabfallen, eine senkrechte Gerade auf die Erdoberfläche zu beschreiben. Das betrachtet man als ein unwiderlegliches Argument dafür, daß sich die Erde nicht bewegt. Denn bei einer täglichen Umdrehung würde ein

Zusammenhang mit seiner Naturphilosophie findet sich bei L. Olschki, »Galilei und seine Zeit«, in: *Geschichte der neusprachlichen wissenschaftlichen Literatur,* Bd. 3, Halle 1927, Neudruck Vaduz 1965. Der Brief an Leopold wird S. 455 ff. zitiert und diskutiert.
Descartes' Brief wird von Salmon als ein Beispiel für den Streit zwischen Rationalismus und Empirismus diskutiert in »The Foundations of Scientific Inference«, in: *Mind and Cosmos,* Hg. Colodny, Pittsburgh 1966, S. 136. Doch man sollte ihn eher als ein Beispiel für den Streit zwischen dogmatischen und opportunistischen Methodologien betrachten und nicht vergessen, daß der Empirismus so streng und unnachgiebig sein kann wie die strengsten Formen des Rationalismus.
Das Kant-Zitat stammt aus der *Kritik der reinen Vernunft,* B 777 (Methodenlehre, 1. Hauptstück, 2. Abschnitt), *Akademie-Ausgabe* Bd. 3, Berlin 1904, S. 490. (Auf dieses Zitat wurde ich durch Stanley Rosens Arbeit über Platons *Symposion* aufmerksam gemacht.) Kant fährt fort: »Indessen sollte ich denken, daß sich mit der Absicht, eine gute Sache zu behaupten, in der Welt wohl nichts übler als Hinterlist, Verstellung und Betrug vereinigen lasse. Daß es in der Abwiegung der Vernunftgründe einer bloßen Spekulation alles ehrlich zugehen müsse, ist wohl das wenigste, was man fordern kann. Könnte man aber auch nur auf dieses Wenige sicher rechnen, so wäre der Streit der spekulativen Vernunft ... entweder längst entschieden, oder würde sehr bald zu Ende gebracht werden. So steht öfters die Lauterkeit der Gesinnung im umgekehrten Verhältnisse der Gutartigkeit der Sache selbst ...« Es verdient auch Beachtung, daß Kant die Entwicklung der *Zivilisation* anhand unehrlicher Schachzüge erklärt, die »nur gleichsam *provisorisch* dazu [dienen], den Menschen aus der Rohigkeit zu bringen ...«, B 776. Ähnliche Gedanken kommen in seiner Darstellung der Weltgeschichte vor.

Turm, von dessen Spitze ein Stein fallen gelassen wird, von der Erdumdrehung mitgenommen und würde während der Zeit, die der Stein zum Fallen braucht, viele hundert Meter nach Osten wandern, und der Stein müßte in dieser Entfernung vom Fuße des Turmes auf die Erde treffen.«[2]

Bei der Diskussion dieses Argumentes gibt Galilei von Anfang an zu, daß der sinnliche Gehalt der Beobachtung richtig ist, nämlich daß »schwere Körper ..., die aus der Höhe herabfallen, eine senkrechte Gerade auf die Erdoberfläche zu beschreiben«.[3] Gegenüber einem Autor (Chiaramonti), der die Kopernikaner durch ständigen Hinweis auf diese Tatsache bekehren möchte, sagt er: »Ich wünschte, dieser Autor würde sich keine solche Mühe geben, uns aufgrund der sinnlichen Wahrnehmung klarzumachen, daß sich fallende Körper geradlinig und nicht anders bewegen, und würde sich nicht ärgern und beklagen, daß etwas so Klares und Offenkundiges in Frage gestellt werden solle. Denn damit tut er so, als würden diejenigen, die diese Bewegung nicht geradlinig, sondern kreisförmig nennen, den Stein auf einer sichtbaren Kreisbahn wahrnehmen, denn er beruft sich ja auf ihre Sinne und nicht auf ihre Vernunft, um den Effekt zu klären. Dem ist aber nicht so, Simplicio; denn ganz wie ich ... den Stein nie anders als senkrecht habe fallen sehen noch etwas anderes erwartet habe, so erscheint es auch, wie ich glaube, dem Auge jedes anderen. Daher ist es besser, die Erscheinung, über die wir uns alle einig sind, beiseite zu lassen und mittels der Vernunft entweder ihren Wirklichkeitsgehalt zu bestätigen oder sie als Täuschung zu enthüllen.«[4] Die Richtigkeit der Beobachtung steht nicht zur Frage. Vielmehr geht es um ihren »Wirklichkeitsgehalt« oder die Frage, ob es sich um eine »Täuschung« handelt. Was ist damit gemeint?

Die Frage wird durch ein Beispiel beantwortet, das Galilei im nächsten Absatz bringt, »an dem ... man erkennen kann, wie leicht sich jedermann durch die einfache Erscheinung täuschen läßt, oder, sagen wir, durch seine Sinneseindrücke. So scheint

2 »Dialog« /5[3]/, S. 126.
3 Ebenda, S. 125.
4 Ebenda, S. 256.

es denen, die nachts auf einer Straße fahren, als ob ihnen der Mond folgte, und zwar mit Schritten, die den ihren gleichen, wenn sie ihn über die Dachfirste hinweghuschen sehen. Es sieht für sie genau so aus, als würde eine Katze wirklich über die Ziegel laufen und sie hinter sich lassen; eine Erscheinung, die ohne Einschaltung der Vernunft nur allzuleicht die Sinne täuschen würde.«

In diesem Beispiel werden wir gebeten, mit einem Sinneseindruck zu beginnen und die Aussage in Betracht zu ziehen, die er uns aufzuzwingen scheint. (Der Zwang ist so stark, daß er zu ganzen Glaubenssystemen und Riten geführt hat, wie eine genauere Untersuchung der mit dem Mond zusammenhängenden Seiten des Hexenglaubens und anderer kosmologischer Hypothesen zeigt.) Jetzt wird »die Vernunft eingeschaltet«; die von dem Sinneseindruck nahegelegte Aussage wird untersucht, und man zieht an ihrer Stelle andere Aussagen in Betracht. Die Eigenart des Eindrucks wird dadurch nicht im geringsten verändert. (Das gilt nur näherungsweise; doch für unsere augenblicklichen Zwecke kann man die Schwierigkeiten außer acht lassen, die sich aus einer Wechselwirkung von Eindruck und Aussage ergeben.) Aber er wird mit neuen Beobachtungsaussagen verbunden und spielt nun eine neue, teils bessere, teils schlechtere Rolle in unserem Wissen. Welche Gründe und welche Methoden bestimmen einen solchen Austausch?

Zunächst einmal muß man sich über die Eigenart der Gesamterscheinung Eindruck-plus-Aussage klar werden. Es liegen nicht zwei Akte vor – die Wahrnehmung einer Erscheinung und ihr Ausdruck mittels der entsprechenden Aussage –, *sondern nur einer*, nämlich daß man in einer bestimmten Beobachtungssituation sagt oder denkt oder feststellt, »der Mond folgt mir« oder »der Stein fällt auf geradem Wege zu Boden«. Man kann natürlich diesen Vorgang *abstrakt* in Teile zerlegen, und man kann auch versuchen, eine Situation herzustellen, in der Aussage und Erscheinung als psychologisch getrennte Prozesse auftreten, die darauf warten, zueinander in Beziehung gesetzt zu werden. (Das ist nicht leicht, und vielleicht ganz unmöglich.) Doch unter gewöhnlichen Umständen kommt es zu keiner solchen Trennung; die Beschreibung einer bekannten Situation ist für den Sprecher ein Ereignis, bei dem Aussage und Erscheinung fest aneinanderkleben.

Diese Einheit ergibt sich aus einem Lernvorgang, der schon in der Kindheit beginnt. Von den ersten Lebenstagen an lernt man, auf Situationen in bestimmter Weise zu reagieren, sprachlich oder anders. Die Lehrmethoden zusammen mit einem Wachstumsvorgang, der das natürliche Ergebnis der Wechselwirkung zwischen Organismus und Umwelt ist, *gestalten* die »Erscheinung« und schaffen einen festen *Zusammenhang* mit Wörtern, so daß am Ende die Phänomene für sich selbst zu sprechen scheinen, ohne daß Hilfe oder Wissen von außen käme. Sie *sind* das, was die ihnen zugeordneten Sätze über sie sagen. Die Sprache, die sie »sprechen«, ist natürlich von den Auffassungen älterer Generationen beeinflußt, an die man so lange geglaubt hat, daß sie nicht mehr als besondere Grundsätze betrachtet werden, sondern in die Begriffe der Alltagssprache eindringen und nach dem vorgeschriebenen Training von den Dingen selbst auszugehen scheinen.

An diesem Punkt könnte man in Gedanken und ganz abstrakt die Ergebnisse des Lehrens verschiedener Sprachen vergleichen, in denen verschiedene Ideologien enthalten sind. Man könnte vielleicht sogar einige dieser Ideologien bewußt verändern und sie »moderneren« Gesichtspunkten anpassen. Es ist sehr schwer zu sagen, wie dies die Verhältnisse verändert, *falls* man nicht die weitere Voraussetzung macht, daß die Beschaffenheit und die Struktur der Wahrnehmungen oder jedenfalls derjenigen Wahrnehmungen, die in die Wissenschaft eingehen, unabhängig von ihrem sprachlichen Ausdruck sei. Ich habe erhebliche Zweifel, daß diese Annahme auch nur annähernd richtig ist; sie läßt sich durch einfache Beispiele widerlegen, und ich bin sicher, daß wir uns neuer und überraschender Entdeckungen berauben, solange wir uns innerhalb der durch sie bestimmten Grenzen halten. Doch für den Augenblick möchte ich ganz bewußt innerhalb dieser Grenzen bleiben.

Wenn wir nun diese vereinfachende Zusatzannahme machen, dann können wir unterscheiden zwischen Wahrnehmungen und jenen »geistigen Operationen, die sich so eng an die Sinne anschließen«[5] und mit ihren Reaktionen so fest verbunden sind, daß eine Trennung nur schwer möglich ist. Angesichts des Ursprungs und der Wirkung dieser Operationen nenne ich sie *natürliche Interpretationen.*

In der Geistesgeschichte wurden natürliche Interpretationen entweder als *apriorische Voraussetzungen* der Wissenschaft betrachtet oder aber als *Vorurteile*, die zu beseitigen sind, ehe eine ernsthafte Untersuchung einsetzen kann. Die erste Auffassung ist diejenige Kants und, auf ganz andere Weise und aufgrund ganz anderer Fähigkeiten, diejenige einiger heutiger Sprachphilosophen. Die zweite Auffassung stammt von Bacon (der jedoch Vorgänger hatte wie etwa die griechischen Skeptiker).

Galilei ist einer der seltenen Denker, die natürliche Interpretationen weder für immer *beibehalten* noch vollständig *beseitigen* wollen. Solche Pauschalurteile sind seiner Denkweise völlig fremd. Er besteht auf einer *kritischen Diskussion*, die entscheiden soll, welche natürlichen Interpretationen bleiben können und welche ersetzt werden müssen. Das geht aus seinen Schriften nicht immer eindeutig hervor. Ganz im Gegenteil; die Methode der Rückerinnerung, auf die er sich so freizügig beruft, soll den Eindruck erwecken, daß sich nichts geändert hat und daß wir unsere Beobachtungen auf die altbekannte Weise ausdrücken. Doch seine Einstellung ist verhältnismäßig leicht zu identifizieren: natürliche Interpretationen sind *notwendig*. Die Sinne können uns ohne Mithilfe der Vernunft kein richtiges Bild der Natur vermitteln. Dazu braucht man »die . . . Sinne *in Verbindung mit vernünftigem Nachdenken*«.[6] Außerdem werden bei den Argumenten bezüglich der Erdbewegung die Schwierigkeiten durch dieses Nachdenken, durch die Konnotation der Beobachtungsbegriffe und *nicht* durch die Botschaft der Sinne oder die Erscheinung hervorge-

5 Francis Bacon, *Novum organum*, Einleitung.
6 »Dialog« /5³/, S. 225. Hervorhebung von mir.

rufen. »Daher ist es besser, die Erscheinung, über die wir uns alle einig sind, beiseite zu lassen und mittels der Vernunft entweder ihren Wirklichkeitscharakter zu bestätigen oder sie als Täuschung zu enthüllen.«[7] Den Wirklichkeitscharakter einer Entscheidung bestätigen oder sie als Täuschung enthüllen heißt aber, die Gültigkeit jener natürlichen Interpretationen untersuchen, die mit den Erscheinungen so eng verbunden sind, daß man sie nicht mehr als besondere Annahmen empfindet. Ich wende mich jetzt der ersten natürlichen Interpretation zu, die in dem Argument vom fallenden Stein enthalten ist.

Nach Kopernikus sollte die Bewegung eines fallenden Steines »gemischt geradlinig und kreisförmig« sein.[8] Mit der »Bewegung des Steines« ist nicht einfach seine Bewegung bezüglich eines Punktes im Gesichtsfeld des Beobachters oder seine wahrgenommene Bewegung gemeint, sondern vielmehr seine Bewegung im Sonnensystem oder im (absoluten) Raum, das heißt seine *wirkliche Bewegung*. Die bekannten Tatsachen, auf die sich das Argument beruft, sprechen für eine andere Art der Bewegung, eine einfache senkrechte Bewegung. Dieses Ergebnis widerlegt die Kopernikanische Hypothese nur dann, wenn der Begriff der Bewegung in der Beobachtungsaussage der gleiche ist wie der in der Kopernikanischen Voraussage. Die Beobachtungsaussage, »Der Stein fällt geradlinig nach unten«, muß sich daher auf eine Bewegung im (absoluten) Raum beziehen. Sie muß sich auf eine wirkliche Bewegung beziehen. Nun kommt die Überzeugungskraft eines »Arguments aufgrund der Beobachtung« daher, daß die entsprechenden Beobachtungsaussagen fest mit den Erscheinungen verbunden sind. Es hat keinen Sinn, sich auf die Beobachtung zu berufen, wenn man nicht weiß, wie man eine Beobachtung beschreiben soll, oder die Beschreibung nur zögernd vorbringen kann, als hätte man gerade erst die Sprache erlernt, in der sie formuliert ist. Die Produktion einer Beobachtungsaussage besteht also aus zwei ganz verschiedenen psychologischen Ereignissen: 1. ei-

7 Ebenda, S. 256.
8 Ebenda, S. 248.

ner klaren und eindeutigen *Wahrnehmung* und 2. einer klaren und eindeutigen *Verknüpfung* zwischen dieser Wahrnehmung und gewissen Teilen der Sprache. So wird die Wahrnehmung zum Reden gebracht. Reden nun die in dem obigen Argument angeführten Wahrnehmungen in der Sprache der wirklichen Bewegung?

Sie reden in dieser Sprache im Alltagsdenken des 17. Jahrhunderts. Das jedenfalls sagt uns Galilei. Nach ihm setzt das Alltagsdenken seiner Zeit den »operativen« Charakter *jeder* Bewegung voraus, oder, um bekannte philosophische Begriffe zu gebrauchen, es setzt *einen naiven Realismus bezüglich der Bewegung voraus*: Abgesehen von gelegentlichen unvermeidlichen Täuschungen stimmt die scheinbare Bewegung mit der wirklichen (absoluten) Bewegung überein. Natürlich wird diese Unterscheidung nicht ausdrücklich gemacht. Man unterscheidet nicht zunächst zwischen der scheinbaren und der wahren Bewegung und verknüpft sie dann durch eine Korrespondenzregel. Vielmehr beschreibt man die Bewegung, nimmt sie wahr und verhält sich ihr gegenüber so, als wäre sie bereits das Wirkliche. Man geht aber auch nicht unter allen Umständen so vor. Es wird zugegeben, daß sich Gegenstände bewegen können, ohne daß man es sieht; es wird auch zugegeben, daß gewisse Bewegungen Täuschung sind (siehe das weiter vorn in diesem Kapitel angeführte Beispiel vom Mond). Scheinbare und wirkliche Bewegung werden nicht immer gleichgesetzt. Es gibt aber *paradigmatische Fälle*, in denen es psychologisch sehr schwierig, wenn nicht einfach unmöglich ist, eine Täuschung zuzugeben. Von diesen und nicht den Ausnahmen bezieht der naive Realismus bezüglich der Bewegung seine Überzeugungskraft. An solchen Sachverhalten erlernen auch *wir* zuerst unseren kinematischen Wortschatz. Von unserer frühesten Kindheit an lernen wir, auf sie mit Begriffen zu reagieren, in die der naive Realismus eingebaut ist und die die Bewegung und die Erscheinung der Bewegung unentwirrbar verbinden. Die Bewegung des Steines im Turmargument oder die angebliche Bewegung der Erde sind solche Schulbeispiele. Wie könnte einem jemals die rasche Bewegung einer so großen Ansammlung von Materie entgehen, wie es die Erde zu sein scheint? Wie könnte es einem jemals entgehen, daß der fallende Stein eine sehr ausgedehnte Bahn im Raume beschreibt? Vom Standpunkt des Denkens und der Sprache des 17. Jahrhunderts aus ist also das Argument untadelig und recht überzeugend. Doch man beachte, wie hier *Theorien* (der »operative Charakter« aller Bewegung; die wesentliche Richtigkeit der Berichte über Sinneseindrücke), die nicht ausdrücklich formuliert sind, die Diskussion im Gewande von Beobachtungsbegriffen betreten. Wiederum erkennen wir, daß Beobachtungsbegriffe Trojanische Pferde sind, auf die man sehr genau achten muß. Wie soll man nun in einer so schwierigen Situation vorgehen?

Das Argument vom fallenden Stein scheint die Kopernikanische Auffassung zu widerlegen. Das kann an einer dieser Auffassung eigenen Schwäche liegen; es kann aber auch am Vorhandensein natürlicher Interpretationen liegen, die verbesserungsbedürftig sind. Die erste Aufgabe besteht also darin, diese unerforschten Hindernisse des Fortschrittes zu *entdekken* und zu isolieren.

Bacon glaubte, natürliche Interpretationen könnten mittels einer Analysemethode entdeckt werden, die sie eine nach der anderen wie Schalen abzieht, bis der sinnliche Kern jeder Beobachtung bloßgelegt ist. Diese Methode hat ernste Schwächen. Erstens werden natürliche Interpretationen von der Art, wie sie Bacon betrachtet, nicht einfach einem vorhandenen Feld von Wahrnehmungen *hinzugefügt*. Sie dienen zur *Konstituierung* des Feldes, wie Bacon selbst sagt. Man beseitige alle natürlichen Interpretationen, und man beseitigt damit auch die Fähigkeit zum Denken und zum Wahrnehmen. Zweitens dürfte es auch abgesehen von dieser Grundfunktion der natürlichen Interpretationen keinem Zweifel unterliegen, daß jemand, der vor einem Wahrnehmungsfeld steht, ohne eine einzige natürliche Interpretation zur Verfügung zu haben, *völlig desorientiert* wäre; er könnte mit dem Geschäft der Wissenschaft nicht einmal beginnen. Daß wir *doch* anfangen, selbst nach Analysen im Sinne Bacons, zeigt also, daß diese zu früh geendet haben, und zwar gerade vor den natürlichen Interpretationen, die wir nicht bemerken und ohne die wir nichts tun können. Es folgt, daß die Absicht, alle natürlichen Interpretationen zu entfernen und am Nullpunkt anzufangen, sich selbst zu Fall bringt.

Außerdem ist es nicht möglich, das Geflecht der natürlichen Interpretationen auch nur teilweise auseinanderzunehmen. Auf den ersten Blick scheint die Aufgabe recht einfach zu sein. Man nimmt Beobachtungsaussagen, eine nach der anderen, und analysiert ihren Inhalt. Doch die in den Beobachtungsaussagen versteckten Begriffe dürften kaum in den abstrakteren Teilen der Sprache hervortreten. Und wenn sie das doch tun, dann ist es immer noch schwierig, sie festzunageln; Begriffe sind ganz wie Wahrnehmungen mehrdeutig und vom Hintergrund abhängig. Außerdem wird der Inhalt eines Begriffes auch dadurch bestimmt, wie er mit der Wahrnehmung zusammenhängt. Doch wie kann man dies erkennen, ohne sich im Kreise zu drehen? Wahrnehmungen müssen identifiziert werden, und dabei braucht man gerade jene Elemente, die die Verwendung des zu untersuchenden Begriffs regeln. Man durchschaut diesen Begriff nie vollständig, denn man braucht stets einen Teil von ihm, wenn man seine Bestandteile auffinden will. Es gibt nur eine Möglichkeit, aus diesem Zirkel herauszukommen, und zwar die Anwendung eines *äußeren Vergleichsmaßstabs*, neue Beziehungen zwischen Begriffen und Wahrnehmungen eingeschlossen. Fern von gewöhnlicher Rede und von allen Prinzipien, Verhaltensweisen, Einstellungen, die diese Lebensform konstituieren, nimmt sich ein solcher äußerer Maßstab sehr seltsam aus. Das aber ist kein Argument gegen seine Verwendung. Im Gegenteil, ein solcher Eindruck der Fremdartigkeit zeigt, daß natürliche Interpretationen am Werke sind, und ist ein erster Schritt zu ihrer Entdeckung. Ich erkläre dies anhand des Turmbeispiels.

Das Beispiel soll zeigen, daß die Kopernikanische Auffassung nicht mit »den Tatsachen« übereinstimmt. Unter dem Blickwinkel dieser »Tatsachen« gesehen, ist der Gedanke der Erdbewegung ausgefallen, widersinnig und offensichtlich falsch; das sind nur einige der Ausdrücke, die damals häufig gebraucht wurden und die immer dann auftauchen, wenn Fachidioten vor einer neuen und den Tatsachen widersprechenden Theorie stehen. Das läßt uns vermuten, daß die Kopernikanische Auffassung ein äußerer Maßstab genau im Sinne der obigen Beschreibung ist.

Wir können jetzt das Argument herumdrehen und es als *Suchgerät* verwenden, das uns bei der Entdeckung der natürlichen Interpretationen hilft, die die Erdbewegung ausschließen. Dazu *behaupten wir zunächst* die Erdbewegung und *untersuchen dann*, welche Veränderungen den Widerspruch beheben könnten. Eine solche Untersuchung kann erhebliche Zeit in Anspruch nehmen, und in einem durchaus vernünftigen Sinne ist sie auch heute noch nicht abgeschlossen. Der Widerspruch kann also Jahrzehnte oder gar Jahrhunderte bestehen bleiben. Er *muß aber aufrechterhalten werden*, bis die Untersuchung abgeschlossen ist, sonst kann diese – der Versuch, die vorsintflutlichen Bestandteile unseres Wissens zu entdecken – gar nicht erst anfangen. Dies ist, wie wir sahen, einer der Gründe für die *Beibehaltung*, ja vielleicht sogar *Erfindung* von Theorien, die den Tatsachen widersprechen: ideologische Bestandteile unserer Erkenntnis, insbesondere unserer Beobachtungen, werden mit Hilfe von Theorien entdeckt, die durch sie widerlegt werden. *Sie werden auf kontrainduktive Weise entdeckt.*

Ich möchte das Bisherige wiederholen. Theorien werden durch Tatsachen geprüft und möglicherweise widerlegt. Tatsachen enthalten ideologische Bestandteile, ältere Anschauungen, die aus dem Gesichtskreis verschwunden oder vielleicht nie ausdrücklich formuliert worden sind. Solche Bestandteile sind höchst verdächtig. Erstens wegen ihres Alters und ihrer unklaren Herkunft: wir wissen nicht, warum und auf welche Weise sie einmal eingeführt worden sind; zweitens, weil gerade ihre Eigenart sie vor einer kritischen Prüfung schützt und stets geschützt hat. Entsteht also ein Widerspruch zwischen einer neuen und interessanten Theorie und einer Menge wohlbestätigter Daten, so ist es das beste, nicht die Theorie aufzugeben, sondern sie zur Entdeckung der verborgenen Grundsätze heranzuziehen, die für den Widerspruch verantwortlich sind. Die Kontrainduktion ist ein wesentlicher Bestandteil eines solchen Entdeckungsvorganges. (Ein ausgezeichnetes geschichtliches Beispiel sind die Argumente von Parmenides und Zenon gegen die Bewegung und die Atome. Diogenes von Sinope, der Kyniker, wandte ein einfaches Verfahren an, das sich heute viele Wissenschaftler und alle Philosophen zu eigen machen würden: er widerlegte die Argumente, indem er aufstand und auf und ab ging. Das entgegengesetzte Verfahren, das hier empfohlen wird, hat zu wesentlich interessanteren Ergebnissen geführt, wie die Geschichte des Falles zeigt. Man sollte aber gegen Diogenes nicht zu streng sein, denn es wird auch berichtet, daß er einen Schüler verprügelte, der mit seiner Widerlegung zufrieden war, und ausrief, der Schüler solle die von ihm angegebenen Gründe nicht ohne weitere eigene Gründe akzeptieren.)

Wenn man nun eine bestimmte natürliche Interpretation *entdeckt* hat, wie kann man sie dann näher *untersuchen* und *prüfen*? Offenbar kann man nicht in der üblichen Weise vorgehen, d. h. Voraussagen ableiten und sie mit den »Beobachtungsergebnissen« vergleichen. Diese Ergebnisse gibt es ja nicht mehr. Der Gedanke, die Sinne lieferten unter gewöhnlichen Bedingungen zutreffende Abbilder wirklicher Vorgänge, z. B. der wirklichen Bewegung physikalischer Körper, ist nun aus allen Beobachtungsaussagen entfernt worden. (Man erinnere sich, daß dieser Gedanke ein wesentlicher Bestandteil der Argumentation gegen Kopernikus war.) Doch ohne ihn sind unsere Sinneseindrücke nicht mehr für Prüfungen zu gebrauchen. Dieser Schluß wurde von einigen älteren Rationalisten verallgemeinert, die ihre Wissenschaft nur noch auf die Vernunft gründen wollten und der Beobachtung eine ganz unwesentliche Hilfsfunktion zuschrieben. Galilei schlug diesen Weg nicht ein.

Wenn *eine* natürliche Interpretation eine vielversprechende Auffassung in Schwierigkeiten bringt und wenn ihre *Ausschal-*

tung Beobachtungen ausschaltet, die allen Theorien empirischen Gehalt verleihen, dann besteht die einzige annehmbare Verfahrensweise darin, *andere* Interpretationen heranzuziehen und zu sehen, was dabei herauskommt. Die von Galilei herangezogene Interpretation setzt die Sinne wieder als Forschungsinstrumente in ihr Recht, *aber nur bezüglich des Wirklichkeitsgehalts der relativen Bewegung.* Die Bewegung »von Dingen, die sie gemeinsam haben«, ist »nicht-operativ«, d. h. »sie bleibt der Empfindung, der Wahrnehmung entzogen und hat überhaupt keine Wirkung«.[9] Galileis erster Schritt bei seiner gleichzeitigen Untersuchung der Kopernikanischen Lehre und einer verbreiteten, aber verborgenen natürlichen Interpretation besteht also darin, *letztere durch eine andere Interpretation zu ersetzen.* Mit anderen Worten, *er führt eine neue Beobachtungssprache ein.*

Das ist natürlich ein völlig berechtigter Schritt. Im allgemeinen ist die Beobachtungssprache, die in einem Argument verwendet wird, schon lange in Gebrauch und etwas Bekanntes. Angesichts der Struktur von Alltagssprachen auf der einen Seite

9 »Dialog« /5³/, S. 171. Galileis kinematischer Relativismus ist nicht ohne Schwierigkeiten. An der zitierten Stelle vertritt er einerseits die Auffassung, daß eine gemeinsame Bewegung *keinerlei Wirkung* ausübe. »Die Bewegung«, sagte er, »sofern sie Bewegung ist und als solche wirkt, besteht relativ zu Gegenständen, denen sie fehlt; zwischen Gegenständen, denen allen eine bestimmte Bewegung gemeinsam ist, übt sie keinerlei Wirkung aus, und es ist, als wäre sie nicht vorhanden« (S. 116); »Welche Bewegung man auch der Erde zuschreibt, sie muß notwendig unbemerkbar bleiben ..., solange man nur irdische Gegenstände betrachtet« (S. 114); »... eine Bewegung, die vielen bewegten Gegenständen gemeinsam ist, wirkt sich nicht auf die Beziehungen zwischen diesen aus ...« (S. 116). Andererseits meint er auch: »Nichts ... *bewegt sich von Natur aus geradlinig.* Alle Himmelskörper bewegen sich auf einer Kreisbahn; Schiffe, Kutschen, Pferde, Vögel bewegen sich alle auf einer Kreisbahn um die Erde; die Körperteile der Tiere beschreiben alle Kreisbahnen; kurz – man ist zu der Annahme gezwungen, daß nur gravia deorsum und levia sursum sich scheinbar geradlinig bewegen; doch selbst das ist nicht sicher, solange nicht bewiesen ist, daß die Erde ruht« (S. 19). Geht man nun von der zweiten Auffassung aus, dann werden die beweglichen Teile von geradlinig bewegten Systemen dazu tendieren, Kreisbahnen zu beschreiben, was der ersten Auffassung widerspricht. Wegen dieses Widerspruchs habe

und der Aristotelischen Philosophie auf der anderen kann weder dieser Gebrauch noch diese Bekanntheit als Prüfung der dahinterstehenden Grundsätze gelten. Diese Grundsätze, diese natürlichen Interpretationen kommen in jeder Beschreibung vor. Sonderfälle, die zu Schwierigkeiten führen könnten, werden beiseite geschoben mit Hilfe von »Anpassungswörtern«[10], z. B. »wie« oder »entsprechend«, die sie so umdeuten, daß die zugrundeliegende Ontologie nicht in Gefahr gerät. Eine Prüfung ist aber dringend notwendig, und zwar besonders in solchen Fällen, in denen die Grundsätze eine neue Theorie zu gefährden scheinen. Dann ist es völlig vernünftig, alternative Beobachtungssprachen einzuführen und sie sowohl mit der ursprünglichen Sprache als auch der zu prüfenden Theorie zu vergleichen. Dabei muß man dafür sorgen, daß der Vergleich *fair* ist. Das heißt, man darf eine in Aussicht genommene Beobachtungssprache nicht kritisieren, weil sie noch nicht gut genug bekannt ist und daher mit unseren Sinneswahrnehmungen weniger eng verbunden und weniger einleuchtend ist als eine andere, »gebräuchlichere« Sprache. Oberflächliche Kritiken dieser Art, die zu einer ganzen »Philosophie« ausgebaut wurden, sind in den Diskussionen über das Leib-Seele-Problem an der Tagesordnung. Philosophen,

ich Galileis Argumentation in zwei Schritte aufgespalten, von denen der eine mit der Relativität der Bewegung zu tun hat (nur relative Bewegung *wird wahrgenommen*), der andere mit Trägheitsgesetzen (und nur eine Trägheitsbewegung *läßt die Beziehung zwischen den Teilen eines Systems unverändert* – wobei natürlich vorausgesetzt ist, daß benachbarte Trägheitsbewegungen annähernd parallel sind). Über die beiden Schritte der Argumentation siehe das nächste Kapitel. Es ist auch zu beachten, daß mit der Anerkennung der Relativität aller Bewegung die *Impetustheorie* aufgegeben wird. Das scheint Galilei an diesem Punkt getan zu haben, denn seine Argumentation für die Existenz »unbegrenzter« oder »ewiger« Bewegungen, die er S. 147 ff. des »Dialogs« /5[3]/ skizziert, beruft sich auf neutrale, d. h. weder natürliche noch erzwungene Bewegungen, von denen daher (?) angenommen werden könne, daß sie unbegrenzt fortdauern. Die Analyse der »neutralen« Bewegungen begann Galilei in seinem früheren Dialog »De motu«. Vgl. Kap. 8, Text zu Anm. 2 ff.

10 J. L. Austin, *Sense and Sensibilia*, New York 1964, S. 74. Anpassungswörter spielen in der Aristotelischen Philosophie eine wichtige Rolle.

die neue Auffassungen einführen und prüfen möchten, sehen sich also keinen *Argumenten* gegenüber, auf die sie höchstwahrscheinlich eine Antwort wüßten, sondern einer undurchdringlichen Mauer eingewurzelter *Reaktionen.* Das entspricht genau der Haltung von Menschen, die fremde Sprachen nicht beherrschen und den Eindruck haben, eine bestimmte Farbe werde viel besser durch »rot« als durch »rosso« beschrieben. Im Gegensatz zu solchen Bekehrungsversuchen, die sich auf das Gewohnte berufen (»Ich *weiß*, was Schmerzen sind, und ich *weiß* auch aufgrund der Selbstbeobachtung, daß sie nicht das geringste mit materiellen Vorgängen zu tun haben!«), ist darauf hinzuweisen, daß eine vergleichende Beurteilung von Beobachtungssprachen, z. B. materialistischer, phänomenalistischer, objektiv-idealistischer, theologischer usw. Beobachtungssprache, erst dann beginnen kann, *wenn sie alle gleich fließend gesprochen werden.*

Es ist wichtig, sich über die Natur des eben benutzten Arguments im klaren zu sein. Das Argument lautet nicht: Beobachtungssprachen enthalten ältere Ideen, *also* müssen sie kritisiert und mit anderen, neu erfundenen Beobachtungssprachen verglichen werden. Das Argument lautet vielmehr: *wenn* Kritik und Fortschritt aufgrund kritischer Überlegungen gewünscht werden, *dann* sind die eben erläuterten Verfahren bei Beobachtungssprachen angemessen. Und der Leser muß einsehen, daß man sowohl den Vordersatz als auch den Folgesatz mit starken Gründen kritisieren kann. Bei der Kritik der Voraussetzung zum Beispiel könnte man darauf verweisen, daß wir (und das heißt: die netten Menschen unter uns) trotz allen Fortschritts doch eines *nicht* verändern wollen: unsere Menschlichkeit. Ich weiß, »Menschlichkeit« ist ein sehr unklarer Begriff, aber man kann ihn erklären. Und da frage ich, was ist besser: ein Dasein als ein nicht zu kluger, aber auch nicht zu dummer Alltagsmensch mit der Fähigkeit zu Liebe, Trauer, Sympathie oder ein Dasein als Superwissenschaftler mit dem Gefühlsleben einer Bettwanze? Was ist besser: eine Welt, in der die Dichter und ihre Gesänge noch verstanden werden, oder eine Welt, in der man solchem Reden keinen Sinn mehr abgewinnen kann? Beim Austausch von Beobachtungssprachen kann es nun leicht geschehen, daß die emotionale Komponente, die vielen Sätzen innewohnt, nicht nur verändert wird, sondern ganz verschwindet – jene Komponente also, die Assoziationen in uns wachruft, Bilder, Gedanken, aber auch Gefühle. Will man an einer Menschlichkeit der eben beschriebenen Art festhalten, dann wird man solche Übergänge streng überwachen, und *man wird sich hüten, rein kognitive Sprachen einzuführen.* Diese Seite des Problems wurde übrigens von Aristoteles beachtet – in der Galileischen Wissenschaft spielt sie keine Rolle mehr. Darum ist diese Wissenschaft auch ganz untauglich als Grundlage einer umfassenden Philosophie. Aber selbst das, was sie auf ihrem engen Bereich zustande bringt, wird von unseren rationalistischen Philosophen verfälscht und in sein Gegenteil verkehrt.

Fahren wir nun mit unserer Analyse der Galileischen Gedankengänge fort.

7

Die neuen natürlichen Interpretationen bilden eine neue und abstrakte Beobachtungssprache. Sie werden eingeführt und versteckt, *so daß man die vollzogene Veränderung nicht bemerkt (Methode der Anamnesis). Sie enthalten den Gedanken der* Relativität aller Bewegung *und das* Gesetz der Trägheit der Kreisbewegung.

Galilei ersetzt eine natürliche Interpretation durch eine wesentlich andere und damals (1630) mindestens teilweise unnatürliche. Wie geht er vor? Wie bringt er es fertig, absurde und induktionswidrige Behauptungen einzuführen wie die, daß sich die Erde bewegt, und ihnen doch gerechtes und aufmerksames Gehör zu verschaffen? Man kann sich schon denken, daß Argumente nicht ausreichen werden – das ist eine interessante und sehr wichtige Einschränkung eines naiven Rationalismus –, und Galileis Äußerungen sind tatsächlich nur dem Anschein nach Argumente. Galilei bedient sich nämlich der *Propaganda.* Neben den Vernunftgründen, die er jeweils zu bieten hat, wendet er *psychologische Tricks* an. Diese Tricks sind äußerst erfolgreich: sie führen zum Sieg. Doch sie verschleiern die neue Einstellung gegenüber der Erfahrung, die sich bildet, und sie verhindern auf Jahrhunderte den Aufbau einer vernünftigen Philosophie. Sie verschleiern die Tatsache, daß die Erfahrung, auf die Galilei die Kopernikanische Auffassung gründen möchte, nichts anderes ist als das Ergebnis seiner eigenen fruchtbaren Phantasie, daß sie *erfunden* worden ist. Sie verschleiern diese Tatsache, indem sie nahelegen, daß die neuen Ergebnisse bekannt und allgemein zugestanden sind und daß man sie sich nur ins Gedächtnis zu rufen braucht, um einzusehen, daß sie ganz offenkundig wahr sind.
Galilei »erinnert« uns daran, daß es Situationen gibt, in denen der nicht-operative Charakter einer gemeinsamen Bewegung genau so offensichtlich ist und genauso fest geglaubt wird wie

der Gedanke des operativen Charakters jeder Bewegung unter *anderen* Umständen. (Dieser letzte Gedanke ist daher nicht die einzige natürliche Interpretation der Bewegung.) Die Situationen sind: Vorgänge in einem Boot, in einem ruhig dahinfahrenden Wagen und in anderen Systemen, in denen sich ein Beobachter befindet, der einfache Operationen durchführen kann.

»*Sagredo:* Mit fiel gerade ein bestimmter Gedanke ein, der mir eines Tages in den Sinn kam, als ich nach Aleppo segelte, um dort mein Land als Konsul zu vertreten ... Wenn auf dem Schiff während meiner ganzen Reise von Venedig nach Alexandretta die Spitze einer Feder gewesen wäre und sichtbare Spuren ihres ganzen Weges hinterlassen hätte, was für eine Spur, was für eine Linie hätte sie beschrieben?
Simplicio: Sie hätte eine Linie von Venedig bis dorthin beschrieben; keine genaue Gerade – oder vielmehr keinen genauen Kreisbogen –, sondern eine mehr oder weniger unregelmäßige, je nachdem, wie das Schiff gerade schwankte. Doch diese gelegentlichen Abweichungen um ein paar Meter nach rechts oder links, oben oder unten auf eine Länge von vielen hundert Meilen hätte den Gesamtverlauf wenig verändert. Sie wären kaum erkennbar, und ohne nennenswerten Fehler könnte man von einem vollkommenen Kreisbogen sprechen.
Sagredo: Wenn also die Bewegung durch die Wellen ausgeschaltet würde und das Schiff sich ruhig bewegen würde, dann wäre die wirkliche und genaue Bewegung dieser Federspitze ein vollkommener Kreisbogen gewesen. Wenn ich nun diese Feder die ganze Zeit in der Hand gehabt hätte und sie nur manchmal ein wenig hierhin oder dorthin bewegt hätte, welche Veränderungen hätte ich damit in den Hauptverlauf dieser Linie gebracht?
Simplicio: Weniger als bei einer Geraden von tausend Meter Länge, die hier und da um Haaresbreite vom vollkommen geraden Verlauf abwiche.
Sagredo: Wenn nun ein Künstler damit angefangen hätte, mit der Feder auf einem Blatt Papier zu zeichnen, als er den Hafen verließ, und das die ganze Zeit bis Alexandretta fortgesetzt hätte, so hätte er aus der Bewegung der Feder eine ganze Geschichte mit vielen Figuren ablesen können, die in tausend Richtungen vollständig ausgeführt gewesen wäre, mit Landschaften, Gebäuden, Tieren und anderen Dingen. Doch die tatsächliche, wirkliche, wesentliche Bewegung der Federspitze wäre nur eine zwar lange, aber sehr einfache Linie gewesen. Was aber die Tätigkeit des Künstlers betrifft, so wäre sie genau so verlaufen, wie wenn sich das Schiff nicht bewegt hätte. Der Grund dafür, daß von der langen Bewegung der Feder keine Spur außer dem auf das Papier Gezeichneten zurückbliebe, ist der, daß die Hauptbewegung von Venedig nach Alexandretta dem Papier, der

Feder und allem anderen in dem Schiff gemeinsam war. Doch die kleinen Bewegungen vor und zurück, nach rechts und links, die die Finger des Künstlers der Feder mitteilen, nicht aber dem Papier, und die ersterer allein zukommen, konnten eine Spur auf dem Papier hinterlassen, die diesen Bewegungen entspricht.«[1]

Oder

»*Salviati:* ... stell dir vor, du befändest dich in einem Boot und hättest deine Augen auf einen Punkt der Takelung gerichtet. Glaubst du, weil sich das Boot rasch bewegt, müßtest du deine Augen bewegen, um den Blick ständig auf diesen Punkt der Takelung gerichtet zu halten und seiner Bewegung zu folgen?
Simplicio: Ich bin sicher, daß ich nichts verändern müßte; nicht nur an meiner Blickrichtung, sondern wenn ich mit einem Gewehr gezielt hätte, so hätte ich es nie um Haaresbreite zu bewegen brauchen, um es gezielt zu lassen, gleichgültig, wie sich das Boot auch bewegte.
Salviati: Und das ist so, weil das Schiff die Bewegung, die es der Takelung mitteilt, auch dir und deinen Augen mitteilt, so daß du sie kein bißchen zu bewegen brauchst, um ständig auf den Punkt der Takelung zu blicken, der dir demgemäß als unbewegt erscheint. (Und die Blickstrahlen verlaufen vom Auge zur Takelung genau so, als sei eine Schnur von einem Ende des Bootes zum anderen gespannt. Nun sind hundert Schnüre zu verschiedenen festen Punkten gespannt, die alle ihren Ort behalten, ob sich das Schiff bewegt oder nicht.)«[2]

Es liegt auf der Hand, daß diese Situationen auch im Rahmen des Alltagsdenkens zu einem nicht-operativen Begriff der Bewegung führen.
Andererseits enthält das Alltagsdenken – und damit meine ich das Denken italienischer Handwerker des 17. Jahrhunderts – auch den Gedanken des *operativen* Charakters aller Bewegung. Dieser kommt zum Zuge, wenn sich ein begrenzter Gegenstand, der aus nicht zu vielen Teilen besteht, in einer weiträumigen und unveränderlichen Umgebung bewegt; z. B.

1 »Dialog« /5[3]/, S. 171 ff.
2 Ebenda, S. 249 ff. Daß Erscheinungen der *sichtbaren* Bewegung auf *relativer* Bewegung beruhen, behauptete Euklid in seiner »Optik«, Theon red. Par. 49 ff. Ein altes scholion von Par. 50 benutzt das Beispiel von einem Boot, das den Hafen verläßt: Heiberg, vii, 283. Das Beispiel wird ebenfalls benutzt von Kopernikus in *De revol.*, Buch 1, Kap. 8. In der mittelalterlichen Optik war es allgemein bekannt. Vgl. Witelo, *Perspectiva*, iv, Par. 138 (Basel 1572, S. 180).

wenn ein Kamel durch die Wüste schreitet oder wenn ein Stein von einem Turm herunterfällt.

Nun fordert uns Galilei auf, uns auch in diesem Falle an die Bedingungen zu »erinnern«, unter denen wir die gemeinsame Bewegung als nicht-operativ betrachten, und den zweiten Fall unter den ersten einzuordnen.

So folgt auf das erste der beiden oben erwähnten Paradigmen nicht-operativer Bewegung diese Behauptung:

> »Es ist gleichermaßen wahr, daß wegen der Erdbewegung der fallende Stein eine Strecke von vielen hundert, ja tausend Metern zurücklegt; und hätte er seine Bahn in unbewegter Luft oder auf einer anderen Oberfläche markieren können, so wäre eine sehr lange schräge Linie entstanden. Doch der Teil dieser ganzen Bewegung, der dem Stein, dem Turm und uns selbst gemeinsam ist, ist nicht wahrnehmbar, so als ob er gar nicht vorhanden wäre. Beobachtbar bleibt nur der Teil, an dem weder der Turm noch wir teilhaben; mit einem Wort, derjenige, mit dem der Stein in seinem Fall den Turm mißt.«[3]

Und auf das zweite Paradigma folgt die Ermahnung,

> »dieses Argument auf die Erdumdrehung und den Stein auf der Spitze des Turmes zu übertragen, dessen Bewegung man nicht erkennen kann, weil man gemeinsam mit dem Stein von der Erde her die Bewegung besitzt, die nötig ist, um dem Turm zu folgen; man braucht seine Augen nicht zu bewegen. Und wenn dann dem Stein eine Abwärtsbewegung hinzugefügt wird, die nur er ausführt, man selbst aber nicht, und die sich mit der Kreisbewegung vermischt, dann bleibt der kreisförmige Teil der Bewegung, der dem Stein und dem Auge gemeinsam ist, unerkennbar. Nur die geradlinige Bewegung ist wahrnehmbar, denn um ihr zu folgen, muß man seine Augen abwärts bewegen.«[4]

Das ist wahrlich starke Überredungskunst.

Unter ihrem Einfluß beginnt man jetzt *ganz automatisch*, die Bedingungen der beiden Fälle durcheinander zu bringen, und wird Relativist. Das ist der Kern von Galileis Trick! Als Ergebnis löst sich der Gegensatz zwischen Kopernikus und »den Bedingungen, denen wir und die in der Luft über uns unterliegen«[5], in nichts auf, und man erkennt schließlich, »daß alle

3 Ebenda, S. 172 ff.
4 Ebenda, S. 250.
5 Ptolemäus, »Syntaxis«, i, 1, S. 7.

irdischen Ereignisse, aus denen gewöhnlich geschlossen wird, daß die Erde stillsteht und die Sonne und die Fixsterne sich bewegen, uns notwendigerweise genauso erscheinen würden, wenn die Erde sich bewegte und die anderen Gestirne stillstehen würden«.[6]

Betrachten wir nun die Sachlage unter einem abstrakteren Gesichtspunkt. Man beginnt mit zwei Teilsystemen des »gewöhnlichen« Denkens (siehe die folgende Tabelle). Nach dem einen ist die Bewegung etwas Absolutes, das stets Wirkungen

6 »Dialog« /5³/, S. 416; vgl. »Unterredungen und mathematische Demonstrationen über zwei neue Wissenszweige, die Mechanik und die Fallgesetze betreffend«, engl. v. Henry Crew und Alfonso de Salvio, New York 1914, S. 164: »Das nämliche Experiment, das auf den ersten Blick ein Ding zu zeigen schien, erweist bei genauerer Untersuchung das Gegenteil.« Professor McMullin kritisiert diese Betrachtungsweise und fordert mehr »logische und biographische Rechtfertigung« für meine Behauptung, Galilei habe nicht nur argumentiert, sondern auch geschwindelt (»A Taxonomy of the Relation between History and Philosophy of Science«, in: *Minnesota Studies,* Bd. 5, Minneapolis 1971, S. 39), und er kritisiert die Weise, in der ich Galilei den dynamischen Relativismus einführen lasse. Nach seiner Auffassung »ist Galileis Behauptung die folgende: da sein Gegner Beobachtungen, die unter solchen Verhältnissen [Bewegungen auf Booten] gemacht wurden, *bereits* ›relativistisch‹ deutet, wie kann er dann konsequenterweise im Falle von Beobachtungen auf der Erdoberfläche anders verfahren?« (ebenda, S. 40) So argumentiert Galilei in der Tat, aber gegenüber einem Gegner, der, nach seiner eigenen Art, »eine große Abneigung dagegen empfindet, diese Nicht-Operativität der Bewegung bei Dingen anzuerkennen, denen sie gemeinsam ist« (»Dialog« /5³/, S. 171), der davon überzeugt ist, daß ein Boot neben seinen relativen Bewegungen *auch absolute Örter und Bewegungen hat* (vgl. Aristoteles, *Physik,* 208 b 8 ff.), und der jedenfalls die Kunst entwickelt hat, bei verschiedenen Gelegenheiten verschiedene Begriffe zu verwenden, ohne sich in Widersprüche zu verwickeln. Ist *dies* nun die Auffassung, die kritisiert werden soll, so ist der Nachweis, daß ein Gegner einen relativen Begriff der Bewegung hat oder ihn im täglichen Leben häufig verwendet, keineswegs »ein Beweis für die Widersprüchlichkeit seines eigenen ›Paradigmas‹« (McMullin, ebenda, S. 40). Es wird lediglich ein Teil dieses Paradigmas aufgewiesen, ohne daß der andere berührt würde. Der behauptete Beweis ergibt sich erst, wenn der absolute Begriff entweder unterdrückt oder weggezaubert oder aber mit dem relativen Begriff gleichgesetzt wird – und das tut Galilei in der Tat, wenn auch, wie ich zu zeigen versucht habe, unter der Hand.

Paradigma 1: Bewegung fester Gegenstände in stabiler Umgebung, die sich über einen großen Raum erstreckt – Wild, das vom Jäger beobachtet wird.		Paradigma 2: Bewegung von Gegenständen in Schiffen, Wagen und anderen bewegten Systemen.	
Natürliche Interpretation: Jede Bewegung ist operativ.		*Natürliche Interpretation:* Nur die relative Bewegung ist operativ.	
Der fallende Stein *beweist* ↓ Die Erde ruht.	Die Erdbewegung *führt zu der Voraussage* ↓ Der Stein fällt schräg.	Der fallende Stein *beweist* ↓ Keine *relative* Bewegung von Ausgangspunkt und Erde.	Die Erdbewegung *führt zu der Voraussage* ↓ Keine relative Bewegung von Ausgangspunkt und Stein.

hat, auch auf unsere Sinne. Die hier gegebene Beschreibung dieses Denksystems ist vielleicht etwas idealisiert; doch die von Galilei selbst zitierten und als »sehr einleuchtend«[7] bezeichneten Argumente der Kopernikus-Gegner zeigen, daß es eine verbreitete Neigung gab, in diesem System zu denken, und daß sie die Diskussion anderer Ideen empfindlich störte. Gelegentlich finden sich noch primitivere Denkweisen, die Begriffe wie oben und unten in einem absoluten Sinne verwenden. Beispiele: die Behauptung, »die Erde sei zu schwer, um über die Sonne hinaufzusteigen und dann geradewegs wieder herunterzufallen«[8], oder »nach kurzer Zeit würden die Berge mit der Umdrehung des Erdballs herabsinken und eine solche Lage einnehmen, daß, nachdem man auf ihre Gipfel kurz vorher noch steil hinaufsteigen mußte, man ein paar Stunden später sich bücken und hinabsteigen müßte, um zu ihnen zu gelangen«.[9] Das nennt Galilei in seinen Randbemerkungen »höchst kindische Gründe, [die] gerade genügen würden, um

7 »Dialog« /5[3]/, S. 131.
8 Ebenda, S. 327.
9 Ebenda, S. 330.

Schwachsinnige in dem Glauben an die Unbeweglichkeit der Erde zu halten«[10], und er hält es für unnötig, »sich mit solchen Leuten abzugeben, *deren Name Legion ist*, oder ihre Narreteien zur Kenntnis zu nehmen«.[11] Doch es ist klar, daß die absolute Auffassung der Bewegung »gut verankert« war und daß der Versuch, sie durch etwas anderes zu ersetzen, auf starken Widerstand stoßen mußte.[12]

10 Ebenda, S. 327.

11 Ebenda, S. 327, Hervorhebung hinzugefügt.

12 Der Gedanke, es gebe im Weltall eine absolute Richtung, hat eine interessante Geschichte. Er stützt sich auf die Beschaffenheit des Schwerefeldes an der Erdoberfläche oder des dem Beobachter bekannten Teiles der Erde und verallgemeinert die dort gemachten Erfahrungen. Die Verallgemeinerung wird nur selten als eigene Hypothese genommen, sondern geht in die »Grammatik« des Alltagsverstands ein und verleiht den Ausdrücken »oben« und »unten« eine absolute Bedeutung. (Das ist eine »natürliche Interpretation« in genau dem Sinne, wie er im obigen Text dargelegt wurde.) Lactantius, ein Kirchenvater aus dem 4. Jahrhundert, beruft sich auf diesen Sinn, wenn er fragt (*Divinae institutiones,* 3: »De falsa sapientia«): »Wer wäre wohl wirklich so wirrköpfig, sich Menschen vorzustellen, deren Füße sich über ihren Köpfen befinden? Und Bäume und Pflanzen, die nach unten statt nach oben wachsen?« Der gleiche Sprachgebrauch wird von der »Masse der Ungebildeten« vorausgesetzt, die sich fragen, warum die Antipoden nicht von der Erde herunterfallen (Plinius, *Naturgeschichte,* II, 161-6, vgl. auch Ptolemäus, *Syntaxis,* I, 7). Die Versuche von Thales, Anaximenes und Xenophanes, eine Unterstützung zu finden, die die Erde am »Herunterfallen« hindere (Aristoteles, *De coelo,* 294 a 12 ff.), zeigen, daß fast alle älteren Philosophen – die einzige Ausnahme ist Anaximander – von dieser Vorstellung ausgingen. (Über die Atomisten, die annahmen, daß die Atome ursprünglich »nach unten« fallen, siehe Jammer, *Concepts of Space,* Cambridge, Mass., 1953, S. 11). Selbst Galilei, der den Gedanken der herabfallenden Antipoden gründlich verspottet (»Dialog« /5[3]/, S. 331), spricht gelegentlich von der »oberen Hälfte des Mondes«, womit er den »für uns unsichtbaren« Teil des Mondes meint. Man vergesse auch nicht, daß einige moderne linguistische Philosophen, »die zu dumm sind, ihre eigenen Grenzen zu erkennen« (Galilei, ebenda, S. 327), die absolute Bedeutung von »oben – unten« wenigstens *lokal* wieder zum Leben erwecken möchten. Man darf also den Einfluß der primitiven Vorstellung von einer anisotropen Welt auf das Denken von Galileis Zeitgenossen nicht unterschätzen; auch dagegen hatte er anzukämpfen. Eine Untersuchung einiger Seiten des englischen Alltagsverstands zur Zeit Galileis, einschließlich des astronomischen Alltagsverstands, findet sich bei E. M. W. Tillyard, *The Elizabethan World*

Das zweite Denksystem hat die Relativität der Bewegung zum Mittelpunkt und ist auf seinem Anwendungsgebiet ebenfalls gut verankert. Galilei möchte in *allen* Fällen, irdischen wie himmlischen, das erste System durch das zweite ersetzen. Der naive Realismus bezüglich der Bewegung soll *vollständig beseitigt* werden.

Nun sahen wir, daß der naive Realismus stellenweise ein wesentlicher Bestandteil unserer Beobachtungssprache ist. In diesen Fällen (Paradigma 1) enthält die Beobachtungssprache den Gedanken, daß *jede* Bewegung Wirkungen hat. Oder in inhaltlicher Redeweise: Unsere Erfahrung in diesen Fällen ist die von Gegenständen, die sich absolut bewegen. Wenn man das beachtet, so zeigt sich, daß Galileis Vorschlag auf eine Teilrevision unserer Beobachtungssprache oder unserer Erfahrung hinausläuft. Eine Erfahrung, die zum Teil dem Gedanken der Erdbewegung *widerspricht*, wird in eine Erfahrung verwandelt, die ihn *bestätigt*, mindestens soweit es sich um »irdische Gegenstände« handelt.[13] Das ist der *wirkliche Vorgang*. Doch Galilei möchte uns einreden, es habe keine Veränderung stattgefunden, das zweite Denksystem sei bereits allgemein *bekannt*, wenn auch nicht allgemein *gebräuchlich*. Salviati, sein Wortführer im Dialog, sein Widersacher Simplicio und der intelligente Laie Sagredo bringen alle Galileis Argumentationsweise mit Platons Theorie der *Anamnesis* in Verbindung – ein geschickter Schachzug, typisch Galilei, möchte man sagen. Doch darf man sich nicht über die revolutionäre Entwicklung täuschen lassen, die tatsächlich stattfindet.

Der Widerstand gegen die Vorstellung, eine gemeinsame Bewegung sei nicht-operativ, wurde mit dem Widerstand gleichgesetzt, den vergessene Ideen dem Versuch entgegensetzen, sie zum Bewußtsein zu bringen. Schließen wir uns dieser *Interpretation* des Widerstands an! Doch vergessen wir nicht, daß er *vorhanden ist*. Dann müssen wir zugeben, daß er die An-

Picture, London 1963. Die Übereinstimmung zwischen der Alltagsauffassung und dem zentralsymmetrischen Weltall wird von Aristoteles häufig festgestellt, z. B. in *De coelo,* 308 a 23 f.

13 »Dialog« /5³/, S. 132 und 416.

wendung der relativistischen Vorstellungen beschränkt, und zwar auf einen *Teil* unserer Alltagserfahrung. *Außerhalb* von diesem, d. h. im Raum zwischen den Planeten, sind sie »vergessen« und daher nicht in Kraft. Doch außerhalb dieses Teils herrscht kein völliges Chaos. Es werden andere Begriffe verwendet, darunter gerade jene absoluten Begriffe, die sich von dem ersten Paradigma herleiten. Man wendet sie nicht nur an, sondern muß zugeben, daß sie völlig angemessen sind. Es entstehen keine Schwierigkeiten, solange man sich innerhalb der Grenzen des ersten Paradigma hält. Die »Erfahrung«, d. h. die Gesamtheit aller Tatsachen aus allen Bereichen, kann nicht zu der Veränderung zwingen, die Galilei einführen möchte. Die Motivierung für eine solche muß anderswoher kommen.

Sie entspringt erstens aus dem Wunsch, »das Ganze in wunderbar einfacher [Entsprechung] zu seinen Teilen«[14] zu sehen, wie es Kopernikus bereits selbst ausgedrückt hatte. Sie entspringt aus dem »typisch metaphysischen Bedürfnis« nach Einheit des Verstehens und der begrifflichen Darstellung. Und zweitens hängt die Motivation für eine Veränderung mit der Absicht zusammen, für die Erdbewegung Platz zu schaffen, die Galilei akzeptiert und die er nicht aufgeben möchte. Der Gedanke der Erdbewegung steht dem ersten Paradigma näher als dem zweiten, mindestens war das zur Zeit Galileis der Fall. Das verlieh den Aristotelischen Argumenten Gewicht und Überzeugungskraft. Um diese aufzuheben, war es nötig, das erste Paradigma unter das zweite zu subsumieren und die re-

14 Ebenda, S. 341. Galilei zitiert hier aus Kopernikus' Adresse an Papst Paul III. in: *De revolutionibus;* vgl. auch Kap. 10 sowie die »Narratio prima« (zit. nach E. Rosen, *Three Copernican Treatises,* New York 1959, S. 165): »Denn alle diese Erscheinungen hängen auf höchst edle Weise zusammen, wie mit einer goldenen Kette; und jeder einzelne Planet bezeugt durch seine Stellung, seine Ordnung und jede Ungleichheit seiner Bewegung, daß sich die Erde bewegt, und daß wir, die wir auf der Erdkugel leben, nicht deren Ortsveränderung anerkennen, sondern den Planeten alle möglichen Eigenbewegungen zuschreiben.« Man beachte, daß sich die Argumentation auf keine empirischen Gründe stützt und auch nicht stützen kann, denn Kopernikus gibt selbst zu (»Commentariolus«, ebenda, S. 57), daß die Ptolemäische Theorie »mit den numerischen Daten übereinstimmt«.

lativen Begriffe auf alle Erscheinungen auszudehnen. Der Gedanke der Anamnesis ist hier eine psychologische Krücke, ein Hebel, der diese Subsumtion erleichtert, indem er ihre Existenz verbirgt. Als Ergebnis sind wir jetzt *bereit*, die relativen Begriffe nicht nur auf Boote, Kutschen, Vögel anzuwenden, sondern auch auf die »festgefügte Erde« als ganze. Und wir haben den Eindruck, daß diese Bereitschaft schon die ganze Zeit vorhanden war, wenn es auch einer gewissen Anstrengung bedurfte, sie bewußt zu machen. Dieser Eindruck ist ganz entschieden irrig: er kommt einzig durch Galileis propagandistische Machenschaften zustande. Es wäre besser, die Verhältnisse anders zu beschreiben, nämlich als eine Änderung unseres Denksystems. Oder – da wir es mit Begriffen zu tun haben, die zu natürlichen Interpretationen gehören und daher ganz unmittelbar mit Wahrnehmungen zusammenhängen – man sollte sie als eine *Veränderung der Erfahrung* beschreiben, die es uns gestattet, die Kopernikanische Lehre zu akkommodieren. Die Veränderung entspricht genau dem in Kapitel 11 zu beschreibenden Schema: eine fehlerhafte Auffassung, die Kopernikanische Theorie, wird gestützt durch eine andere fehlerhafte Auffassung, den Gedanken des nicht-operativen Charakters gemeinsamer Bewegungen, und dabei gewinnen beide Theorien an Stärke und stützen sich gegenseitig. Diese Veränderung liegt dem Übergang von der Aristotelischen Auffassung zu der Erkenntnistheorie der modernen Wissenschaften zugrunde.

Denn jetzt ist die Erfahrung nicht mehr die unveränderliche Grundlage wie im Alltagsdenken und in der Aristotelischen Philosophie. Der Versuch zur Stützung des Kopernikus »verflüssigt« die Erfahrung genauso wie den Himmel, »so daß jeder Stern selbständig in ihm umherschweift«.[15] Ein Empirist, der von der Erfahrung ausgeht und auf sie aufbaut, ohne je zurückzublicken, verliert jetzt einfach den Boden unter den Füßen. Weder auf die Erde, »die festgefügte Erde«, noch auf die Tatsachen, auf die er sich gewöhnlich verläßt, kann man noch vertrauen. Es liegt auf der Hand, daß eine Philosophie,

15 »Dialog« /5³/, S. 120.

die eine derart flüssige und veränderliche Erfahrung verwendet, neue methodologische Grundsätze braucht, die nicht eine asymmetrische Beurteilung von Theorien anhand der Erfahrung verlangen. Die *klassische Physik* macht sich intuitiv solche Grundsätze zu eigen; mindestens die großen und unabhängigen Denker wie Newton, Faraday, Boltzmann gehen so vor. Doch die *offizielle Lehre* hält immer noch am Gedanken einer festen und unveränderlichen Grundlage fest. Der Gegensatz zwischen dieser Lehre und dem tatsächlichen Vorgehen wird verhüllt durch eine tendenziöse Darstellung der *Ergebnisse* der Forschung, die ihren revolutionären Ursprung verdeckt und den Eindruck erweckt, sie stammten aus einer festen und unveränderlichen Quelle. Diese Verschleierungsmethoden beginnen mit Galileis Versuch, neue Ideen unter dem Deckmantel der Anamnesis einzuführen, und sie finden ihren Höhepunkt bei Newton.[16] Sie müssen bloßgestellt werden, wenn man zu einer besseren Analyse der fortschrittlichen Elemente der Wissenschaften kommen will.

Meine Besprechung der antikopernikanischen Argumente ist noch nicht beendet. Bisher habe ich versucht zu entdecken, was für eine Annahme dazu führt, daß ein Stein, *der sich entlang eines bewegten Turmes bewegt*, »senkrecht herabzufallen« scheint, statt eine gekrümmte Bahn erkennen zu lassen. Die Annahme – ich nenne sie das *Relativitätsprinzip* –, daß unsere Sinne nur relative Bewegungen wahrnehmen und blind sind gegenüber Bewegungen, an denen die Gegenstände in gleichem Maße teilnehmen, hat, wie sich zeigte, den gewünschten Effekt. Zu erklären bleibt noch, *warum der Stein nicht hinter dem Turm zurückbleibt.* Um die Kopernikanische Auffassung zu retten, muß man nicht nur erklären, warum eine Bewegung unbemerkt bleibt, die die Verhältnisse zwischen *sichtbaren* Gegenständen nicht verändert, man muß auch zeigen, warum eine gemeinsame Bewegung *die Verhältnisse selbst* unverändert läßt. Das heißt, man muß erklären, warum eine solche Bewegung *nicht kausal aktiv* ist. Dreht man die Frage in der im vorigen Kapitel erklärten Weise um,

16 *Classical Empiricism* /3[4]/.

so zeigt sich, daß das dort beschriebene antikopernikanische Argument auf *zwei* natürlichen Interpretationen beruht, der *erkenntnistheoretischen Annahme*, daß absolute Bewegung immer *wahrgenommen* wird, und dem *dynamischen Grundsatz*, daß Gegenstände wie der fallende Stein, die sich selbst überlassen bleiben, gewisse ausgezeichnete absolute Bewegungen, sogenannte natürliche Bewegungen, ausführen. Natürliche Bewegungen sind das, was wir heute Trägheitsbewegungen nennen, und das Problem besteht darin, das Relativitätsprinzip durch ein neues Trägheitsgesetz derart zu ergänzen, daß die Erdbewegung immer noch behauptet werden kann. Man erkennt sofort, daß die Lösung durch folgendes Gesetz geliefert wird, das ich das *Prinzip der Trägheit der Kreisbewegung* nenne: Ein Gegenstand, der sich mit einer bestimmten Winkelgeschwindigkeit auf einer reibungsfreien Kugeloberfläche um den Erdmittelpunkt herum bewegt, bewegt sich für immer mit der gleichen Winkelgeschwindigkeit weiter. Verbindet man die Erscheinung des fallenden Steins mit dem Relativitätsprinzip, dem Prinzip der Trägheit der Kreisbewegung und einigen einfachen Annahmen über die Zusammensetzung von Geschwindigkeiten[17], so ergibt sich ein Argument, das die Kopernikanische Auffassung nicht mehr gefährdet, sondern zu deren teilweiser Stützung benutzt werden kann.

Das Relativitätsprinzip wurde auf zwei Arten verteidigt. Einmal wurde gezeigt, wie es Kopernikus hilft: diese Verteidigung ist eindeutig *ad hoc.* Zum zweiten wurde auf seine Funktion im Rahmen des Alltagsdenkens hingewiesen, und diese Funktion wurde dann stillschweigend verallgemeinert (siehe oben). Ein unabhängiges Argument für seine Gültigkeit wurde nicht angegeben. Galileis Stütze für das Prinzip der Trägheit der Kreisbewegung ist von genau derselben Art. Er führt das Prinzip wiederum nicht unter Berufung auf Experimente oder

17 Diese Annahmen waren alles andere als selbstverständlich; sie standen im Gegensatz zu einigen grundlegenden Gedanken der Aristotelischen Physik, wie etwa dem Gedanken der Unvergleichbarkeit qualitativ verschiedener Bewegungen.

unabhängige Beobachtungen ein, sondern auf das, was jedermann angeblich schon weiß.

»*Simplicio:* Du hast also nicht hundert Prüfungen veranstaltet, oder auch nur eine einzige? Und doch behauptest du so unbedenklich, es sei gewiß? ...
Salviati: Ich bin auch ohne Experiment sicher, daß der Effekt so eintritt, wie ich es dir sage, denn er muß so eintreten; und ich möchte hinzufügen, daß du selbst ebenfalls weißt, daß gar nichts anderes geschehen kann, gleichgültig, wie du auch vorgeben magst, es nicht zu wissen ... aber ich habe ein solches Talent, die Gedanken der Menschen aus dem Dunkel hervorzulocken, daß ich dich dazu bringen werde, es dir selbst zum Trotz zuzugeben.«[18]

Schritt für Schritt wird Simplicio zu dem Zugeständnis gezwungen, daß ein Körper, der sich ohne Reibung auf einer Kugeloberfläche um den Erdmittelpunkt herum bewegt, eine »unbegrenzte«, eine »ewige« Bewegung ausführt. Wir wissen freilich, insbesondere nach der soeben durchgeführten Analyse des nicht-operativen Charakters gemeinsamer Bewegungen, daß das, was Simplicio anerkennt, sich weder auf ein Experiment noch auf eine bewährte Theorie stützt. Es ist ein kühner neuer Gedanke, ein gewaltiger Sprung der Phantasie.[19] Und dieser Sprung führt sofort zu Schwierigkeiten. In der Bewegungslehre der unmittelbar vorhergehenden Jahrhunderte, insbesondere in der Impetustheorie, ließ man sich oft von Analogien zwischen der Ortsbewegung und qualitativen Veränderungen leiten: ein heißer Körper bleibt heiß, weil er Wärme enthält – aber seine Hitze nimmt allmählich ab. Ein bewegter Körper kehrt nicht sofort zur Ruhe zurück, weil er Impetus enthält, aber auch dieser verschwindet allmählich, in Analogie zur Wärme. Die gemeinsame Erfassung aller Bewegungen durch ein Schema erhob die Analogie zum Prinzip, für das es dann zahlreiche empirische Argumente gab. Die Expe-

18 »Dialog« /5[3]/, S. 147.

19 Eigentlich doch nicht. Der »ewige«, »unbegrenzte« und sonstwie besondere Charakter der Kreisbewegung wird von Aristoteles eingehend beschrieben: *De coelo*, 269 b 18 ff. Vgl. 269 b 34: »Ein Körper, der sich kreisförmig bewegt, kann weder Gewicht noch Leichtigkeit besitzen, denn er kann seine Entfernung vom Mittelpunkt weder auf natürliche noch auf unnatürliche Weise ändern.«

rimente der »Discorsi«[20] haben diese nicht *empirisch* beseitigt, sondern aufgrund neuer *Deutungen* aller empirisch beobachteten Bewegungen. Diese wurden auf Umwegen, das heißt mit Hilfe von ad-hoc-Hypothesen, mit der tatsächlich vorliegenden Erfahrung verbunden (die Größe der Reibung wurde nicht durch unabhängige Untersuchungen festgestellt – solche begannen erst viel später, im 18. Jahrhundert –, sondern aus

20 Übrigens sind viele der »Erfahrungen« oder »Experimente«, die in der Argumentation über die Erdbewegung herangezogen wurden, völlig fiktiv. So gebraucht Galilei in seinem »Trattato della sfera« (*Edizione nazionale,* Bd. 2, S. 211 ff.), der »der Auffassung von Aristoteles und Ptolemäus folgt« (S. 223), folgendes Argument gegen die Erdumdrehung: »... Gegenstände, die man von hoch oben auf die Erde herabfallen läßt, wie etwa einen Stein von der Spitze eines Turmes, würden nicht auf den Fuß des Turmes zufallen; denn während der Zeit, die der Stein in geradlinigem Fall in der Luft zubringt, würde sich die Erde ein Stück nach Osten davonbewegen und ihn also in einem vom Fuße des Turmes weit entfernten Teil empfangen, *genau so, wie ein Stein, der vom Mast eines rasch bewegten Schiffes herabfällt, nicht am Fuße des Mastes, sondern weiter dem Heck zu auftrifft*« (S. 224). Die hervorgehobene Aussage über das Verhalten von Steinen auf Schiffen wird im »Dialog« /5[3]/, S. 126, wieder verwendet, wo die Ptolemäischen Argumente diskutiert sind, aber sie wird nicht mehr als gültig anerkannt. »Es scheint an der Zeit«, sagt Salviati (ebenda, S. 180), »sich eine gewisse Großzügigkeit der Kopernikaner gegenüber ihren Gegnern bewußt zu machen, wenn sie, mit vielleicht zu großer Liberalität, eine Reihe von Experimenten als existent und beweiskräftig zugestehen, die ihre Gegner nie ausgeführt haben. Ein Beispiel ist das angebliche Experiment mit dem Körper, der vom Mast eines bewegten Schiffes herabfällt ...« Weiter oben (S. 154) wird angenommen, nicht beobachtet, daß der Stein am Fuße des Mastes auftreffe, auch wenn sich das Schiff bewegt; ein mögliches Experiment wird S. 186 besprochen. Bruno (»La cena de le ceneri«, in: *Opere italiane,* I, Hg. Giovanni Gentile, Bari 1907, S. 83) unterstellt, daß der Stein am Fuße des Mastes ankommt. Man beachte, daß das Problem experimentell nicht ohne weiteres lösbar war. Es wurden Experimente gemacht, doch ihre Ergebnisse waren alles andere als eindeutig. Vgl. A. Armitage, »The Deviation of Falling Bodies«, in: *Annals of Science* 5, 1941-7, S. 342 ff., sowie A. Koyré, *Metaphysics and Measurement,* Cambridge 1968, S. 89 ff. Das Turmargument findet sich bei Aristoteles, *De coelo* 296 b, 22, und Ptolemäus, *Syntaxis,* i, 8. Kopernikus diskutiert es im nämlichen Kapitel von *De revol.,* versucht es aber im nächsten Kapitel zu entkräften (vgl. Anm. 12 zu Kap. 8 des vorliegenden Essays). Seine Rolle im Mittelalter wird beschrieben von M. Clagett, *The Science of Mechanics in the Middle Ages,* Madison 1959, Kap. 10.

dem angestrebten Ergebnis, eben dem Prinzip der Trägheit der Kreisbewegung hergeleitet). Wieder haben wir es mit einer Neubewertung aller Erfahrung zu tun. Die neue Erfahrung, die so entsteht, ist nicht nur komplizierter, *sondern auch weit spekulativer* als die Erfahrung des Aristoteles oder des Alltagsverstandes. Paradox, aber nicht unrichtig: *Galilei erfindet eine Erfahrung mit metaphysischen Bestandteilen.* Diese Erfahrung war es, die den Übergang von einer geostatischen Kosmologie zur Auffassung von Kopernikus und Kepler herbeiführte.

8

Anfängliche Schwierigkeiten, die die Veränderung aufwirft, werden durch ad-hoc-Hypothesen *entschärft, die also gelegentlich eine positive Funktion haben; sie verschaffen neuen Theorien eine Atempause, und sie deuten die Richtung der zukünftigen Forschung an.*

Hier ist auf bestimmte von Lakatos entwickelte Gedanken einzugehen, die neues Licht auf das Problem des Erkenntnisfortschritts werfen und bis zu einem gewissen Grade seinem eigenen Streben nach »Gesetz und Ordnung« in der Wissenschaft den Boden entziehen.

Gewöhnlich stellt man sich vor, daß sich gute Wissenschaftler weigern, ad-hoc-Hypothesen zu verwenden, und daß sie damit völlig recht haben. Neue Ideen, so glaubt man, gehen weit über die vorhandenen Daten hinaus und *müssen* das auch tun, wenn sie einen Wert haben sollen. Ad-hoc-Hypothesen werden sich auf jeden Fall letzten Endes einschleichen, aber man sollte ihnen widerstehen und sie sich vom Leibe halten. Das ist die übliche Auffassung, wie sie sich z. B. in den Schriften K. R. Poppers niederschlägt. Sie ist so alt wie das Unbehagen an okkulten Qualitäten.

Im Gegensatz dazu hat Lakatos darauf verwiesen, daß der ad-hoc-Charakter weder etwas Verachtungswürdiges noch dem System der Wissenschaft fremd ist.[1] Er betont, daß neue

1 Vgl. Lakatos in *Criticism and the Growth of Knowledge*, Hg. Lakatos und Musgrave, Cambridge 1970. Die Verwendung von ad-hoc-Hypothesen in den Wissenschaften entspricht ganz dem, was die Anthropologen »sekundäre Elaborationen« nennen. (Siehe R. Horton, »African Traditional Thought and Western Science«, in: *Witchcraft and Sorcery*, Hg. N. Marwick, London 1970, S. 35). Sekundäre Elaborationen werden als eine differentia specifica der Zauberei gegenüber der Wissenschaft angesehen. Diese Annahme wird durch unsere Betrachtungen im Text (und in Kap. 12) widerlegt; wenn es Unterschiede gibt, müssen sie woanders liegen.

Ideen im allgemeinen fast völlig ad hoc sind und gar nicht anders sein können. Und sie werden nur stückweise verändert, indem man sie allmählich ausdehnt, bis sie sich auf Verhältnisse beziehen, an die man anfänglich gar nicht gedacht hatte. Schematisch:

Popper: Neue Theorien haben – und das muß so sein – überschüssigen Gehalt, der – und das sollte nicht so sein – allmählich durch ad-hoc-Anpassungen infiziert wird.

Lakatos: Neue Theorien sind – notwendigerweise – ad hoc. Überschüssiger Gehalt wird – und das sollte so sein – Stück für Stück geschaffen, indem man die Theorien allmählich auf neue Tatsachen und Gebiete ausdehnt.

Das geschichtliche Material, das ich vorgelegt habe (und das in den Kapiteln 9-11 noch folgen wird) stützt eindeutig die Auffassung von Lakatos. Die Frühgeschichte der Galileischen Mechanik läßt genau dasselbe erkennen.

In »De motu«[2] werden folgende Arten der Bewegung von Kugeln besprochen und als natürlich, erzwungen oder keins von beiden bezeichnet: Kugeln innerhalb und außerhalb des Mittelpunkts der Welt, homogene und nicht homogene Kugeln, Kugeln, die in ihrem Schwerpunkt, und solche, die außerhalb unterstützt sind. Doch an dieser Stelle erfährt man sehr wenig über die wirkliche Bewegung der Kugeln, und das Wenige auch nur indirekt. Z. B. erhebt sich die Frage, ob eine homogene Kugel, die im Mittelpunkt der Welt in Bewegung gesetzt wird, sich immerfort weiterbewegen würde.[3] Wir hören, daß »es scheint, daß sie sich immerfort bewegen sollte«, doch eine eindeutige Antwort wird nicht gegeben. Von einer Marmorkugel, die auf einer Achse durch den Mittelpunkt unterstützt und in Bewegung gesetzt wird, heißt es in »De motu«, sie »drehe sich lange Zeit«[4]; doch in dem »Dialog über die Bewegung« heißt es von einer immerwährenden Bewegung, sie entspreche »durchaus nicht der Natur der Erde selbst, für die die

2 Galileo Galilei, »De motu«. Zit. nach: *Galileo Galilei on Motion and on Mechanics*, Hg. Drake und Drabkin, Madison 1960, S. 73.

3 Ebenda, S. 73.

4 Ebenda, S. 78.

Ruhe angemessener erscheint als die Bewegung«.[5] Ein anderes, spezifischeres Argument gegen immerwährende Drehbewegungen findet sich in Benedettis »Verschiedenen Spekulationen«.[6] Drehbewegungen, so sagt Benedetti, sind »sicherlich nicht ewig«, denn die Teile der Kugel, die sich ja geradlinig bewegen möchten, unterliegen einem gegen ihre Natur gerichteten Zwang, »und daher kommen sie natürlicherweise zur Ruhe«. Und in »De motu« wird die Behauptung kritisiert, die Hinzufügung eines Sternes zur Himmelskugel könnte deren Bewegung verlangsamen, indem sie das Verhältnis zwischen der Kraft der bewegenden Geister und dem Widerstand verändere.[7] Diese Behauptung bezieht sich nach Galilei auf eine exzentrische Kugel. Fügt man dieser ein Gewicht hinzu, so wird es sich gelegentlich vom Mittelpunkt entfernen und auf ein höheres Niveau steigen. Doch »wer würde jemals behaupten, daß eine konzentrische Kugel durch das Gewicht behindert würde, da dieses auf seiner Kreisbahn sich weder dem Mittelpunkt nähern noch von ihm entfernen würde«.[8] Man beachte, daß in diesem Falle die ursprüngliche Drehung »Geistern« zugeschrieben wird; sie findet nicht von selbst statt. Das stimmt völlig mit der *allgemeinen* Theorie der Bewegung bei Aristoteles überein, wo *jeder* Bewegung ein Beweger zugeschrieben wird, nicht nur einer erzwungenen.[9] Galilei scheint diesen Teil der Theorie zu akzeptieren, sowohl wenn er rotierende Kugeln sich verlangsamen läßt, als auch wenn er die »Kraft der Geister« akzeptiert. Er akzeptiert auch die Impetus-Theorie, die *jede* Bewegung einer inneren bewegenden Kraft zuschreibt, die derjenigen des Schalls ähnelt, der in einer Glocke bleibt, lange nachdem sie angeschlagen wurde[10], und

5 Zit. nach *Mechanics in Sixteenth Century Italy*, Hg. Drake and Drabkin, Madison 1969, S. 338. In Anm. 10 auf der gleichen Seite bemerkt Drake: »Galilei war kein Kopernikaner, als er das schrieb.«

6 Ebenda, S. 228. Der Grundsatz, daß eine erzwungene Bewegung nicht ewig sein könne, findet sich bei Aristoteles; s. *De coelo*, 296 a 34.

7 Ebenda, S. 73 ff.

8 Ebenda, S. 74.

9 *Physik*, VII, 1, 241 b 34-36.

10 »De motu« /8²/, S. 79.

von der angenommen wird, daß sie sich »allmählich vermindert«.[11]

Diese wenigen Beispiele zeigen, daß Galilei denjenigen Bewegungen eine Sonderstellung zuschreibt, die weder natürlich noch erzwungen sind. Solche Bewegungen können lange andauern, obwohl sie nicht vom umgebenden Medium unterstützt werden. Aber *sie dauern nicht unbegrenzt*, und *sie bedürfen einer inneren Antriebskraft*, um auch nur endlich lange anzuhalten.

Wenn man nun die dynamischen Argumente gegen die Erdbewegung widerlegen möchte (und hier geht es um ihre *Rotation* und nicht um ihre Bewegung um die Sonne), dann müssen beide hervorgehobenen Grundsätze abgeändert werden. Es muß angenommen werden, daß die »neutralen« Bewegungen, die Galilei in seinen frühen dynamischen Schriften erörtert, unbegrenzt andauern können, oder jedenfalls so lange, wie die geschichtlichen Zeugnisse zurückreichen. Und sie müssen in dem völlig neuen und revolutionären Sinne als »natürlich« betrachtet werden, daß es zu ihrer Aufrechterhaltung weder eines äußeren *noch eines inneren Antriebs* bedarf. Die erste Annahme ist zur Erklärung des täglichen Auf- und Untergangs der Sterne nötig. Die zweite wird gebraucht, wenn man die Bewegung als etwas *Relatives* ansehen möchte, als abhängig von der Wahl eines Koordinatensystems. Kopernikus macht in seinen kurzen Bemerkungen zu dem Problem die erste Annahme und möglicherweise auch die zweite.[12] Galilei braucht

11 »De motu« /8²/, viii (in der Drabkinschen Einteilung).

12 *De revolutionibus*, 1, Kap. 8: »Die Kreisbewegung aber hat stets [die gleiche Geschwindigkeit], *weil sie eine nicht endende Ursache hat*« (Hervorhebung von mir). Kopernikus erkennt die Aristotelische Theorie der Bewegung und der Elemente an und versucht, die Erddrehung in ihrem Rahmen zu erklären. Die Rede von einer »Ursache« ist nicht eindeutig. Sie könnte auf eine Form der Impetustheorie hinweisen, aber sie könnte auch lediglich besagen, die Erde drehe sich mit gleichbleibender Winkelgeschwindigkeit, weil sie sich an ihrem natürlichen Ort befindet: »Daher hat ein einfacher Körper eine einfache Bewegung, was sich hauptsächlich im Falle der Kreisbewegung zeigt, solange sich der einfache Körper an seinem natürlichen Ort befindet und seine Einheit behält. An diesem Ort kann die Bewegung nur kreisförmig sein, sie bleibt völlig in sich geschlossen, als ob

lange, um zu einer vergleichbaren Theorie zu kommen. In den *Discorsi*[13] formuliert er die Hypothese einer unbegrenzten horizontalen Bewegung, und im »Dialog«[14] scheint er beide Annahmen zu machen. Ich vermute, daß sich bei Galilei *eine klare Vorstellung von einer unbegrenzten Bewegung mit oder ohne Impetus erst mit seiner allmählichen Übernahme der Kopernikanischen Auffassung entwickelte.* Galilei änderte seine Auffassung über die »neutralen« Bewegungen – er machte sie zu fortdauernden und »natürlichen« –, um sie mit der Drehung der Erde um sich selbst in Einklang zu bringen und um den Schwierigkeiten des Turm-Arguments zu entgehen.[15]

der Körper ruhte.« Angesichts der Tatsache, daß Kopernikus die Einteilung der Bewegungen in geradlinige und kreisförmige als einen mathematischen Kunstgriff betrachtet »ähnlich dem, daß wir Linie, Punkt und Fläche unterscheiden, obwohl das eine nicht ohne das andere bestehen kann, und keins ohne einen Körper«, dürfte die zweite Deutung vorzuziehen sein (obwohl er die Welt als »Lebewesen« ansah und daher noch den absoluten Raum annahm – siehe unten). Zu diesen Problemen vgl. die Bemerkungen von Birkenmajer in Anm. 82 ff. von G. Klaus (Hg.), *Kopernikus über Kreisbewegung,* Berlin 1959. Vgl. auch den dritten Dialog von Brunos »La cena de le ceneri« /7[20]/, S. 76-85, insbes. S. 82 ff. Das von Bruno (und möglicherweise auch von Kopernikus) benutzte Prinzip, die Erde sei ein *Organismus,* dessen Teile sich zusammen mit dem Ganzen bewegen müßten, könnte aus der »Rede des Hermes an Tat« stammen (engl. in Scott, *Hermetica,* Bd. 1). Kopernikus erwähnt Hermes einmal in *De revol.,* i, 10, wo die Stellung der Sonne erörtert wird: »Doch im Mittelpunkt ruht die Sonne . . ., die Trimegistus [sic] den sichtbaren Gott nennt . . .«; vgl. Anm. 5 zu Kap. 4. Er setzt die *Welt* einem Organismus gleich, in dem kreisförmige Bewegung zusammen mit geradliniger Bewegung besteht genau so, wie auch der Organismus zusammen mit seiner Krankheit besteht. (Dieses ganze Problem der Beziehung zwischen geradliniger und kreisförmiger Bewegung wird ausführlich im Ersten Tag von Galileis »Dialog« erörtert.) Die *Erde* hingegen »empfängt von der Sonne und wird zu alljährlicher Geburt schwanger« (Kap. 10). Einen Überblick über die Reaktionen auf die physikalischen Schwierigkeiten im Zusammenhang mit der Erdbewegung gibt A. Koyré, *Etudes Galiléennes,* Bd. 3, Paris 1939, Kap. 1.

13 /7[6]/, S. 215 und 250.

14 /5[3]/, S. 147 ff.

15 Nach Anneliese Maier (*Die Vorläufer Galileis im 14. Jahrhundert,* Rom 1949, S. 151 ff.) ersetzte Galilei den Impetus durch die Trägheit, um die »Tatsache« zu erklären, daß »neutrale« Bewegungen unbeschränkt

Seine neuen Ideen über solche Bewegungen sind daher mindestens teilweise ad hoc. Der Impetus im alten Sinne verschwand, teils aus methodologischen Gründen (Interesse am *wie*, nicht am *warum* – diese Entwicklung würde allein eine sorgfältige Untersuchung verdienen), teilweise wegen seiner undeutlich empfundenen Unvereinbarkeit mit dem Gedanken der Relativität aller Bewegung. In beiden Fällen spielt der Wunsch, Kopernikus zu retten, eine wichtige Rolle.

Wenn nun meine *Annahme* richtig ist, daß Galilei an diesem Punkt eine ad-hoc-Hypothese aufstellte, dann können wir ihn auch wegen seines methodologischen Scharfsinns *loben*. Es liegt auf der Hand, daß die bewegte Erde eine neue Dynamik verlangt. *Eine* Prüfung der alten Dynamik besteht in dem Versuch, die Erdbewegung zu beweisen. Der Versuch, die Erdbewegung zu beweisen, ist dasselbe wie der Versuch, eine widerlegende Instanz für die alte Dynamik zu finden. Doch die Erdbewegung steht im Widerspruch zu dem Turmexperiment, *wenn dieses im Sinne der alten Dynamik aufgefaßt wird.* Das Turmexperiment nach der alten Dynamik interpretieren ist also dasselbe wie der Versuch, die alte Dynamik ad hoc zu retten. Wenn man das nicht will, muß man eine andere Deutung für die Erscheinung des freien Falls finden. Welche? Sie

fortdauern. Zunächst einmal gab es keine derartige »Tatsache«. Zweitens glaubte Galilei zunächst nicht, daß es eine solche gebe, und das ganz mit Recht. Das haben wir soeben gesehen. Er brauchte also nicht »gewisse neuentdeckte *Erscheinungen* zu erklären« (S. 151), sondern es ging für ihn um etwas rein Theoretisches: die Etablierung, die »Rettung« nicht einer Erscheinung, *sondern eines neuen Weltbildes.* Über die Unzulänglichkeit der damaligen Experimente siehe Anm. 20 zum vorigen Kapitel. Stillman Drake behauptet in einem höchst interessanten und provozierenden Aufsatz: »Galilei als Physiker behandelte Trägheitsbewegungen als geradlinig. Doch als Propagandist, bei der Abfassung des ›Dialogs‹, erklärte er, geradlinige Bewegung könne nicht von ewiger Dauer sein, wohl aber kreisförmige ... Wenn ich also den metaphysischen Lobpreis der Kreise im ›Dialog‹ lese, ziehe ich nicht wie die meisten Historiker den Schluß, sein Verfasser habe sich nicht von den antiken Überlieferungen freimachen können; vielmehr vermute ich hinter diesen Stellen sehr stark einen Endzweck« (*Galileo Studies,* Ann Arbor 1970, S. 253). Dafür führt er eine große Zahl höchst überzeugender Argumente an.

soll die Erdbewegung zu einem widerlegenden Fall für die alte Dynamik machen, ohne die Erdbewegung selbst ad hoc zu stützen. Der erste Schritt auf eine solche Deutung hin ist die Herstellung einer wenn auch nur undeutlichen Verbindung mit den »Erscheinungen«, d. h. mit dem fallenden Stein, und zwar so, daß man der Erdbewegung nicht *offensichtlich* widerspricht. Der primitivste Bestandteil dieses Schrittes ist die Aufstellung einer ad-hoc-Hypothese bezüglich der Erddrehung. Als nächsten Schritt müßte man die Hypothese ausbauen, so daß weitere Voraussagen möglich werden. Kopernikus und Galilei taten den ersten und primitivsten Schritt. Ihr Vorgehen erscheint nur dann verächtlich, wenn man vergißt, daß das Ziel war, *alte Auffassungen zu prüfen* und nicht *neue zu beweisen*, und wenn man außerdem vergißt, daß die Entwicklung einer guten Theorie ein komplizierter Vorgang ist, der bescheidene Anfänge hat und seine Zeit braucht. Er braucht Zeit, *weil der Bereich der möglichen Erscheinungen zunächst durch Weiterentwicklung der Kopernikanischen Hypothese abgesteckt werden muß.* Ad-hoc-Annahmen bestimmen die Richtung dieser Weiterentwicklung.

Soweit habe ich die Funktion von Ad-hoc-Hypothesen in einer wissenschaftlichen Praxis analysiert, die die unermeßliche Vermehrbarkeit unserer Kenntnisse annimmt. Die modernen Wissenschaften und ihre Vorgänger in der Renaissance gehen in der Tat von dieser Annahme aus. Einer der Gründe für den darin ausgedrückten Optimismus war ein Schluß von den geographischen Entdeckungen des 15. und 16. Jahrhunderts auf die Struktur der Welt als Ganzer: findet man immer neue Kontinente, dann gibt es vielleicht auch ein »Amerika der Erkenntnis«.[16] Die Ablehnung von Ad-hoc-Hypothesen hängt damit zusammen – solche Hypothesen treten auf der Stelle und verzögern ganz sicher zu erwartende Entdeckungen. Es wurde also kosmologisch argumentiert und nicht, wie heute, semantisch. Das kosmologische Argument zeigt auch, daß

16 Die Wendung findet sich bei Agricola Carpenter, *Psychographia Anthropomagica*, 1652, zitiert nach R. F. Jones, *Ancients and Moderns*, Berkeley and Los Angeles 1965. Sie ist aber weit verbreitet.

Ad-hoc-Hypothesen in einer Welt, die sowohl qualitativ als auch quantitativ endlich ist, die allein brauchbare Weise der Zusammenfassung von Erkenntnissen sind. Endloser Fortschritt heißt in einer *solchen* Welt, daß der Kontakt mit der Wirklichkeit verlorengegangen ist. Diese Möglichkeit einer Kritik der Forderung nach ständig größerem Gehalt gibt es in der semantischen Fassung nicht – ein weiteres Zeichen der dogmatischen Natur jener Philosophien, die heute vorgeben, die Kritik für sich allein gepachtet zu haben. In diesem Licht besehen, verliert die Kritik an Aristoteles und seinem gehaltserhaltenden Vorgehen viel von ihrer Schärfe.

9

Außer natürlichen Interpretationen verändert Galilei auch Wahrnehmungen, *die Kopernikus in Gefahr zu bringen scheinen. Er gibt das Vorhandensein solcher Wahrnehmungen zu, lobt Kopernikus dafür, daß er sie nicht beachtet hat, und behauptet, er habe sie mit Hilfe des* Fernrohrs *entfernt. Doch er gibt keine* theoretischen *Gründe für die Unzuverlässigkeit des Fernrohrs bei himmlischen Beobachtungen.*

Ich wiederhole und fasse zusammen. Es wird ein Argument aufgestellt, das Kopernikus aufgrund der Beobachtung widerlegt. Das Argument wird umgedreht, um die natürlichen Interpretationen zu entdecken, die für den Widerspruch verantwortlich sind. Die anstößigen Interpretationen werden durch andere ersetzt, und mit Propaganda und der Berufung auf abgelegene und höchst theoretische Teile des Alltagsverstands werden die alten Gewohnheiten ausgetrieben und neue geschaffen. Die neuen natürlichen Interpretationen, die ebenfalls ausdrücklich formuliert werden, und zwar als Hilfshypothesen, werden teils aufgrund der Hilfe etabliert, die sie Kopernikus geben, teils aufgrund von Plausibilitätserwägungen und ad-hoc-Hypothesen. So entsteht eine völlig neue »Erfahrung«. Unabhängige Daten fehlen noch völlig, aber das ist kein Nachteil, denn es ist zu erwarten, daß sie sich erst nach langer Zeit einstellen werden. Denn was man nun braucht, ist eine Theorie der festen Körper sowie eine Aerodynamik, und diese Wissenschaften liegen noch völlig in der Zukunft. *Doch ihre Aufgabe ist nun wohlbestimmt*, denn Galileis Annahmen, auch seine ad-hoc-Hypothesen, sind hinreichend klar und einfach, um der weiteren Forschung den Weg zu weisen.

Nebenbei sei bemerkt, daß Galileis Verfahren den Gehalt der Dynamik gewaltig verringert. Die Aristotelische Dynamik war eine allgemeine Theorie der Veränderung. Sie befaßte sich mit der Ortsbewegung, aber auch mit qualitativen Veränderungen, wie der Erwärmung, dem Lernprozeß (ein von Aristoteles oft verwendetes Beispiel), dem Entstehen und Vergehen. Sie entwickelte eine Terminologie zur präzisen *Beschreibung* aller dieser Veränderungen und *Gesetze* für ihre Erklärung. Sie untersuchte auch die Anordnung der Bewegungen im Weltall und ihre relative Wichtigkeit (eine Forschungsrichtung, die in bezug auf die Ortsbewegung erst gegen Ende des letzten Jahrhunderts wieder aufgenommen wurde). Und schließlich enthielt die Aristotelische Bewegungslehre eine Theorie der Kontinuität, die die Frage beantwortete, wie es denn möglich sei, daß etwas sich bewege, aber dennoch einen bestimmten Platz einnehme (die Antwort des Aristoteles: es ist nicht möglich[1]; diese Antwort stimmt mit der Antwort der Quantentheorie überein – eine wohlbestimmte Bewegung, d. h. eine Bewegung mit wohlbestimmtem Impuls, hat in der Tat keinen Ort). Alles das geht in der »Galileischen Revolution« verloren. Galilei befaßt sich nur mit Ortsbewegungen. Er befaßt sich mit idealisierten Ortsbewegungen, die es nirgends in dieser Welt gibt. Er setzt sie aus unteilbaren Elementen zusammen, d. h., er beschreibt sie auf eine Weise, die seit Zenon unmöglich ist. Und er schiebt andere Bewegungsformen als »scheinbar« oder mit dem Versprechen einer zukünftigen Erklärung beiseite. Die Primitivität Galileis, die sich in diesem Vorgehen ausdrückt (und die mit großer Intelligenz auf engem Bereich vereinbar ist), wird sehr klar, wenn man ihn etwa mit Newton vergleicht, der die ganze reiche Wirklichkeit nie so ohne weiteres beiseite schieben konnte und der jahrzehntelang Alchemie studierte, um einen besseren Einblick in sie zu gewinnen. Galileis Primitivität war ein guter Schachzug in einer bestimmten historischen Situation – sie ist fatal, wenn man sie zu einem Prinzip des Denkens erhebt. Gerade dieses haben aber viele Wissenschaftler getan.

Galilei ersetzt also eine umfassende empirische Theorie der Bewegung durch eine wesentlich engere metaphysische Theorie[2], ganz wie er auch eine empirische Erfahrung durch eine

1 Vgl. Aristoteles, *Physik*, 260 b 29 ff.

2 Die sogenannte wissenschaftliche Revolution führte zu erstaunlichen

Erfahrung mit metaphysischen Bestandteilen ersetzt. In beiden Fällen spielt die Kontrainduktion eine große Rolle. Sie trägt eindeutig zu dem bei, was heute ganz allgemein als ein großer Fortschritt in den Wissenschaften empfunden wird. Damit schließe ich die in Kapitel 6 begonnene Betrachtung ab und wende mich nun einem anderen Teil von Galileis Propagandafeldzug zu, bei dem es nicht um natürliche Interpretationen geht, sondern um den *sinnlichen Kern* unserer Beobachtungsaussagen.

Entdeckungen und erweiterte unsere physikalischen, physiologischen und astronomischen Kenntnisse beträchtlich. Das wurde dadurch möglich, daß die Tatsachen, die die ältere Auffassung stützten, beiseite geschoben und als irrelevant, *ja oft als nicht vorhanden* betrachtet wurden. So wurde alles, was für Hexerei, Geisterbesessenheit, die Existenz des Teufels usw. sprach, *zusammen mit* dem »Aberglauben«, den es einst bestätigte, beiseite geschoben. Als Folge davon »wurde gegen Ende des Mittelalters die Wissenschaft von der Humanpsychologie abgedrängt, so daß auch die große Anstrengung des Erasmus und seines Freunds Vives, der besten Vertreter des Humanismus, keine Wiederannäherung zustande brachte und die Psychopathologie jahrhundertelang hinter der Entwicklung der allgemeinen Medizin und der Chirurgie herhinken mußte. In der Tat ... war die Scheidung der medizinischen Wissenschaft von der Psychopathologie so nachdrücklich, daß letztere stets gänzlich zur Theologie und zum Kirchen- und Zivilrecht gezählt wurde – zwei Gebiete, die sich natürlicherweise immer weiter von der Medizin entfernten ...« (G. Zilboorg, M. D., *The Medical Man and the Witch*, Baltimore 1935, S. 3 ff. und S. 70 ff.) Die Astronomie machte Fortschritte, während das Wissen vom Menschen auf eine ältere und primitivere Stufe zurückfiel. Ein weiteres Beispiel ist die Astrologie. »In den frühen Entwicklungsstadien des menschlichen Geistes«, schreibt A. Comte (*Cours de philosophie positive*, Littré, Paris 1836, Bd. 3, Kap. 40, S. 273-280), »wurden diese Verbindungen zwischen Astronomie und Biologie unter ganz anderen Gesichtspunkten untersucht, *aber wenigstens wurden sie untersucht* und nicht außer acht gelassen, wie es heute unter dem einengenden Einfluß eines in der Entstehung begriffenen und noch unvollständigen Positivismus üblich ist. Am Grunde der Chimäre der alten Philosophie vom physiologischen Einfluß der Gestirne lag eine nachdrückliche, wenn auch verworrene Erkenntnis der Wahrheit, daß die Tatsachen des Lebens irgendwie vom Sonnensystem abhängen. Wie alle primitiven Gedanken des menschlichen Geistes bedurfte dieses Gefühl der Richtigstellung durch die positive Wissenschaft, nicht aber der Zerstörung; doch leider ist es in der Wissenschaft, wie in der Politik, oft schwierig, ohne einen kurzen Abschnitt der Zerstörung etwas Neues aufzubauen.«

Als Antwort an einen Gesprächspartner, der sich über die geringe Zahl der Kopernikaner erstaunt zeigte, gibt Salviati, der »die Rolle des Kopernikus spielt«[3], folgende Erklärung:

»Du wunderst dich, daß es so wenige Anhänger der pythagoreischen Auffassung [daß sich die Erde bewegt] gibt, aber ich wundere mich, daß sich ihr bis heute überhaupt jemand angeschlossen hat. Und ich kann den hervorragenden Scharfsinn derjenigen nicht genug bewundern, die sich diese Auffassung zu eigen gemacht und als wahr anerkannt haben: sie haben kraft ihres Verstandes ihren eigenen Sinnen solche Gewalt angetan, daß sie das, was ihnen die Vernunft eingab, über das Gegenteilige stellten, das ihnen die Sinneserfahrung eindeutig zeigte. Denn die Argumente gegen die Erdumdrehung, die wir bereits untersucht haben [die oben besprochenen dynamischen Argumente], sind, wie wir sahen, sehr einleuchtend; und daß die Ptolemäer und die Aristoteliker und alle ihre Schüler sie als schlüssig ansahen, spricht doch sehr für ihre Wirksamkeit. Doch die Erfahrungen, die offensichtlich der jährlichen Bewegung [der Erde um die Sonne] widersprechen, haben ja scheinbar so viel mehr Gewicht, daß – ich wiederhole es – mein Erstaunen keine Grenzen kennt, wenn ich daran denke, daß Aristarch und Kopernikus imstande waren, die Vernunft so über die Sinne zu stellen, daß sie, diesen zum Trotz, zur Beherrscherin ihrer Auffassungen wurde.«[4]

Etwas später bemerkt Galilei: »Sie [die Kopernikaner] vertrauten auf das, was ihnen die Vernunft sagte!«[5] Und er schließt seine kurze Darstellung der Ursprünge des Kopernikanismus folgendermaßen ab: »Mit der Vernunft als seinem Leitstern fuhr er [Kopernikus] entschlossen fort, Dinge zu behaupten, die der Sinneserfahrung zu widersprechen schienen.« »Ich komme aus dem Staunen nicht heraus«, wiederholt Galilei, »daß er ständig auf der Behauptung beharrte, die Venus bewege sich um die Sonne und sei zu gewissen Zeiten mehr als sechsmal so weit von uns entfernt wie zu anderen, obwohl sie immer gleich aussieht, während sie doch vierzigmal so groß erscheinen müßte.«[6]

3 »Dialog« /5[3]/, S. 131 und 256.
4 Ebenda, S. 328. Bei anderen Gelegenheiten redet Galilei sehr viel polemischer und dogmatischer und scheint sich der hier erwähnten Schwierigkeiten gar nicht bewußt zu sein. Vgl. seine Entwürfe zu dem Brief an die Großherzogin Christina, *Opere*, 5, S. 367 ff.
5 Ebenda, S. 335.
6 Ebenda, S. 339.

Die »Erfahrungen, die der jährlichen Bewegung eindeutig widersprechen« und die »viel größeres scheinbares Gewicht haben« als selbst die obigen dynamischen Argumente, bestehen darin, daß »Mars, wenn er uns nahe ist . . ., sechzigmal so groß aussehen müßte wie dann, wenn er am weitesten entfernt ist. Doch ein solcher Unterschied ist nicht zu sehen. Vielmehr erscheint er in der Opposition zur Sonne und in erdnaher Stellung nur vier- oder fünfmal so groß wie in der Konjunktion, wenn er hinter den Sonnenstrahlen zu verschwinden beginnt.«[7]

»Eine weitere große Schwierigkeit bildet für uns die Venus. Wenn sie sich um die Sonne dreht, wie Kopernikus behauptet, dann würde sie bald jenseits, bald diesseits von ihr stehen und ihre Entfernung von uns um soviel ändern, wie der Durchmesser ihrer Kreisbahn beträgt. Wenn sie dann diesseits der Sonne und uns sehr nahe steht, so müßte uns ihre Scheibe knapp vierzigmal so groß erscheinen, wie wenn sie jenseits der Sonne und in der Nähe der Konjunktion steht. Doch der Unterschied ist kaum wahrnehmbar.«[8]

In einer früheren Arbeit, »Der Münzprüfer«, drückte sich Galilei noch direkter aus. Als Antwort an einen Gegner, der die Frage des Kopernikanismus aufgeworfen hatte, bemerkt er: *»Weder Tycho noch andere Astronomen, ja nicht einmal Kopernikus konnten [Ptolemäus] eindeutig widerlegen*, da ihnen stets ein sehr gewichtiges Argument im Wege stand, das mit der Bewegung des Mars und der Venus zu tun hat.« (Dieses »Argument« wird im »Dialog« wieder erwähnt und wurde soeben zitiert.) Er kommt zu dem Schluß, daß »die beiden Systeme« (das Kopernikanische und das Ptolemäische) »mit Sicherheit falsch« seien.[9]

Wiederum erkennt man, daß sich Galileis Anschauung vom Ursprung des Kopernikanismus wesentlich von den bekannte-

7 Ebenda, S. 334.

8 Über Einzelheiten der Untersuchung der Größenschwankungen der Planeten vgl. Anhang 1 zu diesem Kapitel.

9 »Der Münzprüfer«, zit. nach *The Controversy on the Comets of 1618* /52/, S. 184.

ren historischen Darstellungen unterscheidet. Er verweist weder auf *neue Tatsachen*, die den Gedanken der Erdbewegung induktiv *stützen*, noch erwähnt er Beobachtungen, die die geozentrische Auffassung *widerlegen*, aber vom Kopernikanismus erklärt werden können. Im Gegenteil, er betont, daß nicht nur Ptolemäus, sondern auch Kopernikus durch die Tatsachen widerlegt wird[10], und er lobt Aristarch und Kopernikus

10 Das bezieht sich auf die Zeit vor dem Ende des 16. Jahrunderts; vgl. Derek J. de S. Price, »Contra-Copernicus: A Critical Re-Estimation of the Mathematical Planetary Theory of Ptolemy, Copernicus and Kepler«, in: *Critical Problems in the History of Science*, Hg. M. Clagett, Madison 1959, S. 197-218. Price beschäftigt sich nur mit den *kinematischen* und *optischen* Schwierigkeiten der neuen Auffassungen. (Eine Betrachtung der dynamischen Schwierigkeiten würde seinen Argumenten größere Kraft verleihen.) Er zeigt, daß »unter den günstigsten Bedingungen ein geostatisches oder heliostatisches System, das exzentrische Kreise (oder ihr Äquivalent) mit zentralen Epizyklen verwendet, alle Winkelbewegungen der Planeten mit einer Ungenauigkeit von weniger als 6′ wiedergeben kann . . . mit Ausnahme der Sondertheorie, die für . . . Merkur notwendig ist, sowie mit Ausnahme des Planeten Mars, der gegenüber einer solchen Theorie Abweichungen bis zu 30′ zeigt. [Das ist] gewiß besser als die Genauigkeit von 10′, die Kopernikus selbst als befriedigendes Ziel für seine eigene Theorie nannte« und die schwer zu überprüfen war, besonders angesichts der Tatsache, daß die Strahlenbrechung (am Horizont fast 1°) zur Zeit des Kopernikus nicht berücksichtigt wurde, und daß die Voraussagen auf keineswegs befriedigenden Beobachtungen beruhten.
Carl Schumacher (*Untersuchungen über die Ptolemäische Theorie der unteren Planeten*, Münster 1917) fand, daß die Voraussagen des Ptolemäus für Merkur und Venus von denen des Kopernikus um höchstens 30′ abwichen. Die Abweichungen zwischen modernen Voraussagen und denen des Ptolemäus (und Kopernikus), die beim Merkur bis zu 7° betragen, sind hauptsächlich auf falsche Konstanten und Anfangsbedingungen zurückzuführen, u. a. einen falschen Wert für die Präzessionskonstante. Über die Anpassungsfähigkeit des Ptolemäischen Systems vgl. N. R. Hanson, *Isis* 51 (1960), S. 150-158.
Neuerdings hat Owen Gingerich durch Vergleich zwischen den Stoefflerschen Tafeln, die die Ptolemäischen Parameter verwenden, und den Tafeln von Stadius, Maestlin, Magini und Origanus, die die Kopernikanischen Parameter verwenden, gezeigt, »daß die Fehler vor und nach Kopernikus etwa gleich groß waren«, und er schließt: »Wenn die skandalöse Krise der Ptolemäischen Astronomie darin bestand, daß sie die Stellungen der Planeten nicht genau voraussagen konnte, so hatte es Urania nach Kopernikus mit einer fast ebenso großen Krise zu tun« (»›Crisis‹ versus Aesthetics

dafür, daß sie angesichts solch ungeheurer Schwierigkeiten nicht kapitulieren. Er lobt sie, weil sie *kontrainduktiv* vorgegangen sind.

Aber das ist nicht die ganze Geschichte.[11]

Denn während man zugeben könnte, daß Kopernikus einfach aus einem Glauben heraus gehandelt hat[12], muß man doch sagen, daß sich Galilei in einer völlig anderen Lage befand. Er erfand schließlich eine neue Dynamik. Und er erfand das Fernrohr. Die neue Dynamik, so könnte man sagen, beseitigt den Widerspruch zwischen der Bewegung der Erde und »Bedingungen, welchen wir unterliegen, sowie denen in der Luft über uns«.[13] Und das Fernrohr beseitigt den »noch schreienden« Widerspruch zwischen den Änderungen der scheinbaren Helligkeit von Mars und Venus, die auf der Grundlage des Kopernikanischen Systems vorausgesagt werden, und jenen, die man mit bloßem Auge sehen kann. Das ist übrigens auch Galileis eigene Auffassung. Er gibt zu, daß er »dem Kopernikanischen System wesentlich ablehnender gegenübergestan-

in the Copernican Revolution«, in: *Vistas in Astronomy*, Bd. 17, Hg. Beer, 1974). Man kann auch nicht dem System des Kopernikus wegen seiner *Einfachheit* den Vorzug geben. Vgl. R. Palter in *Studies in the History and Philosophy of Science* 1 (1970). Ein umfassender Überblick über die Versuche, die Überlegenheit des Kopernikanischen über das Ptolemäische System zu beweisen, findet sich bei Lakatos-Zahar, »Why did Copernicus' Programme supersede Ptolemy's?«, in: R. S. Westmann, Hg., *The Copernican Achievement*, Berkeley und Los Angeles 1975.

11 Einige historische Behauptungen, die ich in diesem und in nachfolgenden Kapiteln mache (bis Kap. 11), und die aus ihnen gezogenen Schlüsse wurden in einem Aufsatz in *Studies in the History and Philosophy of Science*, Mai 1973, S. 11-46, kritisiert, der von P. K. Machamer mit der Hilfe von G. Buchdahl, L. Laudan und anderen Fachleuten zusammengebraut worden ist. Eine Diskussion dieses Aufsatzes findet sich im Anhang 2 zu Kapitel 10.

12 Das war nicht der Fall, wie sich aus Anm. 12 zu Kap. 8, Anm. 14 zu Kap. 7 und Anm. 5 zu Kap. 4 ergibt. Im »Commentariolus« sind seine Gründe sehr deutlich: »Ich habe mir oft überlegt, ob sich vielleicht ... eine Anordnung von Kreisen finden ließe, aus der man jede scheinbare Abweichung ableiten kann, und in der sich alles gleichförmig um seinen jeweiligen Mittelpunkt bewegt, wie es die Regel von der absoluten Bewegung fordert.«

13 Ptolemäus, *Syntaxis*, I, 7.

den« wäre, »hätte nicht ein überlegener und besserer Sinn als der natürliche Sinn und der Gemeinsinn seine Kräfte mit denen der Vernunft vereinigt«.[14] Der »überlegene und bessere Sinn« ist natürlich das *Fernrohr*, und man ist zu der Bemerkung geneigt, das scheinbar kontrainduktive Vorgehen sei in Wirklichkeit eine Induktion gewesen, *aber eine Induktion aufgrund einer besseren Erfahrung*, die nicht nur bessere natürliche Interpretationen enthielt, sondern auch einen besseren sinnlichen Kern, als er Galileis aristotelischen Vorgängern zur Verfügung stand.[15] Das muß jetzt genauer untersucht werden.

Das Fernrohr ist ein »überlegener und besserer Sinn«, der neue und verläßlichere Daten für die Beurteilung astronomischer Fragen liefert. Wie wird diese Hypothese untersucht, und was für Argumente werden für sie vorgebracht?

Im *Sidereus nuncius*[16], der Veröffentlichung, die seine ersten Fernrohrbeobachtungen enthält und auch der erste wichtige Beitrag zu seinem Ruhm war, schreibt Galilei, er habe beim Bau des Fernrohrs »Erfolg gehabt aufgrund eines eingehenden Studiums der Theorie der Brechung«. Das erweckt den Eindruck, er habe *theoretische Gründe* dafür gehabt, die Ergebnisse von Fernrohrbeobachtungen den Beobachtungen mit dem unbewaffneten Auge vorzuziehen. Aber der von ihm angeführte Grund – seine Einsichten auf dem Gebiet der Brechungstheorie – ist nicht *zutreffend* und auch nicht *ausreichend.*

Er ist nicht zutreffend, weil ernste Zweifel daran bestehen, daß Galilei jene Teile der damaligen physikalischen Optik kannte, die für das Verständnis teleskopischer Phänomene von Bedeutung waren. In einem Brief an Giuliano de Medici vom 1. Oktober 1610[17], mehr als ein halbes Jahr nach der Veröffent-

14 »Dialog« /5³/, S. 328.

15 Dazu vgl. Ludovico Geymonat, *Galileo Galilei*, übers. v. Stillman Drake, New York 1965 (ital. Erstausgabe 1957), S. 184.

16 *The Sidereal Messenger of Galileo Galilei*, übers. v. E. St. Carlos, London 1880, Neuausgabe Dawsons of Pall Mall, 1960, S. 10.

17 Galilei, *Opere*, edizione nazionale, Bd. 10, S. 441.

lichung des *Sidereus nuncius*, bat er um ein Exemplar von Keplers *Optik* von 1604[18], da er es in Italien noch nicht habe auftreiben können. Jean Tarde, der 1614 Galilei über den Bau von Fernrohren mit vorgeschriebener Vergrößerung befragte, berichtet in seinem Tagebuch, daß Galilei die Sache als schwierig ansah und Keplers *Optik* von 1611[19] so unklar fand, »daß sie am Ende ihr eigener Verfasser nicht verstanden hat«.[20] In einem Brief an Liceti, den Galilei zwei Jahre vor seinem Tode schrieb, bemerkt er, für ihn liege die Natur des Lichts immer noch im dunkeln.[21] Auch wenn man solche Äußerungen mit der Vorsicht betrachtet, die bei einem launenhaften Autor wie Galilei am Platze ist, so ist doch zuzugeben, daß seine Kenntnisse der Optik denen Keplers weit unterlegen waren.[22] Zu

18 *Ad Vitellionem paralipomena quibus astronomiae pars optica traditur*, Frankfurt 1604, in: Johannes Kepler, *Gesammelte Werke*, Bd. 2, München 1939, Hg. Franz Hammer. Dieses Werk bezeichne ich fortan als die »Optik von 1604«. Es war zur damaligen Zeit die einzige brauchbare Optik. Galilei war an diesem Werk höchstwahrscheinlich deshalb so interessiert, weil sich Kepler in seiner Erwiderung auf den *Sidereus nuncius* häufig darauf bezieht. Zur Geschichte dieser Erwiderung siehe *Kepler's Conversation with Galilei's Sidereal Messenger*, übers. v. E. Rosen, New York 1965 (Orig.: »Dissertatio cum Nuncio sidereo«, *Ges. Werke*, Bd. 4, München 1941). Die in ihr enthaltenen vielen Hinweise Keplers auf frühere Arbeiten wurden von einigen der Feinde Galileis dahin gedeutet, daß »ihm jetzt die Maske vom Gesicht gerissen« sei (G. Fugger an Kepler am 28. Mai 1610, Galilei, *Opere*, Bd. 10, S. 361), und daß Kepler »ihn ganz schön gerupft« habe (Maestlin an Kepler am 7. August, ebenda, S. 428). Galilei muß Keplers Erwiderung vor dem 7. Mai erhalten haben (ebenda, S. 349), und er bestätigt den Erhalt eines Druckexemplars in einem Brief an Kepler vom 19. August (ebenda, S. 421).

19 *Dioptrice*, Augsburg 1611, *Werke*, Bd. 4, München 1941. Diese Arbeit wurde nach Galileis Entdeckungen geschrieben. Keplers Äußerungen zu ihnen im Vorwort liegen in englischer Übersetzung vor: /9[16]/, S. 37, 79 ff. Das von Tarde erwähnte Problem wird in Keplers *Dioptrice* behandelt.

20 Geymonat /9[15]/, S. 37.

21 Brief an Liceti vom 23. Juni 1640, *Opere*, Bd. 8, S. 208.

22 Kepler, Galileis kenntnisreichster und liebenswürdigster Zeitgenosse, stellt die Gründe genau dar, warum er trotz seines überlegenen optischen Wissens »darauf verzichtete, das Gerät zu konstruieren«, »Ihr aber«, sagt er zu Galilei, »verdient mein Lob. Ihr habt alle Zweifel außer acht gelassen und Euch unmittelbar dem visuellen Experiment zugewandt« (*Conversation* /9[18]/, S. 18). Dem ist hinzuzufügen, daß Galilei wegen seiner man-

diesem Schluß kommt auch Professor E. Hoppe, der die Situation folgendermaßen zusammenfaßt:

»Galileis Behauptung, er habe von dem holländischen Fernrohr gehört und das Instrument aufgrund mathematischer Berechnungen nachgebaut, ist natürlich nicht so genau zu nehmen; denn in seinen Schriften finden wir keinerlei Berechnungen, und der briefliche Bericht über seinen ersten Versuch besagt, es seien keine besseren Linsen zu haben gewesen; sechs Tage später finden wir ihn auf dem Weg nach Venedig mit einem besseren Stück, das er dem Dogen Leonardi Donati zum Geschenk machen wollte. Das sieht nicht nach Berechnung aus, sondern eher nach Versuch und Irrtum. Die Berechnung mag wohl von ganz anderer Art gewesen sein, und hier war ihr Erfolg beschieden, denn am 25. August 1609 wurde sein Gehalt verdreifacht.«[23]

gelnden optischen Kenntnisse gar keine »Zweifel« überwinden mußte: »Galilei ... kannte die optische Wissenschaft überhaupt nicht, und es ist keine zu kühne Vermutung, daß das für ihn wie auch die ganze Menschheit ein äußerst glücklicher Zufall war« (Ronchi, *Scientific Change*, Hg. Crombie, London 1963, S. 550).

23 *Die Geschichte der Optik*, Leipzig 1926, S. 32. Hoppes Urteil über die Erfindung des Fernrohrs wird von Wolf, Zinner und anderen geteilt. Huyghens meint, es hätte einer übermenschlichen Intelligenz bedurft, um das Fernrohr aufgrund der verfügbaren Physik und Geometrie zu erfinden. Schließlich verstehe man noch immer nicht, wie das Teleskop funktioniert. (*Dioptrica*, Hugenii opuscula postuma, Ludg. Bat., 1903, 163, nach A. G. Kästner, *Geschichte der Mathematik*, Bd. 4, Göttingen 1800, S. 60.)

Verschiedene Autoren, deren Mangel an Einbildungskraft und Temperament ihren hohen moralischen Maßstäben durchaus entspricht, haben sich durch die zahlreichen Anzeichen von Weltlichkeit bei Galilei aus der Fassung bringen lassen und haben versucht, sein Verhalten als das Ergebnis edler (und dürrer) Beweggründe zu erklären. Eine Episode von viel geringerer Wichtigkeit, nämlich Galileis Schweigen über die Leistungen des Kopernikus in seinem »Trattato della sfera« (*Opere*, Bd. 2, S. 211 ff. – der Gedanke der Erdbewegung wird erwähnt, nicht jedoch der Name Kopernikus) zu einer Zeit, als er nach einigen bereits die Kopernikanische Auffassung übernommen hatte, hat zu ausgedehnter Motivforschung und einigen bequemen Ad-hoc-Hypothesen Anlaß gegeben, selbst bei einem so weltlichen Autor wie L. Geymonat (/9[15]/, S. 23). Doch es gibt keinen Grund, warum sich ein Mensch, der auch noch hochintelligent ist, an die Grundsätze der akademischen Spießer von heute halten und nicht versuchen sollte, seine Interessen auf seine Weise zu fördern. Eine solche puritanische Auffassung ist für das Verstehen eines Mannes der ausgehenden Renaissance und des frühen Barock gewiß zu naiv. Außerdem ist der

Versuch und Irrtum – das bedeutet, daß »es im Falle des Fernrohrs die *Erfahrung* und nicht die Mathematik war, die Galilei zu einem ungetrübten Glauben an die Zuverlässigkeit seines Gerätes führte«.[24] Diese zweite Hypothese über den Ursprung des Fernrohrs wird *ebenfalls* durch Galileis Zeugnis gestützt; er schreibt, er habe das Fernrohr »hunderttausendmal an hunderttausend Sternen und anderen Gegenständen« ausprobiert.[25] Diese Versuche führten zu großen und überraschenden

Schwindler Galilei eine viel interessantere Figur als der ungelenke »Wahrheitssucher«, der einem gewöhnlich als Objekt der Verehrung vorgeführt wird. Und wie wir noch sehen werden, *war jedenfalls zu dieser Zeit Fortschritt nur mittels solcher Taschenspielertricks möglich.* Vgl. auch Anm. 20 zu diesem Kapitel.

Galileis Propagandamanöver sind oft von der Erkenntnis geleitet, daß etablierte Institutionen, gesellschaftliche Verhältnisse und Vorurteile die Annahme von neuen Ideen behindern können, so daß diese auf »mittelbare« Weise eingeführt werden müssen, indem man künstliche Zusammenhänge zwischen ihren Entstehungsbedingungen und den Kräften herstellt, die möglicherweise ihr Überleben gefährden. Dabei weicht Galilei im Falle der Kopernikanischen Lehre mehr als einmal vom Pfad der Wahrheit ab (was »die Wahrheit« auch immer sein mag). In seinem Brief an die Großherzogin Christina (zit. nach S. Drake, *Discoveries and Opinions of Galileo,* New York 1957, S. 178) sagt er: »Kopernikus . . . war nicht nur Katholik, sondern sogar Priester und Kanoniker. Er genoß in der Kirche so hohes Ansehen, daß er vom Laterankonzil unter Leo X. aus den entferntesten Gegenden Deutschlands nach Rom gerufen wurde, um die Kalenderreform durchzuführen.« In Wirklichkeit empfing er nie die Weihen, wurde nicht nach Rom gerufen, und der Gregorianische Kalender entschied gegen Kopernikus. »Warum fälschte nun Galilei diese Seite der Biographie des Kopernikus? Als treuer Katholik gab sich Galilei ungeheure Mühe, seine Kirche vor dem schweren Fehler [?] zu bewahren, den Kopernikanismus als Ketzerei zu verdammen. Im Verlauf dieser hektischen Anstrengungen machte Galilei eine Reihe historisch falscher Aussagen über Kopernikus, die alle darauf abzielten, den revolutionären Astronomen enger an die römisch-katholische Kirche zu binden, als es den Tatsachen entsprach.« (Rosen, Biographie des Kopernikus in: *Three Copernican Treatises,* New York 1971, S. 320.) Das erinnert an Kants Bemerkung, Lügen dienten »nur gleichsam provisorisch dazu, um den Menschen aus der Rohigkeit zu bringen« (*Kritik der reinen Vernunft,* »Methodenlehre«, 1. Hauptstück, 2. Abschnitt; B, S. 776; Akademie-Ausgabe, Bd. 3, Berlin 1904, S. 490).

24 Geymonat /9[15]/, S. 39.

25 Brief an Carioso vom 24. Mai 1616, *Opere,* Bd. 10, S. 357; Brief an

Erfolgen. Die zeitgenössische Literatur – Briefe, Bücher, Klatschspalten – bezeugt den außerordentlichen Eindruck, den das Fernrohr als Mittel zur Verbesserung des *Sehens auf der Erde* machte.
Julius Cäsar Lagalla, Professor der Philosophie in Rom, beschreibt eine Veranstaltung am 16. April 1611, auf der Galilei sein Gerät vorführte:

»Wir befanden uns auf dem Gipfel des Janiculum, in der Nähe des Stadttors, das nach dem heiligen Geist benannt ist, wo einst die Villa des Dichters Martial gestanden haben soll und sich jetzt das Besitztum des Erzbischofs Malvasia befindet. Mit Hilfe dieses Instruments sahen wir das Schloß des hochedlen Herzogs Altemps auf den tuskischen Bergen so deutlich, daß wir leicht jedes einzelne Fenster, auch das kleinste, zählen konnten; und die Entfernung beträgt 16 italienische Meilen. Vom gleichen Ort aus lasen wir die Buchstaben auf der Galerie, die Sixtus im Lateran für die Lobpreisungen errichtet hat, und zwar so deutlich, daß wir sogar die eingehauenen Punkte zwischen den Buchstaben erkennen konnten, und zwar auf eine Entfernung von mindestens 2 Meilen.«[26]

P. Dini vom 12. Mai 1611, *Opere,* Bd. 9, S. 106: »Es läßt sich auch nicht bezweifeln, daß ich jetzt zwei Jahre lang mein Instrument (oder vielmehr Dutzende meiner Instrumente) an Hunderten und Tausenden von Gegenständen geprüft habe, an nahen und fernen, großen und kleinen, hellen und dunklen; daher sehe ich nicht ein, wie jemand auf den Gedanken kommen könnte, ich hätte mich bei meinen Beobachtungen naiv täuschen lassen.« Die Hunderte und Tausende von Experimenten erinnern an Hooke und sind höchstwahrscheinlich gleich unecht. Vgl. Anm. 9 zu Kap. 10.
26 Lagalla, *De phaenomenis in orbe lunae novi telescopii usa a D. Galileo Galilei nunc iterum suscitatis physica disputatio* (Venedig 1612), S. 8, zit. nach E. Rosen, *The Naming of the Telescope,* New York 1947, S. 54. Die regelmäßigen Berichte (Avvisi) des Herzogtums Urbino über Ereignisse und Klatsch in Rom enthalten folgende Notiz über das Ereignis: »Der Mathematiker Galileo Galilei kam vor Ostern aus Florenz hier an. Früher Professor in Padua, steht er jetzt in den Diensten des Großherzogs von Toskana mit einem Gehalt von 1000 scudi. Er beobachtet die Bewegung der Sterne mit den occhiali, die er erfunden oder vielmehr verbessert hat. Entgegen der Meinung aller antiken Philosophen behauptet er, es gebe vier weitere Sterne oder Planeten, alles Trabanten des Jupiter, die er die Medici-Körper nennt, sowie zwei Begleiter des Saturn. Diese seine Auffassung diskutierte er hier mit dem Jesuitenpater Clavius. Am Donnerstag abend, auf dem Gut von Monsignore Malavasia vor dem St. Pankratius-Tor, einem hoch und offen gelegenen Ort, gab für ihn Federico Cesi, der

Andere Berichte bestätigen diese und andere Ereignisse. Galilei selbst weist hin auf die »Anzahl und Bedeutung der Vorteile, die man von dem Instrument erwarten kann, wenn es auf dem Lande oder auf See verwendet wird«.[27] Der *irdische Erfolg* des Fernrohrs war also gesichert. Seine Anwendung auf die *Sterne* jedoch war etwas ganz anderes.

Marquis von Monticelli und Neffe des Kardinals Cesi, mit seinem Verwandten Paolo Monaldesco ein Abendessen. Anwesend waren Galilei; ein Flame namens Terrentius; Persio aus dem Gefolge des Kardinals Cesi; [La] Galla, Professor an der hiesigen Universität; der griechische Mathematiker des Kardinals Gonzaga; Piffari, Professor in Siena; sowie acht weitere Personen. Einige von ihnen hatten die erklärte Absicht, diese Beobachtung anzustellen, doch obwohl sie bis ein Uhr morgens blieben, konnten sie sich nicht einig werden« (zit. nach Rosen, ebenda, S. 31).

27 *Sidereus nuncius* /9[16]/, engl. S. II. Nach Berellus (*De vero telescopii inventore,* Den Haag 1655, S. 4) erkannte Prinz Moritz sofort den militärischen Wert des Fernrohrs und befahl, die Erfindung – die Berellus dem Zacharias Jansen zuschreibt – geheim zu halten. Das Fernrohr scheint also zunächst eine Geheimwaffe gewesen und erst später in der Astronomie verwendet worden zu sein. In der Literatur finden sich viele Vorwegnahmen des Fernrohrs, aber sie gehören größtenteils in die *Naturmagie* und wurden entsprechend verwendet. Ein Beispiel ist Agrippa von Nettesheim, der in seinem Buch über okkulte Philosophie (von 1509; Buch 2, Kap. 23) schreibt: »Et ego novi ex illis miranda conficere, et specula in quibus quis videre poterit quaecunque voluerit a longissima distantia.« »So kann das Spielzeug eines Zeitalters zum wertvollen Schatz eines anderen werden« (Henry Morley, *The Life of Cornelius Agrippa von Nettesheim,* Bd. 2, S. 166).

Anhang I

Die Größenveränderung der Planeten spielte in der Entwicklung der Planetentheorie eine wichtige Rolle. Nach Simplicius, *De coelo*, II, 12 vermerkte Aristoteles die Erscheinung, ohne aber seine Astronomie der konzentrischen Kugeln abzuändern. Hipparch ordnete die Größen der Fixsterne auf einer Skala von 1 (die hellsten Sterne) bis 6 (eben noch sichtbar); er bestimmte sie aufgrund ihrer Sichtbarkeit in der Dämmerung (Zinner, *Entstehung und Ausbreitung der Kopernikanischen Lehre*, Erlangen 1943, S. 30); von der veränderlichen Helligkeit der Fixsterne (Plinius, *Hist. nat.*, II, 24) und der Planeten (II, 13) schloß er auf Radialbewegungen. Ptolemäus (*Syntaxis*, IX, 2) bestimmt die Aufgabe der Planetentheorie dahin, zu zeigen, daß »die scheinbaren Anomalien alle durch Kreisbewegungen (mit gleichbleibender Winkelgeschwindigkeit) zustandekommen«; die beiden Bewegungsanomalien behandelt er, *ohne* jemals die Helligkeit zu erwähnen.[1] Er »rettet« die Anomalien in dem Sinne, daß er sie mit Hilfe von Kreisbahnen erklärt, die mit gleichbleibender Winkelgeschwindigkeit durchlaufen werden, *nicht* in dem Sinne, daß er eine *willkür-*

1 Bei Kopernikus wurde die Helligkeitsänderung ein wichtiges Argument für die Erdbewegung. Rheticus, *Narratio prima* (Rosen, 3. Aufl., S. 137) schreibt: »Abends erscheint Mars als gleich groß wie Jupiter und unterscheidet sich von ihm nur durch seinen feurigen Glanz; doch wenn er morgens kurz vor der Sonne aufgeht, ist er von Sternen zweiter Größe kaum zu unterscheiden. Demnach ist er bei abendlichem Erscheinen der Erde am nächsten, bei morgendlichem am fernsten; und das ist im Rahmen jeder Epizyklentheorie gewiß unmöglich. Um also die Bewegungen des Mars und der anderen Planeten zu erklären, muß offenbar der Erde ein anderer Ort zugewiesen werden.« Kopernikus selbst schreibt in *De revolutionibus*, Buch 1, Kap. 5: »Denn die Tatsache, daß die Wandelsterne der Erde bald näher, bald ferner erscheinen, zeigt, daß der Erdmittelpunkt nicht der Mittelpunkt ihrer Kreisbahnen ist. Ungeklärt ist noch, ob die Erde ihnen näherkommt und sich von ihnen wegbewegt, oder ob sie der Erde näherkommen und sich von ihr wegbewegen.« Zu den immer noch verbleibenden Schwierigkeiten siehe den nächsten Absatz des Textes.

liche Formel zur Voraussage der Erscheinungen aufstellen würde. (Daß dies mit »retten« gemeint ist, behauptet F. Krafft in *Beiträge zur Geschichte der Wissenschaft und Technik*, Nr. 5, Wiesbaden 1955, S. 5 ff.) Nach Simplicius, *De coelo*, II, 12, und nach Proklos, *Hypotyposis*, I, 18, gehört zu den Erscheinungen, die dergestalt zu »retten« sind, *auch* die Tatsache, daß »die Helligkeit der Planeten veränderlich ist«, und *das* geschieht »durch Exzenter und Epizyklen« (*Hypot.*, VII, 13). Später, als der Apparat der Epizyklen nur noch als Rechenkunstgriff galt (vgl. die Literaturangaben bei Duhem, *To Save the Phenomena*, Chicago 1969), betrachtete man die Helligkeitsschwankungen nicht mehr als zu rettende Erscheinungen und zog sie gelegentlich sogar als Argument gegen eine buchstäbliche Auffassung der Entfernungsänderungen zwischen Erde und Planet heran (siehe unten, über Osiander). Doch haben einige Astronomen die Diskrepanz zwischen den Entfernungsänderungen nach der einen oder anderen Form der Ptolemäischen Theorie und den tatsächlichen Größenschwankungen als ein Argument gegen das System der Epizyklen benützt. Beispiele sind Heinrich von Hessen, *De improbatione concentricorum et epicyclorum* (1364), und Magister Julman, *Tractatus de reprobationibus epicyclorum et eccentricorum* (1377) (nach Zinner, ebenda, S. 81 ff.). Nach Heinrich von Hessen schwankt die Helligkeit des Mars, berechnet nach al-Farghani, im Verhältnis 1:100; bringt man dagegen eine Kerze zunächst in eine solche Entfernung, daß sie aussieht wie Mars in seiner hellsten Form, und anschließend in die zehnfache Entfernung, so zeigt sich, daß Mars in der Gegend des Minimums unsichtbar sein müßte. Magister Julman berechnet die Helligkeitsunterschiede auf 42:1 bei Venus, 11:1 bei Mars, 4:1 beim Mond und 3:1 bei Jupiter, und er bemerkt, daß diese Werte alle der Erfahrung widersprechen. Regiomontanus spricht von unwahrscheinlichen Helligkeitsschwankungen bei Venus und Mars (Zinner, ebenda, S. 133).

Mit den Daten von *Syntaxis*, X, 7, liefert die Berechnung beim Mars eine Veränderung des Durchmessers von 1:8, der Querschnittsfläche von 1:64 (die nach der Euklidischen Optik als maßgebend für die Helligkeitsschwankung genommen wird). Die tatsächliche Schwankung beträgt vier Größenklassen, d. h. zwischen 1:16 und 1:28, also *1-4 Größenklassen von der Berechnung verschieden* (der Variationsbereich ergibt sich aus der Variation des Bezugspunkts für die Größenklassen). Im Falle der Venus ist der Unterschied noch bedeutender. Kopernikus, *De revol.*, Kap. 10, letzter Absatz, und Rheticus, *Narratio prima*, in E. Rosen (Hg.), *Three Copernican Treatises*, New York 1969, S. 137, halten das Problem für gelöst – aber das ist es nicht. Im *Commentariolus* lauten die Werte für Mars folgendermaßen: Radius des »Großkreises«: 23; Radius des Deferenten: 38; Radius des ersten Epizykels: 5 (Rosen, ebenda, S. 74, 77); mithin beträgt das Verhältnis von größter und kleinster Entfernung etwa (50 + (38 – 25) + 5)/((38 – 25) – 5) ≈ 8, wie vorhin. (Galilei, ebenda, S. 321 f., gibt für Mars 1:8 und für Venus 1:6 an.) Wenn also die im 14.-17. Jahrhundert verfügbaren Größenschätzungen genau genug waren, um eine Abweichung zwischen den Ptolemäischen Voraussagen und den tatsächlichen Schwankungen festzustellen – und davon gingen Heinrich von Hessen, Regiomontanus und Kopernikus aus –, *dann besteht das Problem der Größenschwankungen der Planeten bei Kopernikus unverändert fort* (dieser Auffassung ist auch Derek Price /9[10]/, S. 213).

Diese Sachlage erkennt der vielgelästerte Osiander; in seiner Einleitung zu *De revolutionibus* macht er daraus ein Argument für den »hypothetischen«, d. h. instrumentalistischen Charakter der Kopernikanischen Kosmologie. Er schreibt: »Diese Hypothesen brauchen nicht wahr zu sein, ja nicht einmal der Wahrheit ähnlich; es genügt, wenn sie zu Berechnungen führen, die mit den Beobachtungsergebnissen übereinstimmen; *es sei denn*, jemand wäre in der Geometrie und der Optik so wenig bewandert, daß er die Epizyklen der Venus als der Wahrheit ähnlich betrachten und sich vorstellen möchte, sie seien die Ursache dafür, daß sie sich bald vierzig (oder mehr) Grad der Sonne voraus, bald so viel hinter der Sonne befindet. *Denn wer sähe nicht, daß aus dieser Annahme notwendig folgt, daß der Durchmesser des Planeten in Erdnähe*

viermal so groß sein muß wie in Erdferne, sein Körper mehr als sechzigmal so groß – und das widerspricht der Erfahrung aller Zeiten.« (Hervorhebung von mir.)
Die hervorgehobene Stelle, die sowohl von den Kritikern als auch den Freunden Osianders unterdrückt wird (Duhem, S. 66, läßt bei seinem Osiander-Zitat genau diese Stelle weg), zeigt, was es mit seinem Instrumentalismus auf sich hat. Man weiß, daß Osiander aus philosophischen wie auch aus taktischen Gründen Instrumentalist war (Brief an Rheticus vom 20. April 1541, wiedergegeben bei K. H. Burmeister, *Georg Joachim Rheticus*, 3, Wiesbaden 1968, S. 25), und auch deshalb, weil der Instrumentalismus einer starken Tradition in der Astronomie entsprach (Brief an Kopernikus vom 20. April 1541, engl. bei Duhem, S. 68). *Jetzt* erkennen wir, daß er für seine Auffassung auch physikalische Gründe hatte: eine realistisch gedeutete Kopernikanische Theorie hätte offensichtlichen Tatsachen widersprochen. Das verschweigt Popper in seinem bombastischen Aufsatz »Three Views Concerning Human Knowledge« (in: *Conjectures and Refutations*, New York 1962, S. 97 ff.), wo er Osiander wohl zitiert – aber nur bis vor »Es sei denn«, wo die physikalischen Gründe für sein Vorgehen angeführt werden. Poppers Osiander erscheint damit als philosophischer Dogmatiker, während er in Wirklichkeit ein richtiger Popperianer ist: er nimmt Widerlegungen ernst. Vgl. auch meinen Aufsatz »Realism and Instrumentalism«, in: *The Critical Approach*, Hg. Bunge, New York 1964. Osianders Argument wird erörtert und nachdrücklich verworfen von Bruno, »La cena de le ceneri«, *Opere italiane*, 1, Hg. Gentile, Bari 1907, S. 64: »Die scheinbare Größe eines strahlenden Gegenstandes gestattet keinen Schluß auf seine wirkliche Größe oder Entfernung.« Das ist richtig, wird aber von Galilei nicht anerkannt, der die Schwierigkeit zur Stützung seiner Propaganda für das Fernrohr braucht.

Auch die ersten Erfahrungen *mit dem Fernrohr liefern keine solchen Gründe. Die ersten Himmelsbeobachtungen mit dem Fernrohr sind undeutlich, unbestimmt, widersprüchlich und widerstreiten dem, was jedermann mit unbewaffnetem Auge sehen kann. Und die einzige Theorie, die teleskopische Illusionen von sachgerechten Eindrücken hätte unterscheiden können, war im Konflikt mit einfachen Tatsachen.*

Zunächst einmal ist da das Problem des teleskopischen *Sehens.* Es *ist* für himmlische und irdische Gegenstände verschieden, und es wurde auch für verschieden *gehalten.*[1]
Für verschieden gehalten wurde es aufgrund der damaligen Vorstellung, daß himmlische und irdische Gegenstände aus verschiedener Materie bestehen und verschiedenen Gesetzen gehorchen. Diese Vorstellung hat zur Folge, daß das Ergebnis eines Zusammentreffens von Licht (das beide Reiche verbindet und besondere Eigenschaften hat) mit irdischen Gegenständen nicht ohne weiteres auf den Himmel übertragen werden kann. Diesen physikalischen Gedanken verband man, ganz in Übereinstimmung mit der Aristotelischen Erkenntnistheorie[2] (wie

1 Das wird kaum je von denjenigen erkannt, die (mit Kästner /9[23]/, S. 133) behaupten, »es ist nicht einzusehen, wie ein Fernrohr auf Erden brauchbar sein und trotzdem am Himmel täuschen sollte«. Kästners Bemerkung richtet sich gegen Horky. Siehe den Text zu Anm. 9-16 dieses Kapitels.
2 Zu dieser Theorie vgl. G. E. L. Owen, ΤΙΘΕΝΑΙ ΤΑ ΦΑΙΝΟΜΕΝΑ, *Aristote et les problèmes de la méthode,* Louvain 1961, S. 83-103. Zur Entwicklung des Aristotelischen Denkens im Mittelalter vgl. A. C. Crombie, *Robert Grosseteste and the Origins of Experimental Science,* Oxford 1953, sowie Clemens Baumker, *Witelo, ein Philosoph und Naturforscher des 13. Jahrhunderts,* Beiträge zur Geschichte der Philosophie des Mittelalters, Bd. 3, Münster 1908. Die einschlägigen Werke des Aristoteles sind *Anal. post., De anima, De sensu.* In *Anal. post.,* 100 a 3 ff., heißt es, die »Aufnahme« von Allgemeinbegriffen in die Seele hänge von Einzeldingen ab *wie auch von »niedrigeren Allgemeinbegriffen«, die bereits in sie eingeprägt seien* (100 b 2). Daher müssen die Sinne, die an die Alltagsverhält-

auch mit heutigen Auffassungen), mit der Idee, daß die Sinne die nahe Erscheinung irdischer Gegenstände *kennen* und sie daher auch dann deutlich wahrnehmen, wenn das Fernrohrbild stark verzerrt oder durch farbige Ränder entstellt ist. Die Sterne sind nicht aus der Nähe bekannt. Daher kann man bei ihnen nicht auf die *Erinnerung* zurückgreifen, um die Beiträge des Fernrohrs von denen des Gegenstandes selbst zu trennen.[3] Außerdem sind die bekannten Hilfsmittel (wie Hintergrund,

nisse gewöhnt sind, falsche Meldungen liefern, wenn es sich um Gegenstände außerhalb des Bereichs handelt, wie die Erscheinung der Sonne und des Mondes zeigt: auf der Erde erscheinen weit entfernte große Gegenstände in gewohnter Umgebung, etwa Berge, als groß, aber weit entfernt. Doch Mond und Sonne »scheinen auch für vernünftige Mensche, die die wahren Maße kennen, einen Fuß Durchmesser zu haben« (*De somn.*, 458 b 28; vgl. *De anima*, 428 b 4 ff.). Der Unterschied liegt hier wie in anderen Fällen an der Imagination, »einer Art Bewegung . . ., die durch die wirkliche Empfindung verursacht wird« (*De an.*, 428 b 12 ff.). Die Bewegung »ist in uns vorhanden und ähnelt einer Empfindung« (429 a 5), aber »sie kann falsch sein . . ., besonders wenn der Wahrnehmungsgegenstand« unter ungewöhnlichen Bedingungen erscheint, etwa in großer Entfernung (428 b 30 f.) und der Beaufsichtigung durch den »kritischen Sinn« entzogen ist (*De somn.*, 460 b 17). Das Zusammenwirken ungewöhnlicher Bedingungen und mangelnder Kontrolle kann zu Täuschungen führen; zum Beispiel werden Flecken auf einer Wand manchmal als Tiere gesehen (460 b 12). Siehe auch *Met.*, 1010 b 14 über die Wahrnehmung von Gegenständen, die für den wahrnehmenden Sinn »fremdartig« oder »merkwürdig« sind, sowie *De partib. animal.*, 644 b 25, wo es heißt, daß die Gegenstände der Astronomie zwar »überaus vollkommen und göttlich sind, aber der Erkenntnis weniger zugänglich. Die Beobachtung liefert nur wenig Aufschluß über sie und die mit ihnen zusammenhängenden Probleme«, es kommt also leicht zu Irrtümern. Diese und andere Stellen zeigen, daß sich Aristoteles der Schwierigkeiten der astronomischen Beobachtung bewußt war, daß er wußte, daß die Sinne unter außergewöhnlichen Bedingungen außergewöhnliche und falsche Berichte liefern, daß er diese Berichte auch erklären konnte und daß er über die Probleme der ersten Fernrohrbeobachtungen keineswegs erstaunt gewesen wäre. Im Gegensatz zu ihm gingen die ersten Beobachter mit großem und naivem Vertrauen an die Dinge heran. Sie wußten nichts von den psychologischen Problemen des teleskopischen Sehens, sie waren nicht mit seinen physikalischen Gesetzen bekannt, aber sie schritten voran und veränderten unser Weltbild. Das wurde von Ronchi und einigen seiner Nachfolger sehr deutlich gesehen.

3 Es ist nicht allzu schwierig, die Buchstaben eines bekannten Alphabets

Überschneidung, Kenntnis der Größe naher Gegenstände usw.), die beim Sehen an der Erdoberfläche zur Verfügung stehen, nicht mehr vorhanden, wenn man den Himmel betrachtet, so daß neue und überraschende Erscheinungen auftreten müssen.[4] Nur eine neue Theorie des Sehens mit Hypothesen sowohl über das Verhalten des Lichts im Fernrohr als auch über die Reaktion des Auges unter außergewöhnlichen Bedingungen hätte die Kluft zwischen Himmel und Erde überbrücken können, die eine ganz offensichtliche Tatsache der Physik und der astronomischen Beobachtung war und noch ist.[5] Wir werden bald Gelegenheit haben, über die damals verfügbaren Theorien zu sprechen, und es wird sich zeigen, daß sie für ihre Aufgabe nicht geeignet waren und durch einfache und offenbare Tatsachen widerlegt wurden. Im Augenblick möchte ich bei den Beobachtungen selbst bleiben und über die Widersprüche und Schwierigkeiten sprechen, die sich ergaben, als man versuchte, die Ergebnisse der Himmelbeobachtungen mit dem Fernrohr buchstäblich aufzufassen als

von einem Hintergrund ungewohnter Linien zu unterscheiden, selbst wenn sie in einer fast unleserlichen Handschrift geschrieben sind. Doch bei einem unbekannten Alphabet ist das nicht möglich. Die Teile dieser Buchstaben hängen nicht so zusammen, daß sie eine deutliche Struktur bilden, die sich von dem Hintergrund allgemeinen (optischen) Rauschens abhöbe (wie es beschrieben wird bei K. Koffka, *Psychological Bulletin,* 19 (1922), S. 551 ff., teilweise wieder abgedruckt in: *Experiments in Visual Perception,* Hg. M. D. Vernon, London 1966; vgl. auch den Artikel von Gottschaldt im gleichen Band).

4 Über die Bedeutung von Anhaltspunkten wie Blenden, Fadenkreuzen, Hintergrund usw. für die Lokalisierung und Gestalt des Fernrohrbildes sowie die merkwürdigen Verhältnisse bei ihrem Fehlen vgl. Ronchi /5[14]/, Kap. 4, insbes. S. 151, 174, 189, 191 u. a. Vgl. auch R. L. Gregory, *Eye and Brain,* New York 1966, passim und S. 99 (über das autokinetische Phänomen). Reiches Material über die Verhältnisse beim Fehlen vertrauter Anhaltspunkte enthält *Explorations in Transactional Psychology,* Hg. F. P. Kilpatrick, New York 1961. Die allgemeinen Züge der beschriebenen Erscheinungen waren Aristoteles bekannt.

5 Aus diesem Grunde wäre das »eingehende Studium der Theorie der Brechung«, das Galilei für sich beanspruchte (Text zu Anm. 16 in Kap. 9), völlig *unzureichend* gewesen, um die Brauchbarkeit des Fernrohrs zu beweisen; vgl. auch Anm. 16 dieses Kapitels.

unveränderliche, objektive Eigenschaften der betrachteten Gegenstände.

Einige dieser Schwierigkeiten kündigen sich bereits in einem Bericht der zeitgenössischen »Avvisi«[6] an, der mit der Bemerkung schließt: »Obwohl sie [die Teilnehmer an der beschriebenen Veranstaltung] die erklärte Absicht hatten, diese Beobachtung [von »vier neuen Sternen oder Planeten, die Trabanten des Jupiter sind, ... sowie zwei Begleitern des Saturn«[7]] durchzuführen, und obwohl sie bis ein Uhr morgens blieben, konnten sie sich nicht einig werden.«

Ein anderes Treffen, das in ganz Europa bekannt wurde, macht die Situation noch deutlicher. Etwa ein Jahr vorher, am 24. und 25. April 1610, brachte Galilei sein Fernrohr in das Haus seines Widersachers Magini in Bologna, um es 24 Professoren aller Fakultäten vorzuführen. Horky, Keplers übereifriger Schüler, schrieb darüber[8]: »Ich schlief am 24. und 25. April Tag und Nacht nicht, sondern probierte das Instrument auf tausend Arten aus[9], an Dingen auf Erden wie auch am Himmel. *Hier unten funktioniert es ausgezeichnet*; am Himmel täuscht es, indem einige Fixsterne [z. B. wird Spica virginis erwähnt, ebenso eine Flamme auf der Erde] doppelt gesehen werden.[10] Ich habe ausgezeichnete Leute und edle Doktoren als Zeugen ..., und alle haben zugegeben, daß das Instrument Täuschungen erzeugt ... Das brachte Galilei zum Schweigen, und am 26. machte er sich ganz früh am Morgen traurig davon ... und dankte Magini nicht einmal für sein

6 Einzelheiten in Kapitel 9, Anm. 26.

7 So wurde der Ring des Saturn damals wahrgenommen. Vgl. auch R. L. Gregory, *The Intelligent Eye,* S. 119.

8 Galilei, *Opere,* Bd. 10, S. 342 (Hervorhebung von mir, bezüglich des weiter unten besprochenen Unterschieds zwischen irdischen und Himmelsbeobachtungen).

9 Die »Hunderte« und »Tausende« von Beobachtungen, Versuchen u. ä., auf die wir hier wieder stoßen, sind kaum mehr als eine rhetorische Floskel (wie unser »ich habe dir tausendmal gesagt«).

10 Hier liegt wieder ein Fall vor, wo äußere Anhaltspunkte fehlen. Vgl. Ronchi /5[14]/ über das Erscheinungsbild von Flammen, kleinen Lichtquellen u. ä.

großartiges Essen ...« Magini schrieb an Kepler am 26. Mai: »Er hat nichts erreicht; es waren über 20 Gelehrte anwesend, doch keiner hat die neuen Planeten deutlich gesehen [nemo perfecte vidit]; er wird sie kaum aufrechterhalten können.«[11] Einige Monate später (in einem von Ruffini unterschriebenen Brief) wiederholt er: »Nur einige mit scharfem Sehvermögen waren bis zu einem gewissen Grade überzeugt.«[12] Nachdem Kepler von allen Seiten eine Flut solcher negativer Berichte erhalten hatte, bat er Galilei um Zeugen[13]: »Ich möchte Euch auch nicht verhehlen, daß von mehreren Italienern Briefe nach Prag gelangten, worin sie behaupten, daß mit Eurem Fernrohr jene Sternchen [die Jupitermonde] nicht gesehen werden können. Ich frage mich, wie es kommt, daß so viele die Erscheinung bestreiten, auch solche, die ein Fernrohr handhaben. Wenn ich das beiziehe, was mir bisweilen passiert, so halte ich es nicht für unmöglich, daß ein einziger das sieht, was tausend andere nicht sehen.[14] ... Trotzdem bedaure ich doch, daß so lange die zustimmenden Aussagen anderer ausbleiben ... Darum bitte ich Euch, mein Galilei, gebt mir so bald als möglich Zeugen an!« Galilei nennt in seiner Antwort vom 19. August sich selbst, Leopold, Herzog von Toscana, und Giuliano de Medici; außerdem hätten »in Pisa, Florenz, Bologna, Venedig, Padua sehr viele die Planeten gesehen; doch sie schweigen alle und zaudern. Der größte Teil von ihnen kann weder Jupiter noch Mars, ja kaum den Mond als Planeten unterschei-

11 Brief vom 26. Mai, *Opere*, 3.

12 Ebenda, S. 196.

13 Brief vom 9. August 1610, zit. nach Caspar-Dyck, *Johannes Kepler in seinen Briefen*, Bd. 1, München 1930, S. 349.

14 Kepler litt an Polyopie (»anstelle eines einzelnen kleinen Gegenstandes in großer Entfernung sehen die an diesem Fehler Leidenden zwei oder drei. Daher nehme ich statt eines einzelnen Mondes zehn oder mehr wahr«; *Conversation* /9[18]/, Anm. 94; siehe auch den Rest der Anmerkung wegen weiterer Zitate), und er kannte Plattners anatomische Untersuchungen (bei S. L. Polyak, *The Retina*, Chicago 1942, S. 134 ff. findet man Einzelheiten und Literaturangaben); und so war er sich der Notwendigkeit einer *physiologischen Kritik astronomischer Beobachtungen* durchaus bewußt.

den ...«[15] – keine sehr ermutigende Sachlage, um es milde auszudrücken.

Heute verstehen wir etwas besser, warum die unmittelbare Berufung auf die Fernrohrbeobachtung nur enttäuschen konnte, besonders in der Anfangsphase. Der Hauptgrund, den bereits Aristoteles vorausgesehen hatte, war der, daß die Sinnesorgane unter ungewöhnlichen Bedingungen auch eine ungewöhnliche Reaktion zeigen. Einige der älteren Historiker hatten eine Ahnung davon, aber sie reden *negativ*, sie versuchen das *Fehlen* befriedigender Beobachtungsergebnisse zu erklären, die *Armut* dessen, was im Fernrohr zu sehen ist.[16] Sie denken nicht an die Möglichkeit, daß die Beobachter auch *starken positiven Täuschungen* unterlegen sein könnten. Der Umfang solcher Täuschungen wurde erst in jüngster Zeit erkannt, hauptsächlich durch die Arbeiten von Ronchi und seiner Schule.[17] Hier hört man von den größten Schwankungen

15 Caspar-Dyck /10[13]/, S. 352.

16 So schreibt Emil Wohlwill in *Galilei und sein Kampf für die Kopernikanische Lehre,* Bd. 1, Hamburg 1909, S. 288: »Ohne Zweifel war der völlige Mangel einer Gewöhnung an teleskopisches Sehen, dazu das sehr beschränkte Gesichtsfeld des Galileischen Fernrohrs und unzureichende Vorrichtungen zur Veränderung des Abstands der Gläser je nach der Beschaffenheit des Auges der gelehrten Herren von Einfluß bei dem unerfreulichen Ergebnis ...« Ein ähnliches Urteil, nur dramatischer ausgedrückt, findet sich in Arthur Koestlers Buch *The Sleepwalkers,* New York 1962, S. 369.

17 Vgl. Ronchi /5[14]/; *Histoire de la lumière,* Paris 1956; *Storia del cannocchiale,* Vatikanstadt 1964; *Critica dei fondamenti dell'acustica e dell'ottica,* Rom 1964; vgl. auch die Übersicht von E. Cantore in *Archives d'histoire des sciences,* Dezember 1966, S. 333 ff. Ich möchte hier aussprechen, daß Professor Ronchis Untersuchungen meine Gedanken bezüglich der wissenschaftlichen Methode stark beeinflußt haben. Eine kurze historische Darstellung von Galileis Werk findet sich in Ronchis Artikel in: *Scientific Change,* Hg. A. C. Crombie, London 1963, S. 542-561. Wie wenig dieses Gebiet erforscht ist, geht aus S. Tolanskys Buch *Optical Illusions,* London 1964, hervor. Tolansky ist Physiker und wurde bei seinen mikroskopischen Untersuchungen (von Kristallen und Metallen) von einer optischen Täuschung nach der anderen gestört. Er schreibt: »Das lenkte unsere Aufmerksamkeit auf andere Situationen, und schließlich war das unerwartete Ergebnis, daß optische Täuschungen eine ganz wesentliche Rolle bei vielen alltäglichen wissenschaftlichen Beobachtungen spielen

in der *Lage* des Fernrohrbildes und entsprechend in der beobachteten *Vergrößerung*. Einige Beobachter versetzen das Bild geradezu in das Innere des Fernrohrs und bemerken eine seitliche Veränderung seiner Lage bei einer seitlichen Bewegung des Auges, ganz wie es bei einem Nachbild oder einem Reflex innerhalb des Fernrohrs der Fall wäre – ein ausgezeichneter Beweis dafür, daß man es mit einer »Täuschung« zu tun haben muß.[18] Andere setzen das Bild in eine Entfernung, bei der überhaupt keine Vergrößerung stattfindet, auch wenn eine mehr als 30fache lineare Vergrößerung angekündigt worden ist.[19] Selbst eine Verdoppelung des Bildes läßt sich als Ergebnis mangelnder Scharfeinstellung erklären.[20] Nimmt man zu die-

können und auch spielen. Das machte mich vorsichtig, und ich stieß auf mehr Täuschungen, als ich mir vorgestellt hatte.« Die »Täuschungen beim direkten Sehen«, deren Rolle in der wissenschaftlichen Forschung jetzt allmählich wiederentdeckt wird, waren den mittelalterlichen Optikern wohlbekannt, sie widmeten ihnen besondere Kapitel in ihren Lehrbüchern. Außerdem betrachteten sie Linsenbilder als *psychologische* Erscheinungen, als Wahrnehmungstäuschungen, denn sie waren »nichts als die Erscheinung eines Gegenstandes außerhalb seines Ortes«, wie man bei John Pecham lesen kann (vgl. David Lindberg, »The ›Perspectiva communis‹ of John Pecham«, in: *Archives internationales d'histoire des sciences,* 1965, S. 51, sowie den letzten Absatz von Satz II/19 von Pechams »Perspectiva communis«, in: *John Pecham and the Science of Optics,* Hg. D. Lindberg, Wisconsin 1970, S. 171).

18 Ronchi /5[14]/, S. 189. Das könnte den häufig geäußerten Wunsch erklären, in das *Innere* des Fernrohrs hineinzuschauen, um die Ursache der Täuschung festzustellen. Bei *irdischen* Gegenständen entstehen diese Probleme nicht, ihre Bilder werden stets »in der Objektebene« gesehen (ebenda, S. 182).

19 Über die Vergrößerung von Galileis Fernrohr vgl. *Sidereus nuncius* /9[16]/, S. 11, dt. S. 83 ff.; vgl. auch A. Sonnefeld, »Die optischen Daten der Himmelsfernrohre von Galileo Galilei«, in: *Jenaer Rundschau* 7 (1962), S. 207 ff. Die alte Regel: »Größe, Ort und Lage eines gesehenen Gegenstandes hängen von dem Winkel ab, unter dem er gesehen wird« (R. Grosseteste, »De iride«, zit. nach Crombie, *Robert Grosseteste,* Oxford 1953, S. 120), die auf Euklid zurückgeht, ist *fast immer falsch.* Ich entsinne mich noch meiner Enttäuschung, als ich einen Reflektor mit einer angeblichen linearen Vergrößerung von etwa 150 gebaut hatte und den Mond nur etwa fünffach vergrößert und ganz in der Nähe des Okulars wahrnahm (1937).

20 Das Bild bleibt über einen erheblichen Bereich hinweg scharf und

sen psychologischen Schwierigkeiten die vielen Unvollkommenheiten der damaligen Fernrohre hinzu[21], so kann man durchaus verstehen, warum es so wenig befriedigende Beobachtungen gab, und man staunt, wie schnell der Wirklichkeitscharakter der neuen Erscheinungen akzeptiert und, wie üblich, öffentlich anerkannt wurde.[22] Diese Entwicklung wird noch rätselhafter, wenn man bedenkt, daß viele Berichte auch der besten Beobachter entweder einfach *falsch* waren und als falsch demonstriert werden konnten oder aber *in sich widersprüchlich* waren.

unverändert – mangelnde Scharfeinstellung kann sich jedoch als Verdopplung zeigen.

21 Das erste brauchbare Fernrohr, das Kepler vom Kurfürsten (Erzbischof) von Köln erhielt (der es seinerseits von Galilei bekommen hatte), und auf dem seine *Narratio de observatis a se quattuor Iovis satellibus*, Frankfurt 1611, beruht, zeigt die Sterne als *Quadrate* und intensiv *gefärbt* (*Gesammelte Werke*, Bd. 4, S. 461). Ernst von Köln selbst konnte mit dem Fernrohr überhaupt nichts sehen und bat Clavius, ihm ein besseres zu schicken (*Archivio della pontifica universita Gregoriana*, 530, f 1821). Francesco Fontana, der ab 1643 die Venusphasen beobachtete, nahm Unregelmäßigkeiten der Grenzlinie wahr (und deutete sie als Gebirge), vgl. R. Wolf, *Geschichte der Astronomie*, München 1877, S. 398. Wegen der Unregelmäßigkeiten der damaligen Fernrohre und Literatur darüber vgl. Ernst Zinner, *Deutsche und niederländische astronomische Instrumente des 11. bis 18. Jahrhunderts*, München 1956, S. 216-221, sowie das Autorenverzeichnis im zweiten Teil des Buches.

22 Pater Clavius (Brief vom 17. Dezember 1610, *Opere*, Bd. 10, S. 485), der Astronom des mächtigen jesuitischen Collegium Romanum, rühmt Galilei, weil er als erster die Jupitermonde beobachtet habe, und erkennt sie als wirlich an. Magini, Grienberger und andere schlossen sich bald an. Es ist klar, daß sie dabei die Methoden ihrer eigenen Philosophie verletzten oder aber die Sache nur sehr oberflächlich untersuchten. Professor McMullin (/2[5]/, Anm. 32) macht viel Wesens um diese rasche Anerkennung von Galileis Fernrohrbeobachtungen: »Die an den Trabanten und an den Venusphasen beobachteten regelmäßigen Perioden wiesen deutlich darauf hin, daß es sich nicht um physiologische oder optische Artefakte handelte. ›Hilfswissenschaften‹ waren gewiß nicht nötig . . .« Und dabei verwendet er selbst die ungeprüfte Hilfshypothese, astronomische Ereignisse unterschieden sich von physiologischen durch ihre Regelmäßigkeit und Intersubjektivität. Doch diese Hypothese ist *falsch*, das zeigt die Mondillusion, die Fata morgana, der Regenbogen, Lichthöfe, die vielen mikroskopischen Täuschungen, die Tolansky so anschaulich beschreibt,

So berichtet Galilei über Unebenheiten, »ungeheure Schwellungen, tiefe Kluften und Krümmungen«[23] an der inneren Grenze des beleuchteten Teiles des Mondes, doch die äußere Grenze erscheint als »nicht unregelmäßig, zackig und windungsreich, sondern vollkommen rund und kreisförmig, so scharf begrenzt wie mit dem Zirkel gezogen, und ohne die Unebenheiten von Schwellungen und Höhlungen«.[24] Der Mond erschien also voll von Bergen im Inneren, aber völlig glatt am äußeren Rand, und dies, obwohl sich der äußere Rand wegen der (geringen) Librationen der Mondkugel *verän-*

das Hexenwesen (*jede* Frau berichtete, der beiwohnende Teufel habe ein eiskaltes Glied) und zahlreiche andere Erscheinungen. Daß die Hypothese falsch war, *wußten auch* Pecham, Witelo und andere mittelalterliche Gelehrte, die sich mit den regelmäßigen und intersubjektiven »Täuschungen« beschäftigt hatten, die von Linsen, Spiegeln und anderen optischen Geräten erzeugt werden. In der Antike war die Falschheit von McMullins Hypothese *allgemein bekannt.* Galilei erörtert und verwirft sie ausdrücklich in seinem Buch über die Kometen. Es war also eine neue Theorie des Sehens nötig, wenn man die Galileischen Beobachtungen nicht bloß *hinnehmen,* sondern auch *Argumente* für ihren astronomischen Wirklichkeitscharakter liefern wollte. Clavius mag sich freilich dieser Notwendigkeit nicht bewußt gewesen sein. Das wäre keineswegs erstaunlich. Schließlich sind es einige seiner hochgebildeten Nachfolger im 20. Jahrhundert wie Professor McMullin auch nicht. Außerdem ist darauf hinzuweisen, daß die »regelmäßigen Perioden« der Jupitermonde nicht so bekannt waren, wie McMullin unterstellt. Sein ganzes Leben lang versuchte Galilei, diese Perioden zu bestimmen, um zu einer besseren Methode der geographischen Längenbestimmung auf See zu kommen. Er hatte keinen Erfolg. Später stellte sich das gleiche Problem in anderer Form, als der Versuch, die Lichtgeschwindigkeit mit mehr als einem Mond zu bestimmen, zu widersprüchlichen Ergebnissen führte (Cassini). Darauf wies Cassini kurz nach Roemers Vorschlag hin. Vgl. I. B. Cohen, »Roemer and the First Determination of the Velocity of Light (1676)«, *Isis* 31 (1940), S. 347 ff. Über die Einstellung des Clavius und der Wissenschaftler des Collegium Romanum siehe das sehr interessante Buch *Galilei in China* von Pasquale M. d'Elia, S. J., Harvard University Press, 1960. Die ersten Beobachtungen der Astronomen des Collegium sind enthalten in deren *Nuncius sidereus,* Ed. naz. III/1, S. 291-298.

23 *Sidereus nuncius* /9[16]/, S. 8, dt. S. 83.

24 Ebenda, S. 24, dt. S. 96. – Vgl. Abb. 1 weiter unten in diesem Kapitel, die aus Galileis Buch stammt. Kepler schreibt in seiner *Optik* von 1604 (aufgrund von Beobachtungen mit unbewaffnetem Auge): »Es schien, als

derte.[25] Der Mond und einige Planeten wie etwa Jupiter wurden vergrößert, während sich der scheinbare Durchmesser der Fixsterne verringerte: erstere wurden näher gerückt, letztere dagegen weiter weg. »Wenn man die Sterne«, schreibt Galilei, »die Fixsterne wie auch die Planeten, durch das Fernrohr betrachtet, so erscheinen sie keineswegs im gleichen Verhältnis vergrößert wie andere Gegenstände, auch der Mond; ... ein Fernrohr, das (beispielsweise) andere Gegenstände hundert-

fehlte etwas an der Kreisförmigkeit der äußeren Begrenzung« (/9[18]/, S. 219). Er kommt darauf in *Conversation* (/9[18]/, S. 28 ff.) zurück, wo er Galileis Fernrohr-Ergebnisse aufgrund eigener Beobachtungen mit unbewaffnetem Auge kritisiert: »Ihr fragt, warum die äußere Begrenzung des Mondes nicht auch unregelmäßig aussehe. Ich weiß nicht, wie genau Ihr darüber nachgedacht habt, oder ob, was ich eher glaube, Eure Frage von der gängigen Vorstellung ausgeht. Denn in meinem Buch [der *Optik* von 1604] stelle ich fest, daß bei Vollmond der äußere Rand durchaus gewisse Unregelmäßigkeiten aufweist. Erwägt die Sache und sagt uns dann noch einmal, wie sie Euch erscheint ...« Hier werden also Beobachtungen mit unbewaffnetem Auge gegen Galileis Fernrohrergebnisse ins Feld geführt – und zwar mit sehr gutem Grund, wie wir weiter unten sehen werden. Der Leser, der sich an Keplers Polyopie erinnert (vgl. Anm. 14 zu diesem Kapitel), wundert sich vielleicht, daß dieser seinen Sinnen in solchem Maße traute. Die Antwort gibt folgendes Zitat (*Werke*, Bd. 2 /9[18]/, S. 194 ff.): »Den Beginn von Mondfinsternissen nehme ich, der ich dieses Leiden habe, eher wahr als alle anderen Beobachter. Lange vor ihrem Beginn erkenne ich bereits die Richtung, aus der sich der Schatten nähert, während die anderen mit ihrem scharfen Sehvermögen noch unsicher sind ... Die oben erwähnte Unregelmäßigkeit des Mondes [vgl. das vorige Zitat] verschwindet für mich, wenn sich der Mond dem Schatten nähert und die stärkste Sonnenstrahlung abgeschirmt ist ...« Galilei hat für die andersartige Erscheinung des Mondes zwei Erklärungen. Die eine (*Nuncius* /9[16]/, S. 26 ff.) geht von einer Mondatmosphäre aus; die andere (ebenda, S. 25 ff.) stützt sich darauf, daß hintereinander liegende Gebirgszüge einen glatten Umriß zeigten, ist aber nicht besonders überzeugend, da die Verteilung der Erhebungen in der Umgebung der sichtbaren Seite des Mondes nicht die erforderliche Beschaffenheit hat (das wurde erhärtet durch die Veröffentlichung der russischen Mondaufnahme vom 7. Oktober 1959; vgl. Zdenek Kopal, *An Introduction to the Study of the Moon,* North Holland 1966, S. 242).

25 Die Libration des Mondes wurde von Galilei bemerkt. Vgl. G. Righini, »New Light on Galileo's Lunar Observations«, in Righini (vgl. Anh. 2, Anm. 4), S. 59 ff.

fach vergrößert, läßt die Sterne kaum vier- oder fünfmal größer erscheinen.«[26]

Die merkwürdigsten Züge der Frühgeschichte des Fernrohrs treten aber hervor, wenn man Galileis *Zeichnungen des Mondes* genauer betrachtet.

Man braucht nur einen kurzen Blick auf Galileis Zeichnungen und auf Fotografien entsprechender Phasen zu werfen, um sich zu überzeugen, daß »kein Bestandteil der Zeichnungen ... mit Sicherheit mit irgendeiner bekannten Stelle der Mondlandschaft identifiziert werden kann«.[27] Schaut man sich diese Zeugnisse an, so kann man ohne weiteres auf den Gedanken kommen, daß »Galilei kein großer astronomischer Beobachter

26 *Nuncius* /9[16]/, S. 38; vgl. auch die ausführlichere Erörterung in »Dialog« /5[3]/, S. 336 ff. »Das Fernrohr rückt gewissermaßen den Himmel von uns weg«, schreibt A. Chwalina in *Kleomedes, Die Kreisbewegung der Gestirne* (Leipzig 1927, S. 90) über die Verringerung des scheinbaren Durchmessers *aller* Gestirne mit Ausnahme der Sonne und des Mondes. Später wurde die verschiedene Vergrößerung von Planeten (oder Kometen) und Fixsternen als Unterscheidungsmerkmal benutzt. »Aus Erfahrung weiß ich«, schreibt Herschel in seinem Bericht über seine erste Beobachtung des Uranus (*Phil. trans.* 71 (1781), S. 493 ff. – der Planet wird hier als ein *Komet* identifiziert), »daß der Durchmesser der Fixsterne nicht wie der der Planeten entsprechend der Vergrößerung wächst; daher wandte ich jetzt die Vergrößerungen 460 und 932 an und fand den Durchmesser des Kometen in diesen Verhältnissen vergrößert, wie es sein soll ...« Es verdient Beachtung, daß diese Regel auf die Fernrohre zur Zeit Galileis nicht immer zutraf. So schreibt Horatio Grassi über einen im November 1618 erschienenen Kometen (»On the Three Comets of 1618«, in: *The Controversy on the Comets of 1616* /5[2]/, S. 17): »Bei der Beobachtung durch ein Fernrohr erfuhr der Komet so gut wie keine Vergrößerung«, und er schließt daraus, in bester Übereinstimmung mit Herschels »Erfahrung«: »Man wird zu der Feststellung kommen müssen, daß er von uns weiter entfernt ist als der Mond ...« In seiner Arbeit »Astronomical Balance« (ebenda, S. 80) wiederholt er, nach übereinstimmender Erfahrung »berühmter Astronomen« aus »vielen Gegenden Europas« »erfuhr der Komet bei Beobachtung mit einem sehr langen Fernrohr so gut wie keine Vergrößerung ...«. Galilei (ebenda, S. 177) erkennt das als Tatsache an und kritisiert nur die Folgerungen, die Grassi daraus ziehen möchte. Alle diese Erscheinungen widerlegen Galileis Behauptung (*Münzprüfer* /5[2]/, S. 204), das Fernrohr »arbeite immer in gleicher Weise«. Sie sprechen auch gegen seine Theorie der Irradiation (vgl. Anm. 56 zu diesem Kap.).

27 Kopal /10[24]/, S. 207.

war; oder aber, daß die Erregung über die vielen Entdeckungen, die er damals mit dem Fernrohr machte, vorübergehend seine Fähigkeiten oder sein kritisches Bewußtsein beeinträchtigt hatten«.[28]

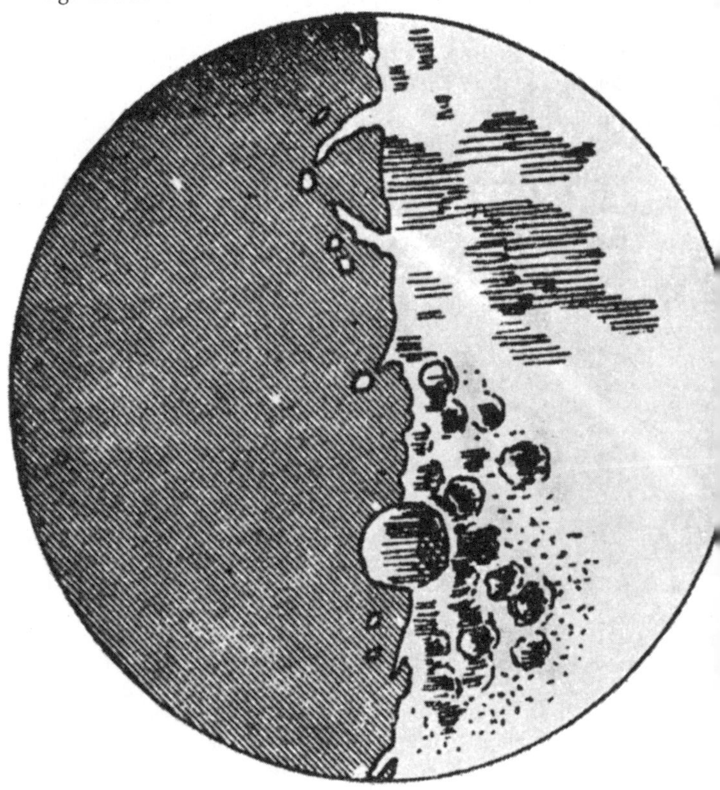

Abb. 1.
Die Gestalt eines Mondberges und einer von Anhöhen eingefaßten Ebene, nach Galilei, *Sidereus nuncius*, Venedig 1610 (vgl. Abb. 2).

28 R. Wolf (*Geschichte der Astronomie* /10[21]/, S. 396) erwähnt die Mangelhaftigkeit von Galileis Mondzeichnungen (»... seine Abbildung des Mondes kann man ... kaum ... eine Karte nennen«), und Zinner (*Geschichte der Sternkunde*, Berlin 1931, S. 473) nennt Galileis Mondbeobachtungen »typisch für Anfänger«. Seine Mondzeichnung hat nach Zin-

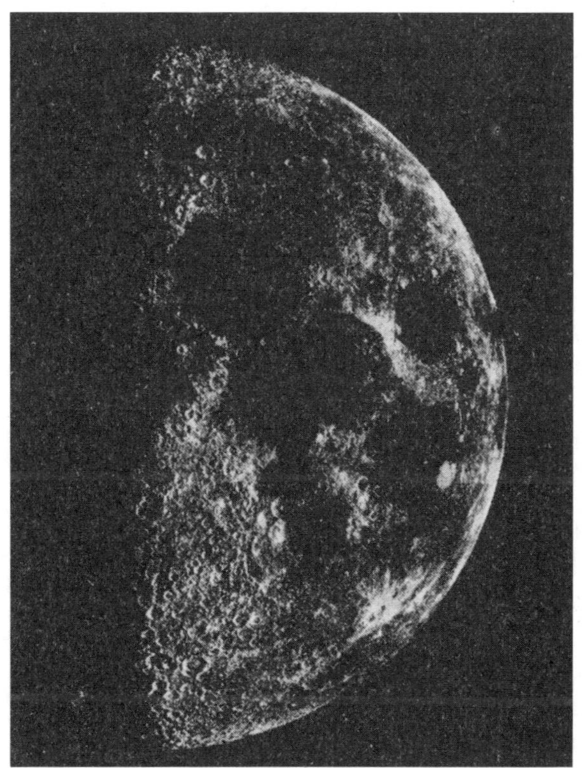

Abb. 2.
Der Mond, sieben Tage alt (erstes Viertel).

Das könnte nun durchaus richtig sein (aber ich bin doch eher geneigt, es zu bezweifeln, da Galilei bei anderen Gelegenheiten ganz außerordentliche Beobachtungsgeschicklichkeit be-

ner (S. 472) »keinerlei Ähnlichkeit mit dem Mond«. Zinner erwähnt auch die wesentlich bessere Qualität der fast gleichzeitig entstandenen Beobachtungen der Jesuiten (S. 473) und fragt schließlich, ob Galileis Mond- und Venusbeobachtungen nicht eher seinem fruchtbaren Geist als seinem genauen Auge zu verdanken seien (»sollte dabei . . . der Wunsch der Vater der Beobachtung gewesen sein?«) – eine sehr berechtigte Frage, besonders angesichts der Erscheinungen, die in Anm. 34 zu diesem Kapitel kurz beschrieben werden.

wies).[29] Doch die Behauptung ist arm an Gehalt und nicht besonders interessant. Es ergeben sich keine neuen Anregungen für weitere Forschungen, und die Möglichkeit einer *Prüfung* liegt in ziemlich weiter Ferne.[30] Es gibt aber andere Hypothesen, die durchaus auf neue Gedanken führen und die zeigen, wie verwickelt die Verhältnisse zur Zeit Galileis waren. Betrachten wir die folgenden beiden.

Hypothese 1. Galilei zeichnete getreulich auf, was er sah, und hinterließ uns auf diese Weise Zeugnisse der Mängel der ersten Fernrohre wie auch der damaligen Eigenheiten des teleskopischen Sehens. So aufgefaßt, sind Galileis Zeichnungen Zeugnisse von genau derselben Art wie die aus den Experimenten von Stratton, Erismann und Kohler[31] – nur daß man noch die Eigenschaften des physikalischen Geräts und die Unbekanntheit der betrachteten Gegenstände in Rechnung stellen muß.[32] Man darf auch nicht die vielen gegensätzlichen Auffassungen vergessen, die über die Oberfläche des Mondes in Umlauf waren, und zwar noch zu Galileis Zeit[33], und die das von den

29 Die Entdeckung und Erkennung der Jupitermonde war keine geringe Leistung, zumal da für das Fernrohr noch keine brauchbare feste Stütze entwickelt war. Eine noch erstaunlichere Leistung war die Entdeckung der Libration – vgl. Anm. 25 zu diesem Kapitel.

30 Das liegt unter anderem an den großen Unterschieden zwischen den Fernrohrwahrnehmungen verschiedener Beobachter; vgl. Ronchi /5[14]/, Kap. 4.

31 Ein Überblick sowie Hinweise auf einführende Literatur finden sich bei Gregory /10[4]/, Kap. 11, eingehendere Erörterungen und Literaturangaben bei K. W. Smith und W. M. Smith, *Perception and Motion,* Philadelphia 1962, teilweise wiedergegeben bei M. D. Vernon /10[3]/. Lesenswert ist auch Ames, »Aniseikonic Glases«, in: *Explorations in Transactional Psychology*, über die Veränderung des *normalen* Sehens unter zum Teil nur ganz geringfügig abnormalen optischen Bedingungen. Eine umfassende Darstellung gibt I. Rock, *The Nature of Perceptual Adaptation*, New York 1966.

32 Viele der alten Instrumente sowie ausgezeichnete Beschreibungen von ihnen sind noch vorhanden. Vgl. Zinner /10[21]/.

33 Interessantes findet sich an den einschlägigen Stellen von Keplers *Conversation* /9[17]/ sowie in seinem *Somnium* (wovon es jetzt eine neue Übersetzung [ins Englische] von E. Rosen gibt (Madison 1967), der umfangreiches ergänzendes Material beigegeben ist). Das Standardwerk über die älteren Anschauungen ist immer noch Plutarchs »Gesicht im Mond«, zi-

Beobachtern Gesehene beeinflußt haben können.[34] Zur besseren Aufklärung der Dinge bedürfte es einer empirischen Sammlung aller Ergebnisse der ersten Fernrohrbeobachtungen, am besten spaltenweise einander gegenübergestellt, sowie sämtlicher bildlicher Darstellungen, die erhalten sind.[35] Wenn man die Eigenheiten der Instrumente berücksichtigt, würde eine solche Sammlung höchst interessantes Material zu einer noch zu schreibenden Geschichte der Wahrnehmung (und der Wissenschaft) beisteuern.[36] Dies also ist Hypothese I.

Hypothese 2 ist spezifischer als Hypothese 1 und entwickelt diese in einer bestimmten Richtung weiter. Ich habe sie mit wechselnder Begeisterung in den letzten zwei oder drei Jahren erwogen, und mein Interesse an ihr wurde kürzlich durch einen Brief von Professor Stephen Toulmin wieder geweckt, dem ich für die klare und einfache Darstellung der Auffassung

tiert nach der Übersetzung von *Moralia 12* durch H. Cherniss, London 1961.

34 »Man beschreibt den Mond anhand von Gegenständen, die man auf seiner Oberfläche zu erkennen glaubt« (Kästner /9[23]/, Bd. 4, S. 167 über Fontanas Beobachtungsberichte von 1646). »Maestlin sah sogar Regen auf dem Mond« (Kepler, *Conversation* /9[18]/, S. 29 f. bei der Anführung von Maestlins eigenem Beobachtungsbericht); vgl. auch da Vinci, in J. P. Richter, *The Notebooks of Leonardo da Vinci*, Bd. 2, New York 1970, S. 167: »Wenn man die Einzelheiten der Flecken auf dem Mond länger beobachtet, findet man oft starke Veränderungen an ihnen, die ich in Zeichnungen festgehalten habe. Ursache sind die Wolken, die sich aus den Gewässern auf dem Mond erheben ...« Zur Instabilität der Wahrnehmungsbilder unbekannter Gegenstände und ihrer Abhängigkeit von vorhandenen Vorstellungen (oder »Kenntnissen«) vgl. Ronchi /5[14]/, Kap. 4.

35 Bei Kopal /10[24]/, Kap. 15 findet sich eine interessante Sammlung genau dieser Art. Umfassender ist W. Schulz, *Die Anschauung vom Monde und seinen Gestalten in Mythos und Kunst der Völker*, Berlin 1912.

36 Natürlich muß man auch die Abhängigkeit des Gesehenen von den üblichen Methoden der *bildlichen Darstellung* untersuchen. Außerhalb der Astronomie leisten das E. Gombrich, *Art and Illusion*, London 1960, und L. Choulant, *A History and Bibliography of Anatomical Illustration*, New York 1945 ([ins Englische] übersetzt und ergänzt von Singer u. a.). Die Astronomie hat den Vorteil, daß die eine Seite des Rätsels, nämlich die Gestirne, eine ziemlich einfache Struktur hat (wesentlich einfacher als etwa die des Uterus) und verhältnismäßig gut bekannt ist; vgl. auch Kap. 17.

dankbar bin. Mir scheint jedoch, daß die Hypothese vielen Schwierigkeiten ausgesetzt ist und vielleicht aufgegeben werden muß.

Hypothese 2 geht genau wie Hypothese 1 an die Berichte über Fernrohrbeobachtungen im Sinne der Theorie der Wahrnehmung heran; doch sie besagt zusätzlich, daß die Praxis der Fernrohrbeobachtung und die Bekanntschaft mit den neuen Berichten nicht nur das veränderte, was man durch das Fernrohr sah, *sondern auch das, was man mit bloßem Auge sah*. Sie ist offenbar wichtig für unsere Beurteilung der Haltung der Zeitgenossen gegenüber Galileis Berichten.

Daß die Erscheinung der Sterne wie auch des Mondes einmal viel unbestimmter als heute gewesen sein könnte, dieser Gedanke ergab sich für mich zunächst aus dem Vorhandensein verschiedener Theorien über den Mond, die unverträglich sind mit dem, was jedermann deutlich mit eigenen Augen sehen kann. Anaximanders Theorie teilweiser Verstopfungen (die die Mondphasen erklären sollte), der Glaube des Xenophanes, in verschiedenen Gegenden der Erde gebe es verschiedene Sonnen und verschiedene Monde, die Annahme Heraklits, Finsternisse und Phasen würden durch die Umdrehung der Becken verursacht, die für ihn die Sonne und den Mond darstellten[37] – alle diese Auffassungen lassen keinen Raum für eine stabile und klar sichtbare Oberfläche, ein »Gesicht«, von dem wir »wissen«, daß es der Mond besitzt. Gleiches gilt für die Theorie von Berossos, die noch bei Lukretius[38] und auch später bei Alhazen auftaucht.

Eine solche Mißachtung von Erscheinungen, die für uns ganz klar sind, kann nun entweder an einer gewissen Gleichgültig-

37 Über diese Theorien und weitere Literatur vgl. J. L. D. Dreyer, *A History of Astronomy from Thales to Kepler*, New York 1953.

38 Über Berossos siehe Toulmins Aufsatz in *Isis* 38 (1967), S. 65. Lucretius schreibt in *De rerum natura* (übers. v. Leonard, New York 1957, S. 216): »Auch dreht er sich wohl um sich selbst / wie eine Kugel – wenn's das ist – / die eine Hälfte mit strahlendem Licht übergossen / und durch die Drehung jener Kugel / zeigt er sich uns in verschiedenen Gestalten / bis er seinen leuchtenden Teil / den Augen der Menschen voll zukehrt . . .«

keit gegenüber den vorhandenen Daten liegen, die freilich ebenso klar und ausführlich waren wie heute, *oder aber daran, daß die Daten selbst anders beschaffen waren.* Es ist nicht leicht, zwischen diesen Möglichkeiten zu entscheiden. Unter dem Einfluß von Wittgenstein, Hanson und anderen neigte ich einige Zeit zu der zweiten Auffassung, doch jetzt scheint mir, daß sie sowohl physiologisch (psychologisch)[39] als auch historisch unhaltbar ist. Man braucht sich nur daran zu erinnern, wie Kopernikus die Schwierigkeiten im Zusammenhang mit den Helligkeitsunterschieden von Mars und Venus, die damals durchaus bekannt waren, unbeachtet ließ.[40] Und was das Gesicht des Mondes betrifft, so spricht Aristoteles ganz eindeutig von ihm, wenn er bemerkt, daß »die Gestirne nicht *rollen.* Denn das Rollende muß sich notwendig drehen, doch beim Mond ist das sogenannte Gesicht immer sichtbar«.[41] Man kann also schließen, daß das Gleichbleiben des Gesichts nicht deshalb gelegentlich unbeachtet blieb, weil keine klaren Eindrücke vorhanden gewesen wären, sondern wegen gewisser weitverbreiteter Auffassungen über die Unzuverlässigkeit der Sinne. Dieser Schluß wird durch Plutarchs Behandlung der Sache gestützt, die sich überhaupt nicht mit dem *Gesehenen* beschäftigt (außer als Argument für oder gegen gewisse Auffassungen), sondern mit bestimmten *Erklärungen* für die Erscheinungen, die ansonsten *als bekannt vorausgesetzt wer-*

39 Vgl. den Text zu den Anm. 50 ff. in meiner Arbeit »Reply to Criticism« /5¹/.

40 In der Antike galten die Größenunterschiede bei Venus und Mars als »unverkennbar für das Auge« (Simplicius, *De coelo,* II, 12, Heiberg, S. 504). Polemarchos beschäftigt sich hier mit den Schwierigkeiten von Eudoxos' Theorie der homozentrischen Sphären, nämlich daß Venus und Mars »inmitten der Rückbewegung vielfach heller erscheinen, so daß [Venus] in mondlosen Nächten Schatten erzeugt« (Einwand des Autolykos), und es könnte durchaus sein, daß er sich auf die Möglichkeit einer Sinnestäuschung beruft (die in den antiken Schulen häufig erörtert wurde). Aristoteles, dem diese Tatsachen bekannt gewesen sein müssen, erwähnt sie nirgends in *De coelo* oder in der *Metaphysik,* obwohl er das System des Eudoxos und die Verbesserungen durch Polemarchos und Kalippos darstellt. Vgl. Anm. 8 zu Kap. 9.

41 *De coelo,* 290 a 25 ff.

den[42]: »Zunächst einmal«, sagt er, »ist es absurd, die im Mond wahrgenommene Figur eine Sinnesstörung zu nennen ... eine Blendung. Wer das behauptet, beachtet nicht, daß diese Erscheinung vielmehr bei der Sonne auftreten müßte, da die Sonne sehr stark strahlt, und außerdem erklärt er nicht, warum schwache Augen keine Gestalten im Mond erkennen, sondern ihn als gleichmäßig hell wahrnehmen, während Menschen mit starker Sehkraft die Gesichtszüge und die Verschiedenheiten genauer und deutlicher erkennen.« »Die Ungleichmäßigkeit widerlegt ebenfalls vollständig die Hypothese«, fährt Plutarch fort[43], »denn der Schatten, den man sieht, ist nicht gleichmäßig und verschwommen, sondern wird recht gut durch die Worte des Agesianax beschrieben: ›Er schimmert mit einem Lichtkranz, doch innen / ein Mädchenauge, blauer als Azur / eine zierliche Braue, ganz deutlich ein Gesicht.‹ In der Tat, die dunklen Flecken tauchen unter die hellen, die sie umfassen ... und sind vollständig miteinander verschränkt, so daß die Figur einem Gemälde ähnelt.« Später wird das gleichbleibende Gesicht als Argument gegen Theorien verwendet, die den Mond als aus Feuer oder Luft bestehend betrachten, denn »Luft ist dünn und gestaltlos, daher weicht sie natürlicherweise aus und bleibt nicht am Ort«.[44] Die *Erscheinung* des Mondes schien also etwas Wohlbekanntes und Wohlbestimmtes zu sein. Fraglich war die *Relevanz* der Erscheinung für die astronomische Theorie.[45]

42 /10[33]/, S. 37; vgl. auch S. Sambursky, *The Physical World of the Greeks*, New York 1962, S. 244 ff.

43 Ebenda, vgl. aber Anm. 17 zum laufenden Kapitel, ferner die Bemerkung des Plinius (*Hist. nat.*, II, 43, 46), der Mond sei »bald fleckig, dann plötzlich rein strahlend«, sowie den Bericht Leonardo da Vincis, s. Anm. 34 zu diesem Kapitel.

44 Ebenda, S. 50.

45 Das alles bedarf weiterer Untersuchung, besonders wegen eines damals vorhandenen Mißtrauens gegen das Sehen, wie es sich in dem Grundsatz ausdrückt: Non potest fieri scientia per visum solum. Ronchi (»Complexities, Advances, and Misconceptions in the Development of the Science of Vision: What is being Discovered?«, in: *Scientific Change* /10[17]/, S. 544) sagt über diesen Grundsatz folgendes: »Kein wissenschaftlicher Wert sollte einer bloßen Gesichtswahrnehmung beigemessen wer-

Man kann ohne weiteres davon ausgehen, daß das auch zur Zeit Galileis so war.[46]

Doch dann muß man zugeben, daß Galileis Beobachtungen mit dem unbewaffneten Auge geprüft und auf diese Weise als Täuschungen erkannt werden konnten.

So liegt das kreisförmige Ungeheuer unterhalb des Mittelpunktes der Mondscheibe[47] durchaus oberhalb der Grenze der

den; diese bedurfte stets der Bestätigung durch den Tastsinn.« Daher »benutzte niemand die [von Konkavspiegeln erzeugten] vergrößerten Bilder als Grundlage für ein Mikroskop. Der Grund für diese bedeutsame Tatsache lag auf der Hand: niemand glaubte an das, was er in einem Spiegel sah, wenn er einmal festgestellt hatte, daß er es durch den Tastsinn nicht bestätigen konnte.« Dann gibt es noch die erstaunliche Veränderungen der normalen irdischen Wahrnehmung, die man vielleicht aus den Ergebnissen von Snell und Dodds entnehmen kann, vgl. Kap. 17. Vielleicht ist auch die Annahme nicht gerade die vernünftigste, die Erscheinungen seien unabhängig von der Vorstellung, die man von ihrer Beziehung zur Welt hat. (Nachbilder sind hell und störend für jemanden, der gerade seinen Gesichtssinn erlangt hat. Später werden sie fast unerkennbar und müssen mit besonderen Methoden untersucht werden.) Die Hypothese im Text wird nicht darum in eine besondere Richtung entwickelt, weil ich von ihrer Wahrheit überzeugt wäre, sondern um mögliche Forschungswege aufzuzeigen und die Kompliziertheit der Verhältnisse zu Galileis Zeit deutlich zu machen.

46 Ein starkes Argument *für* diese Behauptung ist Keplers Beschreibung des Mondes in seiner *Optik* von 1604: er spricht über die Unregelmäßigkeit der Grenze zwischen Licht und Schatten (/9[18]/, S. 218) und beschreibt den dunklen Teil des Mondes während einer Mondfinsternis als zerfetztem Fleisch oder gebrochenem Holz ähnlich (S. 219). Er kommt darauf in *Conversation* (/9[18]/, S. 27) zurück, wo er Galilei mitteilt: »Diese Eure sehr scharfen Beobachtungen werden auch durch mein eigenes Zeugnis gestützt. Denn in [meiner] ›Optik‹ ist der Halbmond durch eine Wellenlinie getrennt. Daraus schloß ich auf Erhebungen und Vertiefungen des Mondkörpers. [Später] beschreibe ich den Mond während einer Mondfinsternis als zerfetztem Fleisch oder gebrochenem Holz ähnlich, mit hellen Streifen, die in das Schattengebiet hineinragen.« Man erinnere sich auch, daß Kepler Galileis Fernrohr-Berichte anhand eigener Beobachtungen mit bloßem Auge kritisiert; vgl. Anm. 24 zu diesem Kapitel.

47 »Noch etwas möchte ich keineswegs vergessen, das ich nicht ohne einiges Erstaunen bemerkt habe: Ungefähr die Mondmitte wird nämlich von einer Höhlung eingenommen, die größer ist als alle übrigen und eine Gestalt von vollkommener Rundung aufweist. Ich habe sie um die Zeit beider Viertel herum gesehen und sie in der oben an zweiter Stelle gege-

Beobachtung mit bloßem Auge (sein Durchmesser beträgt mehr als 3½ Bogenminuten), doch mit einem Blick überzeugt man sich, daß das Gesicht des Mondes nirgends eine derartige Entstellung aufweist. Es wäre interessant zu erfahren, was zeitgenössische Beobachter dazu zu sagen hatten[48] oder, falls sie Künstler waren, wie sie die Sache zeichneten.

Ich fasse die bisherigen Ergebnisse zusammen.

Galilei besaß nur geringe Kenntnisse der zeitgenössischen optischen *Theorie*. Sein Fernrohr lieferte auf der Erde überraschende Ergebnisse, die auch gebührend gewürdigt wurden. Doch am Himmel mußte man, wie wir jetzt wissen, mit Schwierigkeiten rechnen. Sie traten alsbald auf: im Fernrohr zeigten sich künstliche und widersprüchliche Erscheinungen, und einige Beobachtungsergebnisse ließen sich durch einen einfachen Blick mit dem unbewaffneten Auge widerlegen. Nur eine neue *Theorie* des Sehens mit dem Fernrohr konnte Ordnung in dieses Chaos bringen (das womöglich noch grö-

benen Zeichnung, so gut es ging, nachgeahmt. Sie bietet hinsichtlich Überschattung und Beleuchtung denselben Anblick, den auf der Erde ein Gebiet ähnlich Böhmen bieten würde, wenn es rings von sehr hohen und den Umfang eines vollkommenen Kreises beschreibenden Bergen eingeschlossen wäre. Das Gebiet auf dem Monde ist nämlich von so hohen Bergwällen umgeben, daß man seinen äußersten, mit dem finsteren Mondteil zusammengrenzenden Saum im Sonnenlicht gebadet sieht, bevor noch die Grenze zwischen Licht und Schatten die Mittellinie seiner Kreisfläche erreicht« (*Nuncius* /9[16]/, S. 21 ff., dt. S. 93). Man beachte, wie wiederum »der Mond anhand von Gegenständen beschrieben wird, die man auf seiner Oberfläche zu erkennen glaubt« (Kästner /9[23]/, Bd. 4, S. 167). Diese Beschreibung widerlegt nach meiner Auffassung schlüssig Kopals Vermutung, daß ungenau beobachtet wurde. Interessant ist der Unterschied zwischen den Holzschnitten im *Nuncius* (Abb. 1 in diesem Kapitel) und Galileis ursprünglicher Zeichnung. Der Holzschnitt entspricht recht genau der Beschreibung, während die ursprüngliche Zeichnung so impressionistisch (nach Wolf »kaum eine Karte«) und ungenau ist, daß sie von dem Vorwurf grober Beobachtungsfehler nicht getroffen wird.

48 »Ich kann nur über die Bedeutung der großen kreisförmigen Vertiefung an der Stelle rätseln, die ich den linken Mundwinkel zu nennen pflege«, schreibt Kepler (*Conversation* /9[18]/, S. 28) und stellt dann Vermutungen über ihre Entstehung an (auch bewußte Tätigkeit intelligenter Wesen wird in Erwägung gezogen).

ßer war, weil man damals auch mit bloßem Auge andere Erscheinungen als heute wahrnahm) und Schein und Wirklichkeit voneinander trennen. Eine solche Theorie wurde von Kepler entwickelt, zunächst 1604 und nochmals 1611.[49]
Nach Kepler findet man den Ort des Bildes eines punktförmigen Gegenstandes folgendermaßen: Zunächst stellt man den Weg der Lichtstrahlen von dem Gegenstand bis zum Auge gemäß den Gesetzen der (Spiegelung und) Brechung fest, und dann wendet man den (heute noch gelehrten) Grundsatz an, daß »das Bild an dem Punkt erscheint, der sich durch rückwärtiges Schneiden der Sehstrahlen von beiden Augen«[50] oder, im Falle des einäugigen Sehens, der Richtungen von den beiden Seiten der Pupille ergibt.[51] Diese Regel, die von der Annahme ausgeht, daß »das Bild das Werk des Sehaktes ist«, ist teils empirisch und teils geometrisch.[52] Sie ermittelt den Ort des Bildes mittels eines »metrischen Dreiecks«[53] oder, wie Ronchi es nennt[54], eines »telemetrischen Dreiecks«, das aus den Strahlen konstruiert wird, die schließlich das Auge erreichen und von diesem *und dem Bewußtsein* benutzt werden, um das Bild in der richtigen Entfernung entstehen zu lassen.

49 Ich habe hier die Werke von della Porta *(De refractione)* und Maurolycus außer acht gelassen, die beide Kepler in gewissen Punkten vorwegnahmen (und von ihm gebührend erwähnt werden). Maurolycus tat den wichtigen Schritt (*Photismi de lumine,* ins Engl. übers. v. Henry Crew, New York 1940, S. 45 (über Spiegel) und S. 74 (über Linsen)), nur die Spitze der Brennfläche zu betrachten; doch eine Verbindung mit *in direkter Sicht* Gesehenem wird immer noch nicht hergestellt. Zu diesen Schwierigkeiten, die durch Keplers einfache und geniale Hypothese beseitigt wurden, vgl. Ronchi, *Histoire de la lumière* /10[17]/, Kap. 3.

50 *Werke,* Bd. 2, S. 72. Die *Optik* von 1604 wurde teilweise ins Deutsche übersetzt von F. Plehn, *J. Keplers Grundlagen der geometrischen Optik,* Leipzig 1922. Die einschlägigen Stellen befinden sich in Kap. 3, Abschn. 2, S. 38-48.

51 Ebenda, S. 67.

52 »Cum imago sit visus opus«, ebenda, S. 64. »In visione tenet sensus communis oculorum suorum distantiam ex assuefactione, angulos vero ad illam distantiam notat ex sensu contortionis oculorum«, ebenda, S. 66.

53 »Triangulum distantiae mensorium«, ebenda, S. 67.

54 *Optics* /5[13]/, S. 44. Man ziehe auch das zweite Kapitel dieses Buches über die Geschichte der Optik vor Kepler heran.

Wie immer das optische System, wie immer der gesamte Weg der Strahlen vom Gegenstand zum Beobachter beschaffen sein mag, das Bewußtsein des Beobachters verwendet *nur seinen allerletzten Teil* und gründet das visuelle Urteil, die Wahrnehmung, darauf.

Es liegt auf der Hand, daß diese Regel gegenüber allen älteren Überlegungen einen erheblichen Fortschritt brachte. Doch man kann in Sekundenschnelle zeigen, daß sie falsch ist: man nehme ein Vergrößerungsglas, bestimme seinen Brennpunkt und schaue auf einen Gegenstand in dessen Nähe. Das telemetrische Dreieck reicht nun ins Unendliche. Eine geringe Änderung der Entfernung des Gegenstandes bringt das Keplersche Bild aus dem Unendlichen nahe heran und wieder ins Unendliche. Doch etwas Derartiges wird nie beobachtet. Man sieht das Bild leicht vergrößert in einer Entfernung, die die meiste Zeit der tatsächlichen Entfernung zwischen Gegenstand und Linse entspricht. Die wahrgenommene Entfernung des Bildes bleibt gleich, wie sehr man auch den Abstand zwischen Linse und Gegenstand verändern mag, selbst dann, wenn das Bild verzerrt wird und schließlich verschwimmt.[55]

55 Ronchi, *Optics* /5[13]/, S. 182, 202. Diese Erscheinung war jedem bekannt, der auch nur einmal ein Vergrößerungsglas benutzt hatte, auch Kepler. Das zeigt, daß aus der Nichtbeachtung bekannter Erscheinungen nicht folgt, daß sie anders gesehen wurden (vgl. den Text zu Anm. 44 in diesem Kapitel). Isaac Barrows Stellungnahme zu der Schwierigkeit bei der Keplerschen Regel wurde oben erwähnt (Text zu Anm. 15 in Kap. 5). Nach Berkeley (/5[15]/, S. 141) »wird durch diese Erscheinung ... die Meinung derer völlig über den Haufen geworfen, die Entfernung aufgrund von Linien und Winkeln beurteilen möchten ...«. Dem setzt Berkeley seine eigene Theorie entgegen, nach der das Bewußtsein Entfernungen nach dem Grade der Klarheit der primären Eindrücke beurteilt. Der Keplersche Gedanke des telemetrischen Dreiecks wurde sofort von fast allen Denkern auf diesem Gebiet angenommen. Descartes räumte ihm eine grundlegende Stellung ein: »Distantiam ... discimus per mutuam quandam conspirationem oculorum« (»Dioptrice«, zit. nach *Renati Descartes specima philosophiae,* Amsterdam 1657, S. 87). »Doch«, so sagt Barrow, »weder diese noch sonst irgendeine Schwierigkeit wird ... mich von dem abbringen, von dem ich weiß, daß es offenbar der Vernunft entspricht.« Diese Einstellung hemmte den Fortschritt einer wissenschaftlichen Theorie der Augengläser und der Optik im allgemeinen. »Der Grund für diese

Das also war die wirkliche Situation, als Galilei 1610 seine Fernrohrbeobachtungen veröffentlichte. Wie reagierte Galilei darauf? Die Antwort wurde schon gegeben: Er erhob das Fernrohr zu einem »überlegenen und besseren Sinneswerkzeug«.[56] Welche Gründe hatte er dafür? Diese Frage bringt

merkwürdige Erscheinung«, schreibt Moritz von Rohr (*Das Brillenglas als optisches Instrument*, Berlin 1934, S. 1), »ist in dem engen Zusammenhang zwischen dem Augenglas und dem Auge zu suchen; man kann keine befriedigende Theorie der Augengläser aufstellen, ohne den Vorgang des Sehens selbst zu durchschauen . . .« Das telemetrische Dreieck läßt gerade den Sehvorgang aus oder stellt ihn vielmehr zu einfach und falsch dar. Der Zustand der Optik am Beginn des 20. Jahrhunderts wird gut beschrieben in A. Gullstrands »Anhängen zu Teil 1« von Helmholtz' *Abhandlung über physiologische Optik* (engl. v. Southall, New York 1962, S. 261 ff.). Dort heißt es, die Zuwendung zu dem psycho-physiologischen Vorgang des Sehens habe den Physikern sogar eine bessere Analyse der Physik der optischen Abbildung ermöglicht: »Der Grund dafür, daß die Gesetze der reellen optischen Abbildung durch die Bedürfnisse der physiologischen Optik gewissermaßen wieder ins Leben gerufen worden sind, liegt zum Teil darin, daß man in der technischen Optik mittels zwar langwieriger, aber einfacher trigonometrischer Berechnungen den wirklichen Problemen näherkommen konnte. Dank der Anstrengungen von Leuten wie Abbe und seiner Schule hat so die technische Optik ihre jetzige glänzende Entwicklung nehmen können; doch eine umfassende Beherrschung der schwierigen Verhältnisse bei der Abbildung im Auge ist mit den verfügbaren wissenschaftlichen Mitteln einfach nicht möglich gewesen.«

56 »O Nikolaus Kopernikus, welche Freude wäre es für dich gewesen, zu sehen, wie dieser Teil deines Systems durch ein so klares Experiment bestätigt wird!« schreibt Galilei (»Dialog« /5[3]/, S. 338), und nimmt also an, daß die neuen Fernrohrerscheinungen eine zusätzliche Stütze für Kopernikus sind. Das unterschiedliche Erscheinungsbild von Planeten und Fixsternen (vgl. Anm. 26 zu diesem Kapitel) erklärt er mit der Hypothese, daß »das Sehwerkzeug selbst [das Auge] ein Hindernis schafft« (ebenda, S. 335) – vgl. Aristoteles: »Es liegt auf der Hand . . ., daß das Organ, das die Farbe wahrnimmt, nicht nur von seinem Gegenstand beeinflußt wird, sondern auch ihn beeinflußt«, *De somn.*, 460 a 26 –, nämlich die Irradiation, die durch das Fernrohr beseitigt wird, so daß das Auge die Fixsterne und Planeten so sieht, wie sie wirklich sind. (Mario Guiducci, ein Anhänger Galileis, führte die Irradiation auf Strahlenbrechung durch Feuchtigkeit auf der Oberfläche des Auges zurück, *Abhandlung über die Kometen von 1618* /5[2]/, S. 47.) Diese Erklärung mag zwar als einleuchtend erscheinen (besonders angesichts des Versuchs Galileis, zu zeigen, wie die Irradiation mit anderen Mitteln als dem Fernrohr beseitigt werden kann), ist

mich zurück zu den Problemen der antikopernikanischen Daten, die in Kapitel 9 vorgeführt und besprochen wurden.

aber umwegiger, als man sich wünschen möchte. Gullstrand (/10[55]/, S. 426) sagt: »Wegen der Eigenschaften der Wellenfläche des Lichtbündels, das im Auge gebrochen wird ..., ist es mathematisch unmöglich, daß irgendeine Schnittfigur die Brennfläche in einer glatten Kurve schneidet, die einen mit der Pupille konzentrischen Kreis bildet.« Andere Autoren weisen auf »Inhomogenitäten in den verschiedenen Flüssigkeiten, vor allem in der Augenlinse« hin (Ronchi, *Optics* /5[15]/, S. 104). Kepler gibt folgende Analyse (*Conversation* /9[17]/, S. 33 ff.): »Von punktförmigen Lichtquellen verläuft der Lichtkegel zur Augenlinse. Dort findet Brechung statt, und hinter der Linse läuft der Kegel wieder in einen Punkt zusammen. Dieser liegt aber noch vor der Netzhaut. Daher breitet sich das Licht noch einmal aus und trifft eine kleine Fläche auf der Netzhaut statt eines Punktes. Indem nun das Fernrohr eine andere Brechung mit sich bringt, läßt es den Vereinigungspunkt auf die Netzhaut fallen ...« Polyak schreibt in seinem klassischen Werk *The Retina* /10[14]/ die Irradiation zum Teil »Fehlern der dioptrischen Medien und unvollkommener Akkommodation« zu, »hauptsächlich« aber »dem besonderen Aufbau der Netzhaut selbst« (S. 176), und fügt hinzu, es könne sich auch um eine Gehirnfunktion handeln (S. 429). Keine dieser Hypothesen wird *allen* Tatsachen gerecht, die über die Irradiation bekannt sind. Gullstrand, Ronchi und Polyak (wenn man seinen Verweis auf das Gehirn beiseite läßt, mit dem man alles erklären kann) können das Verschwinden der Irradiation im Fernrohr nicht erklären. Kepler, Gullstrand und Ronchi erklären auch die von Ronchi betonte Tatsache nicht, daß größere Gegenstände keine Irradiation an ihren Rändern zeigen. (»Jeder, der die Irradiation erklären möchte, muß zugeben, daß er eine Glühbirne in solcher Entfernung, daß sie als Punkt erscheint, von einem riesigen Strahlenkranz umgeben sieht, während sie aus der Nähe betrachtet von gar nichts umgeben ist«, *Optics* /5[14]/, S. 105). Heute weiß man, daß große Gegenstände einen scharfen Rand durch die laterale Inhibition benachbarter Netzhautelemente erhalten (die durch Gehirntätigkeit weiter verstärkt wird), vgl. Ratcliff, *Mach Bands*, S. 146; doch die Veränderlichkeit der Erscheinung mit dem Durchmesser des Gegenstandes und unter den Bedingungen des Sehens mit dem Fernrohr ist noch nicht erforscht. Galileis Hypothese wurde hauptsächlich durch ihre Übereinstimmung mit der Kopernikanischen Anschauung gestützt und war daher weitgehend ad hoc.

Anhang 2

Der Aufsatz von Machamer /9[11]/, der aus Galilei einen braven Rationalisten machen will, widerlegt nicht mein Hauptargument, nämlich: Galilei verletzte wichtige Regeln der wissenschaftlichen Methode, die von Aristoteles erfunden, von Grosseteste (und anderen) verbessert und von den logischen Positivisten (etwa Carnap und Popper) kanonisiert wurden; Galilei hatte Erfolg, weil er diese Regeln nicht befolgte; die Mehrzahl seiner Zeitgenossen übersah grundlegende Schwierigkeiten, die damals bestanden; und die moderne Wissenschaft entwickelte sich rasch und in der »richtigen« Richtung (vom Standpunkt der heutigen Wissenschaftsverehrer aus) wegen eben dieser Nachlässigkeit. *Die Unkenntnis war ein Segen.* Umgekehrt hätte eine entschlossenere Anwendung des Kanons der wissenschaftlichen Methode, eine entschlossenere Suche nach relevanten Tatsachen, eine kritischere Einstellung diese Entwicklung keineswegs beschleunigt, sondern zum Stillstand gebracht. Das sind die Punkte, die ich in meiner Untersuchung des Falles Galilei beweisen möchte. Behält man sie im Auge, was läßt sich dann über die Argumente von Machamer und seinen Mitarbeitern sagen?

»Bei der Erörterung eines Punktes«, schreibt Machamer, »läßt Feyerabend ständig ... andere relevante Stellen außer acht«; damit meint er, ich ginge nur auf das ein, was ich für Galileis schwache Punkte hielte, und ließe die vielen großartigen Argumente außer acht, die er angeblich für die Bewegung der Erde hat. In Anbetracht meines Zieles konnte ich das ohne weiteres tun: um zu zeigen, daß die Aussage »alle Raben sind schwarz« mit fragwürdigen Mitteln aufrechterhalten wird, genügt es, einen weißen Raben vorzuzeigen und die Versuche zu entlarven, ihn zu verbergen, ihn zu einem schwarzen Raben zu machen oder den Leuten weiszumachen, er sei eigentlich schwarz; von den vielen schwarzen Raben, die es ohne Zweifel auch gibt, braucht man überhaupt nicht zu reden. Um zu zeigen, daß die Aussage »die Erde bewegt sich« mit zweifelhaften Mitteln aufrechterhalten wird, genügt es, eine einzige Schwierigkeit für diese Auffassung aufzuzeigen und alle Versuche zu entlarven, sie zu verbergen oder in stützende Daten umzudeuten; wieder kann man ohne weiteres die starken Seiten der Hypothese außer acht lassen, die übrigens im Falle Galileis viel schwächer und undeutlicher sind als im Falle der Raben: die *Phasen der Venus*, die Machamer erwähnt, machen die Erdbewegung nicht einleuchtender, wie er selbst erkennt (Tycho!), und Galilei zeichnet sie auch noch falsch, womit er die Gründe *gegen* seine Auffassung vermehrt.[1] Die *Theorie der Gezeiten*, die Machamer an wichtiger Stelle als ein bedeutendes Argument für die Bewegung der Erde anführt, kann diese Funktion nur übernehmen, wenn man über ihre Schwierigkeiten (die so groß waren, daß sie auch der einfältigste Seemann kannte) genau so hinwegsieht wie Galilei über die Gründe gegen die Erdbewegung (das wird von Machamer S. 9 zugegeben).[2] Die Tatsache – wenn es eine ist –, daß einige kleinere Leuchten unter Galileis Zeitgenossen sie interessant fanden, aufnahmen und an ihr arbeiteten, beweist gerade meine Behauptung, nämlich daß die Forschung immer wichtige methodologische Regeln verletzt und gar nicht anders vorgehen kann. Die *größere*

1 Lakatos und Zahar /9[10]/ lassen die Venusphasen zugunsten von Kopernikus sprechen, *aber nicht zugunsten von Tycho* (und die damit zusammenhängende Bewegungstheorie), weil Kopernikus die Erscheinungen *vorausgesagt* hat, während sie Tycho *nach* ihrer Entdeckung absorbiert hat. Das setzt voraus, daß man bereits eine Methodologie besitzt, nach der die Voraussage von Tatsachen wichtiger ist als ihre Absorption und Erklärung auf der Grundlage eines *stabilen* und *umfassenden* theoretischen Systems. Es setzt voraus, daß der Übergang von der Aristotelischen Denkweise (in der Methodologie wie auch in der Dynamik) zur »modernen« bereits vollzogen sei. Doch war das zu der fraglichen Zeit der Fall? Und was waren die Argumente? Und wenn es keine gab, spricht das dann nicht wiederum für meine Auffassung?

2 Die Theorie widerspricht auch Galileis Grundsatz, daß »die Bewegung, sofern sie Bewegung ist und als solche wirkt, nur relativ zu Gegenständen besteht, denen sie fehlt; zwischen Gegenständen, denen allen eine bestimmte Bewegung gemeinsam ist, übt sie keinerlei Wirkung aus, und es ist, als wäre sie nicht vorhanden«. *Dialog* /5[3]/, S. 116. Vgl. Kap. 6, Anm. 10 im vorliegenden Essay.

Kohärenz des Kopernikanischen Systems, S. 12, ist für den Verfasser ein besonders schlechtes Beispiel und für mich ein besonders gutes: Im *Commentariolus* hatte Kopernikus in der Tat ein System aufgestellt, das einfach und dabei kohärenter war als das Ptolemäische System. Als er *De revolutionibus* veröffentlichte, war die größere Einfachheit der Forderung gewichen, die Bewegungen der Planeten genau darzustellen. Galilei sieht über diesen Verlust an Kohärenz und Einfachheit hinweg, denn er verwendet keine Epizyklen. Er geht auf eine Theorie zurück, die noch primitiver ist als die des *Commentariolus* und daher dem Ptolemäus empirisch unterlegen. Dafür (und für sein Schweigen über das Problem der Planetenbewegung) kritisiere ich ihn nicht. Ganz im Gegenteil – ich halte das für die einzige Möglichkeit, Fortschritte zu erzielen. Um Fortschritte zu erzielen, muß man von den Daten zurücktreten, den Grad der empirischen Brauchbarkeit (den empirischen Gehalt) unserer Theorien verringern, bereits Erreichtes aufgeben und neu anfangen. Fast alle heutigen Methodologen, auch Machamer, denken anders – und das ist der Kern meines Arguments.

Ich fasse diesen Teil der Diskussion zusammen: In Anbetracht meines Zieles konnte ich ohne weiteres die »Argumente« beiseite lassen, die Galilei für die Bewegung der Erde anführte. Wenn man sie jedoch in die Diskussion *einführt*, dann wirkt sich das zu meinen Gunsten aus.

An dieser Stelle möchte ich einige kleinere methodologische Bemerkungen machen. Erstens mißversteht Machamer häufig meine Art des Argumentierens. So erhebt er Einwände, wenn ich sage, Keplers Optik sei durch einfache Tatsachen widerlegt, weil ich auch gesagt habe, daß Theorien nicht durch Tatsachen widerlegt werden können. Damit hätte er recht, wenn ich an dieser Stelle ein *Selbstgespräch* geführt hätte. Dann nämlich müßte ich mir in der Tat folgendes entgegenhalten: »Aber, mein lieber PKF, erinnerst du dich nicht, daß du gesagt hast, Theorien könnten auch durch die mächtigste Tatsache nicht widerlegt werden?« Aber ich habe kein Selbstgespräch geführt. Ich habe mich an Leute gewendet, die die Falsifikationsregel *anerkennen*, und *ihnen* bereitet das Beispiel Schwierigkeiten. Die Logiker nennen dies wohl ein argumentum ad hominem. Jawohl: in meinem Aufsatz rede ich mit *Menschen*, nicht mit Hunden und nicht mit Logikern. Ähnliches gilt für viele andere Bemerkungen Machamers. (Übrigens würde ich nie die »nachsichtige« Lesart Machamers akzeptieren, die er meinen Worten in Anm. 13 angedeihen läßt. Mein Argument ist so, wie es dasteht, viel durchschlagender.)

Zweitens beschwört Machamer oft die Geister von Aufsätzen, die ich vor Jahrhunderten (subjektiver Zeit!) geschrieben habe, um etwas zu kritisieren, was ich vor kürzerer Zeit geschrieben habe. Darin ist er zweifellos von Philosophen beeinflußt, die, da sie nun einmal eine bescheidene Entdeckung gemacht haben und nichts Neues zu bieten haben, immer wieder auf sie zurückkommen und die diesen Fehler – Ideenmangel – in hohe Tugend – Widerspruchsfreiheit – verwandeln. Wenn ich eine Arbeit schreibe, dann habe ich gewöhnlich vergessen, was ich früher geschrieben habe, und wer sich meiner früheren Argumente bedient, tut das auf eigene Gefahr.

Drittens mißversteht Machamer auch die Ideen, die ich noch vertrete. Ich habe nie behauptet, wie er unterstellt, daß zwei konkurrierende Theorien *immer* unvergleichbar sind (Anm. 35). Ich habe vielmehr gesagt, daß sich *gewisse* konkurrierende Theorien, sogenannte »universelle« oder nicht instanzengebundene Theorien, nicht leicht vergleichen lassen, *wenn sie in bestimmter Weise interpretiert werden*. Insbesondere habe ich die Theorien von Ptolemäus und Kopernikus nie für inkommensurabel gehalten.

Zurück zur Geschichte. Machamer möchte zeigen, daß es sich mit dem Fernrohr ganz anders zutrug, als ich es darstelle. Um zu sehen, wer recht hat, sei hier wiederholt, was ich behaupte. 1. Die damals vorhandenen optischen Theorien genügten nicht als theoretische Grundlage für den Bau des Fernrohrs, und einige von ihnen führten zu Zweifeln an seiner Verläßlichkeit, nachdem es erfunden war; 2. Galilei kannte die optischen Theorien seiner Zeit nicht.

Was den zweiten Punkt betrifft, so führt Machamer mit einem

großen Aufwand an Gelehrsamkeit aus, Galilei habe gewußt, daß sich das Licht geradlinig fortpflanzt und in gleichen Winkeln reflektiert wird, und er habe auch die Grundlagen der Triangulation gekannt (darauf laufen seine Verweise auf S. 14 und 15 hinaus). Sancta Simplicitas! Wenn ich das nächstemal in einer Vorlesung über Differentialgleichungen sage, die Oxford-Philosophen könnten keine Mathematik, dann wird jemand aufstehen und mir sagen, sie könnten doch sicher das Einmaleins! Anwendung: Als ich sagte, Galilei habe die Optik nicht gekannt, wollte ich damit nicht sagen, er habe die Baby-Optik nicht gekannt, sondern er habe jene Teile der Optik nicht gekannt, die *zur fraglichen Zeit für den Bau des Fernrohrs notwendig* waren, wenn man annimmt, daß das Fernrohr aufgrund eines Verständnisses der Grundsätze der Optik gebaut worden ist. Was waren diese Grundsätze?

Die Optik des frühen 17. Jahrhunderts hatte zwei Bestandteile, die für das Verständnis des Fernrohrs notwendig, aber nicht hinreichend waren. Keiner von ihnen war genauer ausgearbeitet, und sie waren nie zu einer systematischen Theorie verbunden worden. Es handelte sich (a) um die Kenntnis der von Linsen entworfenen *Bilder* und (b) um die Kenntnis der Dinge, die man *sieht*, wenn man durch eine Linse *hindurchschaut*. Das erste ist reine Physik. Nirgends in der von Machamer angeführten optischen Literatur findet sich eine Analyse der von einer konvexen Linse entworfenen Bilder. Die durch kleine Löcher *ohne* Linsen erzeugten Bilder waren schon schwer genug zu erklären (vgl. die Verrenkungen Pechams in seiner *Perspectiva: John Pecham and the Science of Optics*, Hg. David Lindberg, Madison und London 1970, S. 67 ff.). Die richtige Erklärung (ohne Linsen) gibt Maurolycus; aber erst 1611, ein Jahr nach dem *Sidereus nuncius*, erschien sein Buch im Druck. Mit dem zweiten Bestandteil, der Machamer unbekannt zu sein scheint, sieht es noch viel weniger ermutigend aus. Pecham, der das Konstanzphänomen kannte (Hg. Lindberg, ebenda, S. 147), betont, es sei »unmöglich, die Größe eines Gegenstandes festzustellen, der mit gebrochenen Strahlen gesehen wird« (S. 217), und das bedeutet, daß für ihn die physiologische Optik brechender Medien an einem höchst wichtigen Punkt mangelhaft ist: sie sagt uns nicht, was die Größenwahrnehmung mit gebrochenen Strahlen anstellt. Fügt man den (Aristotelischen) Grundsatz hinzu, daß die Wahrnehmung unter außergewöhnlichen Umständen zu Ergebnissen führt, die nicht mit der Wirklichkeit übereinstimmen, dann liegen die Schwierigkeiten von (a) und (b), *getrennt* betrachtet, auf der Hand.

Im Fernrohr vereinigen sich beide Vorgänge, um eine einzige Wirkung zu erzielen. *Theoretisch* gab es keine Möglichkeit, die Vereinigung herzustellen, außer aufgrund völlig neuer Prinzipien. Diese Prinzipien – und zwar falsche – wurden von Kepler 1604 und 1611 geliefert.

Soweit die geschichtliche Situation. Was hat Machamer dazu zu sagen? Er schreibt: »Jeder, der Pecham gelesen hatte ..., wußte, daß jedes aus Linsen zusammengebaute optische Instrument mittels optischer Gesetze erklärbar war – der Gesetze der Brechung und der Natur des Lichts« (S. 18). Wir haben gesehen, daß »jeder, der Pecham gelesen hatte«, zu einem völlig anderen Schluß kommen mußte. Er mußte erkennen, daß die »Gesetze der Brechung und der Natur des Lichts« nicht ausreichen, daß man die Reaktionen des Auges und des Gehirns in Betracht zu ziehen hat, die aber für den Fall brechender Medien unbekannt waren. Er mußte erkennen, daß die Überlegungen, die notwendig sind, um zum Fernrohr zu kommen, »so primitiv sind, daß sie jeder vollziehen kann, der die Optik studiert hat« (Anm. 61), aber nur dann, wenn mit »Optik« die Optik *nach* Kepler gemeint ist: Machamer, der die Brechungsgesetze für das Verständnis des Fernrohrs für ausreichend hält, der stillschweigend den Standpunkt Keplers einnimmt und ihn auf Pecham (der gegen eine vereinfachte Form argumentiert hatte) zurückprojiziert, hat keine Ahnung von der Leistung, die im Übergang von den älteren Auffassungen zu Kepler und Descartes liegt. Denn während Keplers (irrige) Gedanken manchen Wissenschafts-»Historikern« des 20. Jahrhunderts, die sie nicht näher untersucht haben, als primitiv erscheinen mögen, war die *Erfindung* dieser Ideen unter den beschriebenen geschichtlichen Verhältnissen keineswegs primitiv. Machte Galilei diese bemerkenswerte Erfindung? Höchstwahrscheinlich nicht. In seinen Briefen und Schriften findet sich nichts darüber. In den Schulen stellten die Lehrbücher wie das von Pecham eine obere Grenze des Wissens dar, die nur selten erreicht wurde, und sie waren unzureichend. Außerdem wiesen sie in die falsche Richtung. Es ist natürlich möglich, daß Galilei die sehr ausführlichen psychologischen Gesetze in diesen Büchern unbeachtet ließ, das Brechungsgesetz heranzog, voraussetzte, daß größere Winkel auch in brechenden Medien erhöhte Größe bedeuten, und auf dieser Grundlage voranschritt. Ich halte das zwar nicht für wahrscheinlich, aber wenn es so war – und Machamer behauptet es beinahe –, dann spricht das wiederum zu meinen Gunsten: Galilei erzielte Fortschritte, indem er wichtige Tatsachen (wie etwa das Konstanzphänomen) und vernünftige Lösungen (die er entweder nicht kannte oder nicht verstand) außer acht ließ und indem er eine falsche Hypothese (falsch sogar für Pecham, und mit guten Gründen) auf die Spitze trieb. Im übrigen wäre Machamers häufige Berufung auf die herkömmlichen Lehrbücher in diesem Falle irrelevant.

Als nächstes kommt die Eigenart von Galileis Beobachtungen. Ich behaupte, daß einige seiner Fernrohrbeobachtungen widersprüchlich waren und andere durch die Beobachtung mit dem bloßen Auge korrigiert werden konnten. Zum letzten Punkt sagt Machamer: »Historisch brachte kein einziger von Galileis Zeitgenossen dieses Argument vor« (Anm. 12). Das stimmt nicht und ist irrelevant. Kepler bestritt die Glätte des Mondrandes und forderte Galilei auf, »die Sache noch einmal zu untersuchen«.[3] Und wenn sich niemand sonst an dieser Untersuchung beteiligte, dann zeigt das gerade, daß die Leute nicht sehr sorgfältig beobachteten und *deshalb* bereit waren, die neuen astronomischen Wunder Galileis anzuerkennen. Wieder waren Unwissenheit und Nachlässigkeit ein Segen. Professor Righinis »Berechnungen« (S. 23) sind natürlich sehr eindrucksvoll, und sie zeigen, daß Galilei *gewisse* Dinge er-

3 Vgl. Kap. 10, Anm. 24.

staunlich gut beschrieben hat. Aber solchen Treffern steht ein völliges Versagen in anderen Dingen zur Seite. Es beeindruckt mich auch nicht der Umstand, daß irgendwer irgendwas in Galileis Mond erkennt. Was mich aber beeindruckt, ist der große Unterschied zwischen Galileis Mond und dem, was jedermann mit bloßem Auge sehen konnte. Wenn das auf Galileis Versuch zurückzuführen ist, bestimmte, ihm als wesentlich erscheinende Eigenschaften des Mondes *hervorzuheben*, wie Machamer vermutet[4], dann landen wir wieder bei meiner Behauptung, Galilei weiche oft von den Tatsachen ab, um seinen Gedanken Gewicht zu verleihen. Soviel über Machamers Bemerkungen.

Was Machamer unerwähnt läßt, sind die paradoxen Seiten von Galileis Beobachtungen, z. B. daß der Mond im Inneren rauh, aber am Rand völlig glatt aussieht oder daß die Planeten ver-

4 Man darf nicht vergessen, daß ungewohnte Erscheinungen wie ein stark vergrößerter Mond, der in einem seltsamen Instrument erscheint, den Sinnen Probleme aufgibt, die sie gelegentlich durch Erzeugung überraschender Wahrnehmungen lösen. So berichtet Lichtenberg in seinem zweiten Brief aus England (vom 10. Oktober 1775): »Ich zeigte einmal einer Gesellschaft, die wenig oder nichts von Astronomie wußte, den zunehmenden Mond durch ein Fernrohr, das stark vergrößerte. Verschiedene darunter fragten, ob nicht Tropfen auf dem Glase hingen? Die Flekken im Monde haben in den Vierteln wirklich einige Ähnlichkeit mit Regentropfen an einer Fensterscheibe ...« (G. C. Lichtenberg, *Aphorismen, Briefe, Schriften,* Hg. Paul Requardt, Stuttgart 1939, S. 416). Und Galilei: »Dieser Teil der Mondoberfläche, der gesprenkelt ist wie ein Pfauenschwanz mit blauen Augen, ähnelt jenen Glasvasen, die heiß in kaltes Wasser getaucht worden sind und dadurch ein krakeliertes, welliges Aussehen gewonnen haben.« *Sidereus nuncius,* zit. nach Drake, *Discoveries and Opinions of Galileo,* New York 1957, S. 36. Bei dieser zweidimensionalen Sicht der Mondoberfläche muß die Entdeckung *und plötzliche Wahrnehmung* großer Aushöhlungen auf ihr »auf Galilei einen unauslöschlichen Eindruck gemacht haben«. »Wir sind heute Photographien der kraterübersäten Mondoberfläche gewohnt und können uns nur mit größter Schwierigkeit vorstellen, daß es eines schöpferischen Aktes bedarf, um zum erstenmal die deutliche Kreisform eines Mondkraters zu erkennen. Doch die Mondzeichnungen aus dem ›Sidereus nuncius‹ geben einen höchst überraschenden und interessanten Hinweis: es wird nur ein einziger scharf abgegrenzter Krater wiedergegeben, und zwar in stark übertriebener Größe ... Sein Durchmesser beträgt mehr als 12′, während

größert werden, die Fixsterne aber verkleinert. Solche Unstimmigkeiten störten niemanden außer Kepler, was wiederum zeigt, wie wenig über die Beobachtungen *nachgedacht* wurde. (Und gerade diese *Gedankenlosigkeit* seiner Zeitgenossen ermöglichte es Galilei, so gut voranzukommen, wie es der Fall war.)

Machamer macht viel Aufhebens (mehr als drei Seiten) um zehn Zeilen, in denen ich von dem Unterschied zwischen irdischen und Himmelsbeobachtungen spreche. Ich sage dort, für einen solchen Unterschied gebe es sowohl physikalische als auch psychologische Gründe. Machamer spricht über die ersten, nicht aber über die letzten. Er sagt ganz richtig, kosmologische Argumente hätten sich von allem Anfang an auf interplanetarische Triangulationen gestützt, und selbst Aristoteles habe angenommen, daß das Licht im Himmel und auf Erden den gleichen Gesetzen gehorche. Völlig richtig, aber darauf wollte ich nicht hinaus. Ich wollte vielmehr sagen, das Licht sei eine »Vermittlungsinstanz« mit *besonderen Eigenschaften* und unterliege in beiden Bereichen *verschiedenen Bedingungen*. Ein Blick auf die Geschichte der Theorien des Lichts von Parmenides bis Einstein bestätigt den ersten Teil meiner Behauptung. Der zweite ist viel weniger bekannt, niemand hat ihn beachtet, und wer es einmal tat, hat es bald wieder vergessen. Die Sterne wurden als Verdichtungspunkte in den Himmelssphären betrachtet (Aristoteles, *De coelo*, 289 a 11 ff.; Simplicio; viele mittelalterliche Autoren), die Materie wechselte von der Luft über das Feuer zum Äther, aber niemand schien sich zu fragen, was sich daraus für Brechungen ergeben könnten. Die Erörterungen begannen zur Zeit Tychos, in seiner Auseinandersetzung mit Rothmann, und sie

die größten Krater in dieser Gegend des Mondes kaum 5′ erreichen ... Trotzdem glaube ich, *daß seine Zeichnungen die psychologische Wirkung des von ihm Gesehenen wiedergeben.*« (Owen Gingerich, »Dissertatio cum professore Righini«, in: *Reason, Experiment and Myticism in the Scientific Revolution,* Hg. M. L. Righini Bonelli und William R. Shea, New York 1975, S. 84-86). Der hervorgehobene Teil des Zitats besagt dasselbe wie meine Hypothese 1 in Kapitel 10, die ich zum erstenmal 1970 veröffentlichte.

wurden von Kepler angemessen gewürdigt. Kepler machte sogar eine Annahme über das »Wesen des Himmels« zu einem seiner Gründe dafür, das Fernrohr nicht zu bauen. In seiner Erwiderung auf Galileis *Nuncius* (Hg. Rosen, S. 18) schreibt er: »Ihr habt alle Zweifel beiseite geschoben ... und Euch unmittelbar dem visuellen Experiment zugewandt.« Es stimmt also, daß die Optiker die von den Kosmologen behaupteten Unterschiede unbeachtet ließen und ihre Triangulationen kühn in den Raum hinaus verlegten. Damit bewiesen sie entweder grobe Nachlässigkeit oder Unwissenheit oder völligen Mangel an Sinn für Konsistenz (Konsistenz befürworte ich nicht, aber sie wird doch vom schäbigsten Methodologen gepriesen). Aber die Optiker hatten Erfolg. Wieder einmal erwiesen sich Unwissenheit oder Oberflächlichkeit oder Verworrenheit als ein Segen. Machamer, der nicht die gesamte geschichtliche Lage in Betracht zieht, sondern nur das, was ihm paßt, erkennt diese fruchtbare Unordnung überhaupt nicht. So überrascht es keineswegs, daß er in meiner Arbeit historische Fehler gefunden zu haben glaubt. (Man sollte hinzufügen, daß Kepler trotz Tychos Arbeit über die Kometen und die Nova von 1572 über himmlische Essenzen diskutiert und daß Galilei die atmosphärische Natur der Kometen noch 1630 verteidigt. Das zeigt, daß »die Aristotelische Unterscheidung« zwischen einem himmlischen und einem irdischen Reich 1577 nicht »vollständig zusammengebrochen« sein konnte, wie Machamer meint (S. 21). Für einige war sie zusammengebrochen, für andere nicht, und auf jeden Fall hinterließ sie ihre Spuren.[5] Hier wie sonst ist Machamer schnell bei der Hand, die Einstellung derjenigen zu verallgemeinern, die er sympathisch findet.) Soviel über die *physikalischen* Probleme der Himmelsbeobachtungen.

Anders verhält es sich mit den durch die Fernrohrbeobachtungen aufgeworfenen *psychologischen* Problemen. Sie wurden von Pecham und anderen (wie Roger Bacon) gesehen, und sie

5 Tycho zum Beispiel und viele seiner Zeitgenossen betrachteten die Nova von 1572 als ein *göttliches Wunder* und daher nicht als eine Verletzung der Aristotelischen Gesetze.

bestehen heute noch (Mondillusion). Zu Galileis Zeit waren die Probleme enorm und erklären viele merkwürdige Berichte (auf einige gehe ich im Haupttext ein). Die Probleme entsprachen etwa denen eines Menschen, der noch nie eine Linse gesehen hat und das erstemal in ein sehr schlechtes *Mikroskop* hineinblickt. Er weiß nicht, worauf er sich gefaßt machen soll (schließlich begegnen einem auf der Straße keine Flöhe, die so groß wie Menschen sind), und so kann er die Eigenschaften des »Gegenstandes« nicht von den »Täuschungen« trennen, die das Instrument hervorbringt (Verzerrungen, farbige Ränder, Verfärbung usw.), und mit den Gegenständen selbst nichts anfangen. Auf der Erdoberfläche – bei Gebäuden, Schiffen usw. – arbeitet das Fernrohr natürlich zufriedenstellend; mit diesen Gegenständen ist man vertraut, und ihre Kenntnis beseitigt die meisten Verfälschungen, ganz wie die Kenntnis einer Stimme und einer Sprache die Verzerrungen durch das Telefon aufhebt. Doch am Himmel funktioniert diese Kompensation nicht, was die ersten Beobachter bald bemerkten *und auch sagten*. Es ist also richtig, daß das Fernrohr sowohl am Himmel als auch in irdischen Fällen Täuschungen hervorruft (S. 20), doch aus den soeben ausgeführten Gründen waren nur die Täuschungen bei den Himmelsbeobachtungen ein wirkliches Problem. Es ist von Interesse, festzustellen, daß das Zusammenwirken des physikalischen Unterschieds und der psychologischen Verhältnisse von Pecham erkannt wurde: »Die Größe der Sterne ist nicht völlig sicher bekannt, denn der Himmel ist ein feinerer Körper als die Luft und das Feuer« (a. a. O., S. 219).

Machamer schließt seine Arbeit mit folgender Mahnung: »Die geschichtlichen Fragen müssen geklärt werden, und zwar sorgfältig, ehe die philosophischen Konsequenzen betrachtet werden können« (S. 46). Das ist ein ausgezeichneter Rat – aber warum hat er ihn nicht befolgt? Ich möchte noch hinzufügen, daß man ein wenig nachdenken muß, und zwar sorgfältig, ehe auch nur die einfachste historische Tatsache betrachtet werden kann.[6]

6 Ähnliches gilt für Paolo Rossis Kritik in »Hermeticism and Rationality

Dieselbe Bemerkung gilt für eine Kritik, die T. A. Whitaker in zwei Briefen an die Zeitschrift *Science* publiziert hat (2. Mai und 10. Oktober 1980). Whitaker bemerkt, daß es zwei Gruppen von Mondbildern gibt, die Holzschnitte (die ich im Text weiter ober erwähnt und untersucht habe) und die Kupferstiche, wobei die letzteren von einem modernen Standpunkt aus gesehen viel genauer sind als die Holzschnitte. Diese Kupferstiche, sagt Whitaker, zeigen, daß Galilei ein besserer Beobachter war, als ich behauptet habe. Nun habe ich, erstens, niemals Galileis Fähigkeit als Beobachter bezweifelt. Zu Wolfs Bemerkung, daß »Galilei kein großer astronomischer Beobachter war, oder aber, daß die Erregung über die vielen Entdeckungen, die er damals mit dem Fernrohr machte, vorübergehend seine Fähigkeiten und sein kritisches Bewußtsein beeinträchtigt hatten«, sage ich: »Das könnte nun durchaus richtig sein (aber ich bin doch eher geneigt, es zu bezweifeln, da Galilei bei anderen Gelegenheiten ganz außerordentliche Beobachtungsgeschicklichkeit bewies). Doch die Behauptung ist arm an Gehalt und nicht besonders interessant... Es gibt aber andere Hypothesen, die durchaus auf neue Gedanken führen

in the Scientific Revolution«, in Bonelli-Shea, Hg. (vgl. Anm. 4 zu diesem Anhang), S. 247-273. Rossi schließt sich Machamers Kritik an, und wir haben soeben gesehen, wie erfolgreich *diese* ist. Er sagt (S. 248): »Die Historiker dürfen sich nicht zu Sammlern von Beispielsfällen machen lassen, die die Wissenschaftstheoretiker dann als Belege für ihre theoretischen Konstruktionen benutzen« – als wäre ihnen das von außen auferlegt worden und hätte im Gegensatz zu wohlbestimmten Plänen auf ihrer Seite gestanden. Die meisten Wissenschaftshistoriker *dienten* nicht einfach einer philosophischen Doktrin, sondern *folgten unbewußt* primitiven philosophischen Auffassungen bei ihren Forschungen und deren Darstellung. Oder, genauer: sie waren keine Diener einer ausdrücklichen wissenschafts*theoretischen* Auffassung, mit der sie sich bewußt hätten auseinandersetzen können, sondern sie erkannten die *Wissenschaft* an und schluckten dabei fast alle in ihr enthaltenen philosophischen Vorurteile. Die eigentliche Wissenschaftsgeschichte begann, als diese Vorurteile durch Diskussion und Kritik ans Tageslicht gebracht wurden. Es ist daher kein Wunder, daß die besten Historiker Denker mit einer philosophischen Ausbildung sind, Leute wie Burtt, Koyré unter den älteren, Kuhn, Lloyd und Sabra unter den zeitgenössischen Historikern. Möchte Rossi diese Entwicklung umkehren?

und die zeigen, wie verwickelt die Verhältnisse zur Zeit Galileis waren«. Ich erwähne zwei solche Hypothesen. Die eine befaßt sich mit den (damals ganz unerforschten) Eigentümlichkeiten des teleskopischen *Sehens*, die andere mit der Annahme, daß *Wahrnehmungen*, d. h. die Dinge, die man mit dem unbewaffneten Auge sieht, *eine Geschichte haben* (die man erforschen könnte, indem man die Geschichte der visuellen Astronomie mit der Geschichte der Malerei, der Dichtkunst etc. vergleicht).

Zweitens beseitigt der Hinweis auf die Kupferstiche nicht alle Probleme der Galileischen Beobachtungen (des Mondes). Galilei *zeichnet* nicht nur, er *beschreibt* auch. Zum Beispiel fragt er: »Warum sehen wir nicht Unebenheit, Rauheit und Wellenförmigkeit in des zunehmenden Mondes äußerer Begrenzung, die sich nach Westen wendet, und in des abnehmenden Mondes anderer kreisförmiger Begrenzung, die sich nach Osten wendet, sowie im ganzen Umfang des vollen Mondes? Warum erscheinen sie vollkommen rund und kreisförmig?« Kepler antwortet aufgrund von Beobachtungen mit dem unbewaffneten Auge (siehe oben, Fußnote 24): »Ich weiß nicht, wie genau

In seinem Artikel hat Rossi eine unglückliche Liebesaffäre mit dem Rationalismus. Da ist viel Liebe, aber wenig Verständnis. Die von Rossi kritisierten Philosophen haben für ihre Auffassung zahlreiche und ausführliche Argumente vorgebracht. Ihre Schriften enthalten diese Argumente, die Ergebnisse und eine manchmal ziemlich bilderreiche Zusammenfassung der Ergebnisse. Professor Rossi erkennt die letzteren, aber er hat offenbar nicht die Fähigkeit, die Argumente selbst zu erkennen. Außerdem lehnt er die Zusammenfassungen nicht darum ab, weil er eigene Argumente hätte, sondern weil er sie nicht mag, oder *vielleicht* nicht mag, denn selbst beim *Mögen* ist er nicht ganz sicher, wie er sich verhalten soll. S. 266 spricht er von dem »neoromantischen Aufstand gegen die Wissenschaft« und verurteilt ihn eindeutig. Doch S. 247 beklagt er, daß meine Deutung Galileis »selbst in Italien« begeistert aufgenommen worden sei – für ihn ist also ein heutiger Italiener besser befähigt, den Geist Galileis zu verstehen, als ein heutiger Wiener –, ein typisch romantischer Gedanke. Man muß Prof. Rossi für sein großartiges Werk über Bacon dankbar sein. Doch die Folgerungen dieses Werks für das Verständnis der Wissenschaft müssen von Leuten gezogen werden, die weniger Angst vor den Dogmen des Rationalismus haben und besser mit ihren Problemen vertraut sind als er.

ihr darüber nachgedacht habt oder ob, was ich eher glaube, eure Frage von der gängigen Vorstellung [der perfekten Kugelförmigkeit des Mondes] ausgeht. Denn in meinem Buch [der *Optik* von 1604] stelle ich fest, daß bei Vollmond der äußere Rand durchaus gewisse Unregelmäßigkeiten aufweist. Erwägt die Sache, und sagt uns dann noch einmal, wie es euch erscheint . . . «

Diese kleine Diskussion zeigt uns, drittens, daß die Probleme der Beobachtung, die zu Galileis Zeit existierten, nicht durch einen Vergleich mit dem gelöst werden können, was wir *heute* sehen oder zu wissen glauben. Galileis Vorgehen, die »Rationalität« seiner Behauptungen und Argumente, erhellt nur aus einem Vergleich mit *seiner* Umgebung, *nicht* aus einem Vergleich mit einer damals noch unbekannten Zukunft.

Wir müssen also zum Beispiel fragen: gegeben die Galilei zugänglichen Mittel und Maßstäbe der Beobachtung – hat Galilei Tatsachen berichtet, d. h. Dinge, die man wiederholen konnte, und die auch eine befriedigende theoretische Grundlage hatten?

Um diese Frage zu beantworten, müssen wir die Beobachtungen Galileis mit den Beobachtungen der zeitgenössischen Astronomen und auch mit den damals geglaubten Theorien des (teleskopischen) Sehens vergleichen. Wenn es sich herausstellt, daß niemand sah, was Galilei sah, daß es keine Gründe gab, dem Teleskop als wissenschaftlichem Instrument zu trauen, aber viele Gründe, ihm zu mißtrauen, dann war es für Galilei ebenso »unwissenschaftlich«, der Welt seine Phänomene aufdrängen zu wollen, als es heute unwissenschaftlich wäre, experimentelle Resultate vorzubringen, die nicht unabhängig bestätigt werden können und deren Produktion auf unerprobten Methoden beruht; *und das ganz unabhängig davon, wie nahe seine Beobachtungen den unseren kommen.* Denn Wissenschaftlichkeit im hier diskutierten (und kritisierten) Sinn heißt richtiges Verhalten in bezug auf *bestehende* Erkenntnisse und Maßstäbe *und nicht* in bezug auf die Maßstäbe und Theorien und Beobachtungen einer unbekannten Zukunft.

Um die Reaktionen von Galileis Zeitgenossen zu beurteilen, habe ich nun die Holzschnitte verwendet. Der Leser möge sich daran erinnern, daß ich aus der Qualität der Holzschnitte *nicht* auf mangelnde Beobachtungsfähigkeit bei Galilei geschlossen habe. Ein solcher Schluß würde den eben (und auch den weiter oben in Kap. 10) erklärten Überlegungen widersprechen. Meine Annahme war vielmehr, daß der Mond, wie man ihn mit dem unbewaffneten Auge sieht, ganz anders aussieht als auf den Holzschnitten und daß dieser Unterschied vielleicht auch den Zeitgenossen Galileis auffiel (angenommen, sie sahen den Mond genau so, wie wir ihn heute sehen – ein Umstand, der gar nicht so selbstverständlich ist). Und wenn er ihnen auffiel, dann haben sie vielleicht auch Bemerkungen darüber gemacht. Diese Annahme ist noch immer nützlich, denn die Holzschnitte haben die meisten Ausgaben des *Sidereus nuncius* begleitet. Gilt sie auch für die Kupferstiche? Die Antwort ist »ja«, wie man aus Keplers Kritik ersieht. Außerdem gab es viele Gründe, warum man das Teleskop nicht für ein verläßliches astronomisches Instrument hielt (einige der Gründe habe ich oben in Kap. 10 versammelt). Whitakers naives »schaut euch doch die Bilder an« (zweite Mitteilung) ist ganz irrelevant für diese Diskussion.

Der Fall von Galileis Mondbeobachtungen ist nur ein kleiner Teil meines Arguments, daß Galilei nicht »wissenschaftlich« vorging und seine Entdeckungen nicht »auf wissenschaftliche Art« gemacht haben konnte. Die historische Forschung schreitet natürlich immer weiter fort, und immer neue Tatsachen werden von ihr entdeckt. Ich gebe gerne zu, daß diese neuen Tatsachen Galilei in manchen Bereichen »wissenschaftlicher« machen können – schließlich ist kein Bild eines Wissenschaftlers jemals ein endgültiges Bild. Die gegenwärtige Situation unterstützt ein solches Urteil allerdings nicht.

11

Andererseits gibt es Fernrohrbeobachtungen, die eindeutig für Kopernikus sprechen. Galilei führt sie als unabhängige Daten für Kopernikus an; in Wirklichkeit ist es aber so, daß eine widerlegte Auffassung – die Kopernikanische – eine gewisse Ähnlichkeit mit Erscheinungen hat, die sich aus einer anderen widerlegten Auffassung ergeben – nämlich daß Fernrohrbilder getreue Abbilder des Himmels seien. Galilei behält wegen seines Stils und seiner geschickten Überredungsmethoden die Oberhand, weil er auch in Italienisch und nicht nur in Lateinisch schreibt und weil er sich an Leute wendet, die gefühlsmäßig gegen die alten Ideen und die mit ihnen verbundenen Maßstäbe der Gelehrsamkeit eingenommen sind.

Nach der Kopernikanischen Theorie ändern Mars und Venus ihre Entfernung von der Erde um den Faktor 6 bzw. 8. (Das sind Näherungswerte.) Ihre Helligkeit müßte sich um den Faktor 40 bzw. 60 ändern (Galileis Werte). Doch der Mars verändert sich nur sehr wenig, und die Helligkeitsänderung der Venus »ist kaum wahrnehmbar«.[1] Diese Erfahrungen »widersprechen eindeutig der jährlichen Bewegung [der Erde]«.[2] Andererseits erzeugt das Fernrohr neue und merkwürdige *Erscheinungen*, von denen einige durch die Beobachtung mit bloßem Auge als Täuschungen erkennbar, andere widersprüchlich sind, wieder andere selbst schon wie Täuschungen wirken, und die einzige *Theorie*, die überhaupt Ordnung in dieses Chaos hätte bringen können, Keplers Theorie des Sehens, scheiterte an den klarsten und einfachsten Daten. Doch – und damit komme ich zu dem, was ich für den Hauptpunkt von Galileis Vorgehen halte – *es gab Fernrohrbeobachtungen*, nämlich die Helligkeitsänderungen der Planeten, *die mit Ko-*

1 Die tatsächliche Schwankung beträgt bei Mars vier Größenklassen und bei Venus eine.

2 *Dialog* /5[3]/, S. 328.

pernikus besser übereinstimmten als die Ergebnisse der Beobachtung mit bloßem Auge. Bei Beobachtung durchs Fernrohr veränderte sich Mars tatsächlich so, wie es nach der Kopernikanischen Theorie der Fall sein sollte. In Anbetracht der Gesamtleistung des Fernrohrs war diese Veränderung immer noch recht verwirrend, genau so verwirrend wie die Kopernikanische Theorie angesichts der vor Erfindung des Fernrohrs vorliegenden Daten. Doch sie stimmte mit den Voraussagen des Kopernikus überein. Diese *Übereinstimmung*, und nicht tiefschürfende Kenntnisse der Kosmologie und der Optik, *bewies für Galilei die Kopernikanische Theorie und die Brauchbarkeit des Fernrohrs*, bei irdischen *wie auch* bei Himmelsbeobachtungen. Und auf diese Übereinstimmung baute er eine völlig neue Theorie des Weltalls auf. »Galilei«, schreibt Ludovico Geymonat[3] im Hinblick auf diese Seite der Situation, »richtete nicht als erster das Fernrohr auf den Himmel, aber ... er erfaßte als erster, wie ungeheuer interessant die Dinge waren, die man auf diese Weise sehen konnte. Und er begriff sofort, daß sie vollkommen mit der Kopernikanischen Theorie übereinstimmten, aber der alten Astronomie widersprachen. Galilei hatte schon jahrelang an die Wahrheit des Kopernikanismus geglaubt, aber er hatte sie nie beweisen können, trotz seiner höchst optimistischen Äußerungen gegenüber Freunden und Kollegen. [Er hatte, wie wir sahen, nicht einmal die widerlegenden Fälle aus der Welt schaffen können und dies auch selbst zugegeben.] Sollte man hier einen unmittelbaren Beweis [ja auch nur *Übereinstimmung* mit den Daten] gefunden haben? Je mehr diese Überzeugung bei ihm Fuß faßte, desto klarer wurde ihm die Bedeutung des neuen Instruments. Für Galilei selbst waren das Vertrauen in die Verläßlichkeit des Fernrohrs und die Anerkennung seiner Bedeutung nicht *zwei verschiedene Dinge*, sondern *zwei Seiten desselben Prozesses.*« Kann man deutlicher sagen, daß es keine unabhängigen Daten gab? »So stecken also im *Nuncius*«, schreibt Franz Hammer in der prägnantesten Analyse der Sache, die ich

3 Ebenda, S. 38 ff. (Hervorhebungen von mir).

kenne[4], »gewissermaßen zwei Unbekannte, von denen die eine mit Hilfe der anderen gelöst war.« Das ist völlig richtig, nur daß die »Unbekannten« gar nicht so unbekannt waren, sondern als falsch bekannt, wie Galilei selbst sagt. Diese recht merkwürdige Situation, diese Übereinstimmung zwischen zwei interessanten, aber widerlegten Auffassungen nützt Galilei aus, um beide zu retten.

Auf genau die gleiche Weise rettet er seine neue Dynamik. Wir haben gesehen, daß auch diese Wissenschaft durch beobachtbare Vorgänge gefährdet war. Um die Gefahr auszuschalten, führt Galilei Reibung und andere Störungen mittels ad-hoc-Hypothesen ein, und zwar als Tendenzen, die *definiert* sind durch die offensichtliche Nichtübereinstimmung zwischen Tatsachen und Theorie, und nicht als physikalische Vorgänge, die durch eine Theorie der Reibung *erklärt* werden können, für die man eines Tages neue und unabhängige Daten finden würde (eine solche Theorie entstand erst viel später, im 18. Jahrhundert). Die Übereinstimmung zwischen der neuen Dynamik und dem Gedanken der Erdbewegung, die Galilei mit Hilfe seiner Methode der anamnesis verstärkt, gibt aber beiden den Anschein der Vernünftigkeit.

Der Leser wird erkennen, daß eine eingehendere Untersuchung historischer Erscheinungen wie dieser erhebliche Schwierigkeiten für die Auffassung schafft, daß der Übergang von der vorkopernikanischen Kosmologie zu der des 17. Jahrhunderts in der Ersetzung widerlegter Theorien durch allgemeinere Vermutungen bestand, die die widerlegenden Fälle

4 Johannes Kepler, *Gesammelte Werke*, Bd. 2 /9[18]/, S. 447. Kepler (*Conversation* /9[18]/, S. 14) spricht von »sich gegenseitig stützenden Gesichtspunkten«. Doch man erinnere sich, daß es zwei *widerlegte* Hypothesen sind, die sich »gegenseitig stützen« (oder womöglich sogar zwei Hypothesen, die mit den verfügbaren Basisaussagen *unvergleichbar* sind), *nicht* zwei Hypothesen, die auf dem Gebiet der Basisaussagen *unabhängige Stützung* fänden. In einem Brief an Herwarth vom 26. März 1598 spricht Kepler von »vielen Gründen«, die er für die Erdbewegung anführen möchte, und fügt hinzu, »jeder dieser Gründe, für sich allein genommen, würde wenig Glauben finden« (Caspar-Dyck, *Johannes Kepler in seinen Briefen*, Bd. 1, München 1930, S. 68).

erklärten, neue Voraussagen machten und durch die zu deren Prüfung veranstalteten Beobachtungen bestätigt wurden. Und er sieht vielleicht die Vorzüge einer anderen Auffassung, die behauptet, daß zwar die vorkopernikanische Astronomie *mit Schwierigkeiten zu kämpfen hatte* (einer Reihe von widerlegenden Fällen und Ungereimtheiten gegenüberstand), daß die Kopernikanische Theorie *noch größeren* (noch deutlicheren Widerlegungsfällen und Ungereimtheiten) gegenüberstand, daß diese aber *mit noch weiteren mangelhaften Theorien* übereinstimmte und so an Kraft gewann und das Feld behauptete, wobei Widerlegungen durch ad-hoc-Hypothesen und schlaue Überredungsmethoden aus der Welt geschafft wurden. Dies dürfte eine wesentlich zutreffendere Beschreibung der Entwicklungen zur Zeit Galileis sein als nahezu alle anderen Darstellungen.

Ich unterbreche jetzt den historischen Bericht, um zu zeigen, daß die Beschreibung nicht nur *den Tatsachen entspricht*, sondern auch *völlig vernünftig* ist, und daß jeder Versuch, einige der bekannteren Methodologien des 20. Jahrhunderts durchzusetzen – etwa die Methode der Vermutungen und Widerlegungen –, katastrophale Folgen gehabt hätte.

12

Dieses »irrationale« Vorgehen ist notwendig wegen der »ungleichmäßigen Entwicklung« (Marx, Lenin) der verschiedenen Teile der Wissenschaft. Der Kopernikanismus und andere wesentliche Bestandteile der neueren Wissenschaft blieben nur deshalb am Leben, weil in ihrer Geschichte die Vernunft oft überspielt wurde.

Bei der Beurteilung wissenschaftlicher Ideen gab es schon immer die Tendenz, historische Umstände zu vernachlässigen und alles gleichsam sub specie aeternitatis zu betrachten. Man verstehe mich recht: ein Wissenschaftler, der seinen Kollegen und der staunenden Welt eine neue Entdeckung vorführen will, hält sich natürlich genau an die in seinem Fachgebiet herrschenden zufälligen Umstände. Gibt es da einen mächtigen und leicht reizbaren Herren, so wird er versuchen, ihn durch Hinweis auf seine Arbeiten milde zu stimmen. Haben seine Kollegen gewisse Vorurteile, dann wird er versuchen, sie zu umsegeln oder zu entschärfen. Etiketteregeln, die mit dem Gehalt seiner Ideen nur sehr wenig zu tun haben wie die neuere Regel, daß ein solider Wissenschaftler der Presse erst dann von seiner Entdeckung erzählen darf, wenn sie bereits in Fachzeitschriften publiziert worden ist (*Physical Review Letters* zum Beispiel publiziert keinen Beitrag, der der Öffentlichkeit auf anderem Wege bereits mitgeteilt wurde), wird er genau beachten. Im großen und ganzen verhält er sich wie ein vernünftiger Mensch, der zu anderen vernünftigen Menschen redet und sie dabei so nimmt, wie sie persönlich sind und wie sie glauben, daß sie sich nach Maßgabe ihres Faches verhalten müssen. Für die meisten Wissenschaftler gilt dies aber nur, solange sie aktiv forschen und anderen Forschern von ihren Ergebnissen berichten. *Zur Reflexion über die Forschung aufgefordert, redet die große Mehrzahl der Wissenschaftler ganz anders.* Da ist nicht von zufälligen Umständen die Rede, da hört man nichts von den Hindernissen, die durch persönliche Idiosynkrasien und unwesentliche Etiketteregeln verursacht werden, da hört man nur von Tatsachen, zwingenden Schlüssen und vernünftigen Maßstäben des Denkens. Und betreten wir erst das Reich der Wissenschafts*philosophie*, dann scheint es, daß es sich überhaupt nicht mehr um eine menschliche Tätigkeit handelt – da gibt es nur Sätze und ihre gegenseitigen Beziehungen sowie die Einladung, mit diesen Sätzen aufgrund genau vorherbestimmter Regeln zu spielen.

Dieser Kontrast zwischen der *Tätigkeit* der Wissenschaftler, ihrer *Reflexion* über diese Tätigkeit und dem Vorgehen der »Fachleute« auf diesem Gebiet, eben der *Wissenschaftstheoretiker*, ist ein sehr merkwürdiges historisches Phänomen. In der zweiten Hälfte des 19. Jahrhunderts gab es diesen Kontrast nämlich nicht. Die hervorragenden Wissenschaftler dieser Periode waren an wissenschaftlichen und philosophischen Fragen in gleichem Maße interessiert. Einige von ihnen, wie Mach, Meyerson, Duhem, befaßten sich auch mit der Geschichte ihrer Disziplin. Duhem zum Beispiel begründete die damals noch kaum vorhandene Disziplin der Geschichte der mittelalterlichen Wissenschaften. Die Philosophie dieser Wissenschaftler war eng mit ihrer Praxis verbunden, sie war locker und informell. Sie enthielt schon Ratschläge, aber diese Ratschläge waren historisch illustrierte Faustregeln, nicht notwendige Bedingungen der Wissenschaftlichkeit. Für Mach lernt man Wissenschaften am besten aus ihrer Geschichte. Dabei ist es nicht so, daß die Geschichte ein Material bietet, von dem man allgemeine Regeln abstrahieren kann; nein, sie ist ein *Bildungsgut*, das die Einfallskraft des Lernenden stärkt und ihn befähigt, die auf neue Fälle passenden Regeln *selbst zu erfinden*. Nach Machs Ansicht ist es unmöglich, so im allgemeinen über die Wissenschaften zu reden. Allgemein gesprochen, überraschen uns die Wissenschaften immer wieder – anything goes. Konkrete Vorschläge, die allerdings oft erst erfunden werden müssen, gibt es nur für konkrete Probleme. Mach war auch vertraut mit der Inkohärenz des einem Wissenschaftler vorliegenden Materials. Da gibt es präzise vorliegende Gesetze Seite an Seite mit plausiblen Vermutungen, rohen, aber gänzlich unverständlichen Tatsachen, Vorschläge treffen auf Fakten, die aufgrund älterer Ideen gesammelt wurden und daher zu ihrer Beurteilung nicht unmittelbar zuständig sind – und so weiter. Alle diese Umstände hat Mach in seinen zahlreichen Abhandlungen meisterhaft beschrieben. Die Philosophie, zu der er damit einen Beitrag leistete, war auch fruchtbar – sie war verantwortlich für die Entwicklung unserer Vorstellung von Raum, Zeit und Materie im 20. Jahrhundert.

Im Vergleich mit dieser Philosophie stellen die Ideen des Wiener Kreises einen neuen philosophischen Primitivismus dar. Diese Ideen sind nichts anderes als eine Rückkehr zu einer Auffassung, die die Erkenntnis nicht als einen historischen Prozeß, sondern als eine Sammlung abstrakter Wesenheiten – wahrer oder falscher Propositionen – mit entsprechenden abstrakten Beziehungen zwischen ihnen sieht. *Zum Fortschritt der Wissenschaften haben diese Ideen keinen wie immer gearteten Beitrag geleistet* – wohl aber haben sie zahlreiche irreführende Auffassungen über die Natur dieses Fortschritts verbreitet, unter ihnen die Auffassung, daß Einstein die Relativitätstheorie aus antimetaphysischen Gründen einführte oder daß er auf Widerlegungen der Äthertheorien reagierte oder daß er Ad-hoc-Hypothesen ausschalten wollte – und so weiter und so fort. *Kindliche Vereinfachungen* haben wir hier, verglichen mit den bereits sehr komplexen Ideen der großen Physiker des 19. Jahrhunderts. Aber da es unter den Philosophen viel mehr kindliche Gemüter als realistische Köpfe gibt und da es immer leichter ist, sich an Regeln zu halten, als ein Talent zum Erfinden von Regeln zu kultivieren, wurde diese Philosophie sehr populär. Heute maßt sie sich an, die Grundsätze der Vernunft selbst zu hüten, zu entwickeln und weiterzugeben. Wissenschaftler leiden daran keinen großen Schaden. Zumindest die Naturwissenschaftler haben ja schon seit Jahrhunderten gelernt, wie man eine unbrauchbare Philosophie in Worten verteidigt und in Taten mißachtet. Und die jüngere Generation der Physiker, Biologen, Kosmologen hat es ohne philosophischen Unterbau, einfach aufgrund eines erfindungsreichen Opportunismus bei der Bewältigung und Konstitution rätselhafter Tatsachen sehr weit gebracht. Aber die Elendsviertel der Wissenschaftstheorie und der Wissenschaftsphilosophie sollte man doch nicht ganz aus den Augen verlieren, und zwar vor allem darum, weil viele Menschen ihr Bild der Wissenschaften, also vor allem ihre unterwürfige Einstellung zu wissenschaftlichen Ergebnissen, gerade aus diesen Elendsvierteln beziehen. Sehen wir also zu, welches Licht die eben berichteten Ergebnisse auf das Vorgehen der Wissenschaftsphilosophen und jener Wissenschaftler werfen, die auf sie hereingefallen sind.

Wir haben zwei Grundannahmen. Erstens, daß die Wissenschaften *Satzsysteme* sind (wobei angenommen wird, daß sich jeder Satz niederschreiben und seinem Inhalt nach genau erklären läßt). Nach der zweiten Grundannahme entscheiden nur logische Beziehungen zwischen den Sätzen oder zwischen den Eigenschaften, die den Sätzen aufgrund bestimmter Definitionen zugeschrieben werden. Was man braucht zur Beurteilung etwa der Kopernikanischen Lehre ist also erstens eine genaue Formulierung dieser Lehre und zweitens eine Reihe bereits anerkannter Sätze, die zu ihr in Beziehung gesetzt werden können. Geht man so vor, dann muß allerdings ein wichtiger Bestandteil der Kopernikanischen Lehre, nämlich die Doktrin von der Bewegung der Erde, aufgegeben werden.

Der Grund dafür ist sehr einfach: es gab eben anerkannte Sätze, die der Lehre widersprachen.

Unter diesen Sätzen befanden sich allgemeine Behauptungen und singuläre Sätze. Die allgemeinen Behauptungen sind die Gesetze der Aristotelischen Bewegungslehre. Die singulären Sätze sind Sätze von der Bewegung von Steinen, vom Verhalten von Planeten (Mars, Venus) und so weiter. Außerdem wird noch die Annahme verwendet, daß die Dinge in dieser Welt sich mehr oder minder so verhalten, wie sie sich in direkter Beobachtung zu verhalten scheinen. Das ist natürlich der naive Realismus. Aber Aristoteles hat den naiven Realismus nicht einfach *behauptet*, er hat ihn auch *begründet*, und zwar durch

eine *Wahrnehmungslehre*, die aus seiner allgemeinen *Bewegungslehre* folgte und dieser dann hinterher zu überzeugenden Beweisen verhalf. Nach Aristoteles besteht jede Bewegung im Übergang einer aktiven Form von einem Gegenstand auf einen anderen Gegenstand, der fähig ist, die Form zu empfangen. Erwärmung, zum Beispiel, ist das Ergebnis des Übergangs der Wärme auf einen erwärmbaren Gegenstand. Wahrnehmung aber entsteht, wenn die Farbe eines Gegenstandes durch ein Medium zum Beobachter hinüberwandert, »so daß das Sehende in gewissem Sinne selbst Farbe besitzt« (*De anima* 425 b 23 ff.). Aristoteles weiß natürlich, daß dieser Vorgang vielfach gestört ist, und er hat die Störungen im Detail und mit großem Scharfsinn untersucht. Aber wie der Alltagsmensch, so glaubt auch er, daß sich die Störungen beseitigen lassen und daß die Wahrnehmung, die dann hervortritt, die Welt im wesentlichen richtig wiedergibt. So arbeiten Astronomie, Physik, Sinnesphysiologie und Erkenntnistheorie zusammen und schaffen ein fast unüberwindliches Bollwerk.
Galilei verwendet ein Fernrohr, und er will die Erde in Bewegung versetzen. Nach der Theorie des Aristoteles stört das Fernrohr die Vorgänge im Medium – als Mittel zur Erforschung der Wirklichkeit ist es nur beschränkt brauchbar. Diese Annahme des Aristoteles wird durch die ersten Fernrohrbeobachtungen sofort bestätigt: die Beobachter sehen den Mond *im* Fernrohr, nicht jenseits des Objektivs, die Fixsterne werden vom Fernrohr weggestoßen, die Planeten näher an es herangezogen, d. h., das Fernrohr wirkt durchaus nicht immer nach denselben Gesetzen (und ein Schluß von seinem irdischen Erfolg auf seine himmlische Verläßlichkeit ist daher auch nicht möglich), der Mond scheint innen rauh, außen aber perfekt zu sein – und so weiter. (Selbst ein so einfaches Instrument wie der ebene Spiegel gibt zu Täuschungen Anlaß: man stelle sich vor einen Spiegel, hauche ihn an und zeichne den Umriß des eigenen Gesichts auf ihn ein. Man wird sehen, daß der Umriß viel kleiner ist als das gesehene Gesicht, und doch wird dieser kleine Umriß auf merkwürdige Weise in eine größere Wahrnehmung verwandelt – nicht umsonst spielen Spie-

gel in der Magie eine wichtige Rolle.) Nur eine *Theorie* hätte Ordnung in dieses Chaos bringen können – aber eine solche Theorie gab es nicht. Erst Ronchi entwickelte im 20. Jahrhundert Ansätze dazu. Dennoch wird das Fernrohr verwendet. Das heißt aber, daß man nun den Unterschied zwischen Illusion und Wirklichkeit ganz anders sieht als vorher, *ohne die Lage der neuen Grenzziehung theoretisch begründen zu können*. Eine neue Theorie kündigt sich in einem praktischen *Verhalten* an, das den Einwänden der älteren Lehren (und der mit ihnen verbundenen Daten) zum Trotz beibehalten wird – eine ganz offenkundige Verletzung der zweiten Grundannahme.
Dasselbe gilt von der Bewegung der Erde. Sie wird nicht bemerkt (man beachte auch, daß für lange Zeit keine Parallaxe gefunden wurde) – aber das gilt nicht als Widerlegung. Man hat auch keine neue Bewegungstheorie, die die neue Situation vernünftig darstellen könnte. Ganz bewußt wird eine Welt aufgebaut, die sich von der direkt beobachteten Welt grundsätzlich unterscheidet, ohne daß man noch eine einzige brauchbare Brücke hätte, die von der direkten Beobachtung zu dieser neuen Welt hinführte. Die Situation ist nicht unähnlich der Situation zur Zeit des Parmenides. Parmenides behauptete (er hatte allerdings Argumente für seine Behauptung): es gibt keine Veränderung. Wir aber bemerken Veränderung. Das Problem besteht hier wie auch im Kopernikanischen Fall in der Frage, wie man sich die Verbindung zwischen der Fundamentaltheorie (nichts bewegt sich) und unserer Erfahrung denken soll.
Von unserem »modernen« Standpunkt aus gesehen, läßt sich die Situation auf die folgende Weise beschreiben: die Idee der Bewegung der Erde ist eine richtige Idee, ebenso die Idee, daß das Teleskop (oder ein Mikroskop) uns wenigstens gewisse Züge der Welt so zeigt, wie sie wirklich sind. Diese Idee wurde zu einer Zeit konzipiert, die weder die gedanklichen noch die physischen Instrumente besaß, um sie genauer zu untersuchen und zu bestätigen. Die bestehenden gedanklichen und physischen Instrumente zeigten vielmehr das genaue Gegenteil: die Erde bewegt sich nicht, das Teleskop täuscht. *Sie* waren also

keine Hilfe. *Ohne sie* hingen die neuen Ideen in der Luft – sie standen mit den Tatsachen weder positiv noch negativ in Verbindung. Wir können die Situation beschreiben, indem wir sagen, daß eine *Phasenverschiebung* bestand zwischen der (fortschrittlichen) Idee der Bewegung der Erde und den (rückschrittlichen) Beobachtungsmitteln (Beobachtungstheorien eingeschlossen) der Zeit. Wohlgemerkt – das ist die Beschreibung, die ein *moderner* Wissenschaftler von der Lage geben wird, und er kann allerlei Gründe für seine Beschreibung angeben. Galilei und Kopernikus behaupteten dasselbe, aber in ihrem Fall war die Behauptung nichts anderes als ein frommer Glaube. Wie geht man vor, um erstens einen solchen frommen Glauben am Verschwinden zu hindern und zweitens ihn allmählich in eine »wohlfundierte wissenschaftliche Tatsache« zu verwandeln?

Sicher muß man nun den weiter oben erwähnten zweiten Grundsatz fallenlassen: wenn es zwischen wissenschaftlichen Sätzen Phasenverschiebungen gibt, so daß gute Ideen durch schlechte Prüfverfahren gefährdet werden, dann ist ein rein logisches Verfahren, das alle Sätze auf die gleiche Ebene stellt, naiv und behindert den Fortschritt. Das hat Marx klar gesehen.[1]

1 Nach Marx können »sekundäre« Bestandteile des gesellschaftlichen Lebens wie Nachfrage, künstlerisches Schaffen oder juristische Regelungen der materiellen Produktion vorauseilen und sie antreiben: vgl. *Das Elend der Philosophie*, insbes. jedoch die *Grundrisse der Kritik der politischen Ökonomie*, Berlin 1953, S. 29 f.: »*Das unegale Verhältnis der Entwicklung der materiellen Produktion z. B. zur künstlerischen.* Überhaupt der Begriff des Fortschritts nicht in der gewöhnlichen Abstraktion zu fassen. Moderne Kunst etc. Diese Disproportion noch nicht so wichtig und schwierig zu fassen, als innerhalb praktisch-sozialer Verhältnisse selbst. Z. B. der Bildung. Verhältnis der *United States* zu Europa. Der eigentlich schwierige Punkt, hier zu erörtern, ist aber der, wie die Produktionsverhältnisse als Rechtsverhältnisse in ungleiche Entwicklung treten.« Trotzki beschreibt die gleiche Situation: »Der springende Punkt ist, daß sich verschiedene Seiten des geschichtlichen Prozesses – Wirtschaft, Politik, der Staat, das Wachstum der Arbeiterklasse – nicht gleichzeitig und parallel entwickeln« (»Die Schule der revolutionären Strategie«, Rede vor der allgemeinen Mitgliederversammlung der Moskauer Parteiorganisation im Juli 1921, zit. nach *The First Five Years of the Communist International*,

Zweitens muß man versuchen, für die Bewegung der Erde trotz der mangelnden Argumente Propaganda zu machen. Denn wenn die Idee von der Bewegung der Erde richtig ist, dann kann sie uns zu der neuen Erkenntnistheorie, zu der neuen Sinnesphysiologie und zu den neuen Instrumenten führen, die wir brauchen, um sie zu beweisen. Die Idee muß also trotz der Schwierigkeiten am Leben erhalten werden.
Sie kann am Leben erhalten werden, wenn man die feste Verbindung löst, die zwischen kosmologischen Tatsachen und unserer Wahrnehmung besteht, d. h., wenn man die gesamte Kosmologie aus einer wissenschaftlich begründeten Doktrin in eine metaphysische Annahme verwandelt: am Anfang jeder neuen Entwicklung steht *ein Schritt zurück* in ein weniger empirisches und mehr metaphysisch orientiertes Zeitalter.
Jetzt aber wird es nötig, dem neuen metaphysischen Glauben Substanz zu verleihen. Das geschieht teilweise durch Propa-

Bd. 2, New York 1953, S. 5). Siehe auch Lenin, »Der linke Radikalismus, die Kinderkrankheit im Kommunismus« (vgl. Einleitung, Anm. 1 des vorliegenden Essays), S. 59, über die Tatsache, daß mehrfache Ursachen eines Ereignisses unkoordiniert sein können und nur dann wirken, wenn sie zusammen auftreten. In anderer Form behandelt die These von der »ungleichmäßigen Entwicklung« die Tatsache, daß der Kapitalismus in verschiedenen Ländern, ja selbst in verschiedenen Teilen desselben Landes verschiedene Entwicklungsstufen erreicht hat. Diese zweite Art ungleichmäßiger Entwicklung kann zu umgekehrten Beziehungen zwischen den entsprechenden Ideologien führen, dergestalt, daß die Produktivität und radikale politische Ideen sich in umgekehrtem Verhältnis zueinander entwickeln. »Im zivilisierten und fortgeschrittenen Europa mit seiner glänzend entwickelten Technik, mit seiner reichen, vielseitigen Kultur und seinen Verfassungen ist ein Zeitpunkt in der Geschichte eingetreten, wo die herrschende Bourgeoisie aus Furcht vor dem wachsenden und erstarkenden Proletariat alles Rückständige, Absterbende, Mittelalterliche unterstützt ... Überall in Asien wächst, verbreitet sich und erstarkt eine mächtige demokratische Bewegung« (Lenin, »Das rückständige Europa und das fortgeschrittene Asien«, *Werke,* Bd. 19, Dietz, Berlin 1965, S. 82 f.). Über diese hochinteressanten Verhältnisse, aus denen die Wissenschaftstheorie etwas lernen könnte, vgl. A. C. Meyer, *Leninism,* Cambridge 1957, Kap. 12, sowie L. Althusser, *Für Marx,* Frankfurt 1968 (edition suhrkamp Nr. 737). Der philosophische Hintergrund wird ausgezeichnet dargestellt in Mao Tse-tungs Aufsatz »Über den Widerspruch«, insbes. Abschn. 4.

ganda – Propaganda ist oft alles, was man zur Verfügung hat –, Analogien, vage Versprechungen, teilweise durch den Versuch, ein neues Weltbild aufzubauen, das den nötigen empirischen Gehalt verschafft: *zur Prüfung der Kopernikanischen Lehre bedarf es einer neuen Weltauffassung, mit einer neuen Anthropologie und einer neuen Theorie der Erkenntnis.*[2]
Eine solche neue Weltauffassung läßt sich aber nicht sogleich hervorzaubern (heute Aristoteles, morgen Helmholtz, das ist nicht einfach unmöglich, das wäre ganz absurd). Eine Prüfung ist erst dann sinnvoll, wenn eine solche neue Weltauffassung vorliegt. Also muß man bereit sein, Jahrzehnte und vielleicht Jahrhunderte zu warten.

2 Das hat Bacon erkannt: »Der unmittelbaren Sinneswahrnehmung«, sagt er (*Novum organum*, Aphorismus 50), »messe ich wenig Gewicht bei.« Denn »die menschlichen Sinne gelten zu Unrecht als das Maß aller Dinge; im Gegenteil, alle Wahrnehmungen sowohl der Sinne als auch des Geistes *haben mit dem Menschen und nicht mit der Welt zu tun*, und der menschliche Geist ähnelt jenen unebenen Spiegeln, die ihre eigenen Eigenschaften den verschiedenen Gegenständen mitteilen, von denen Strahlen ausgesandt werden, und sie verzerren und entstellen« (41). Bacon äußert sich wiederholt über die »Stumpfheit, Unbrauchbarkeit und Fehlerhaftigkeit der Sinne« (50, 52) und läßt der Empfindung nur die Hilfsfunktion eines »Richters der . . . Experimente« (50), wobei das Experiment Richter über »die Natur und den Gegenstand selbst« ist (50). Wenn also Bacon von »vorurteilslosen Sinnen« spricht, so meint er keine Sinnesdaten oder »unmittelbaren Empfindungen«, sondern Reaktionen eines Sinnesorgans, *das umgebaut worden ist*, damit es mit der Natur im Einklang steht. *Der Mensch muß umgebaut werden.* In diesem Gedanken der Reform des Menschen liegen starke religiöse Züge; dem Werk der Erkenntnis muß ein Werk der »Zerstörung« vorausgehen (115), eine »Buße«, eine »Reinigung des Geistes« (69). Die »gesamte Tätigkeit des Geistes« muß von vorn beginnen, aber erst, nachdem »seine Oberfläche gereinigt, poliert und geebnet« ist (115), so daß er ein getreuer Spiegel der Natur wird. Vorgefaßte Begriffe (36), Meinungen (42 ff.), selbst die gebräuchlichsten Wörter (59, 121) »müssen entschlossen und feierlich abgelegt werden, der Verstand muß von ihnen vollständig befreit werden, so daß der Zugang zum menschlichen Königreich, das auf den Wissenschaften beruht, dem zum himmlischen Königreich ähneln möge, in das nur Kinder Einlaß finden« (68).
Der Umbau des Menschen ist zwar für die Entstehung einer richtigen Wissenschaft notwendig, aber nicht hinreichend. Die Wissenschaft *ordnet nicht bloß die Erscheinungen;* sie soll für sie auch *physikalische Gründe*

Diese Notwendigkeit *zu warten* und große Mengen entscheidender Beobachtungen *außer acht zu lassen* wird in unseren Methodologien kaum erörtert. Ganz im Gegenteil: man will »harte Prüfungen«, d. h., man will das Kind töten, noch bevor es ein Mann geworden ist. Einzig John Stuart Mill hat eingesehen, daß wahre Ideen aus falschen Gründen verdrängt werden können, und er hat uns daher geraten, alle Ideen, ganz unabhängig von ihrer Reputation, immer für die Wissenschaften bereitzuhalten. Das Prinzip von heute kann die Idiotie von morgen sein und der Mythos von vorgestern die »Grundlage allen Denkens« von übermorgen. Aber es ist schwer, an eine Sache zu glauben, die hoffnungslos aussieht. Darum spielen »irrationale« Mittel der Verteidigung (und da keine Idee je vollkommen ist, in jedem Stadium) eine so große Rolle.
Zum Beispiel ist die Entstehung neuer historischer Klassen mit neuen Ansichten und (irrationaler) Verachtung für die Schulgelehrsamkeit gerade aus diesen Gründen so wichtig. Das barbarische Latein der Gelehrten, die geistige Verkommenheit

angeben. So liefern uns das Kopernikanische und das Ptolemäische System »die Zahlen, Stellungen, Bewegungen und Umlaufzeiten der Sterne – eine schöne Außenseite des Himmels, der das Fleisch und die inneren Organe fehlen: ein wohlgebautes System, die physikalischen Gründe und Grundlagen einer wirklichen Theorie, die nicht nur den Erscheinungen gerecht wird, was fast jede einigermaßen scharfsinnige Theorie kann, sondern die Substanz, die Bewegungen und die Einflüsse der Himmelskörper angibt, wie sie wirklich sind«. (*Advancement of Learning*, Kap. 4, zit. nach Wiley Books, New York 1944, mit einer besonderen Einleitung von James Edward Creighton, S. 85 f.) Vgl. auch *Novum organum*, ebenda, S. 371: »Niemand kann die Frage zu entscheiden hoffen, ob die Erde oder der Himmel in täglicher Drehung begriffen ist, ehe er das Wesen der spontanen Drehung verstanden hat.« Der neue Mensch braucht also eine neue Physik, um seine Astronomie aufbauen zu können.
Wissenschaftsgläubige Philosophen sind stets rasch mit Tadel an einem Denker bei der Hand, der sich nicht sofort ihren Lieblingsauffassungen anschließt. Bacon wurde oft wegen seiner Zurückhaltung gegenüber Kopernikus kritisiert. Dieses unaussprechlichen Vergehens ziehen ihn Denker, deren eigene Philosophie Kopernikus einen Tag nach seiner ersten Veröffentlichung ausgelöscht hätte und die sich nie um die *Gründe* für Bacons Zurückhaltung gekümmert haben. Ein Beispiel ist Popper, *Die offene Gesellschaft und ihre Feinde*, Bd. 2, Bern 1958, S. 23.

der akademischen Wissenschaften, ihre Weltabgewandheit, die bald als Nutzlosigkeit verstanden wird[3], ihre Verbindung mit einer verhaßten Kirche – alles das wird jetzt mit der Aristotelischen Kosmologie zusammen gesehen und überträgt dieselbe Verachtung auf jedes einzelne Aristotelische Argument. Die Argumente werden so sicher nicht weniger vernünftig, aber *sie verlieren an Einfluß* – und das ist alles, was wir in diesem Stadium brauchen. Dann verbindet man Kopernikus auch mit Fortschritt auf anderen Gebieten, er wird das Sinnbild der Ideale einer neuen Klasse, die auf die klassischen Zeiten Platons und Ciceros zurück- und einer freieren und pluralistischeren Gesellschaft entgegenblickt. Natürlich ist die eben beschriebene Verbindung genauso lose wie die Verbindung zwischen Kopernikus und den Tatsachen; es handelt sich um vage und oft durchbrochene Tendenzen – aber Tendenzen sind alles, was wir in diesem Stadium brauchen. Auch kommt es zu keinen neuen Argumenten, nur zu einer neuen Einstellung zu Argumenten der einen und der anderen Seite.

3 Nur ein Beispiel: Die akademische Wissenschaft trug weder zur Vorbereitung der Entdeckungen von Marco Polo, Kolumbus, Vespucci bei, noch schenkte sie ihnen Beachtung. Die ungeheure Erregung, die die Erzählungen dieser Entdecker hervorriefen, wie auch die ihr zugrundeliegende grenzenlose Neugier sind den Gelehrten unbekannt. Es ist richtig, daß Kolumbus den Ptolemäus, Pierre d'Ailly, Aeneas Sylvius studierte, doch nur, um einer Auffassung, die er bereits hatte, eine angesehene Stütze zu verleihen. Außerdem ordnete er den Inhalt dieser Bücher auf höchst ungewöhnliche Weise an. Gelehrter Brauch war es, die Autoritäten in *Einklang* zu bringen; er dagegen wählte Bruchstücke ihrer Argumente und Beschreibungen aus, um eine eigene neue Auffassung aufzubauen. Nennt man die erste Verwendung der Autoritäten *bewahrend* und die zweite *auflösend*, so kann man sagen, *daß sich im 16. und 17. Jahrhundert die auflösende Verwendung von Autoritäten verbreitete.*
Sie verbreitete sich besonders bei Leuten, die wegen Unkenntnis des Lateinischen von den meisten gelehrten Tätigkeiten ausgeschlossen waren, sich aber für ihre manchmal ungeheuer schwierigen praktischen Unternehmungen irgendwie Wissen aneignen mußten und es entweder von Wissenschaftlern gewannen, die für ihre Arbeit Verständnis hatten (Brunelleschi und Toscanelli), oder durch eigene Anstrengung (Kolumbus), oder sie verbanden Theorie und Praxis, Streben nach neuen Errungenschaften und Kenntnis der Antike (Leon Battista Alberti). Vielleicht aufgrund ihrer

Wir haben gesehen, wie meisterhaft Galilei die Situation ausnützt und wie er sie mit eigenen Tricks, Scherzen, non sequiturs unterstützt.

Ich fasse zusammen. Als der »Pythagoreische Gedanke« der Erdbewegung von Kopernikus wiederaufgegriffen wurde, da stieß er auf Schwierigkeiten, die jene der Ptolemäischen Astronomie übertrafen. Galilei war von der Wahrheit der Kopernikanischen Auffassung überzeugt und teilte auch nicht den weit verbreiteten, wenn auch nicht universellen Glauben an eine feste Erfahrung. Er machte sich also auf die Suche nach neuen Tatsachen, die Kopernikus stützen und allgemein akzeptabel sein würden. Er fand diese Tatsachen auf zweierlei Weise. Erstens durch die Erfindung des *Fernrohrs*, das den *sinnlichen*

Stellung in der Gesellschaft ließen sich diese Menschen durch ungewöhnliche Gedanken und Ereignisse anregen und strebten begierig nach Neuem; bald empfanden sie den Gegensatz zwischen ihren vorwärtsdrängenden Unternehmungen und der unfruchtbaren und rückwärtsgewandten Tätigkeit der Gelehrten. Es ist interessant, daß die Abenteuer des Kolumbus und die Erfindung des Kopernikus zuerst in volkstümlichen, in der Landessprache abgefaßten Schriften erschienen, die einer Vielzahl von Bedürfnissen dienten: dem Interesse am Wunderbaren und Ungewöhnlichen, der Freude am Ungereimten (die Kopernikanische Auffassung scheint aus *beiden* Gründen verbreitet worden zu sein), dem Wunsch nach neuem Wissen und – was alle diese Bedürfnisse zusammenhielt – der Freude an produktivem Klatsch.» Wie ... ein Volksgedicht das älteste Zeugnis des Kolumbus aus der unmittelbaren Nähe der Beteiligten aufnahm und überlieferte, so ist es ein Volksbuch, das uns das älteste Zeugnis der Verbreitung der Kopernikanischen Lehre bietet und zugleich, wie im Gedichte, den Nachweis, wie sie sich in den Köpfen der Ungelehrten widerspiegelte. Die Historiker der Wissenschaften und der Kultur haben dieses Zeugnis übersehen, weil es außerhalb der einschlägigen Werke erscheint; die Literaturhistoriker, die das Volksbuch erwähnen, haben es als ein Kuriosum betrachtet, das nicht die Mühe lohnt, mit kritischen Blicken durchforscht zu werden. Es handelt sich um die 1552 veröffentlichten ›Marmi‹ des Anton Francesco Doni, ein Buch, das wie kaum ein anderes geeignet ist, den Stand der Laienbildung jener Zeit in den wichtigsten Kulturfragen zu offenbaren.« (Leonardo Olschki, *Geschichte der neusprachlichen wissenschaftlichen Literatur*, Vaduz 1965, Bd. 2, S. 134 ff. Das Werk ist eine Fundgrube ungewöhnlicher, aber belangvoller Informationen.) Diese Einstellung gewisser Gruppen interessierter Laien, die wegen ihrer Stellung in der Gesellschaft und ihrer Arbeit eine immer bedeu-

Kern der Alltagserfahrung veränderte; zweitens durch *sein Relativitätsprinzip und seine Dynamik*, die ihre *begrifflichen Bestandteile* veränderten. Keine Theorie begleitete die Veränderung, wohl aber, im Fall des Fernrohrs, eine Fülle rätselhafter Erscheinungen. Diese wurden beiseite gelassen, der Rest gab keinen *Beweis* für Kopernikus, unterstützte ihn aber durch *Analogie*. Der ganze reiche Vorrat der Alltagserfahrung und der Intuition des Lesers wird verwendet, doch die Tatsachen, an die er sich erinnern soll, werden neu dargestellt, Näherungen werden eingeführt, bekannte Effekte außer acht gelassen, neue Gedankenlinien gezogen, so daß eine *neue Erfahrung*

tendere Rolle spielten, trat allmählich an die Stelle des Strebens der Gelehrten nach Gewißheit.
Zunächst ist diese Einstellung nichts weiter als ein neuer Denk- und Problemlösungs*stil*. Der Stil trägt zur Verbreitung der vielen neuen Entdekkungen bei, die jetzt gemacht werden (und daneben gibt es noch viele andere Verbreitungshilfen wie die verbesserte Kommunikation, den Buchdruck, die steigende Verwendung der Landessprachen auch für Berichte über »wissenschaftliche« Gegenstände, und so weiter). Die Entdekkungen werden mit Interesse studiert, und man hält an ihnen trotz der auftretenden Schwierigkeiten fest. Diese werden nämlich nicht beiseite geschoben, ebensowenig aber als Argumente gegen interessante Auffassungen verwendet. Vielmehr betrachtet man sie als *weitere Neuigkeiten,* und es entsteht die Aufgabe, eine Darstellung zu finden, die den Zusammenhang aller dieser Dinge aufzeigt. Eine solche Darstellung führt dann oft zu einem völlig neuen Weltbild mit neuen Grundbegriffen. Im Falle des Kolumbus und der Entdeckungen nach seiner ersten und zweiten Landung wurde das Denken in solchem Maße verändert, daß man besser von der *Erfindung Amerikas* als von seiner Entdeckung sprechen sollte, wofür Edmondo O'Gorman in seinem fesselnden Buch mit diesem Titel (Bloomington 1961) eintritt. Der neue Denkstil, der die Entwicklung trägt, wird durch Zusammenarbeit in Gesellschaften gestärkt, die bald zu »vulgären« Mittelpunkten der Gelehrsamkeit wurden (Olschki, ebenda; Kapitel 4 handelt von der »Vulgarisierung der Wissenschaft«). Der Stil begibt sich bald in bewußten Gegensatz zu dem ganz anderen Stil der Schulen und wird in methodologische Regeln gefaßt wie die von Leibniz in seinem Brief an den Aristoteliker Conring empfohlenen. Ideologien wie der Puritanismus, die auf fruchtbare Arbeit Wert legen, betrachten solche Entwicklungen mit Wohlwollen und verleihen ihnen so verstärktes Gewicht. Erklärt das, warum die Kopernikanische Auffassung trotz aller Schwierigkeiten beibehalten wurde? Ja und nein. Siehe weiter unten in diesem Kapitel.

auftaucht, wie aus dem Nichts hervorgezaubert. Diese neue Erfahrung wird dann durch die Unterstellung befestigt, sie sei dem Leser von Anfang an bekannt gewesen. Sie wird befestigt und bald als Evangelium der Wahrheit anerkannt, obwohl ihre begrifflichen Bestandteile unvergleichlich viel spekulativer sind als die des Alltagsdenkens.[4] Man kann also sagen, daß sich Galileis Wissenschaft auf eine *illustrierte Metaphysik* stützt. Die Entstellung hilft Galilei weiter, verhindert aber die Gründung einer kritischen Philosophie im Sinne Mills.[5] (Auch heute noch betont man Galileis Mathematik oder seine Beziehung zu Platon oder seine häufige Berufung auf die »Wahrheit« – aber seine Propagandamanöver werden fast alle übersehen.) Meiner Ansicht nach hat Galilei widerlegte Theorien so eingeführt, daß sie einander unterstützten; er hat auf diese Weise eine neue Weltauffassung geschaffen, die nur lose (wenn überhaupt) mit der Alltagswelt verbunden war; er hat Scheinverbindungen hergestellt zu den Wahrnehmungsbestandteilen dieser Kosmologien, die erst heute allmählich durch rechte Theorien ersetzt werden (physiologische Optik, Theorie der Kontinua); und er hat, wo immer möglich, alte Tatsachen durch eine neuartige Erfahrung ersetzt, die er glattweg *erfand* – alles, um die Kopernikanische Lehre am Leben zu erhalten. Durch seine Verengung des Gesichtspunktes hat er viele Be-

4 Genau die gleiche Entwicklung fand etwa ein halbes Jahrhundert später in England statt. »Die Gesellschaft [Royal Society] hatte kaum einige Zeit bestanden, als Newton in seinem dreißigsten Jahre darin aufgenommen wurde. Wie er aber seine Theorie in einen Kreis eingeführt, der alle Theorien entschieden verabscheute, dieses zu untersuchen ist wohl des Geschichtsforschers wert.« Goethe, *Farbenlehre*, Leipzig 1927, S. 614. Goethes wundervolles Buch verdient weit mehr Beachtung, als es bisher bei Wissenschaftshistorikern und Wissenschaftstheoretikern gefunden hat.

5 »Denn wie sollte man noch in Wissenschaften Vorschritte hoffen können, wenn dasjenige, was nur geschlossen, gemeint oder geglaubt wird, uns als ein Faktum aufgedrungen werden dürfte?« fragt Goethe mit Bezug auf Newton (*Farbenlehre*, ebenda, S. 393). Im Hinblick auf Galilei ist die Frage genau die gleiche. Über Newtons Anwendung der Galileischen »Methode« vgl. meinen Aufsatz »Classical Empiricism«, in Butts und Davies, Hg., *The Methodological Heritage of Newton*, Oxford 1970.

reiche, die früher untersucht wurden, von einer wissenschaftlichen Behandlung ausgeschlossen. Dabei entfaltete er einen Stil, einen Humor, eine Elastizität, eine Eleganz und einen Sinn für die wertvollen Schwächen des menschlichen Denkens, die ihresgleichen suchen (rechthaberisch war er natürlich auch, und geringe Liebe besaß er für »den ungebildeten Pöbel« – aber schließlich kann man von einem Menschen nicht alles verlangen). Wir haben hier fast unerschöpfliches Material für methodologische Studien und, was noch wichtiger ist, zur Wiederherstellung jener Züge der Erkenntnis, die uns nicht nur belehren, sondern auch unterhalten.

13

Galileis Methode funktioniert auch auf anderen Gebieten. Man kann sie beispielsweise zur Ausschaltung der vorhandenen Argumente gegen den Materialismus verwenden und so das philosophische *Leib-Seele-Problem beerdingen (die entsprechenden* wissenschaftlichen *Probleme bleiben dagegen unberührt). Dennoch ist ihre universelle Anwendbarkeit in den Wissenschaften noch kein Argument zu ihren Gunsten. Es gibt nämlich sowohl ethische als auch wissenschaftliche Gründe, die uns gelegentlich zwingen, ganz anders vorzugehen.*

Galilei erzielte Fortschritte, indem er gewohnte Verbindungen zwischen Wörtern veränderte (er führte neue Begriffe ein) und zwischen Wörtern und Wahrnehmungen (er führte neue natürliche Interpretationen ein), indem er neue und ungewohnte Grundsätze verwandte (wie sein Trägheitsgesetz und sein allgemeines Relativitätsprinzip) und indem er den sinnlichen Kern seiner Beobachtungsaussagen umformte. Sein Beweggrund war der Wunsch, den Kopernikanischen Standpunkt hoffähig zu machen. Dieser Standpunkt widerspricht einigen offensichtlichen Tatsachen und einleuchtenden und offenbar wohlbegründeten Grundsätzen, und er verträgt sich nicht mit der »Grammatik« einer Alltagssprache. Er paßt nicht zu der »Lebensform«, die diese Tatsachen, Grundsätze und grammatischen Regeln enthält. Doch weder die Regeln noch die Grundsätze, noch auch die Tatsachen sind unantastbar. Der Fehler kann bei ihnen liegen und nicht bei dem Gedanken, daß sich die Erde bewegt. Man kann sie daher verändern, neue Tatsachen und neue grammatische Regeln schaffen und sehen, was geschieht, wenn diese Regeln vorhanden sind und sich eingebürgert haben. Ein solcher Versuch kann erhebliche Zeit in Anspruch nehmen, und in gewissem Sinne ist das Galileische Abenteuer auch heute noch nicht beendet. Doch es läßt sich bereits erkennen, daß es klug war, die Veränderungen auszuführen, und daß es töricht gewesen wäre, an der Aristotelischen Lebensform festzuhalten.

Mit dem Leib-Seele-Problem verhält es sich genauso. Auch hier haben wir Beobachtungen, Begriffe, allgemeine Grundsätze und grammatische Regeln, die insgesamt eine »Lebensform« bilden, die anscheinend gewisse Auffassungen wie den Dualismus stützt und andere wie den Materialismus ausschließt. (Ich sage »anscheinend«, denn die Sachlage ist hier viel weniger klar als in dem astronomischen Fall.) Und man kann wiederum auf Galileische Weise vorgehen, nach neuen natürlichen Interpretationen, neuen Tatsachen, neuen Grammatikregeln, neuen Grundsätzen suchen, die in der Lage sind, den Materialismus zu etablieren, und dann die *gesamten* Systeme vergleichen – den Materialismus und die neuen Tatsachen, Regeln, natürlichen Interpretationen und Grundsätze auf der einen Seite und den Dualismus und die alten »Lebensformen« auf der anderen. Man braucht sich nicht, wie Smart, um den Anschluß des Materialismus an die Ideologie des Alltagsverstands zu bemühen. Auch ist das vorgeschlagene Verfahren nicht so »verzweifelt« (Armstrong), wie es denen erscheinen muß, denen größere geistige Umwälzungen fremd sind. Es war in der Antike an der Tagesordnung, und es tritt überall da auf, wo phantasievolle Forscher neue Wege einschlagen.[1]

Bis hierher war das Argument rein intellektueller Natur. Ich versuchte zu zeigen, daß der Spekulation keine logischen Grenzen oder keine Grenzen in der Erfahrung gesetzt sind und daß hervorragende Forscher gesetzte Grenzen oft überschritten haben. Aber Begriffe haben nicht nur einen logischen Gehalt, sie haben auch Assoziationen, sie geben Anlaß zu Emotionen, sie sind verbunden mit Bildern. Diese Assoziationen, Emotionen, Bilder sind ganz wesentlich bei der Beziehung zu unseren Mitmenschen. Fallen sie weg oder verändern sie sich auf grundlegende Weise, dann werden die Begriffe zwar vielleicht ›objektiver‹, d. h., sie gehorchen dann vielleicht

1 Eine ausführlichere Erläuterung zum Leib-Seele-Problem findet sich in meinen *Philosophical Papers*, Bd. 1, Kap. 9 und 10.

einem intellektuellen Kriterium, aber sie verletzten ein soziales Kriterium, nämlich zu Menschen als Menschen zu reden und nicht, als ob sie Steine wären. Aristoteles hat sich geweigert, eine makroskopische Menschenauffassung, die »intuitive« Bestandteile enthält, schon darum aufzugeben, weil eine mehr physiologische Auffassung auf beschränktem Gebiete gewisse Erfolge zeigte. Und die Römische Kirche, die am Seelenheil und nicht nur an den astronomischen Kenntnissen der Gläubigen interessiert war, verbat es Galilei, seine schlecht begründeten Vermutungen als Wahrheiten vorzutragen. *Intellektuellen Schaden* erleidet dabei niemand, ganz im Gegenteil, *abstrakte Wahrheiten* werden am besten auf dem Umweg über schlechte Begründungen gefunden. Aber schlechte Begründungen sind zu wenig, um den Seelenfrieden von Menschen zu gefährden, deren ganzes Leben von bestimmten Glaubensansichten abhängt. Ich mache daher nun einige kurze Bemerkungen zum sogenannten Prozeß Galilei.

14

Die Kirche zur Zeit Galileis hielt sich viel enger an die Vernunft als Galilei selber, und sie zog auch die ethischen und sozialen Folgen der Galileischen Lehren in Betracht. Ihr Urteil gegen Galilei war rational und gerecht, und seine Revision läßt sich nur politisch-opportunistisch rechtfertigen.

Im 17. Jahrhundert gab es, wie heute, zahlreiche Gerichtsverfahren. Die Verfahren begannen mit einer Anzeige und dem Sammeln von Evidenz. War die Evidenz ungenügend, dann wurde das Verfahren eingestellt. Reichte sie aus, dann kam es zu einer Verhandlung, zu einem Urteil und zur Bestrafung. Damals wurden, anders als heute, viele Delikte von kirchlichen Gerichten wie von den Gerichten der Inquisition behandelt. Diese Gerichte hatten etwas andere Verfahren als die weltlichen Gerichte, und sie befaßten sich außerdem nur mit Getauften, nicht mit Heiden. Die auch heute noch weit verbreitete Vorstellung von den sadistischen Folterkammern der Inquisition ist, wie so vieles Gedankengut »fortschrittlicher Gebildeter«, reine Legende. Insbesondere ist der Vergleich mit den Methoden moderner totalitärer Staaten ungerecht und verleumderisch. Das hat Henry Charles Lea, der große liberale Geschichtsschreiber, in seiner *History of the Inquisition of Spain* (4 Bände, New York 1906-1908) aufgrund eingehender Untersuchungen klar festgestellt. »Die geläufige Vorstellung«, sagte Lea[1], »daß die Folterkammern der Inquisition ein Schauplatz raffinierter Grausamkeiten, ganz besonders erklügelter Methoden und größter Hartnäckigkeit im Erpressen von Geständnissen sei, ist ein Trugschluß, der den Sensationsschriftstellern, die die Leichtgläubigkeit der Menschen ausgenützt haben, zu verdanken ist.« Ganz im Gegenteil. »Die geheimen Kerker der Inquisition [waren] als Unterkunft erträglicher ... als die bischöflichen und die städtischen oder königlichen Ge-

1 Lea, Bd. 3, S. 2.

fängnisse. In ihnen ging es im allgemeinen menschlicher und vernünftiger zu als im Gewahrsam unter anderer Jurisdiktion, ob in Spanien oder im Ausland.«[2] Von weltlichen Gerichten angeklagte Menschen bezichtigten sich daher oft kirchlicher Verbrechen, nur um in das Inquisitionsgefängnis überführt zu werden.[3]

Unter den Delikten, die bestraft wurden, gab es auch Delikte, die den Gebrauch von Erkenntnissen betrafen. Der überraschte Leser, der fragt, was die Erkenntnis denn mit den Gerichten zu tun habe, sei an Prozesse erinnert wie den gegen den Kreationismus im Lande Arkansas[4] oder an die zahlreichen Verfahren gegen die Verbreitung militärischer Geheimnisse.[5] Diese Geheimnisse schließen auch fundamentale theoretische Erkenntnisse ein.[6] Und man darf nicht vergessen, eine wie große Rolle administrative Entschlüsse in der modernen Forschung spielen: ein Forschungsprogramm, dem es heute am nötigen Geld fehlt, kommt sicher nicht sehr weit. Administration und militärische Geheimnisse gibt es nicht erst seit dem Zweiten Weltkrieg. Schon die Erfinder des Fernrohrs wurden zur Geheimhaltung gezwungen, denn man erkannte bald den militärischen Wert der Erfindung.[7] Die Erkenntnisgewinnung und die Erkenntnisverbreitung ist und war eben nie jenes freie

2 Lea, Bd. 2, S. 534.

3 Henry Kamen, *Die Spanische Inquisition,* München 1980, S. 174.

4 Vgl. den Bericht in *Science* Bd. 215 (1982), S. 934 ff. Es wurde Anklage erhoben, und ein Gesetz über Unterricht in Kreationismus an den Schulen des Landes Arkansas wurde als mit der Konstitution unvereinbar gestrichen.

5 Die verschiedenen Darstellungen des Prozesses Oppenheimer geben einen guten Einblick in die Situation.

6 Anscheinend waren die Wissenschaftler die ersten, die die Wichtigkeit bestimmter theoretischer Erkenntnisse für die Kriegsführung bemerkten. Vgl. den Bericht und die Dokumente in *Leo Szilard, His Version of the Facts,* hg. von Spencer R. Weart und Gertrud Weiss-Szilard, MIT Press 1978, insbesondere Kapitel 2 ff.

7 Nach Berellus *De vero telescopii inventore,* Den Haag 1655, S. 4, erkannte Prinz Moritz sofort den militärischen Wert des Fernrohres und befahl, die Erfindung – die Berellus dem Zacharias Jansen zuschreibt – geheimzuhalten.

Unternehmen, für das es die mehr kindlichen Rationalisten halten.

Unter den vielen Prozessen, die im 17. Jahrhundert geführt wurden, war der Prozeß Galilei nur einer. Er hatte keine besonderen Merkmale, ausgenommen vielleicht, daß man den Angeklagten trotz seiner Lügen[8] sehr rücksichtsvoll behandelte. Er wurde aber von einer kleinen intellektuellen Clique zu einem wahren Monstrum aufgeblasen, zu einem Kampf zwischen Himmel und Hölle gewissermaßen. Das ist kindisch und ungerecht gegenüber den vielen anderen Menschen, die unter der Gerichtsbarkeit des 17. Jahrhunderts zu leiden hatten. Es ist ungerecht insbesondere gegenüber Giordano Bruno, der verbrannt wurde, mit dem sich »wissenschaftlich denkende Menschen« aber nicht gerne befassen. Nicht die Humanität, sondern Parteiinteressen führen bei der Beurteilung des Prozesses Galilei das große Wort. Sehen wir uns also die Sache ein wenig näher an.

Der sogenannte Prozeß Galilei bestand eigentlich aus zwei Prozessen.[9] Das erste Verfahren fand im Jahre 1616 statt. Die Kopernikanische Lehre wurde untersucht und kritisiert. Galilei erhielt eine Anweisung, er wurde nicht bestraft. Das zweite Verfahren fand im Jahre 1632/33 statt. Die Kopernikanische Lehre stand in diesem Verfahren nicht mehr zur Diskussion. Die Frage war, ob Galilei die im ersten Verfahren gegebene Anweisung vor den Inquisitoren verborgen und sie so getäuscht hatte. Auch wurde er beschuldigt, zumindest einen Teil der Anweisung nicht befolgt zu haben. Die Akten der Prozesse sind heute allgemein zugänglich im 19. Band der Gesamtausgabe der Werke Galileis, zusammengestellt von Antonio Favaro. Der Vorwurf, es handle sich zum Teil um Fäl-

8 Ein Beispiel ist Galileis Antwort auf die Befragung vom 10. Mai 1633, *Ed. Naz.*, Bd. XIX, S. 347, Zeilen 10 ff. Die Reaktion eines Bewunderers von Galilei ist charakteristisch: »Diese absurde Vorspiegelung . . .« (Ludovico Geymonat, /9[15]/, S. 149).

9 Von den neueren Darstellungen vgl. de Santillana, *The Crime of Galileo*, Chicago 1954, sowie Ludovico Geymonat, /9[15]/. De Santillana versucht, dem Standpunkt der Kirche gerecht zu werden, und kommt dabei meiner Darstellung gelegentlich sehr nahe.

schungen, gegen Ende des 19. Jahrhunderts ziemlich populär, wird heute kaum mehr erhoben.[10]

Das erste Verfahren begann mit Anzeigen und Gerüchten. Neid und Mißgunst spielten dabei eine Rolle, aber eine nicht größere als bei anderen Prozessen auch. Die Inquisition begann mit ihrer Untersuchung.[11] Fachleute *(qualificatores)* wurden beauftragt, sich zu zwei Sätzen zu äußern, die die Kopernikanische Lehre mehr oder weniger korrekt wiedergaben. Ihr Urteil[12] betraf zwei Punkte, nämlich erstens, was wir heute den *wissenschaftlichen Gehalt* der Lehre nennen würden, und zweitens, was wir heute ihre *ethische (soziale) Relevanz* nennen würden.

Zum ersten Punkt erklärten die Fachleute, die Lehre sei »töricht und absurd in der Philosophie«, also, in moderner Sprechweise, unwissenschaftlich. Dieses Urteil wurde ohne Beachtung theologischer Prinzipien allein aufgrund der wissenschaftlichen Situation der Zeit gefällt. Es wurde von vielen hervorragenden Wissenschaftlern geteilt – *und es war korrekt*:[13] gemessen an den damals bekannten Tatsachen und Ge-

10 Die These der Fälschung wurde besonders vom Galilei-Gelehrten Emil Wohlwill eingeführt und, soweit zu seiner Zeit möglich, begründet: *Der Inquisitionsprozeß des Galileo Galilei*, Berlin 1870. Wohlwill stützte sich dabei auf einen Widerspruch zwischen zwei Dokumenten, von denen das eine (*Edit. Naz.*, Bd. XIX, S. 321 – 25. Februar 1616) angibt, was mit Galilei zu geschehen hat, während das zweite (S. 321 f. – 26. Februar) berichtet, was tatsächlich geschehen ist. Im ersten Dokument wird Galilei angewiesen, die Kopernikanische Lehre nur hypothetisch zu behandeln – sollte er sich weigern, dies zu tun, soll ihm das Reden über Kopernikus ganz verboten werden. Im zweiten Dokument erhält Galilei die erste Anweisung, seine Reaktion wird aber nicht abgewartet, sondern es wird ihm sofort befohlen, die Kopernikanische Lehre in keiner wie immer gearteten Weise zu behandeln. Wohlwill hielt dieses Dokument für eine Fälschung. Das wurde inzwischen widerlegt (Details in de Santillana, Kap. 13).

11 Details über die dabei angewandten Methoden in Henry Kamen, /14[3]/, Kap. 9. Kamen beschreibt die Spanische Inquisition, und es gibt wichtige Unterschiede. Aber die Ähnlichkeiten sind groß genug, um sein Buch mit Gewinn zum Vergleich lesen zu können.

12 *Ed. Naz.*, Bd. XIX, S. 320 f.

13 Der Leser beachte, daß ich mich bei allen Urteilen in diesem Kapitel an die Maßstäbe halte, aufgrund derer viele moderne Wissenschaftler und fast

setzen war die Idee von der Bewegung der Erde in der Tat genauso absurd, wie etwa die Ideen Velikowskys absurd sind, wenn man sie mit anerkannten wissenschaftlichen Tatsachen und Gesetzen von heute vergleicht. Ein moderner Wissenschaftler hat in dieser Hinsicht keine Wahl. Er kann nicht an seinen eigenen strengen Maßstäben festhalten und zugleich Galileis Verteidigung der Kopernikanischen Lehre preisen. Verteidigt er Galilei, dann muß er zugeben, daß Tatsachen und Gesetze, sogar hochbestätigte Gesetze in den Wissenschaften, niemals allein maßgebend sind und daß eine neue Lehre trotz theoretischer und praktischer Schwierigkeiten für wahr erklärt werden kann. Gibt er das nicht zu, dann kann er auch Galilei nicht verteidigen. Die meisten wissenschaftlichen Verehrer Galileis haben keine Ahnung von dieser etwas komplexen Situation.

Zum zweiten Punkt erklärten die Fachleute, die Lehre sei »formal häretisch«. Das heißt, sie stand im Widerspruch zu den Heiligen Schriften, so wie die Kirche diese in Übereinstimmung mit der Aussage der Väter interpretierte.

Dieser zweite Punkt gründete sich auf eine Reihe von Annahmen, darunter die Annahme, daß die Heilige Schrift das Wort Gottes ist und eine unabänderliche Randbedingung der Forschung und der menschlichen Existenz überhaupt darstellt. Das war für große Wissenschaftler wie Kopernikus, Kepler,

alle modernen Wissenschaftstheoretiker eine wissenschaftliche Leistung beurteilen. In die Zeit des Galilei versetzt, hätte der wissenschaftliche Rationalismus von heute den Galilei genauso verurteilt wie die Aristoteliker seiner Zeit und die Gelehrten der Kirche. Denn was Galilei vorschlug, war ja nicht mehr und nicht weniger als eine Theorie, für die keine positiven Argumente vorlagen, die aber unter vielen Schwierigkeiten litt, als wahr vorzutragen. Außerdem schlug er das in aller Öffentlichkeit vor, während es heute als eine Todsünde gilt, eine Konjektur ohne genaue Besprechung mit den Fachgenossen und noch vor ihrer Publikation in den angemessenen Organen an die Öffentlichkeit zu tragen (vgl. etwa die Kontroversen um den magnetischen Monopol). Weder »fortschrittliche« (d. h. wissenschaftsfreundliche) Kirchenfürsten noch Philosophen, noch Wissenschaftler erkennen diese Situation, und so spielt sich die Diskussion des »Prozesses Galilei« in einem Märchenland ab, das mit der Wirklichkeit nur mehr den Namen eines der Hauptakteure gemeinsam hat.

Galilei, Newton eine Selbstverständlichkeit. Nach Newton gewinnt man Erkenntnis aus zwei Quellen, aus dem Werk Gottes, das heißt der Natur, und aus dem Wort Gottes, also der Heiligen Schrift.[14] Weder der Aufbau der Natur noch der Sinn der Heiligen Schriften ist unmittelbar einsichtig – man muß sie erforschen. Die Erforschung muß immer beide Quellen in Betracht ziehen – reine Naturforschung ist unvollständig, und dasselbe gilt von einer Erforschung des Sinnes der Heiligen Schrift, die nicht die Ergebnisse der Naturforschung in Betracht zieht. Daher hat Newton der Datierung biblischer Ereignisse große Aufmerksamkeit gewidmet.

Die Römische Kirche nahm zusätzlich an, daß das Recht der Erforschung und Deutung der Heiligen Schrift nur ihr allein zusteht. Laien sind dazu weder *geeignet* noch *befugt*. Die Bemerkung, daß Laien zur Erforschung der Heiligen Schrift nicht geeignet sind, überrascht uns nicht – hier zeigt sich eben wieder einmal die Einbildung der Fachleute. Was die Befugnis betrifft, so ist die Problemlage allerdings eine ganz andere.[15]

Wir haben heute zahlreiche wohlentwickelte und wohlbezahlte Institutionen, die wissenschaftliche Lehren entwickeln und den wissenschaftlichen Gehalt neuer Gesichtspunkte beurteilen. Es gibt aber keine Institutionen, die sich mit dem ethischen oder dem sozialen Gehalt oder, krasser ausgedrückt, mit den ethischen und sozialen Gefahren neuer Lehren befassen. Dahinter steckt die Idee, daß die Wahrheit auf jeden Fall nützlich ist und daß es nicht angeht, sie auch nur in der geringsten Weise einzuschränken. Diese Idee ist sehr fragwürdig, vor allem, da es ja nicht sicher ist, was unter Wahrheit verstanden wird. Wissenschaftler meinen unter »Wahrheit« gewöhnlich das, was sie und ihre Kollegen gefunden haben –

14 Newtons Theologie wird beschrieben in F. Manuel, *The Religion is Isaac Newton*, Oxford 1974. Vgl. auch die Bemerkungen in Fußnote 6 zu Kap. 4 sowie das Material in R. Westfall, *Never at Rest*, Cambridge 1980.

15 Diese Befugnis wurde im Tridentinischen Konzil noch einmal so festgelegt, daß allein die Interpretation der Heiligen Kirche die maßgebende sei: Denzinger-Schönmetzer, *Enchiridion Symbolorum*, 36. Ausgabe, Herder 1976, S. 365 f.

eine etwas enge Auffassung. Einsichtige Menschen, viele Wissenschaftler unter ihnen, haben gesehen, daß das Kriterium der Wissenschaftlichkeit nicht genügt und daß es durch ein ethisches oder soziales Kriterium ergänzt werden muß. Die Kirche stellte sich genau diese Aufgabe: die Gemeinschaft der Gläubigen muß beschützt werden von den Machinationen der Spezialisten.

Dabei war die Kirche keinesfalls dogmatisch. Sie sagte nicht: was der Bibel, so wie wir sie verstehen, widerspricht, das ist falsch, ganz gleich, wie gut die wissenschaftliche Begründung ist. *Eine Wahrheit, auch wenn sie mit rein wissenschaftlichen Mitteln gefunden war, wurde von ihr nicht beiseite geschoben.* Sie wurde verwendet, um traditionelle Auffassungen über den Sinn bestimmter Bibelstellen zu revidieren. Zum Beispiel gibt es viele Bibelstellen, in denen die Erde eindeutig als flach beschrieben wird. Dennoch war die Auffassung von der Kugelförmigkeit der Erde schon im 11. Jahrhundert ein fester Bestandteil der Kirchenlehre. Andererseits war die Kirche nicht bereit, ihre Auffassung aufgrund vager Vermutungen zu ändern. Sie wollte *Beweise* – in wissenschaftlichen Dingen also wissenschaftliche Beweise. Im Fall des Kopernikus lagen solche Beweise nach Ansicht der Fachleute nicht vor. Darum wurde es Galilei im ersten Prozeß auch verboten, die Kopernikanische Lehre *als Wahrheit* vorzutragen. Es wurde ihm aber gestattet, sie weiterhin als brauchbare und vielleicht sogar überlegene *Hypothese* vorzutragen.

Dieser Unterscheidung liegt die Einsicht zugrunde, daß die Wissenschaften Tatsachen oft mit rein formalen Mitteln ordnen und vorhersagen. Zum Beispiel reduziert die moderne sphärische Astronomie alle Vorgänge auf eine ruhende Erde, ohne damit behaupten zu wollen, daß die Erde nun wirklich ruht. Und die Wellenmechanik bedient sich wellenförmiger Funktionen bei ihren Berechnungen, ohne behaupten zu wollen, daß die Elementarteilchen immer und unter allen Umständen Wellen sind. Bei der Streuungsrechnung bedient man sich oft eines Koordinatensystems, in dem der Schwerpunkt des Systems (streuendes Teilchen – gestreutes Teilchen) ruht, ohne damit behaupten zu wollen, daß dieser Schwerpunkt nun tatsächlich ohne Bewegung ist. In gleicher Weise hielten viele Astronomen die Deferenten und Epizyklen für Rechenbehelfe, die es ihnen gestatteten, die *scheinbaren Bahnen* der Planeten zu berechnen, aber nur wenige Astronomen zogen daraus einen Schluß auf die *wirkliche Bewegung* der Planeten. Die wirkliche Bewegung der *Erde* war die Ruhe – das folgte aus einfachen Beobachtungen und theoretischen Überlegungen. Jedermann gab zu, daß eine Astronomie, die sich bei ihren Berechnungen einer bewegten Erde bediente, vielleicht zu besseren Voraussagen führen könnte. Aber der Schluß von den besseren Voraussagen zur wirklichen Bewegung der Erde galt damals als ebenso illegitim wie der Schluß vom Erfolg der Wellenmechanik auf die Wellennatur aller Elementarteilchen unter allen Umständen heute: Erfolg bei der Vorhersage zeigt nicht, daß die bei der Vorhersage benützten Mittel etwas Wirkliches beschreiben. Dazu bedarf es stärkerer Argumente. Die Kirche gab Galilei gegenüber zu, daß Kopernikus vielleicht einen guten Rechentrick gefunden hatte oder eine ausgezeichnete Approximation – sie bestritt, daß es Beweise für die Wahrheit der Kopernikanischen Theorie gab, und sie weigerte sich daher auch, die entsprechenden Stellen der Bibel zu ändern.

Diese Weigerung, die wissenschaftlich wohlbegründet war,[16] war keinesfalls nur der Ausdruck institutioneller Trägheit. Das Aristotelische Weltsystem mit seiner zentral gelegenen Erde und den sie umkreisenden Planeten und Sternen war so eng mit dem Common sense, dem Glauben, der Weltauffassung fast aller Menschen verbunden, daß eine Änderung einen großen Schock bedeutet hätte, und zwar einen Schock nicht

16 Einstein, Bohr und andere moderne Wissenschaftler haben oft den Fehler kritisiert, der darin besteht, daß man von formalen Eigenschaften einer Theorie sofort auf Wirklichkeit schließt, und insbesondere Bohr hat gezeigt, wie nötig es ist, Rechnungen durch qualitative Überlegungen zu ergänzen und so ihren Wirklichkeitsgehalt näher zu bestimmen. Vgl. insbesondere seine Behandlung der Unbestimmtheitsrelationen, beschrieben in Abschnitt 7 und 8, Kap. 16, Bd. 1 meiner *Philosophical Papers*.

nur für Gelehrte, sondern vor allem für einfache Menschen.[17] Galilei hatte nur Verachtung für Menschen, die sich nicht mit ihm in die feinen Regionen des mathematischen Denkens erheben konnten[18] – das war für ihn der »ungebildete Pöbel«. Der Kirche oder zumindest den besseren Menschen in ihr lag das Geschick dieses »ungebildeten Pöbels« mehr am Herzen. Ein Schock war vielleicht unvermeidlich. Eine wissenschaftlich begründete Wahrheit mußte man akzeptieren. »Gäbe es einen wirklichen Beweis«, schreibt Kardinal Bellarmine zu diesem Punkt[19], »daß sich die Sonne im Zentrum befindet und die Erde im dritten Himmel und daß sich die Sonne nicht um die Erde bewegt, sondern die Erde um die Sonne, dann müßten wir bei der Deutung von Schriftstellen, die das Gegenteil zu sagen scheinen, mit großer Vorsicht zu Werke gehen und eher zugeben, daß wir sie nicht verstehen, als eine Meinung für falsch zu erklären, die als wahr erwiesen wurde.« Der Wahrheit eines wissenschaftlichen Beweises wird sich die Kirche nicht widersetzen. Aber, das war die Ansicht der Kirche zur Zeit der Verhandlungen, *solche Beweise lagen nicht vor.* Galilei und Kopernikus hatten höchstens Plausibilitätsargumente. Plausibilitätsargumente aber waren für die Kirche nicht stark genug, um das Leben, den Glauben, die Sicherheit des »ungebildeten Pöbels« zu erschüttern.

Wieder müssen wir den Fachleuten der Kirche in allen Punkten zustimmen. Gemessen an den zur damaligen Zeit bekannten Tatsachen und Gesetzen war die Kopernikanische Lehre eine interessante Spekulation, aber stichhaltige Gründe für sie

17 John Donne hat diesen Schock auf unvergleichliche Weise ausgedrückt. Vgl. seine *Anatomy of the World,* First Anniversary: Decay of Nature in other Parts.

18 Selbst der sanfte Kopernikus zeigt da und dort die Einbildung des Fachmannes. Vgl. sein »Astronomie ist für Astronomen« in der Einleitung zu seinem Hauptwerk.

19 In seinem berühmten Brief an Foscarini vom 12. April 1615, *Ed. Naz.,* Bd. XII, S. 159 f. Von diesem Brief wird gewöhnlich der Anfang zitiert, wo Bellarmine die instrumentalistische Deutung der Kopernikanischen Lehre erläutert und verteidigt, kaum je aber das Ende, wo er angibt, wann er bereit wäre, zu einer realistischen Deutung überzugehen.

gab es nicht. Ganz im Gegenteil, wie wir gesehen haben, gab es *drei große Schwierigkeiten für die Lehre von der Bewegung der Erde.* Die erste Schwierigkeit war dynamischer Natur: wenn sich die Erde bewegt, dann muß sich ihre Bewegung in den Reaktionen frei fallender Körper spiegeln. Keine Reaktionen wurden beobachtet – also ruht die Erde. Galilei versuchte diese Schwierigkeit durch ein neues Trägheitsgesetz zu überwinden, für das er keine empirische Argumente, sondern nur Plausibilitätsüberlegungen anführte. Die Schwierigkeit war nur scheinbar überwunden: alle Erfahrungen, auf denen die Aristotelische Lehre beruhte, zeigten, daß die Umdrehungsgeschwindigkeit der Erde, falls es sie gibt, langsam abnehmen müsse. Die zweite Schwierigkeit war kinematischer Natur: wenn sich die Erde bewegt, dann muß sich das in den Fixsternen spiegeln – die näheren Fixsterne müssen eine Parallaxe haben. Es wurde keine Parallaxe gefunden. Auch hier verwendeten die Kopernikaner eine ad-hoc-Hypothese, um der Schwierigkeit zu entgehen. Die dritte Schwierigkeit schließlich war optischer Natur, und Galilei hat sie selbst erwähnt: die tatsächlichen Helligkeitsänderungen der Venus und des Mars weichen weit von den Helligkeitsänderungen ab, die beide Planeten nach der Kopernikanischen Lehre zeigen sollten.

Soweit die Schwierigkeiten. *Diesen Schwierigkeiten stand keine positive Errungenschaft gegenüber,* zumindest keine, die einen empirischen Wissenschaftler überzeugt hätte. Das Kopernikanische System war nicht einfacher als das Ptolemäische, es benützte Epizyklen genauso wie Ptolemäus, und die Gesamtzahl der verwendeten Kreise war ungefähr dieselbe.[20] Das System führte auch nicht zu besseren Vorhersagen. Wie bereits erwähnt, zeigen neue Computervergleiche, daß die Fehler bei Kopernikus und bei Ptolemäus (in der zur Zeit des Kopernikus verwendeten Form) zwar verschieden verteilt sind, aber ihre Größe ist im Durchschnitt dieselbe. Gelegentlich ist die Präzision der Kopernikanischen Aussagen sogar unterlegen (das liegt daran, daß Kopernikus schlechtere Ap-

20 Vgl. die sehr anschaulichen Zeichnungen in de Santillanas Ausgabe von Galileis *Dialogi.*

proximationsmethoden verwendet hat als Ptolemäus). Die Entdeckungen Galileis aber – die Rauheit des Mondes, die Sichelform der Venus, die Bahn der Sonnenflecken –, all das kann auch im Tychonischen System erklärt werden, in dem eine ruhende Erde von der Sonne und diese dann von allen Planeten umkreist wird. Natürlich zeigen die Entdeckungen, daß die Himmelskörper der Erde sehr ähnlich sind, und legen also nahe, daß sie denselben Bewegungsgesetzen gehorchen. Aber diese Konjektur wird von den Tatsachen widerlegt, außer man deutet die Tatsachen willkürlich und ohne unabhängige Gründe im Kopernikanischen Sinn um. Galilei war sich der Schwäche seiner Position voll bewußt, und darum suchte er auch nach einem Argument, mit dem die Bewegung der Erde *direkt* gezeigt werden konnte. Daß er seine Gezeitentheorie für ein solches Argument hielt, zeigt, wie verzweifelt die Lage war. *Das* war die Situation zur Zeit Galileis, *nicht* die angebliche Weigerung der Gelehrten, durch sein Fernrohr zu schauen. Die guten Gelehrten haben sich nie geweigert, durch Galileis Fernrohr zu schauen, ganz im Gegenteil, es gab öffentlich bekannte Zusammenkünfte, bei denen Galilei sein Fernrohr demonstrierte. Die Gelehrten, vor allem der berühmte Magini, sahen sich die Sache an, aber sie sahen nicht, was Galilei zu sehen vorgab, und »so verließ er traurig die Stadt«, wie ich schon früher nach einem zeitgenössischen Brief zitiert habe: seine Beobachtungsergebnisse waren nicht objektiv verifizierbar. Objektiv verifiziert wurden sie erst von den Jesuitischen Astronomen in Rom.

Die kirchliche Auffassung der Kopernikanischen Lehre oder der *Instrumentalismus*, wie man eine solche Interpretation wissenschaftlicher Theorien heute nennt, ist übrigens die Hausphilosophie vieler moderner Wissenschaftler. Wahrheit, sagen diese Forscher, ist ein unklarer philosophischer Begriff und hat in den Wissenschaften nichts zu suchen. Die Wissenschaften haben es mit Beobachtungen zu tun sowie mit Mitteln zur Ordnung und Vorhersage von Beobachtungen. Wissenschaftliche Theorien geben uns solche Mittel an die Hand. Sie werden nicht nach Wahrheit und Falschheit, sondern nach ihrer praktischen Brauchbarkeit beurteilt. Insbesondere zeige die Quantentheorie, wie verfehlt ein Schluß von der Struktur der Vorhersagemittel auf die Natur der Dinge sein kann. Schon um die Jahrhundertwende hatte der Wissenschaftshistoriker und Chemiker Duhem behauptet: »Die Logik war auf der Seite des ... Bellarmine und nicht auf der Seite ... Galileis. Nur der erste hatte die experimentelle Methode begriffen ...«[21] Wie können Wissenschaftler mit einer solchen Philosophie die Kirche wegen der Verteidigung eines Standpunktes kritisieren, den sie selbst mit großer Militanz vertreten? Aber Konsequenz wird man bei den Verteidigern Galileis nur vergeblich suchen. Diese Verteidigung ist ja kein rationales Unternehmen, sondern Bestandteil eines Machtkampfes, in dessen Verlauf die Wissenschaftler genau dieselbe Macht zu gewinnen hoffen, die die Kirche einst besaß.[22]

21 P. Duhem, *To Save the Phenomena,* Chicago 1963, S. 78.

22 Auf der Lindauer Nobelpreisträgerkonferenz des Jahres 1968 hielt der Wiener Kardinal Dr. Franz König einen Vortrag, in dem er die Naturwissenschaftler angesichts der drohenden Weltlage zur Zusammenarbeit aufforderte. Wie auch andere Handlungen des klugen frommen Herrn war seine Rede ein Meisterstück der Rhetorik. ».... heute regieren nicht die Gelehrten«, sagte er, »sondern die Bankiers, die Militärs und die sogenannten Berufspolitiker« (Bericht der *Physikalischen Blätter,* Bd. 25, 1968, Nummer 8, S. 360). Aber seine Intuition war nicht immer verläßlich. Sein Angebot, »das Urteil im Prozeß Galilei einer Revision zu unterziehen«, wurde zum Teil mit einem nachsichtigen Lächeln zur Kenntnis genommen (S. 359). Und als es zur Aussprache kam, da war es klar, daß die Gelehrten eine sehr einseitige Vorstellung von der Natur der Zusammenarbeit hatten: ihre Forderungen sollten erfüllt werden, zu Zugeständnissen waren sie nicht bereit (man erinnert sich an das ähnliche Verhalten der siegreichen Nazis in der Weimarer Republik). »Für eine Kooperation, speziell mit den Kirchen, sieht die Naturwissenschaft u. a. folgende Punkte als wesentlich an«, schrieb der Physiker Walter Gerlach in einer Stellungnahme vom 25. 2. 1970 (*Physikalische Blätter,* Bd. 26, Nummer 5, 1970, S. 319): »1. Offene Unterstützung ihrer Aufgabe, den Erkenntnisbereich des Menschen zu erweitern unter Anerkennung ihrer geschichtlichen Erfolge und ihres humanen Wertes. 2. Widerspruchsfreiheit kirchlich aufgestellter Grundsätze mit Erkenntnissen der Naturwissenschaft. 3. Vermeidung aller Äußerungen, den naturwissenschaftlich sichergestellten Gültigkeitsbereich von Aussagen und Konsequenzen zu bezweifeln ... 4. Anerkennung der naturwissenschaftlichen Erkenntnisse

Zweitens hatten die Fachleute recht, wenn sie sich weigerten, in einer so unsicheren Lage und in Abwesenheit entscheidender Argumente die Kopernikanische Lehre für wahr zu erklären. Sie hatten meiner Ansicht nach auch recht, wenn sie Galilei anwiesen, in dieser unsicheren Lage die Öffentlichkeit, darunter eben den »ungebildeten Pöbel«, der ja auch aus Menschen besteht, nicht durch unfundierte Behauptungen zu beunruhigen. Jeder Wissenschaftler, der glaubt, eine neue Entdeckung gemacht zu haben, wird heute von seinen Kollegen ernsthaft vor einer Publikation gewarnt, wenn seine Beweise nicht ausreichen, und Presseerklärungen bei fehlender Evidenz gelten als Todsünde. Gegen ein solches Vorgehen reagiert die moderne Wissenschaft mit den schärfsten Maßnahmen, die ihr zur Verfügung stehen.[23] An öffentlichen Schulen ist es heute in vielen Ländern verboten, die Lehren einer bestimmten Kirche als Tatsachen vorzutragen. Tut ein Lehrer das doch, dann muß er mit der Entlassung rechnen. Verstößt ein ganzes Land gegen ein entsprechendes Verbot, dann kann es gerichtlich belangt und zur Einhaltung des Verbotes gezwungen werden (vgl. die Referenz in Fußnote 4 dieses Kapitels). Es ist erlaubt, kirchliche Lehren als *soziale Phänomene* vorzuführen, die wahr sein können, aber nicht wahr zu sein brauchen. Als Wahrheit gelten sie nur nach einer eingehenden wissenschaftlichen Untersuchung. Wir haben also heute wie auch schon zur Zeit Galileis einen gewissen Bestand an Kenntnissen, der allgemein akzeptiert wird und der einen Maßstab für soziale Handlungen darstellt. Wir haben weiterhin, wie

als eine der Grundlagen jeder Weltanschauung ...« Mit einem Wort – die Naturwissenschaften verlangten nunmehr genau denselben Einfluß, den die Kirchen einst besessen hatten. Und die Kirchen sind bereit, den Naturwissenschaften diesen Einfluß zu geben, weil beide keine Ahnung haben von der Reichweite wissenschaftlicher Ergebnisse und den Bedingungen ihrer Existenz.

23 Vgl. zum Beispiel die hochinteressante Darstellung bei A. Pickering, »Constraints on Controversy: The Case of the Magnetic Monopole«, in: *Social Studies of Science*, Vol 11 (1981), S. 63 ff. sowie das Material in der unveröffentlichten Studie desselben Autors, *Discovery Claims in Elementary Particle Physics.*

auch zur Zeit Galileis, Verbote hinsichtlich der Verwendung von Ideen, die nicht diesem Maßstab entsprechen. Und wir haben Strafen für jene, die diese Verbote übertreten. Es gibt weiterhin eine lange Reihe von Gründen, die die Verbote erklären und rechtfertigen, darunter auch Gründe, die die Freiheit und das Wohlbefinden von Menschen betreffen. Wie ich weiter oben im vorliegenden Buch erklärt habe und wie ich in *Erkenntnis für freie Menschen* weiter ausführe, akzeptiere ich diese Gründe nicht. Aber ein Mensch, der sie akzeptiert – und dazu gehören alle modernen Wissenschaftler und Rationalisten –, kann das Verhalten der Kirche zur Zeit Galileis nicht kritisieren. Die Situation ist ja fast identisch. Wieder haben wir einen gewissen Grundbestand von »Wahrheiten«. Wieder ist es verboten, Ideen, die nicht zu diesem Grundbestand gehören, auf bestimmte Weise zu verwenden. Wieder ist die Wohlfahrt der Menschen (und natürlich auch der Experten – Theologen eingeschlossen –) ein Grund für die Verbote. Die Unterschiede sind sekundär – die Gesetze waren anders, ihr Anwendungsbereich war größer, und die grundlegenden Wahrheiten waren ganz andere. Außerdem hat die Kirche gegen die Vergehen des Galilei nicht mit den schärfsten Maßnahmen reagiert, die ihr zur Verfügung standen, sondern nur mit einer Anweisung, sie war also viel toleranter als die Wissenschaften heute, obgleich ihre Aufgabe nicht nur im Schutz wissenschaftlicher Integrität, sondern auch im unendlich wichtigeren Schutz der Seelen der Gläubigen bestand. Später, als Galilei gegen die Anweisung verstieß und sich dann mit Lügen aus der Schlinge zu ziehen versuchte, war die Bestrafung schärfer, aber noch immer sehr milde, verglichen mit dem, was die Kirche hätte tun können.

Ich fasse zusammen: das Urteil der kirchlichen Fachleute, das der Anweisung an Galilei im ersten Prozeß zugrunde lag, war sachlich einwandfrei – die Kopernikanische Lehre war damals in der Tat unwissenschaftlich und unbegründet – und hatte auch die rechte soziale Intention, die Intention nämlich, die Öffentlichkeit vor den Machenschaften der Wissenschaftler zu schützen. Die Revision des Urteils ist sehr ungerecht gegenüber den vielen anderen Menschen der Zeit, die auch verurteilt wurden, um deren Schicksal sich die gelehrten Herren von heute und ihre Anbeter unter den Theologen aber nicht im geringsten kümmern. Sie ist auch nicht sachlich: angesichts der Situation der Zeit und der damals vorliegenden Evidenz war das Urteil ja völlig angebracht. Sie ist aber sehr opportun für eine Kirche, die scheinbar nicht mehr den Mut hat, einer so großen sozialen Kraft wie den Wissenschaften und ihren Mythen (den Galilei-Mythos eingeschlossen) kritisch entgegenzutreten.

15

Galileis Untersuchungen waren nur ein kleiner Teil der sogenannten Kopernikanischen Revolution. Fügt man ihnen weitere wichtige Elemente hinzu, dann wird es noch schwieriger, den ganzen Vorgang mit rationalen Prinzipien in Übereinstimmung zu bringen.

Galilei war nicht der einzige Wissenschaftler, der an der Reform der Astronomie und der Physik beteiligt war. Er befaßte sich nicht einmal mit dem Ganzen der Astronomie, sondern nur mit einem sehr beschränkten Teil dieser Wissenschaft. Zum Beispiel hat er sich in das Problem der Bahnberechnung der Planeten nie in dem Ausmaß vertieft, in dem dies Kopernikus und Kepler taten, und die mehr fachtechnischen Teile des Kopernikanischen Hauptwerkes hat er höchstwahrscheinlich nie gelesen. Das war kein ungewöhnliches Vorgehen. Wie heute waren auch damals die Wissenschaften in verschiedene Gebiete aufgespalten, und wer Fachmann war auf einem Gebiet, war nicht unbedingt auch Fachmann auf einem anderen. Und wie heute konnten Forscher mit sehr unterschiedlichen philosophischen und erkenntnistheoretischen Einstellungen und mit sehr unterschiedlichen Reaktionen auf angeblich schlüssige Beweise sich erfolgreich an ein und demselben Forschungsgebiet beteiligen. Tycho Brahe zum Beispiel war ein ganz hervorragender Astronom, und seine Beobachtungen haben ganz wesentlich zum Zusammenbruch des antiken Weltbildes beigetragen. Er hielt aber sowohl aus physikalischen als auch aus theologischen Gründen an der Ruhe der Erde fest. Kopernikus war ein gläubiger Christ und ein guter Aristoteliker – dennoch glaubte er, die Bewegung der Erde sowohl mit der Kirchenlehre als auch mit der Aristotelischen Philosophie vereinbaren zu können. Maestlin, der Lehrer Keplers, war einer der hervorragendsten Astronomen seiner Zeit, er war der erste, der Kometen für solide Objekte hielt und der die Bahn eines Kometen berechnete. Ihm kam es nur auf die mathematische Formulierung einer Lehre an. War diese befriedigend, dann war die Lehre auch physikalisch richtig. Das war der Grund, warum er die Kopernikanische Lehre akzeptierte. Wir sehen, die individuellen Verschiedenheiten der Forscher, die an den Wissenschaften der Zeit teilnahmen, waren sehr groß.

Dazu kommt die Verschiedenheit der Fächer, die zur Astronomie ihren Beitrag leisteten. Da müssen wir unterscheiden zwischen der Situation in der

Kosmologie

Physik

Astronomie

Optik

Theologie

Erkenntnistheorie

sowie der Berechnung astronomischer Tafeln.

Ich treffe diese Unterscheidungen nicht, um »präzise zu sein«, sondern weil sie tatsächlich vorliegende Abteilungen der Forschung wiedergeben. Die Physik zum Beispiel war eine allgemeine Bewegungslehre, die die Natur der Bewegung ohne Rücksicht auf die Umstände untersuchte, in denen sie eintrat. Die Kosmologie beschrieb die Struktur des Universums und die besonderen Bewegungen, die in ihm auftraten. In der Physik galt das Gesetz, daß eine Bewegung ohne Motor zum Stillstand kommt – die »natürliche« Situation eines Gegenstandes ist also die Ruhe (das schließt die qualitative Unveränderlichkeit ein). In der Kosmologie galten als »natürliche« Bewegungen jene, die ohne äußere Einwirkungen vor sich gingen, also die Bewegung der leichten Elemente nach oben und die Bewegung der schweren Elemente nach unten. Physik und Kosmologie erhoben Anspruch darauf, wahre Aussagen zu machen. Die Theologie, die auch den Anspruch auf Wahrheit erhob, war eine notwendige Randbedingung für die Forschung auf diesen beiden Gebieten. Sie war nicht eine notwendige Randbedingung für die Astronomie, die sich mit der genaueren Bewegung der Gestirne beschäftigte, allerdings ohne den Modellen, die sie zur Vorhersage verwendete, immer Wahrheit zuzuschreiben. Astronomen zogen natürlich Modelle, die der wirklichen Natur der Himmelskörper entsprachen, Modellen vor, die nur als Rechenkunstgriffe gelten konnten – aber Rechenkunstgriffe verachteten sie nicht, ganz im Gegenteil, sie machten freien Gebrauch davon. Ein besonders kluger Rechenkunstgriff verführte den Erfinder gelegentlich dazu, an seine Wahrheit zu glauben, aber jeder Astronom sah ein, daß Harmonie der mathematischen Mittel und Übereinstimmung mit den tatsächlich beobachteten Bewegungen am Himmel noch nicht eine Übereinstimmung mit der Wirklichkeit bedeuteten. Die Berechnung astronomischer Tafeln war noch einen Schritt weiter von der Wirklichkeit entfernt, denn sie verwendete nicht nur mathematische Modelle, sie machte auch Gebrauch von Approximationen. Es kam vor, daß die Approximationen eines »fortgeschritteneren« Forschers (vom heutigen Standpunkt aus betrachtet) schlechter und die daraus folgenden Vorhersagen ungenauer waren als die Approximationen eines älteren Astronomen.[1] Grundlegende optische Gesetze, wie das Gesetz der geradlinigen Ausbreitung des Lichtes, wurde bei Triangulationen verwendet – sonst kümmerten sich Astronomen nur sehr wenig um die Gesetze der Optik. Die Erkenntnistheorie wurde in noch geringerem Ausmaß studiert, und erkenntnistheoretischer Argumente bediente man sich, wie auch heute, nur dann, wenn die Physik oder die Astronomie aber schon gar keine Hilfe mehr boten. Eine fruchtbare und fortschrittliche Verwendung der Erkenntnistheorie war in jenen Jahren genau so selten wie heute.

Die eben beschriebene Situation spiegelt sich in den Lehrbüchern und Einführungswerken. Sacrobosco und seine Nachahmer geben eine Skizze der Kosmologie, beschreiben die Hauptsphären der Astronomie, ohne auf die Details der Bewegung in diesen Sphären einzugehen. Der Rest ist Schwei-

1 Das Beispiel Ptolemäus-Kopernikus behandelt Stanley E. Babb Jr. in *Isis*, Vol. 68 (Sep. 77), besonders S. 432.

gen.[2] Handbücher der Astronomie wie das Handbuch des Ptolemäus und seine Popularisierungen enthalten die detaillierten Modelle der Astronomie, desgleichen einfache Tafeln sowie die Rudimente der Kosmologie und der Physik. Theologie und Erkenntnistheorie fehlen. Physiklehrbücher diskutieren die Physik, d. h. die allgemeine Bewegungslehre, Teile der Kosmologie, sonst aber nichts. Sie sind meistens Kommentare zur Physik des Aristoteles und entwickeln diese gelegentlich in sehr interessanter Weise weiter (Beispiel: die Entwicklung der Theorie der Kontinuität im Mittelalter). Textbücher der Optik sprechen nur selten von astronomischen Dingen.[3] In der Philosophie aber besteht man auf der Unterscheidung zwischen physikalischen und mathematischen Untersuchungen (vgl. Aristoteles, *Met.*, Buch xiii Kap. 2 sowie *Physik* Buch ii, Kap. 2). In den Encyclopädien des frühen Mittelalters ist die Unterscheidung eine Selbstverständlichkeit. Die theologischen Argumente endlich gehen davon aus, daß die Bibel das Wort Gottes ist. Dies wurde bis spät ins 19. Jahrhundert ernst genommen. William Thomson (Lord Kelvin), einer der hervorragendsten Wissenschaftler des 19. Jahrhunderts, verfolgt

2 Vgl. *The Sphere of Sacrobosco and its Commentators*, Lynn Thorndyke ed., University of Chicago 1949. Die Elemente und ihre Bewegungen werden kurz im ersten Kapitel erwähnt, desgleichen ein einfaches Argument für die Ruhe der Erde: die Erde ist im Zentrum (das ist unmittelbar vorher durch optische Argumente wie die gleichbleibende Größe der Konstellationen gezeigt worden) und »quicquid a medio movetur versus circumferentiam ascendit. Terra a medio movetur, ergo ascendit, quod pro impossibile relinquitur« (85). Equant, Deferent und Epicykel werden im vierten Kapitel kurz erwähnt, desgleichen der wunderbare Charakter der Sonnenfinsternis beim Tode Jesu.

3 Als Beispiel sei die Optik des John Pecham (zitiert nach David Lindberg ed. *John Pecham and the Science of Optics*, Madison 1970) erwähnt: astronomische Gegenstände kommen hier vor auf Seite 153 (Mondillusion und die nordwärtige Verschiebung von Sonne und Sternen, erklärt durch die Wirkung von Dämpfen am Horizont), 209 (Flimmern der Sterne erklärt durch die Unebenheiten ihrer rotierenden und das Sonnenlicht reflektierenden Oberflächen), 218 (Unmöglichkeit, die Größe der Sterne aus ihrer Erscheinung zu bestimmen), 233 (Sterne erscheinen kleiner, als sie wirklich sind), 225 (sie sind am Horizont nach Norden verschoben, und zwar um so mehr, je weiter sie vom Meridian abstehen).

Entwicklungsreihen zurück, bis er auf ein Muster stößt oder auf eine klare Regelmäßigkeit – und diese schreibt er dann dem Herrgott zu. Kopernikus, Kepler, Galilei, Newton, sie alle nehmen die theologische Randbedingungen sehr ernst, und zwar nicht nur aus reinem Opportunismus – sie halten sie für eine wichtige, *weil wahre* Einschränkung (aber auch Hilfe) der Forschung. Soweit ein sehr kurzer und sehr oberflächlicher Überblick über die großen Verschiedenheiten in den Kenntnissen und den Haltungen der Forscher und über die zahlreichen Disziplinen, deren Entwicklung einen Teil der »Kopernikanischen Revolution« darstellt.
Können wir nun erwarten, daß sich eine solche Masse von Forschungsgebieten, Forschungsstrategien, Meinungen auf eine einförmige Weise entwickeln wird? Können wir wirklich annehmen, daß alle Forscher, die auf die Kopernikanische Lehre reagiert haben, dies aus denselben Gründen taten, und *zwar aus Gründen, die verbindlich waren für alle anderen Forscher?* Die Ideen eines Einzelforschers wie Einstein besitzen vielleicht eine gewisse innere Kohärenz[4] und diese Kohärenz mag sich dann in den Gründen wiederfinden, die für die Ideen angeführt werden. Auch wird ein totalitärer Staat darauf achten, daß die Forschung nach staatlich gebilligten Regeln vor sich geht. Aber die Astronomen zur Zeit des Kopernikus lebten nicht in einem totalitären Staat, und die Ideen eines Einzelforschers trafen gewöhnlich auf ein Kollektiv, das seine Monomanie nicht mehr teilte. Fassen wir also zwei Astronomen näher ins Auge, die an der Entwicklung Anteil hatten, Kopernikus selber und Maestlin, den Lehrer von Kepler.

Kopernikus wollte die Astronomie reformieren. Er gab genau an, was ihn störte und was er verändern wollte. Er schrieb: »Die Planetentheorien der Ptolemäer und anderer Astrono-

4 Das gilt nur für die Ideen zu einer gewissen Zeit und in einem gewissen Forschungsbereich. Einstein zum Beispiel hat auch für die individuelle Forschung einen lockeren Opportunismus empfohlen und er hat davor gewarnt, daß »man einen guten Witz nicht zu oft wiederholen solle«. Phillip Frank, *Einstein, His life and Times*, London 1946, S. 261.

men ... schienen ... eine nicht unbedeutende Schwierigkeit darzustellen. Denn diese Theorien stimmten nicht, es sei denn, man fügte gewisse Equanten hinzu; es schien dann, daß sich ein Planet weder auf seinem Deferenten noch in bezug auf sein wirkliches Zentrum mit einförmiger Geschwindigkeit bewegte ... Als ich diese Mängel bemerkt hatte, überlegte ich mir oft, ob es vielleicht eine vernünftigere Anordnung der Kreise gebe, die die Ableitung jeder scheinbaren Ungleichung gestatten würde und bei der sich alles gleichförmig um das eigene Zentrum bewegt, so wie es die Regel der absoluten Bewegung erfordert ...«[5]

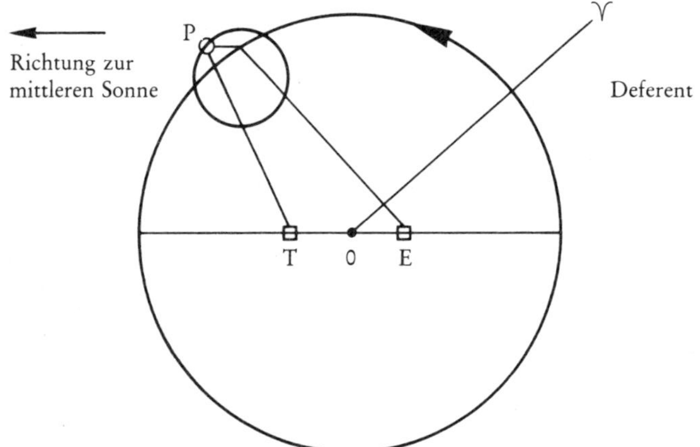

Die Kritik des Kopernikus bezieht sich auf das folgende Modell (vgl. die beiliegende Abbildung), das zur Berechnung der Bahnen von Mars, Jupiter und Saturn verwendet wurde. Der Planet P bewegt sich auf einem kleinen Kreis, dem sogenannten Epizykel, dessen Zentrum auf einem größeren Kreis,

5 Die folgende Darstellung beruht zum Teil auf Fritz Krafft, »Copernicus Retroversus I« und »Copernicus retroversus II«, in: *Colloquia copernicana* III and IV, Proceedings of the Joint Symposium of the IAU and the IUHPS Torun 1973. Übersetzung der Stellen aus dem *Commetariolus* nach Rosen, *Three Copernican Treatises,* third edition, New York 1971, teilweise korrigiert von Krafft I, 119.

dem Deferenten D, fortschreitet. Die Bewegung des Epizykelzentrums auf dem Deferenten hat konstante Winkelgeschwindigkeit nicht in bezug auf das Zentrum des Deferenten O, sondern in bezug auf den Punkt E, den *Equanten* (Ausgleichspunkt). Der Planet wird von der Erde T aus betrachtet, die vom Zentrum gleich weit entfernt ist wie O. Er bewegt sich mit konstanter Winkelgeschwindigkeit auf seinem Epizykel, und zwar so, daß der Radiusvektor vom Zentrum des Epizykels zum Planeten der mittleren Länge der Sonne immer parallel ist. Die Breiten werden separat berechnet.

Die Kritik des Kopernikus betrifft nicht die empirische Adäquatheit des Modells. Er sagt ganz ausdrücklich (*Commentariolus,* ed. Rosen, S. 59) daß sich die Planetentheorien des Ptolemäuos und anderer »trotz ihrer Konsistenz mit den numerischen Daten« in Schwierigkeit befinden. Auch glaubt er nicht, daß die vorliegenden Daten der Verbesserung bedürftig sind. Statt neue Beobachtungen aufzuzählen, die seine Revision der Astronomie erklären könnten, sagt er, daß »wir auf ihren (der Griechen) Spuren folgen müssen und an ihren Beobachtungen festhalten müssen, die uns wie eine Erbschaft überliefert worden sind. Und wenn einer im Gegensatz dazu die Alten hier nicht für vertrauenswürdig hält, dann sind ihm die Tore dieser Kunst ganz sicher verschlossen.«[6] Die Schwierigkeit, an der sich Kopernikus stößt, ist eine rein theoretische Schwierigkeit. Untersuchen wir sie genauer.

Im Zitat unterscheidet Kopernikus zwischen scheinbarer und absoluter Bewegung. Die Ungleichungen, d. h. das Voraneilen und Zurückbleiben der Planeten sowie ihre wechselnde Geschwindigkeit im Deferenten sind »scheinbar« – sie sind durch Rückführung auf andere Bewegungen zu erklären. Nach Kopernikus hat die Erklärung aufgrund von zentrierten Kreisen mit konstanter Winkelgeschwindigkeit um das Zentrum zu geschehen. Ptolemäus verletzt diese Forderung, denn er verwendet Equanten. Equanten erklären scheinbare Bewegungen nicht aufgrund wahrer Bewegungen, sondern aufgrund anderer scheinbarer Bewegungen, wo sich ein Planet »weder in

6 Brief gegen Werner, zitiert nach Rosen, /15[5]/, S. 99.

seinem Deferenten noch in bezug auf das wirkliche Zentrum mit gleichförmiger Geschwindigkeit bewegt«. Wirkliche himmlische Bewegung ist für Kopernikus (und für viele seiner astronomischen Kollegen) eine gleichförmige Kreisbewegung um das Kreiszentrum. Wir können sagen, daß Kopernikus versucht, die Astronomie an die Kosmologie anzugleichen, und vor allem an die Aristotelische Lehre vom fünften Element und seiner Bewegung.

Kopernikus entfernt Exzenter und Equanten und ersetzt sie durch Epizyklen.[7] Behalten wir das Ptolemaische Schema bei, dann hat jeder Planet jetzt drei Epizyklen: den Hauptepizykel zur Erklärung der zweiten Ungleichung (Schleifen, Vorwärtseilen, Zurückbleiben) und zwei weitere Epizyklen anstelle von Exzenter und Equant.

Kopernikus will diese Häufung der Epizyklen vermeiden, denn sie trägt die Planeten stellenweise zu weit in den Raum hinaus. Er sucht also nach einer anderen Erklärung der zweiten Ungleichung. Dabei hilft ihm der Umstand, daß die zweite Ungleichung immer mit der Lage der Sonne übereinstimmt.[8] Es ist daher möglich, sie als eine scheinbare Bewegung aufzufassen, geschaffen durch eine wirkliche Bewegung der Erde.

Das Argument, so wie ich es bis jetzt (nach Krafft) rekonstruiert habe, enthält zwei Elemente, ein rein formales Element und eine Wirklichkeitsbehauptung. Rein formal wird eine Reduktion beliebiger periodischer Vorgänge auf zentrierte gleichförmige Kreisbewegungen gefordert. Die Forderung ist verbunden mit der Annahme, daß Unregelmäßigkeit scheinbar, die sie erklärende regelmäßige Bewegung aber wirklich ist. Ich nenne das die *erste Realitätsannahme*. Kopernikus behauptet die Wirklichkeit der Erdbewegung nicht aufgrund dieser Annahme allein, sondern aufgrund dieser Annahme

7 Das gilt für den Commentariolus. In seinem Hauptwerk verwendet Kopernikus wieder exzentrische Deferenten. Nur der Equant wird durch eine Epizykel ersetzt.

8 Der *mittleren* Sonne bei Kopernikus. Erst Kepler bringt die Reduktion auf die wahre Sonne zustande und schafft damit ein sehr starkes Argument für die Kopernikanische Anordnung der Planeten.

verbunden mit der Entdeckung, daß die Rückführung der zweiten Ungleichung auf die Erdbewegung nicht mehr die separate Kalkulation jeder Planetenbahn erlaubt. Bei Ptolemäus wurde das weiter oben erklärte Schema für jeden Planeten neu angesetzt. Was zählte, war das Verhältnis der Bahnradien Epizykel/Deferent und nicht ein absoluter Wert. *Nun* ist jede Bahn an den Großkreis, d. h. die Erdbahn und damit an jede andere Bahn gebunden. Wir haben ein Planeten*system*, das heißt einen »Plan des Universums mit einer wohlbestimmten Symmetrie aller Teile«. »Alle diese Phänomene«, schreibt Kopernikus in seinem Hauptwerk[9], »sind auf höchst vornehme Weise miteinander verbunden wie mit einer goldenen Kette; und jeder Planet mit seiner Lage und Ordnung und jede Ungleichung seiner Bewegung legen Zeugnis dafür ab, daß sich die Erde bewegt und daß wir, die wir auf der Erdkugel wohnen, statt ihre eigene Bewegung anzuerkennen, den Planeten alle möglichen Eigenbewegungen zuschreiben.« Es ist diese innere Verbundenheit aller Teile seines Planetensystems, die Kopernikus von der Wirklichkeit der Erdbewegung überzeugt. Ich nenne das die *zweite Realitätsannahme.*

Die erste Realitätsannahme war ein Teil der Platonischen Tradition. Die Annahme, daß die grundlegende Bewegung der Gestirne eine zentrierte Kreisbewegung sei, hatte schon bei Aristoteles ein physikalisches Fundament erhalten.

Die zweite Realitätsannahme widersprach der Aristotelischen Kosmologie und Physik. Aristoteles hatte eine frühere (nämlich die Pythagoreische) Fassung dieser Annahme mit dem Hinweis auf seine eigene Theorie der Bewegungen kritisiert: mathematische Harmonien gelten nur dann als Anzeichen der Wahrheit, wenn sie mit wohlbegründeten physikalischen Prozessen übereinstimmen. Das Prinzip ist vernünftig und wurde auch in unserem Jahrhundert verwendet, um schöne, aber nicht wahre Theorien und Deutungen von Theorien zu elimi-

9 *De Revol.* Vorwort an Papst Paul. Krafft vermutet, daß Kopernikus die Harmonie erst im Verlauf seines Versuchs entdeckte, den Equanten zu beseitigen, und sie erst später zum grundlegenden Argument für die Realität der Erdbewegung machte.

nieren (Beispiel: Schrödingers eigene Deutung seiner Wellenmechanik). Es ist vernünftig vor allem für jene Denker, die die Mathematik für eine Hilfswissenschaft halten, die physikalische Prozesse zwar beschreiben, aber nicht konstituieren kann. Es ist unvernünftig für Platoniker. Der Gegensatz zwischen zwei verschiedenen Auffassungen von der Natur mathematischer Sätze spielte also in der »Kopernikanischen Revolution« eine wichtige Rolle.

Kopernikus verteidigt seinen Standpunkt, d. h. die zweite Realitätsannahme, durch Hinweis auf alte Traditionen wie die Hermetische Tradition und die Idee von der außerordentlichen Stellung der Sonne.[10] Beim Versuch, die Bewegung der Erde mit den Aristotelischen Argumenten vereinbar zu machen, führte er zwei Annahmen ein. Nach der ersten Annahme ist die Bewegung eines Körpers seiner Gestalt angemessen. Die Gestalt der Erde ist kugelförmig, also ist auch ihre Bewegung ein Kreis. Aber die Erde ist nicht eine exakte Kugel, obwohl ihre Bewegung bei Kopernikus exakte Kreise enthält. Erst Galileis Entdeckung, daß auch die Himmelskörper nicht exakte Kugeln sind (Berge auf dem Mond), macht diesen Teil des Arguments akzeptabel. Nach der zweiten Annahme bewegen sich die Teile eines Körpers mit dem Hauptkörper, von dem sie getrennt wurden. Darum bleibt nach Kopernikus der fallende Stein beim Turm. Diese Annahme ersetzt die sehr interessante Aristotelische Theorie der natürlichen Bewegungen durch eine Theorie ganz anderer Art. Nach Aristoteles folgen die natürlichen Bewegungen, d. h. also das Aufwärtsstreben des Feuers und der Fall schwerer Körper, *der Struktur des Raumes*, nicht der Verteilung der Materie. Gerade das wird aber bei Kopernikus angenommen. Die Annahme »rettet die Phänomene«, kann aber in diesem frühen Stadium der Debatte kein unabhängiges Argument zu ihren Gunsten anführen.

10 Die Wendung »und in der Mitte steht die Sonne« war nicht neu. Auch in den älteren Auffassungen stand die Sonne ja in der Tat inmitten der Planeten, mit Mars, Jupiter und Saturn über ihr und Mond, Venus und Merkur unter ihr, und sie »regierte« die Planeten in dem Sinn, daß sich die Sonnenbewegung in der Bewegung aller Planeten (den Mond ausgenommen) spiegelte. Vgl. etwa Macrobius, *Somnium Scipionis*.

Mein zweites Beispiel ist Michael Maestlin, der Lehrer Keplers. Maestlin war ein Fachmann auf dem Gebiet der Astronomie. Sein Urteil war in der Fachwelt gesucht und geachtet. Nach seiner eigenen Aussage gab er die Ptolemaische Verteilung der Planetensphären »nur widerstrebend auf« – d. h., er wurde durch gewisse Umstände dazu gezwungen.[11] Die Umstände scheinen die folgenden gewesen zu sein. Erstens die Entdeckung, daß sich die Nova des Jahres 1572, die er beobachtete und deren Parallaxe er maß, jenseits des Mondes in der Fixsternsphäre befand. Der erste Teil der Aussage (jenseits des Mondes) folgte für Maestlin aus der fehlenden Parallaxe, der zweite Teil (Fixsternsphäre) aus der fehlenden Eigenbewegung. Nach Kopernikus (dessen Lehre Maestlin für diesen Punkt ausdrücklich benützt) bewegt sich ein Planet um so langsamer, je weiter er von der Sonne entfernt ist. Maestlin (und auch Tycho, der den neuen Stern auf dem Weg zu seinem alchemistischen Laboratorium sah) schließt aus der Veränderung der Farbe und der Helligkeit der Nova, daß die Ansicht des Aristoteles von einer ewig unveränderlichen Region oberhalb des Mondes falsch sein müsse. Es ist aber vielleicht etwas voreilig zu behaupten, daß Maestlin (und Tycho) in der Nova »einen Schlag gegen die Peripatetische Philosophie sahen« (Jarrell, S. 108). Viele Kirchenleute, unter ihnen Theodor Beza, hielten die Erscheinung für eine Rückkehr des Sterns von Bethlehem, d. h. für ein übernatürliches Ereignis.[12] Tycho hielt den Vergleich mit dem Stern von Bethlehem für zu bescheiden: hier handelte es sich um das größte Wunder seit Weltbeginn – es sei zumindest dem Stillstand der Sonne auf Befehl des Josua zu vergleichen.[13] Tychos Bemerkung macht

11 Im folgenden benütze ich die Dissertation von R. A. Jarrell, *The Life and Scientific Work of the Tübingen Astronomer Michael Maestlin,* Toronto 1972, sowie R. S. Westman, »Michael Maestlins Adoption of the Copernican Theory«, in: *Colloquia Copernicana* IV, Ossilineum 1975, S. 53 ff. Westman hat viel zur Aufdeckung der sehr verschiedenen zeitgenössischen Reaktionen zur Kopernikanischen Theorie beigetragen.

12 Vgl. die Literatur bei P. H. Kocher, *Science and Religion in Elizabethan England,* New York 1969, S. 174, Fn. 12.

13 Tycho *Progymnasmata,* S. 548: quid ergo prohibite quin dicamus to-

klar, daß zumindest er aus der Nova kein Argument gegen *den Physiker* Aristoteles konstruieren konnte: auch der Stillstand der Sonne war ja für ihn kaum »ein Schlag gegen« die gängigen astronomischen Theorien von der Sonnenbewegung. Wunder zeigen die Unrichtigkeit der Annahme, daß die Naturgesetze *autonom* sind – sie widerlegen nicht *bestimmte* Naturgesetze. Andererseits ist es durchaus möglich, daß Maestlin in Verkennung dieses Umstandes (oder die Wundertheorie nicht ernst nehmend) an Aristoteles zu zweifeln begann. Die Frage ist in diesem Fall, wie weit der Zweifel reichte. Die Idee der Unveränderlichkeit des Firmaments gehört zur Kosmologie und enthält eine spezielle Hypothese, nämlich die Hypothese eines fünften Elements. Stellt sich diese Hypothese als falsch heraus, dann ist damit die grundlegende Bewegungslehre des Aristoteles, die zur Physik gehört und von der das Turmargument lebt, noch nicht betroffen. Sowohl Clavius als auch Tycho nahmen eine Veränderlichkeit des Himmels an,[14] betrachteten aber weiterhin die Bewegung der Erde wegen des Turmarguments als absurd. Reicht der Zweifel weiter, so beruht er entweder auf einer von der normalen Deutung abweichenden Deutung der Aristotelischen Lehre oder aber auf einer, wenn auch sehr vagen, Prädisposition zu einer nichtaristotelischen Weltauffassung. Es scheint, daß im Falle Maestlins das letztere angenommen werden kann.

Das nächste entscheidende Ereignis auf Maestlins Weg zu Kopernikus ist der Komet des Jahres 1577. Wieder verlegt Maestlin das Ereignis in den superlunaren Bereich. Er schreibt: »Hätte ich nicht durch persönliche, sichere, wiederholte und höchst eifrige Beobachtungen gefunden, daß sich der Komet in der Region des Äthers befindet, dann hätte man mich nicht überzeugen können. Aber so machte ich meine Entdeckung durch zahlreiche Untersuchungen, weil in diesen Dingen der

tum hyperphysicum stellamque hanc novam a summo Creatore his novissimis temporibus creatam esse atque uti miraculose coepit its miraculose desituram cuius utriusque causa omnem humanum captum effugit.

14 Zu Clavius vgl. seinen Kommentar zur Sphäre des Sacrobosco, Ausgabe von 1593, S. 210-211.

göttlichen Werke weder die Autorität noch die Meinung der Menschen anstelle der Wahrheit akzeptiert werden kann« (Jarrel, S. 112).

Hier wird also die Idee aufgegeben, daß der »aetherische Bereich« frei von Veränderungen sei.

Maestlin geht einen Schritt weiter. Er versucht, auch die Bahn des Kometen zu bestimmen. Der Versuch nimmt an, daß ein Komet eine wohldefinierte Entität ist, der man eine Bahn zuschreiben kann – eine drastische Abweichung von der Aristotelischen Theorie der Kometen, die selbst Galilei noch verteidigte. Maestlin fand, daß sich der Komet in der kopernikanischen Bahn der Venus bewegte, so, wie sie im 6. Buch, Kap. 12, von *de Revolutionibus* beschrieben wird (es scheint, daß es vor allem die Breitenbewegung des Kometen war, die ihn zu diesem Schluß führte). Etwas zögernd erklärte er sich nun für das Kopernikanische System: »Nur sehr unwillig bin ich von der akzeptierten Ansicht über die Verteilung der Sphären abgewichen« (Jarrell, 117). Aber, so fügte er später hinzu, er war »durch äußerste Notwendigkeit gezwungen« (120).

Diese »äußerste Notwendigkeit« ergibt sich nur, wenn geometrische Überlegungen die Kraft kosmologischer Argumente erhalten. Galilei hat viele Jahre später vor einem solchen Schluß gewarnt und, in der Tat, er nimmt an, daß die Natur des Gemessenen schon bekannt ist (zum Beispiel es handelt sich nicht um einen Gegenstand von der Art des Regenbogens). Maestlin ist von solchen Zweifeln nicht geplagt. Er akzeptiert zwar die traditionelle Unterscheidung zwischen Astronomie und Physik und er weist die Astronomie auch den Mathematikern zu: »Kopernikus schrieb sein Werk als ein Astronom, nicht als ein Physiker« steht am Rande von Maestlins Kopie von *de Revolutionibus.*[15] Aber die Ergebnisse mathematischer Überlegungen deutet er ohne weiteres im Sinne der ersten und zweiten Realitätsannahme, das heißt, er *überwindet nicht* den Aristotelischen Widerstand gegen eine solche Deutung, er handelt, als ob er diesen Widerstand (und die mit ihm verbundenen Argumente) *nicht gebe:* »Dieses Argument

15 Westman, /15[11]/, S. 59.

(des lückenlosen Zusammenhangs der Kopernikanischen Kreise) stimmt mit der Vernunft völlig überein. Die Anordnung dieser ganzen immensen Maschinerie ist so beschaffen, daß sie uns mehr sichere Demonstrationen erlaubt. In der Tat dreht sich die ganze Welt in einer Weise, daß nichts ohne Verwirrung der Teile versetzt werden kann, und so lassen sich also die Phänomene der Bewegung auf sehr genaue Weise demonstrieren, denn nichts Unpassendes geschieht im Verlauf ihrer Bahnen« (Westman, *loc. cit.*). Auch Kepler wurde, wie er selber sagt, durch Maestlins Kometen und durch die Harmonie zu Kopernikus hinübergezogen, wobei die Bemerkung nicht unwichtig ist, daß Maestlins Berechnung des Kometen keinesfalls stimmt – in der Venusbahn bewegte er sich nicht.

Das sind nur einige wenige Beispiele für das Denken, das im 16. und 17. Jahrhundert die Menschen zur freundlichen Betrachtung und sogar zur Annahme der Kopernikanischen Doktrin bewegt hat. Wir sehen, daß dieses Denken sich nie auf eines der weiter oben aufgezählten Fächer beschränkt, daß es aber auch nie alle Fächer in Betracht zieht. Von der Erkenntnistheorie zum Beispiel ist bei Maestlin nicht die Rede. Kopernikus redet von erkenntnistheoretischen Problemen, aber nur sehr kurz. Auch sind die Argumente verschiedener Forscher nie sehr zwingend – sie sind oft Plausibilitätsüberlegungen und sie beeinflussen nur Forscher mit ähnlichen Intuitionen. Philosophen und philosophisch eingestellte Wissenschaftler haben diese sehr komplexe Situation oft auf kindlich einfache Weise beschrieben. Ohne Zweifel lag das an ihrem Glauben, daß Wissenschaftler gewisse Prinzipien gemeinsam haben und daß eine Entwicklung in den Wissenschaften das Ergebnis des Versuchs ist, diese Prinzipien durchzusetzen. Die Prinzipien werden gelegentlich vergessen oder unterdrückt – und dann stagnieren die Wissenschaften. Sie beleben sich, so sagt der Glaube, wenn man die Prinzipien wieder hervorholt und entschieden anwendet. Einige moderne Wissenschaftstheoretiker, wie etwa Lakatos, geben zu, daß Wissenschaftler oft wie Schlafwandler handeln – sie halten ein Vorgehen für das richtige, praktizieren aber ein ganz anderes, und es ist dieses andere Vorgehen, das die Wissenschaften vorantreibt. Auch sie glauben aber, daß selbst revolutionäre Entwicklungen eine einfache Struktur besitzen. Überprüfen wir diesen Glauben noch einmal am vorliegenden Material, und zwar indem wir die verschiedenen Ansichten über die Struktur mit dem Material konfrontieren.

Wir bemerken zunächst folgendes: fast keine der existierenden philosophischen Theorien zieht *alle* der weiter oben erwähnten Disziplinen in Betracht. Die Hauptaufmerksamkeit gilt der Astronomie. Ist sie richtig behandelt, dann gilt damit das Problem als erledigt. Diese fatale Unvollständigkeit ist der erste und grundlegende Einwand gegen die historische Richtigkeit der meisten Wissenschaftsphilosophien.

Auf dem Gebiete der Astronomie selber wurden die folgenden Philosophien entwickelt:

1. Der naive Empirismus: im Mittelalter las man die Bibel, machte aber keine Beobachtungen. Dann erhoben die Menschen ihre Häupter und, siehe da, die Welt war anders, als Aristoteles und Ptolemäus gesagt hatten.

Diese Theorie ist heute praktisch verschwunden – sie spielte aber in verschiedenen Perioden der Geschichte unseres Denkens eine wichtige Rolle. Man widerlegt sie durch den Hinweis, daß Aristoteles ein Erzempiriker war und daß das Ptolemäische Werk auf sorgfältig[16] gesammelten Daten beruht.

2. Der raffinierte Empirismus: neue Beobachtungen wurden angestellt und diese zwangen die Astronomen, eine bereits empirische Astronomie zu modifizieren.

Diese Theorie trifft nicht zu auf Kopernikus selber und auf seine Nachfolger im 16. Jahrhundert. Wie wir gesehen haben, hält Kopernikus das Ptolemäische System durchaus für *empirisch* adäquat – er kritisiert es aus *theoretischen* Gründen. Die Beobachtungen, die er verwendet, sind im wesentlichen die von Ptolemäus – und er sagt das auch.

16 ›Sorgfältig‹ wird bestritten von R. R. Newton, *The Crime of Claudius Ptolemy*, Johns Hopkins 1977, der gute Argumente für den völlig fiktiven Charakter vieler ›Beobachtungen‹ des Ptolemäus bietet.

Moderne Vergleiche der Voraussagen des Ptolemäischen Schemas mit modernen Voraussagen auf der einen Seite und den Kopernikanischen Voraussagen auf der anderen zeigen außerdem, daß die empirischen Voraussagen der Planetenbahnen nicht verbessert wurden: »Die geometrischen Modelle des Kopernikus und des Ptolemaios unterscheiden sich nicht hinreichend, um das erste besser zu machen; tatsächlich ist es schlechter, wenn man die gleiche Zahl von Parametern verwendet.«[17]

Die einzigen neuen Beobachtungen im Gebiet der Astronomie waren die Beobachtungen Tychos – aber sie führten bereits über Kopernikus hinaus. Die Beobachtungen des Galilei gehörten nicht zur Astronomie, sondern zur Kosmologie. Sie machten einige der von Kopernikus gebrauchten Analogien plausibler. Einen zwingenden Beweis für die Bewegung der Erde gab es aber noch immer nicht, denn die Galileischen Beobachtungen stimmten auch mit dem Tychonischen System überein, in dem eine im Zentrum aller Planetenbahnen stehende Sonne die Erde umkreiste.

3. Der Falsifikationismus: neue Beobachtungen widerlegten wichtige Annahmen der alten Astronomie und erzwangen so den Aufbau einer neuen Astronomie. Sicher nicht richtig für Kopernikus und den Bereich der Astronomie (siehe oben die Bemerkungen zu 2.). Und die Widerlegung der Unveränderlichkeit himmlischer Ereignisse war weder zwingend (Wundertheorie!) noch relevant für die Bewegung der Erde.

Wir sehen an dieser Stelle ganz deutlich, wie verfehlt es ist, wenn man einen komplexen Prozeß wie die »Kopernikanische Revolution« auf ein einziges Prinzip zurückführen will, wie

17 Stanley E. Babb, »Accuracy of Planetary Theories, Particularly for Mars«, in: *Isis* Sept. 77, S. 426 ff. Vgl. auch die früheren Arbeiten von Derek de Solla Price, »Contra Copernicus«, in *Critical Problems of the History of Science* ed. Clagett, Madison 1959, S. 197–218; N. R. Hanson, in: *Isis* Nr. 51 (1960), S. 150 ff. sowie Owen Gingerich, »Crisis vs. Aesthetics in the Copernican Revolution«, in: *Vistas in Astronomy* Bd. 17, ed. Beer, 1974. Gingerich vergleicht die *Tafeln* von Stöffler, Stadius, Maestlin, Magini und Origanus und findet in allen Fehler derselben Größenordnung.

etwa das Prinzip der Falsifikation. Falsifikationen spielten eine Rolle, wie auch neue Beobachtungen eine Rolle spielten. Aber beide waren Bestandteile eines sehr komplexen Prozesses, der viele ganz andere Überlegungen, Intuitionen, Abneigungen etc. enthielt.

4. *Der Konventionalismus:* die alte Astronomie wurde immer komplizierter – und so ersetzte man sie am Ende durch eine einfachere Theorie. Es ist diese Annahme, die zum Spottwort der »epizyklischen Entartung« geführt hat. Diese Theorie übersieht, daß das Kopernikanische System ungefähr dieselbe Zahl von Kreisen hat wie das Ptolemäische.[18]

5. *Die Krisentheorie:* die Astronomie befand sich in einer Krise. Diese führte zu einer Revolution und zum Triumph des Kopernikanischen Standpunktes.

Auch hier ist die Antwort dieselbe wie unter 2.: *empirisch* war keine Krise zu verzeichnen und wurde keine Krise gelöst. Es ist ganz anders, wenn man sich die *philosophische* Situation ansieht, d. h. das Auseinanderfallen der Astronomie (nur mathematische Modelle) und der Physik (wirklich geschehende Prozesse). Aber dieses Auseinanderfallen gab es seit der Antike – warum führte es *gerade jetzt* zu einer Reform? Ohne weitere Details kann die Krisentheorie *darauf* keine Antwort geben.

18 Vgl. die sehr instruktiven Zeichnungen in de Santillanas Ausgabe von Galileis *Dialog*, Chicago 1964.

16

Auch der scharfsinnige Versuch von Lakatos, eine Methodologie aufzustellen, die die historische Wirklichkeit der Wissenschaften ernst nimmt, sie aber doch aufgrund von in ihr selbst entdeckten Regelmäßigkeiten einer Kontrolle unterwirft, ist von dieser Folgerung nicht ausgenommen. Denn erstens gibt es die Regelmäßigkeiten nicht, auf die sich Lakatos beruft – er idealisiert die Wissenschaften genauso wie seine Vorgänger –, zweitens wären die Regelmäßigkeiten, wenn es sie gäbe, Regelmäßigkeiten der Wissenschaften und also unbrauchbar zur »objektiven« Beurteilung etwa der Aristotelischen Philosophie, und drittens sind die Regelmäßigkeiten, so wie sie Lakatos verwendet, nur ein Aufputz, hinter dem sich ein im Grunde anarchisches Verfahren verbirgt.

Mein Essay zur Verteidigung eines erkenntnistheoretischen Anarchismus wäre hier eigentlich zu Ende. Aber der Drang nach »Gesetz und Ordnung« in der Wissenschaft und ganz besonders in der Philosophie hält unvermindert an, und er hat zudem einen neuen und sehr wirkungsvollen Vorkämpfer in der Person von Imre Lakatos gefunden. Ich muß also das Buch leider um drei weitere Kapitel verlängern. Die Aufgabe, die sich Lakatos stellt – die Zahl der Freunde der Vernunft zu vermehren und zweifelnden und besorgten Rationalisten den Rücken zu stärken –, ist in gewisser Hinsicht gar nicht schwierig. Denn es bedarf nur einiger wohlgezielter Bemerkungen, um beim aufgeklärtesten Publikum die Angst vor dem Chaos und die Sehnsucht nach einfachen Regeln und Dogmen zu wecken, denen sie folgen können, ohne ständig nachdenken zu müssen. Einige der lautesten Anarchisten stützen sich auf Wissenschaft und Vernunft, sogar auf die Induktion, wie wir gesehen haben. Und selbst die jüngeren Zeitgenossen, die so gerne ihre Verachtung für jegliche Autorität betonen, sind nicht bereit, ohne die Autorität der Vernunft zu leben. Ich

muß gestehen, daß mir dieser fast allgemeine Drang nach »objektiver« Führung ein Rätsel ist. Ich bin nicht überrascht, wenn bejahrte Fachleute, die einen Ruf zu bewahren (oder vor ihrem Tode schnell noch zu erwerben) haben und die naheliegenderweise Erkenntnis mit geistiger Todesstarre verwechseln, scheel auf Versuche blicken, die Wissenschaft aufzulokkern oder zu zeigen, daß *große* Wissenschaft (und das ist nicht die Schulwissenschaft, noch die Wissenschaft der Rand-Corporation und ganz gewiß nicht die Wissenschaft von Fallowfield oder der London School of Economics) ein geistiges Abenteuer ist, das keine Grenzen kennt und keine Regeln gelten läßt, nicht einmal die Regeln der Logik. Aber ich finde es doch etwas erstaunlich, mit welcher Inbrunst sich Studenten und andere Uneingeweihte an hohle Phrasen und abgedroschene Prinzipien klammern, als ob es ihnen ganz unerträglich wäre, die Verantwortung für jede ihrer Handlungen zu übernehmen und selbst eine erste Ursache geistiger Gesetze zu sein. Wer eine solche Haltung vernünftig nennt, der findet stets aufmerksame Zuhörer, obwohl richtige Vernunft und Angst eigentlich nichts miteinander zu tun haben sollten. Das also meine ich mit der Bemerkung, daß die Aufgabe, die sich Lakatos stellt, in gewisser Hinsicht gar nicht so schwer ist. Aber sie ist sehr schwer in einer anderen Hinsicht: es ist sehr schwer, die Widersprüche zu beseitigen, die die gängigen Vorstellungen von der Vernunft und das tatsächliche Vorgehen großer Wissenschaftler voneinander trennen, und eine Form des Rationalismus zu entwickeln, die nicht mehr unter diesen Widersprüchen leidet. Doch genau das versucht Lakatos. Sehen wir zu, wie er vorgeht!
Lakatos kritisiert die vorhandenen Methodologien und kommt zu einem Ergebnis, das mit dem meinen fast übereinstimmt. Über die Beseitigung von Theorien schreibt er: »Wenn wir die Geschichte der Wissenschaft betrachten, wenn wir zu erkennen suchen, wie einige der berühmtesten Falsifikationen vor sich gingen, dann kann das Ergebnis nicht anders lauten, als daß einige von ihnen entweder rein irrational sind oder daß sie auf anderen Rationalitätsgrundsätzen beruhen als

denen, die wir soeben erörtert haben.«[1] Die »soeben erörterten Rationalitätsgrundsätze« sind die Grundsätze des kritischen Rationalismus; doch Lakatos wäre bereit, seine Feststellungen auf andere Methodologien und andere Ereignisse als Falsifikationen auszudehnen.[2] Er ist einer der wenigen Denker, die die ungeheure Kluft zwischen verschiedenen *Bildern* von der Wissenschaft und der »wirklichen Sache« erkannt haben; und er hat auch erkannt, daß der Versuch, die Wissenschaften zu *reformieren,* indem man sie dem Bilde näherbringt, sie schädigen und womöglich zerstören muß. Mit dieser Behauptung stimme ich gewiß überein.

Ich stimme auch mit zwei Vorschlägen überein, die einen wesentlichen Teil von Lakatos' Wissenschaftstheorie bilden. Der erste ist der, daß die Methodologie den Ideen, die wir untersuchen möchten, eine »Atempause« gewähren muß.[3] Das Überleben einer neuen Theorie darf nicht sofort von ihrer Übereinstimmung mit den üblichen Maßstäben der Vernunft abhängig gemacht werden. Weder innere Widersprüche noch offensichtliches Fehlen von empirischem Gehalt, noch massive Konflikte mit experimentellen Ergebnissen dürfen uns daran hindern, eine Auffassung aufrechtzuerhalten und weiterzuentwickeln, die uns aus irgendeinem Grunde gefällt.[4] Bei unseren methodologischen Bewertungen zählt nach Lakatos die *Entwicklung* einer Theorie über lange Zeiträume und nicht ihre *Gestalt* zu einem bestimmten Zeitpunkt. Dieser Vorschlag behebt die meisten Einwände, die ich in den vorhergehenden Kapiteln erhoben habe.

1 »Falsification and the Methodology of Research Programmes«, in: *Criticism and the Growth of Knowledge,* Hg. Lakatos und Musgrave, Cambridge 1970, S. 114.

2 Vgl. /16[1]/, S. 104, zur Widerspruchsfreiheit.

3 »History of Science and its Rational Reconstructions«, in: *Boston Studies for the Philosophy of Science,* Bd. 8, S. 113.

4 Beispiele sind: *Mangel an Gehalt* – die Atomtheorie jahrtausendelang; der Gedanke der Erdbewegung bei Philolaos; *Widersprüchlichkeit* – das Bohrsche Programm (vgl. /16[1]/, S. 138 ff.); *grobe Unverträglichkeit mit experimentellen Ergebnissen* – der Gedanke der Erdbewegung, wie in Kap. 6 ff. des vorliegenden Essays dargestellt; die Theorie Prouts, wie in /16[1]/, S. 138 ff. dargestellt.

Zweitens vertritt Lakatos die Auffassung, daß methodologische Maßstäbe nicht über jeder Kritik stehen. Sie können geprüft, verbessert und durch andere Maßstäbe ersetzt werden. Die Prüfung ist nichts Abstraktes, sondern benützt *historische Daten:* diese spielen in der Diskussion zwischen konkurrierenden Methodologien eine entscheidende Rolle. Dieser zweite Vorschlag trennt Lakatos und mich von den Logikern, die eine Berufung auf die Geschichte für »eine sehr wenig ergiebige Methode«[5] halten und die der Auffassung sind, die Methodologie solle sich einfacher abstrakter Modelle bedienen. (Viele Logiker sehen nicht einmal das Problem; für sie ist es selbstverständlich, daß der Aufbau formaler Systeme und das Spielen mit ihnen der einzige zulässige Weg zum Verständnis der Entwicklung der Wissenschaft sei.[6])
Was mich von Lakatos trennt, sind die von ihm empfohlenen Maßstäbe, seine Beurteilung der modernen Wissenschaft (im

5 R. Carnap, *Logical Foundations of Probability,* Chicago 1950, S. 217.
6 R. Carnap, ebenda, S. 202, unterscheidet zwischen logischen und methodologischen Problemen und warnt davor, die mit der Anwendung induktionslogischer Systeme verbundenen psychologischen und soziologischen Probleme »als Schwierigkeiten der induktiven Logik selbst zu betrachten« (S. 254). Er scheint sich also der Notwendigkeit einer faktischen Beurteilung der *angewandten* induktiven Logik bewußt zu sein. Doch diese ist bei ihm ebenso abstrakt wie die induktive Logik selbst. Neben einem »einfachen Gegenstandsbereich«, ohne den die induktive Logik gar nicht erst ansetzen könnte, bedient sie sich auch »eines Beobachters X mit einer vereinfachten Biographie« (S. 213): Nun wende ich mich nicht gegen das Abstrahieren an sich. Doch wenn man von einer bestimmten Eigenschaft der Wissenschaft absieht, dann sollte man sich vergewissern, daß es Wissenschaft ohne sie geben kann, daß eine Tätigkeit ohne sie – die nicht unbedingt Wissenschaft zu sein braucht – (physikalisch, historisch, psychologisch) *möglich* ist; und wenn die abstrakte Erörterung beendet ist, sollte man auch nicht vergessen, die weggelassene Eigenschaft wieder *einzuführen.* (Hier verhalten sich Wissenschaftler und Wissenschaftstheoretiker ganz verschieden. Der Physiker, der mittels der Geometrie – in der es kein Gewicht gibt – gewisse Eigenschaften eines physikalischen Gegenstandes berechnet hat, führt im Anschluß daran das Gewicht wieder ein. Er nimmt nicht an, daß die Welt voll von gewichtlosen Formen ist. Der Wissenschaftstheoretiker, der mittels der deduktiven Logik – in der es keinen Widerspruch gibt – gewisse Eigenschaften einer wissenschaftlichen Argumentation analysiert hat, führt *danach* niemals die Widersprüche

Vergleich etwa zum Mythos oder zur Aristotelischen Wissenschaft), seine Behauptung, er gehe »rational« zu Werke, sowie die historischen Daten, die er bei seiner Erörterung der Methodologien heranzieht. Ich beginne mit dem ersten Punkt der Liste.

Wenn eine neue Theorie oder Idee auftritt, dann befindet sie sich gewöhnlich in einem etwas traurigen Zustand, sie enthält Widersprüche, ihre Beziehung zu Tatsachen ist unbestimmt, überall gibt es Unklarheiten. Die Theorie ist voll von Mängeln. Doch sie kann entwickelt und verbessert werden. Der angemessene Gegenstand für methodologische Beurteilungen ist daher nicht eine einzelne Theorie, sondern eine Abfolge von Theorien, oder ein *Forschungsprogramm*; und man beurteilt nicht den *Zustand*, in dem sich ein Forschungsprogramm zu einem bestimmten Zeitpunkt befindet, sondern seine *Geschichte*, vor allem im Vergleich mit der Geschichte konkurrierender Programme.

Nach Lakatos sind die Urteile von folgender Art: »Wir sagen von einem Forschungsprogramm, es befinde sich im *Fortschritt*, solange sein theoretisches Wachstum sein empirisches vorwegnimmt, d. h. solange es neue Tatsachen mit gewissem Erfolg voraussagt . . .; es *stagniert*, wenn sein theoretisches Wachstum hinter seinem empirischen zurückbleibt, d. h. solange es nur Post-hoc-Erklärungen entweder für zufällige Entdeckungen oder für Tatsachen liefert, die von einem konkurrierenden Programm vorausgesagt oder entdeckt worden sind.«[7] Ein stagnierendes Programm kann weiter *degenerieren*,

wieder in die Argumentation ein; er nimmt an, daß die Welt nur widerspruchsfreie theoretische Systeme enthält.) Nun ist die einzige Möglichkeit zu entscheiden, ob eine bestimmte Eigenschaft für die Wissenschaft notwendig ist, eine *funktionale Untersuchung* derselben (im Sinne der modernen Anthropologie), die ihre Rolle in der Entwicklung der Wissenschaft prüft. Das führt geradewegs zur Geschichte zurück, die die Daten für eine solche Untersuchung liefert. Ohne sie kann man nie wissen, ob »der Umweg über ein abstraktes Schema« wirklich »die beste Art« darstellt, Methodologie zu betreiben (S. 217), und man hat keine Möglichkeit, ein bestimmtes vorgeschlagenes System zu beurteilen.

7 /16[3]/, S. 100.

bis es nur noch aus »feierlichen Rezitierungen« der ursprünglichen Auffassung besteht und in seiner eigenen Sprache (die Erfolge von) konkurrierende(n) Programme(n) nachspricht.[8] Urteile wie diese stehen im Mittelpunkt der Methodologie, die Lakatos verteidigen möchte. Sie *beschreiben* die Lage, in der sich ein Wissenschaftler befindet. *Aber sie sagen ihm noch nicht, was er tun soll.*

Ist ein Forschungsprogramm erheblich degeneriert, so wird man es aufgeben und durch einen fortschrittlicheren Konkurrenten ersetzen wollen. Das ist ein völlig berechtigter Schritt. *Doch es ist auch berechtigt, das Gegenteil zu tun* und an dem Programm festzuhalten. Denn jeder Versuch, seine Aufgabe aufgrund einer *Regel* zu verlangen, läßt sich mit fast den gleichen Argumenten kritisieren, die zunächst zur »Gewährung einer Atempause« führten: wenn es unklug ist, mangelhafte Theorien im Augenblick ihrer Entstehung zu verwerfen, weil aus ihnen noch etwas werden kann, dann ist es auch unklug, im Abstieg befindliche Forschungsprogramme zu verwerfen, weil sie sich ja erholen und zu unvorhergesehenem Glanze aufschwingen könnten (der Schmetterling erscheint, wenn die Raupe den Tiefpunkt ihrer Degeneration erreicht hat). Daher kann man einen Wissenschaftler, der an einem in Degeneration befindlichen Programm festhält, nicht mit *vernünftigen* Gründen kritisieren, denn man kann nicht *auf vernünftige Weise* zeigen, daß sein Vorgehen unvernünftig ist.

Lakatos gibt das zu. Er betont, man könne »vernünftigerweise an einem in Degeneration befindlichen Programm festhalten, bis es von einem Konkurrenten überflügelt ist, *und selbst noch länger*«[9], denn »Programme können aus den Tiefpunkten der Degeneration wieder herauskommen«.[10] Freilich trägt ihn seine Rhetorik häufig ein ganzes Stück weiter mit sich fort, was zeigt, daß er sich noch nicht an seine eigenen liberalen Vorschläge gewöhnt hat.[11] Doch wenn das Problem ausdrück-

8 Ebenda, S. 105; Einzelheiten in /16[1]/, S. 116 ff.

9 Ebenda, S. 104.

10 /16[1]/, S. 164.

11 »Ich gebe Regeln für die ›Elimination‹ ganzer Forschungsprogramme

lich gestellt wird, dann ist die Antwort klar: die Methodologie der Forschungsprogramme liefert *Maßstäbe*, die dem Wissenschaftler bei der Beurteilung der geschichtlichen Situation behilflich sind, in der er seine Entscheidungen trifft; sie enthält keine *Regeln*, die ihm sagen, was er tun soll.[12]

Die Methodologie der Forschungsprogramme unterscheidet sich also grundlegend vom Induktivismus, vom Falsifikationismus und von anderen noch autoritäreren Philosophien. Der Induktivismus will Theorien beseitigen, denen eine empirische Stütze fehlt. Der Falsifikationismus will Theorien beseitigen, die keinen über den ihrer Vorgänger hinausgehenden empirischen Gehalt haben. Jedermann will Theorien beseitigen, die widersprüchlich sind oder geringen empirischen Gehalt haben. Die Methodologie der Forschungsprogramme *enthält* keine solchen Forderungen und *kann* sie auch nicht enthalten, wie wir gesehen haben. Ihr Leitsatz – »eine Atempause zu

an« /16³/, S. 100 – man beachte die durch die Anführungszeichen erzeugte Mehrdeutigkeit. Manchmal werden Einschränkungen auf andere Weise eingeführt, indem gewissen Verfahren die »Vernünftigkeit« abgesprochen wird. »Es ist völlig vernünftig, ein Spiel mit ungewissem Ausgang zu spielen«, sagt Lakatos (/16³/, S. 104); »unvernünftig wäre es, sich bezüglich des Risikos etwas vorzumachen«: man kann tun, was man will, wenn man sich nur gelegentlich an die Maßstäbe erinnert (oder sie rezitiert?), *die freilich nichts über Risiken oder deren Größe sagen.* Wenn man über Risiken spricht, dann steckt entweder eine *kosmologische* Annahme dahinter (die Natur läßt es nur selten zu, daß sich Forschungsprogramme wie Raupen verhalten) oder eine *soziologische (Institutionen* lassen nur selten degenerierende Forschungsprogramme am Leben.) Lakatos gesteht so nebenher (/16⁴/, S. 101) die Notwendigkeit solcher Zusatzannahmen zu: nur durch sie »kann die Wissenschaft aus einem bloßen Spiel zu einem erkenntnistheoretisch vernünftigen Unternehmen werden«. Doch er *erörtert* sie nicht im einzelnen, und jene, die er für selbstverständlich hält, sind zum allermindesten höchst zweifelhaft. Nehmen wir die soeben erwähnte kosmologische Annahme. Sie ist recht interessant und verdient ohne Zweifel genauere Untersuchung. Diese Untersuchung, so wage ich zu behaupten, würde zeigen, daß das ihr entsprechende Forschungsprogramm jetzt in der Degeneration begriffen ist. (Um das einzusehen, braucht man nur *Anomalien.*) Die soziologische Annahme dagegen ist sicher richtig – und das bedeutet, daß man in einer Welt, in der die kosmologische Annahme nicht zutrifft, nie die Wahrheit finden wird.

12 /16³/, S. 104, die letzten vier Zeilen.

gewähren« – und die Argumente für liberalere Maßstäbe zur Beurteilung von Theorien behindern die Angabe von Bedingungen, unter denen ein Forschungsprogramm aufgegeben werden *müßte* oder seine weitere Unterstützung *unvernünftig* würde. *Jede* Entscheidung des Wissenschaftlers ist vernünftig, weil sie mit den Maßstäben übereinstimmt. Die »Vernunft« hat keinen Einfluß mehr auf das, was der Wissenschaftler tut; aber sie liefert eine Sprache für die Beschreibung der Ergebnisse dieser Handlungen. Sie redet – aber ihre Rede hat keinerlei praktische Konsequenzen.

Ich möchte die Schritte wiederholen, die zu diesem überraschenden Ergebnis führen. Der erste Schritt ist die Definition der Vernunft (die »Theorie der Rationalität«), die Lakatos anerkennt. Sie ist enthalten in seinen Maßstäben für die vergleichende Beurteilung von Forschungsprogrammen. Der zweite Schritt ist die Feststellung[13], daß die Maßstäbe für sich allein keine heuristische Kraft besitzen. Die Vernunft, wie sie von Lakatos definiert wird, hat keinen *direkten* Einfluß auf die Tätigkeit des Wissenschaftlers. Nimmt man diese Vernunft allein, und nichts sonst, dann kann man »machen, was man will«. Es folgt, daß es zwischen Lakatos und mir keinen »vernünftig« beschreibbaren Unterschied gibt, wobei die Vernunft immer nach seinen Maßstäben verstanden werden soll. Jedoch gibt es sicherlich einen großen Unterschied in der *Rhetorik*; und wir unterscheiden uns auch in unserer Haltung gegenüber der »Freiheit« der Forschung[14], die sich aus unseren »Grundsätzen« ergibt. Diese Unterschiede möchte ich jetzt genauer betrachten.

13 Das betont Lakatos selbst mehrfach: /16³/, S. 92, 104, Anm. 2, 57 u. a.

14 Man darf nicht vergessen, daß sich der Streit hier nur um methodologische Regeln dreht und daß »Freiheit« jetzt Freiheit von solchen Regeln bedeutet. Der Wissenschaftler unterliegt außerdem noch Einschränkungen aufgrund seiner Instrumente, der verfügbaren Geldmittel, der Intelligenz seiner Assistenten, der Haltung seiner Kollegen, seiner Spielgefährten – er unterliegt unzähligen physikalischen, physiologischen, soziologischen, historischen Einschränkungen. Die Methodologie der Forschungsprogramme und der von mir vertretene methodologische Anarchismus beseitigt lediglich die methodologischen Einschränkungen.

Das Kennzeichen des *politischen Anarchismus* ist seine Gegnerschaft zur bestehenden Ordnung: dem Staat, seinen Institutionen, den Ideologien, die diese Institutionen stützen und verherrlichen. Die bestehende Ordnung muß zerstört werden, damit die menschliche Spontaneität zum Vorschein kommen kann, damit die Menschen, wie es ihr Recht ist, frei handeln, frei wählen können, was ihnen als das Beste erscheint. Noch radikaler sind Menschen, die nicht nur gesellschaftliche Verhältnisse, sondern die ganze materielle Welt überwinden wollen, weil sie verdorben, unwirklich, von kurzer Dauer und ohne Bedeutung ist. Dieser *religiöse* oder *eschatologische* Anarchismus leugnet nicht nur soziale Gesetze, sondern auch moralische, physikalische und Wahrnehmungsgesetze, und er stellt sich eine Daseinsweise vor, die nicht mehr an den Körper, seine Reaktionen und seine Bedürfnisse gekettet ist. *Gewalt,* sei es politische oder geistige Gewalt, spielt in fast allen Formen des Anarchismus eine wichtige Rolle. Sie ist *notwendig*, um die von einer wohlorganisierten Gesellschaft oder den eigenen Verhaltensweisen (Wahrnehmen, Denken usw.) aufgerichteten Hindernisse zu überwinden, und sie ist für den einzelnen *wohltätig*, weil sie seine Energien freisetzt und ihn seine Kräfte erkennen läßt.[15] Freie Vereinigungen, in denen jeder tut, was seinen Fähigkeiten am besten entspricht, treten an die Stelle der heutigen erstarrten Institutionen, keine Funktion darf sich verfestigen – »der Vorgesetzte von gestern kann

15 Ernest Gellner (*British Journal for the Philosophy of Science*, Dez. 1975, S. 340) hat diese Stelle als Beweis dafür zitiert, daß ich bereit bin, Gewalt anzuwenden; J. W. N. Watkins, der strenge Portier im Hause des kritischen Rationalismus, sprach aufgrund derselben Stelle von meiner Tendenz, mit der Gewalt zu »flirten«. Die beiden gelehrten Herren besitzen großes Talent im Singen moralischer Arien, aber *lesen* können sie nicht: wenn ich im Text von Gewalt spreche, so beschreibe ich den politischen und eschatologischen Anarchismus, *nicht* meine eigene Ansicht. Viele der Einwände gegen die englische Ausgabe des Buches sind von derselben Natur (vgl. meine »Reply to Agassi«, in: *Philosophia*, Jerusalem, Jan. 1976). So muß man sich mit Gegnern herumschlagen, die beim geringsten Anlaß Wortbataillone zur Verteidigung der Vernunft mobilisieren, ohne gelernt zu haben, die Zeichen der Gefahr, nämlich Worte, richtig zu deuten, und findet kaum Zeit zum Studium interessanter Dinge.

zum Untergebenen von morgen werden«.[16] Grundlage des Lernens muß die Neugierde, nicht der Zwang sein, der »Lehrer« soll diese Neugierde fördern und sich nicht auf festgelegte Methoden verlassen. Die Spontaneität ist König, im Denken (in der Wahrnehmung) wie auch im Handeln.

Einer der bemerkenswertesten Züge des politischen Anarchismus seit der Aufklärung ist sein Vertrauen in die »natürliche Vernunft« des Menschen und seine Hochachtung vor der Wissenschaft. Diese Hochachtung ist nur selten opportunistisch – man erkennt einen Verbündeten und macht ihm Komplimente, um ihn bei Laune zu halten. Meistens beruht sie auf der ehrlichen Überzeugung, daß die reine, unverfälschte Wissenschaft ein wahrheitsgetreues Bild des Menschen und der Welt und mächtige ideologische Waffen für den Kampf gegen die falschen Ordnungen der Zeit liefert.

Heute wird dieses naive, beinahe kindliche Vertrauen in die Wissenschaft durch zwei Entwicklungen in Frage gestellt.

Die erste ist der Aufstieg neuartiger wissenschaftlicher Institutionen. Die »normalen« Wissenschaften des späten 20. Jahrhunderts haben im Gegensatz zu den Wissenschaften, die ihnen vorangingen, jeden philosophischen Ehrgeiz aufgegeben und sind ein mächtiges *Geschäft* geworden, das das Bewußtsein der in ihm Tätigen beeinflußt. Gute Bezahlung, ein gutes Verhältnis zum Chef und den Kollegen in der »Abteilung« sind die Hauptziele dieser menschlichen Ameisen, die bei der Lösung winziger Probleme brillieren, denen weitere Gesichtspunkte aber fast völlig fehlen. An das menschliche Wohl wird kaum gedacht[17], ebensowenig an einen Fortschritt, der mehr wäre als eine lokale Verbesserung. Die größten Leistungen der Vergangenheit werden nicht als Mittel der Aufklärung ver-

16 Bakunin, *Œuvres*, Bd. 2, S. 297.

17 »Der Wunsch, Leiden zu mildern, ist für die Forschung von geringem Wert«, sagt ein moderner Frankenstein, Dr. Szentgyorgi, in *Lancet* I, 1961, S. 1394 (in einer Rede auf einem internationalen medizinischen Kongreß). »Einem solchen Menschen sollte man den Rat geben, in der Wohlfahrtspflege zu arbeiten. Die Forschung braucht Egoisten, verdammte Egoisten, die ihrer eigenen Freude und Befriedigung nachgehen,

wendet, sondern zur Einschüchterung der Laien, wie man aus einigen neueren Diskussionen über die Entwicklungstheorie erkennen kann. Macht ein Genie einen großen Schritt nach vorn, dann verwandeln die Fachleute den Fortschritt ganz sicher in einen Prügel, mit dem sie dann ihre Mitmenschen bei der Stange zu halten versuchen.

Die zweite Entwicklung betrifft die angebliche Autorität der *Ergebnisse* dieses sich immerfort wandelnden Unternehmens. Früher hielt man wissenschaftliche Gesetze für wohlbegründet und unwiderruflich. Der Wissenschaftler entdeckte Tatsachen und Gesetze und vermehrte ständig die Menge des *sicheren* und *unbezweifelbaren* Wissens. Heute hat man erkannt, hauptsächlich aufgrund der Arbeiten von Mill, Mach, Boltzmann, Duhem und dann vor allem aufgrund der faszinierenden Entwicklungen in der modernen Physik und Kosmologie, daß die Wissenschaft keine solche Garantie liefern kann. Wissenschaftliche Gesetze können revidiert werden, sie sind oft nicht nur partiell unrichtig, sondern ganz falsch, das heißt sie reden über Dinge, die es überhaupt nicht gibt. Es gibt Revolutionen, die keinen Stein auf dem anderen lassen, keinen Grundsatz unangetastet. Unschön in ihrer Erscheinung, unzuverlässig in ihren Ergebnissen, ist die Wissenschaft nicht mehr die verläßliche Verbündete des naiven Anarchisten, sondern ein Problem: soll er sie aufgeben? Soll er sie weiter anwenden? Was soll er mit ihr tun? Das ist die Frage. Der erkenntnistheoretische Anarchismus gibt auf diese Frage eine Antwort. Die Antwort ist keinesfalls neu. Alle fortschrittlichen Wissenschaftler haben sie immer für eine Trivialität gehalten. Sie erscheint aber denen ganz neu, und sogar unannehmbar, die die Wissenschaften nur aus sicherer Ferne, auf dem Umweg über Lehrbücher (*nicht* Forschungsberichte) und philosophische Träumereien kennengelernt haben. Die Antwort entspricht auch der lockeren Art jener Anarchisten, die kein Prinzip

diese aber in der Lösung der Rätsel der Natur finden.« Über die Auswirkung dieser Einstellung auf die ärztliche Tätigkeit vgl. M. H. Pappworth, *Human Guinea Pigs*, Boston 1965. Über einige Auswirkungen in der Psychiatrie vgl. D. L. Rosenhan, in: *Science* 179 (1973), S. 250 ff.

mehr haben, auch nicht die Gewalt, und beseitigt die letzten Verfestigungen ihrer Lebensform.

Der erkenntnistheoretische Anarchismus unterscheidet sich sowohl von der Skepsis als auch vom politischen (religiösen) Anarchismus. Für den Skeptiker sind alle Auffassungen entweder gleich gut oder gleich schlecht, oder er enthält sich überhaupt eines solchen Urteils; der erkenntnistheoretische Anarchist dagegen scheut sich nicht, die trivialste oder die empörendste Aussage zu verteidigen. Der politische oder der religiöse Anarchist möchte eine bestimmte Lebensform beseitigen, der erkenntnistheoretische Anarchist wird sie vielleicht verteidigen, denn für ihn gibt es keine ewige Treue und keine ewige Abneigung gegen irgendeine Institution oder Ideologie. Wie der Dadaist, dem er viel stärker ähnelt als dem politischen Anarchisten, hat er »nicht nur kein Programm, sondern [ist] gegen jedes Programm«[18], obwohl er gelegentlich der beredteste Verteidiger des Status quo oder seiner Gegner ist: »Um ein wirklicher Dadaist zu sein, muß man auch Antidadaist sein.« Seine Ziele bleiben gleich, oder sie ändern sich aufgrund von Argumenten, oder aus Langeweile, oder wegen eines Bekehrungserlebnisses, oder um einer Freundin zu imponieren, usw. Hat er ein Ziel, so kann er es mit Hilfe organisierter Gruppen oder allein zu erreichen versuchen; er kann auf die Vernunft zurückgreifen, auf das Gefühl, auf Lächerlichkeit, auf »echte Anliegen« oder was die Menschen sonst noch für Mittel erfunden haben, um die Oberhand über ihre Mitmenschen zu gewinnen. Sein liebster Zeitvertreib ist es, Rationalisten in Verwirrung zu stürzen, indem er zwingende Gründe für unvernünftige Theorien erfindet und diese Theorien dann zum Triumph führt. Keine Anschauung ist so »absurd« oder »unmoralisch«, daß er nicht bereit wäre, sie in Erwägung zu ziehen oder nach ihr zu handeln, und keine Methode gilt ihm als unentbehrlich. Das einzige, wogegen er sich eindeutig und bedingungslos wendet, sind allgemeine Grundsätze, allgemeine Gesetze, allgemeine Ideen wie »die Wahrheit«, »die Ver-

18 Dieses und die beiden folgenden Zitate stammen aus Hans Richter, *Dada – Art und Anti-Art,* London 1965.

nunft«, »die Gerechtigkeit«, »die Liebe« und das von ihnen hervorgerufene Verhalten, wenn er auch nicht bestreitet, daß es oft taktisch richtig ist, so zu handeln, als gäbe es derartige Gesetze (Grundsätze, Ideen) und als glaube er an sie. Er kann sich der abweisenden Haltung des religiösen Anarchisten zur Wissenschaft und zur materiellen Welt annähern, er kann aber auch den frömmsten Nobelpreisträger mit seiner eifrigen Verteidigung der Reinheit der Wissenschaft übertreffen. Er hat nichts dagegen, die wissenschaftliche Beschreibung und die sinnliche Wahrnehmung des Aufbaus der Welt als eine Chimäre anzusehen, die eine tieferliegende und vielleicht geistige Wirklichkeit verdeckt, oder als bloßes Traumgebilde, das nichts offenbart und nichts verhüllt. Er interessiert sich sehr für Verfahren, Erscheinungen und Erfahrungen wie die von Carlos Castaneda berichteten[19], welche zeigen, daß Wahrnehmungen auf höchst ungewöhnliche Art verknüpft werden

19 *The Teachings of Don Juan*, New York 1968. Wie andere »Experimente« werden diese Erfahrungen auf zweifache Weise vorbereitet, langfristig und kurzfristig. Die langfristige Vorbereitung besteht in einer Reihe von Persönlichkeitstests, aus der Erklärung von deren Zweck und Ergebnis sowie in drogenerzeugten Halluzinationszuständen; sie wird in einer komplizierten und höchst interessanten Theorie der Erkenntnis oder der Wege zur Erkenntnis zusammengefaßt (ebenda, S. 79 ff.). Die kurzfristige Vorbereitung besteht in der Hervorrufung des Halluzinationszustandes und in bestimmten Anweisungen (siehe die Anweisungen, wie man ein Rabe wird, ebenda, S. 172 ff.). Die lang- und die kurzfristige Vorbereitung zusammen verleihen den Erlebnissen Sinn und machen aus ihnen eine einheitliche Welt, die mit der Alltagswelt mehr oder weniger stark zusammenhängt, aber gelegentlich auch von ihr völlig losgelöst sein kann. Castañedas Beschreibungen sind von ernsthaften Anthropologen bezweifelt worden, und man hat ihm vorgeworfen, sie einfach erfunden zu haben. Das scheint nicht der Fall zu sein – ist aber auch nicht relevant. Ist eine Geschichte so plausibel und zusammenhängend, wie die von Castañeda, dann spiegelt sie mit großer Wahrscheinlichkeit einen Zug der Wirklichkeit wider, und das ganz unabhängig davon, wer sie erzählt oder erfunden hat. Und bevor der vom Rationalismus verseuchte Leser seinen Kopf schüttelt, erinnere er sich daran, daß wirkliche Wissenschaftler wie Dirac, Eddington und Einstein genau dieser Ansicht sind. Dirac zum Beispiel war überzeugt, daß die plausiblen und schön zusammenhängenden Geschichten, die er erfunden hatte (magnetische Monopole; positron-electron annihilation – Dirac dachte allerdings noch an Protonen), auch wahr

können und daß die Auffassung, eine bestimmte Verknüpfung »entspreche der Wirklichkeit«, zwar nicht willkürlich ist (sie hängt fast stets von Traditionen ab), aber sicher nicht »vernünftiger« oder »objektiver« als eine andere: Rabbi Akiba, der in der Ekstase von einer Himmelssphäre zur nächsten aufsteigt und dann immer noch weiter und der schließlich Gott in seiner ganzen Herrlichkeit von Angesicht zu Angesicht schaut[20], *macht echte Beobachtungen,* wenn man sich entschließt, seine Lebensart als Maßstab der Wirklichkeit zu nehmen, und sein Bewußtsein ist so unabhängig von seinem Körper, wie es ihm die gewählten Beobachtungen sagen.[21] Bezüglich bestimmter Gegenstände wie der Wissenschaft erkennt der erkenntnistheoretische Anarchist, daß ihre Entwicklung (z. B. »Von der geschlossenen Welt zum Unendlichen Universum«) nur deshalb stattfand, weil die Wissenschaftler unbewußt seine Grundsätze auf ihrem Gebiet anwandten – sie hatten Erfolg, weil sie sich nicht von »Gesetzen der Vernunft«, »Grundsätzen der Rationalität« oder »unveränderlichen Naturgesetzen« in Fesseln schlagen ließen. Diesem merkwürdigen Verhalten liegt seine Überzeugung zugrunde, daß der Mensch erst dann kein Sklave mehr ist und eine Würde erhält, die mehr ist als eine Übung in vorsichtigem Konformismus, wenn es ihm gelingt, aus den grundlegendsten Kategorien und Überzeugungen herauszutreten, auch aus denen, die ihn angeblich erst zum Menschen machen. »Die Erkenntnis, daß Vernunft und Widervernunft, Sinn und Unsinn, Plan und Zufall, Bewußtes und Unbewußtes [und, so würde ich hinzufügen, Humanismus und

sein müßten, und Einstein hat sich mehr als einmal über Forscher lustig gemacht, die »verification by little effects« über »die Vernunft der Sache« stellen.

20 Vgl. W. Bousset, »Die Himmelsreise der Seele«, *Archiv für Religionswissenschaft* 4 (1901), S. 136 ff., Neudruck Darmstadt 1961, S. 14.

21 »Befiehl deiner Seele, sich in Indien zu befinden, den Ozean zu überqueren; augenblicklich ist es geschehen. Und wenn du das Himmelsgewölbe durchbrechen und sehen möchtest, was dahinter ist – wenn es irgendetwas außerhalb der Welt gibt –, so kannst du es.« *Corpus Hermeticum* 12, zit. nach Festugière, *La révélation d'Hermès trismégiste,* Paris 1950, Bd. I, S. 147. Vgl. auch das in Kap. 4 angegebene Material.

Antihumanismus] als notwendige Teile eines Ganzen zusammengehören – das war die Hauptbotschaft von Dada«, schreibt Franz Richter. Der erkenntnistheoretische Anarchist stimmt dem zu, wenn er sich auch nicht auf so geschwollene Weise ausdrücken würde. Im vorliegenden Essay ist es nicht möglich, allen Folgerungen dieser radikalen Auffassung nachzugehen, die in dem Sinne vernünftig ist, daß jeder von ihr empfohlene Schritt mit Hilfe der schönsten Argumente verteidigt werden kann (schließlich ist die Vernunft tatsächlich die Sklavin der Leidenschaften). Statt dessen versuche ich zu zeigen, wie sich ein erkenntnistheoretischer Anarchist in bestimmten Problemsituationen verhalten könnte, falls er sich zeitweise für ein bestimmtes Ziel und eine bestimmte Beschreibung des »Zustands der Welt« entschieden hat.
Stellen wir uns vor, er lebt zu Beginn des 17. Jahrhunderts und hat gerade das Hauptwerk des Kopernikus kennengelernt. Welche Einstellung wird er haben? Was für Schritte wird er empfehlen? Welchen wird er Widerstand leisten? Was wird er sagen? Was er sagen wird, hängt ab von seinen Interessen, von den »sozialen Gesetzen«, von der Gesellschaftsphilosophie, von den Meinungen über die Zeitumstände, für die er sich *vorläufig* entschieden hat. Es gibt unzählige Möglichkeiten, diese Gesetze, diese Meinungen, diese Philosophie denen gegenüber zu rechtfertigen, die eine Rechtfertigung oder wenigstens Argumente verlangen. Wir interessieren uns nicht für solche Rechtfertigungen und Argumente.
Nehmen wir des weiteren an, unser Anarchist interessiere sich nicht bloß für die Entwicklung eines besonderen Fachs, sondern für den *gesellschaftlichen Frieden*, und er habe erkannt, daß dieser durch Entwicklungen auf entlegenen Gebieten gestört werden kann (man beachte, daß die Wörter »sich interessieren« und »erkennen« und alle folgenden Beschreibungen seiner Tätigkeit aus der Alltagssprache stammen und eine methodologische Einstellung ausdrücken, die der Anarchist nicht teilt: *er* gleicht einem Geheimagenten, der auf beiden Seiten der Grenze arbeitet). Er wird also die ideologischen Möglichkeiten des Kopernikanismus beim Vorhandensein neuer und

einigermaßen aktiver Klassen untersuchen, die Kopernikus zur Stützung ihrer Interessen in Anspruch nehmen könnten, die aber auch Argumenten zugänglich sind und sich von ihnen *beeinflussen* lassen. In der Überzeugung, daß seine Gegner »vernunftgeleitet« sind (wenn nur die Argumente nicht in trockener und gelehrter Sprache vorgebracht werden), wird er unterhaltsame Traktate schreiben (»unterhaltsam« aus der Sicht seiner Leser), die die schwachen Punkte der Kopernikanischen Theorie hervorheben, und er wird die lebendigeren Intellektuellen organisieren, damit diese Aufgabe möglichst gut gelöst wird. Er könnte durchaus Erfolg haben – denn »es ist sehr schwer, ein Forschungsprogramm zur Strecke zu bringen, das von fähigen, einfallsreichen Wissenschaftlern getragen wird«[22]: »Wenn zwei Gruppen, die unterschiedliche Forschungsprogramme vertreten, in Wettbewerb treten, dann hat die mit den größeren schöpferischen Fähigkeiten [und, sollte man hinzufügen, mit der größeren Einsicht in die gesellschaftlichen Bedingungen und die Psyche der Gegner] mehr Aussicht auf Erfolg . . . Die Richtung, die die Wissenschaft nimmt, wird in erster Linie durch die schöpferische Einbildungskraft des Menschen und nicht durch das Universum der Tatsachen bestimmt, das uns umgibt.«[23] Vielleicht verteidigt er auch geradezu das Ideal der *Stabilität*, das dem Aristotelischen Denken zugrunde liegt und immer noch erhebliche Teile der Bevölkerung anspricht. So spielt er das Spiel einiger Rationalisten, bedient sich sozialer Gesetze als vorübergehender Hebel und besiegt so vielleicht rational das Drängen anderer Rationalisten auf Fortschritt.

Es ist nicht ohne Interesse, daß Kardinal Bellarmine, der zwar alles andere als ein Anarchist war, von Erwägungen geleitet war, die den soeben skizzierten stark ähneln: er wünscht den gesellschaftlichen Frieden.

»Galilei kümmerte sich selbst wenig um das gemeine, unwissende Volk, die Herde, wie er es in seiner ziemlich hochmütigen Haltung gegenüber allen nannte, die keine großen Mathematiker und Experimentatoren wie er

22 /16[1]/, S. 158.
23 Ebenda, S. 187.

waren. Selbst wenn sie, wie er meinte, ihren Glauben verlieren sollten, wenn man ihnen sagte, daß die Erde mit einer Geschwindigkeit von 18 Meilen pro Sekunde um die Sonne rast, so müsse der Kopernikanismus gepredigt werden, zur Zeit wie zur Unzeit. Der gemeine Mann ... war Bellarmine in seinem Herzen sehr teuer, und er konnte nicht verstehen, wie Galilei Hals über Kopf eine Auffassung durchsetzen wollte, die den Glauben der einfachen Menschen gefährden konnte, wo er doch so leicht seine Gedanken, wie es die Wissenschaftler heute tun, der Diskussion und stillen Untersuchung mit seinen Kollegen hätte vorbehalten können. Bellarmine hatte gewiß das Recht, einen etwas gewichtigeren Beweis zu verlangen als die Jupitermonde, die Venusphasen und die Sonnenflecken, die alle ohne weiteres in das System Tycho Brahes paßten und die Erde unbewegt ließen ... Dieses System vertraten die jesuitischen Astronomen ...«[24]

(Unglücklicherweise [oder glücklicherweise?] gaben sich diese Astronomen damit zufrieden, Schwierigkeiten aufzuzeigen und Entdeckungen einzubauen, die andere gemacht hatten, erkannten aber nicht den Propagandawert von Voraussagen und dramatischen Shows und bedienten sich auch nicht der geistigen und gesellschaftlichen Macht der neu entstehenden Klassen. *Sie verloren, weil sie bestehende Möglichkeiten nicht ausnützten.*)

Stellen wir uns andererseits vor, unser Anarchist verachtet die emotionalen, intellektuellen und gesellschaftlichen Begrenzungen, denen seine Zeitgenossen unterworfen sind, er betrachtet sie als Hindernisse und nicht als Voraussetzungen eines glücklichen und erfüllten Lebens, und da er ein Intellektueller ist – nicht Feldherr oder Kirchenfürst –, möchte er die Verhältnisse ändern, ohne sein Studierzimmer zu verlassen. In diesem Fall wird er sich nach Auffassungen umsehen, die einigen Grundannahmen der orthodoxen Ideologie widersprechen und als geistige *Hebel* zum Sturz dieser Ideologie verwendet werden können. Er wird erkennen, daß abstrakte Ideen nur dann zu solchen Hebeln werden können, wenn sie zu einer Praxis, einer »Lebensform« gehören, die (a) sie mit einflußreichen Vorgängen *in Verbindung bringt* und (b) selbst einen gewissen gesellschaftlichen *Einfluß* hat – sonst bleiben

24 James Broderick, S. J., *Robert Bellarmine, Saint and Scholar*, London 1961, S. 366 ff.

sie unbeachtet oder werden ausgelacht. Es muß eine Tradition da sein, die die neuen Gedanken aufnehmen, anwenden, weiterentwickeln kann, und diese Tradition muß bei einflußreichen Leuten, mächtigen Klassen usw. Ansehen genießen. Unser Anarchist mag zu dem Schluß kommen, die Kopernikanische Auffassung sei ein möglicher Hebel von der benötigten Art, und er sieht sich nach Möglichkeiten um, ihn wirkungsvoller zu machen. Die erste Wissenschaft oder »Lebensform«, auf die er dabei stößt, ist natürlich die Astronomie und in ihrem Rahmen der Wunsch nach besseren Tabellen, besseren Werten für die Konstanten, besseren Möglichkeiten, den Kalender festzulegen. Fortschritte in dieser Richtung würden die Kopernikanische Auffassung und damit seinen Hebel stärken. Doch auch die erfolgreichsten Voraussagen werden sofort entschärft von einer bekannten Theorie, die auch zur Astronomie gehört und anscheinend vom großen Kopernikus selbst unterstützt worden ist[25]: astronomische Theorien sind Voraussage-*Instrumente;* ihr Erfolg besagt nichts über den wirklichen Aufbau der Welt; solche Probleme werden von der *Physik* aufgrund einfacher Beobachtungen gelöst. Diese »instrumentalistische« Auffassung ist nicht nur ein wichtiger Bestandteil der Tradition, sondern es sprechen für sie auch Beobachtungen, die von den Beobachtungen, die die Physik stützen, verschieden sind: Man beobachte die Venus oder den Mars, und man wird erkennen, daß sich ihre Größe nicht so verändert, wie sie es nach der Kopernikanischen Darstellung ihrer Bahnen müßte.[26] Das zeigt, daß weitere Mittel für die Stärkung der Auffassung vonnöten sind, die den Status quo unterminieren soll, Mittel, die sich nicht so leicht instrumentalistisch deuten lassen. Daher ändert unser Anarchist seine Methode. Er läßt die Komplikationen der Astronomie der Planeten außer acht[27],

25 »Viele sonst scharfsichtige Leser von ›De revolutionibus‹ haben sich durch Osianders Verkürzung täuschen lassen«, E. Rosen, *Three Copernican Treatises,* New York 1971, S. 40.

26 Vgl. Anhang 1 zum vorliegenden Essay, erste Seite.

27 Ein Beispiel für eine solche Rückwärtsbewegung ist Galileis Rückkehr zu der Kinematik des *Commentariolus* und seine Nichtbeachtung des Epizyklen-Systems, wie es in *De revol.* entwickelt wird. Eine bewunderns-

er läßt die Planeten auf einfachen Kreisbahnen laufen und versucht, unmittelbarere Anzeichen für die Wahrheit der Kopernikanischen Auffassung zu finden. Durch einen Glücksfall hat er vom Fernrohr gehört. Es scheint ein wichtiges Hilfsmittel der Kriegskunst zu sein, es hat öffentliche Aufmerksamkeit erregt, es ist von Geheimnissen umgeben, man ist bereit, ihm Vertrauen zu schenken, oder genauer: diejenigen Handwerker, die wegen ihrer genauen Bekanntschaft mit Linsen etwas *praktische* Erfahrung mit solchen Apparaten haben, sind bereit, ihm zu vertrauen. Es werden öffentliche Vorführungen veranstaltet. Man sieht Dinge, die mit bloßem Auge nicht sichtbar sind und deren Beschaffenheit auf unabhängige Weise bekannt ist – Türme, Mauern, Schiffe usw. Niemand zweifelt, daß das Instrument die Dinge so zeigt, wie sie wirklich sind. Die Bühne ist geschaffen. Und nun wird das Fernrohr auf den Himmel gerichtet. Viele verwirrende Erscheinungen treten auf, einige sind absurd, andere widersprüchlich, *und einige stützen unmittelbar die Kopernikanische Auffassung*. Auch das komplizierteste optische Argument kommt jetzt nicht gegen die wachsende Überzeugung auf, es sei ein neues Zeitalter der Erkenntnis angebrochen, und die alten Geschichten über den Himmel seien eben nur – Geschichten. Die Überzeugung ist besonders stark bei denen, die einen hohen Stand praktischen Wissens haben, ohne komplizierte Terminologie, und die der Überzeugung sind, daß die Hochschulphysik eine Menge von Worten und keine Erkenntnis der Dinge ist (man erinnere sich der puritanischen Verachtung nutzloser Spekulation). Wird er nach einer theoretischen Rechtfertigung gefragt, so benutzt unser Anarchist eingedenk des Gesetzes der ungleichmäßigen Entwicklung Argumentfetzen in bedenkenlos propagandistischer Weise. Sehr oft ist die Begeisterung für die neuen Auffassungen so groß, daß zusätzliche Propaganda unnötig ist: »Es war das Glück dieser Menschen, daß ihre Sympathien manchmal ihren kritischen Blick trübten«, schreibt Albert

werte *rationale* Analyse dieses Schrittes gibt Imre Lakatos in seinem Vortrag »A Philosopher looks at the Copernican Revolution«, Leeds, 6. Januar 1973.

Schweitzer über entsprechende Entwicklungen in der Christologie.[28] Und so wird der Hebel weiter verstärkt, bis er die gesamte orthodoxe Auffassung aus den Angeln hebt, einschließlich ihrer Folgerungen für die Stellung des Menschen in der materiellen Welt, die Beziehung zwischen Mensch und Gott usw.[29]

Als drittes Beispiel nehme man einen Anarchisten, der an der Verbesserung der *wissenschaftlichen* Astronomie interessiert ist und Gehaltsvermehrung als notwendige Bedingung dafür ansieht. Er kann sich davon überzeugt haben, daß dies nur durch Beobachtungen völlig neuer Art erreichbar ist, und er leitet die Entwicklung mit der Behauptung ein, er sei im Besitz solcher Beobachtungen, obwohl diese Behauptung nicht einmal andeutungsweise mit Argumenten untermauert werden kann. Da er die Gehaltsvermehrung vollständig auf die neuen Beobachtungen verlegt, muß er die alten Beobachtungen verwerfen, und er beerdigt sie, ohne je zu erklären, warum sie unbrauchbar sein sollten, womit er eine interessante »erkenntnistheoretische Täuschung« erzeugt. Die neuen Beobachtungen werden anerkannt, die alten vergessen, und für den Austausch werden niemals Gründe angegeben: als er erfolgte, gab es keine, und wenn schließlich welche auftauchen, sind sie nicht mehr interessant. So wird eine Gehaltsvermehrung durch die gleichzeitige Ausnützung von Begeisterung, Vergeßlichkeit und geschichtlichem Wandel *fabriziert.*

Die letzten beiden Beispiele, die nur leicht veränderte Darstellungen wirklicher historischer Entwicklungen sind[30], zeigen: wenn irgendein Ziel gegeben ist, auch ein »streng wissenschaftliches«, dann hat der Opportunismus des Anarchisten mehr Aussicht auf Erfolg, als irgendein wohlbestimmtes Sy-

28 *The Quest for the Historical Jesus,* New York 1962, S. 5.

29 Auf diesem Gebiet gab es weitere Ideen und Einstellungen, die zur Stärkung der Kopernikanischen Ideologie dienen konnten. Vgl. Hans Blumenberg, *Die Kopernikanische Wende,* Frankfurt 1965, sowie I. Seznec, *The Survival of the Pagan Gods,* Princeton 1963, insbes. S. 60.

30 Vgl. die eingehendere Analyse in Kap. 6-12 des vorliegenden Essays.

stem von Maßstäben, Regeln, Vorschriften.[31] (Nur *innerhalb* einer ziemlich umfassenden Weltauffassung lassen sich spezielle Regeln rechtfertigen und haben Aussicht auf Erfolg.) Das erste Beispiel macht verständlich, daß sorgfältige Argumentation den Aufstieg der modernen Wissenschaft hätte verhindern können. Argumente können die Wissenschaft hemmen, während für ihren Fortschritt Täuschung notwendig ist. Dazu nehme man das, was wir über die Ordnungsgrundsätze des Mythos, der religiösen Inbrunst, abnormer Erfahrungen gelernt haben, und man wird stark zu der Auffassung neigen, daß es viele Wege gibt, auf denen man sich der Natur und der Gesellschaft nähern kann, und viele Möglichkeiten für die Beurteilung der Ergebnisse eines bestimmten Weges; daß man sich entscheiden muß und daß es keine *objektiven* Kriterien gibt, die uns leiten könnten. Dies also eine kurze und sehr unvollständige Skizze der Ideologie des erkenntnistheoretischen Anarchismus und einiger möglicher Anwendungen.

Lakatos will etwas anderes. Er will, daß die Wissenschaft, ja das gesamte Geistesleben bestimmten festen Maßstäben entspreche, er will, daß sie »vernünftig« sei. Das bedeutet zweierlei: (a) Die gewählten Maßstäbe dürfen nie von anderen Maßstäben verdrängt werden; wird die Erkenntnis oder die Wissenschaft einem größeren Zusammenhang eingegliedert, dann darf das ihre Substanz nicht berühren; vor allem die Wissenschaft muß ihre »Integrität« bewahren. (b) Die Maßstäbe müssen auch heuristische Kraft haben, d. h. das von ihnen geleitete Handeln muß sich von der geistigen Unabhängigkeit des Anarchisten unterscheiden.

Nun sahen wir, daß die von Lakatos gewählten Maßstäbe weder abstrakte Anweisungen geben (wie etwa: »Scheide Theorien aus, die anerkannten Basissätzen widersprechen«) noch allgemeine Urteile über die Rationalität oder Irrationali-

31 Man beachte, daß die »erkenntnistheoretische Täuschung«, die oft einen Fortschritt ermöglicht, nach Lakatos nicht auftritt: »Der Stand der Konkurrenten im Wettbewerb ... muß festgehalten und jederzeit öffentlich bekanntgemacht werden.« /16^4/, S. 101; Hervorhebung im Original.

tät einer Handlungsweise enthalten (wie etwa: »Es ist unvernünftig, an einer Theorie festzuhalten, die anerkannten Basissätzen widerspricht«). An die Stelle solcher Anweisungen und Urteile sind konkrete Entscheidungen in komplexen geschichtlichen Situationen getreten. Wenn sich das Unternehmen, das die Maßstäbe enthält, vom anarchischen »Chaos« unterscheiden soll, *dann müssen diese Entscheidungen mit einer gewissen Regelmäßigkeit erfolgen.* Die Maßstäbe allein können nicht dazu führen, das haben wir gesehen. Doch psychologische und soziale *Kräfte* könnten es schaffen.

Man nehme etwa an, daß die Institutionen, die die Arbeiten des einzelnen Wissenschaftlers der Öffentlichkeit vorlegen, die ihm eine geistige Heimat bieten, in der er sich sicher und akzeptiert fühlen kann, und die ihm wegen ihres Ansehens und ihrer (geistigen, finanziellen, politischen) Macht ein Gefühl der Bedeutung verleihen können, eine *konservative Haltung* gegenüber den Maßstäben einnehmen, daß sie sich weigern, in Degeneration befindliche Forschungsprogramme zu unterstützen, ihnen das Geld entziehen, ihre Verfechter lächerlich machen, ihre Werke nicht veröffentlichen und sie auf jede mögliche Weise herabsetzen. Das Ergebnis ist leicht vorauszusehen: die Wissenschaftler, die genauso emotionale und finanzielle Unterstützung brauchen wie andere Menschen, werden, vor allem heute, wo viele Wissenschaften Geschäfte sind und keine philosophischen Abenteuer, ihre »Entscheidungen« ändern und zur Verwerfung von Forschungsprogrammen neigen, die sich auf dem absteigenden Ast befinden.

Nun ist die konservative Haltung der Institutionen nicht unvernünftig, denn sie steht nicht im Gegensatz zu den Maßstäben. Sie ist das Ergebnis kollektiver Maßnahmen, die durch die Maßstäbe nahegelegt werden. Auch die Haltung des einzelnen Wissenschaftlers, der dem Druck so leicht nachgibt, ist nicht vernunftswidrig, denn auch er entscheidet sich auf eine von den Maßstäben zugelassene Weise. Wir haben also Gesetz und Ordnung erreicht, ohne der Liberalität unserer Methodologie Abbruch zu tun. Und selbst die komplizierte Beschaffenheit der Maßstäbe erhält jetzt eine Funktion. Denn die Maßstäbe schreiben ja keine bestimmten Handlungen vor oder verbieten sie, sie sind ohne weiteres verträglich mit dem »Anything goes« des Anarchisten, der sie daher mit Recht als bloße Ausschmückungen betrachtet; doch sie verleihen den Handlungen jener Menschen und Institutionen Inhalt, die sich zu einer konservativen Haltung ihnen gegenüber entschlossen haben. *Für sich allein* können die Maßstäbe auch das ausgelassenste Verhalten nicht verbieten. *In Verbindung mit* dem eben beschriebenen *Konservativismus* üben sie auf den Wissenschaftler einen subtilen, aber nachdrücklichen Einfluß aus. *Und genau auf diese Art möchte sie Lakatos verwendet sehen:* er schlägt vor, bei einem in Degeneration befindlichen Programm »sollten die Herausgeber wissenschaftlicher Zeitschriften die Veröffentlichung ... von Aufsätzen der Wissenschaftler, die an dem Programm arbeiten, ablehnen ... Und Stiftungen sollten ebenfalls die finanzielle Unterstützung verweigern«.[32] Dieser Vorschlag steht, wie wir sahen, nicht im Gegensatz zu den Maßstäben. Bemißt sich nach ihnen die Rationalität, so ist es völlig richtig, diesen Vorschlag zu machen und nach ihm zu handeln. Er verleiht den Maßstäben Durchschlagskraft, nicht durch argumentative Unterstützung, sondern durch Schaffung einer geschichtlichen Situation, in der es *praktisch* sehr schwierig wird, ein in Degeneration befindliches Forschungsprogramm weiterzuverfolgen. Ein Forschungsprogramm wird jetzt nicht deshalb fallengelassen, weil es im Sinne der Maßstäbe Argumente dagegen gäbe, sondern weil seine Verfechter nicht mehr weiterarbeiten können. Kurz, aber keineswegs unangemessen formuliert: Forschungsprogramme verschwinden, nicht weil sie von Argumenten getötet würden, sondern weil ihre Verfechter im Lebenskampf getötet werden. Es *sieht so aus,* als benütze ein freundlicher Kollege, der die Verdienste neuer Forschungsprogramme vergleicht, den Erfolg des einen und die sich vermehrenden Fälle des Versagens des anderen genau beschreibt, die ganzen ad-hoc-Maßnahmen, Widersprüche, das leere Gerede des in Degeneration

32 /16³/, S. 105.

befindlichen Programms herausstellt, gewichtige *Argumente* – doch ein solcher Eindruck entsteht nur, wenn man noch nicht den Schritt vom naiven Falsifikationismus usw. usw. zu Lakatos getan hat. Jemand, der diesen Schritt getan *hat* und sich der Konsequenzen seiner neuen Rationalität bewußt ist, kann immer antworten: »Lieber Freund, du meinst es ja gut, aber du bist mit deiner Theorie der Rationalität nicht ganz auf dem laufenden. Du glaubst, du könntest mich mit Argumenten überzeugen, aber ich weiß, daß man in meinem Sinne von ›vernünftig‹ vernünftigerweise an einem in Degeneration befindlichen Forschungsprogramm festhalten kann, bis es von einem Konkurrenten überflügelt ist, ja selbst noch länger.[33] Natürlich hast du vielleicht den Eindruck, ich hätte außer den Maßstäben von Lakatos auch noch eine konservative Haltung zu ihnen eingenommen. Wäre dem so, dann würde mich dein Argument mit Recht dafür tadeln, daß ich erst eine Entscheidung treffe und dann nicht nach ihr lebe. Aber ich bin kein Konservativer, das bin ich nie gewesen, und so kannst du mich aus dem Verein der Konservativen ausschließen, aber du kannst nicht zeigen, daß ich irrational gewesen bin.«

Fassen wir zusammen: soweit die Methodologie der Forschungsprogramme »vernünftig« ist, unterscheidet sie sich nicht vom Anarchismus; soweit sie sich von ihm unterscheidet, ist sie nicht »vernünftig«. Auch die vollständige und rückhaltlose Übernahme dieser Methodologie schafft kein Problem für einen Anarchisten, der gewiß nicht leugnet, daß methodologische Regeln durch Drohung, Einschüchterung, Täuschung durchgesetzt werden können und gewöhnlich durchgesetzt werden. Das ist schließlich einer der Gründe, warum er (nicht Gegenargumente, sondern) Gegen*kräfte* mobilisiert, um die von den Regeln gesetzten Einschränkungen zu überwinden.

Es ist ebenfalls klar, daß es Lakatos nicht gelungen ist, »vernünftigen Wandel« aufzuzeigen, wo »Kuhn und Feyerabend nur irrationale Veränderungen erblicken«.[34] Mein eigener Fall

33 Ebenda, S. 104.

34 Ebenda, S. 118; vgl. /16[1]/, S. 93.

wurde soeben dargelegt. Was Kuhn betrifft, so braucht man sich nur daran zu erinnern, daß eine Revolution immer dann erfolgt, wenn ein neues Forschungsprogramm eine ausreichende Zahl von Erfolgen zusammengebracht hat und das orthodoxe Programm so viele Niederlagen erlitten hat, daß beide als ernsthafte Konkurrenten betrachtet werden, und wenn die Verfechter des neuen Programms die orthodoxe Auffassung für erledigt erklären. Vom Standpunkt der Methodologie der Forschungsprogramme aus gesehen, tun sie das nicht einfach wegen ihrer Maßstäbe, sondern weil sie eine konservative Einstellung gegenüber diesen Maßstäben eingenommen haben. Ihre orthodoxen Gegner haben eine »liberale« Haltung, sie sind bereit, sehr viel mehr Degeneration hinzunehmen als die Konservativen. Die Maßstäbe lassen für beide Haltungen Raum. Wie wir sahen, sagen sie nichts über die »Rationalität« oder »Irrationalität« dieser Haltungen aus. Es folgt, daß der Kampf zwischen den Konservativen und den Liberalen und der schließliche Sieg der Konservativen kein »vernünftiger Wandel«[35] ist, sondern ein simpler und reiner »Machtkampf«, voll von »schmutzigen persönlichen Streitigkeiten«[36], ein Gegenstand nicht für die Methodologie oder die Theorie der Rationalität, sondern für die »Mobpsychologie«.[37]

Daß Lakatos sein Versprechen nicht hält und das Wirken der Vernunft nicht enthüllt, wo andere bloß ein großes Geschiebe erkennen, wird durch seine unklare Ausdrucksweise verborgen. Einerseits sagt er uns, die scheinbare Irrationalität vieler wichtiger wissenschaftlicher Entwicklungen sei auf eine unnötig enge Auffassung davon zurückzuführen, was als rational gelten könne. Wenn nur die Anerkennung *bewiesener* Theorien vernünftig ist, wenn es unvernünftig ist, Theorien aufrechtzuerhalten, die *im Gegensatz* zu anerkannten Basissätzen stehen, dann ist die gesamte Wissenschaft irrational. Also entwickelt Lakatos neue Maßstäbe. Die neuen Maßstäbe, die gleichzeitig neue Regeln der Vernunft sind, verbieten nicht

35 Ebenda, S. 118.
36 Ebenda, S. 120.
37 /16¹/, S. 178; Hervorhebung im Original.

mehr, was gute Wissenschaft ausmacht. Aber sie verbieten auch sonst nichts. Sie müssen stärker gemacht werden. Das kann aber nicht durch Hinzunahme weiterer Grundsätze, d. h. durch Verschärfung des *Begriffs* der *Vernunft* geschehen. Doch man kann ihnen *praktische Wirkung* verleihen, wenn man sie zum Kern konservativer *Institutionen* macht. Gemessen an den Maßstäben der Methodologie der Forschungsprogramme ist dieser Konservativismus weder rational noch irrational. *Aber nach anderen Grundsätzen ist er höchst rational*, z. B. nach denen des *Alltagsverstandes.*[38] Diese Vielfalt von Bedeutungen des Wortes »rational« wird von Lakatos weidlich ausgenützt. In seinen Argumenten gegen den naiven Falsifikationismus betont er den neuen »Rationalismus« seiner Maßstäbe, der Wissenschaft möglich macht. In seinen Argumenten gegen Kuhn und den Anarchismus aber betont er die ganz andere »Rationalität« des Alltagsverstands, jedoch ohne seine Leser auf die Bedeutungsverschiebung aufmerksam zu machen, und so kann er seinen Kuchen behalten – liberalere Maßstäbe haben – und trotzdem essen – er kann sie auf konservative Weise wirken lassen, und er kann sogar noch hoffen, in beiden Fällen als Rationalist angesehen zu werden. Es besteht in der Tat eine große Ähnlichkeit zwischen Lakatos und den frühen Kirchenvätern, die revolutionäre Lehren im Gewande hergebrachter Gebete einführten (die den Alltagsver-

38 »Bei solchen Entscheidungen«, sagt Lakatos und meint damit zum Beispiel die Entscheidung, Maßstäbe konservativ zu verwenden, »muß man seinen *gesunden Menschenverstand* benützen« – /16[4]/, Anm. 58. Wohlan – solange man sich dessen bewußt ist, daß man damit den Bereich der Vernunft, wie sie durch die Maßstäbe definiert ist, *verläßt* und sich in ein »äußeres« Medium oder auf das Gebiet anderer Maßstäbe begibt. Das wird bei Lakatos nicht immer deutlich. Ganz im Gegenteil, bei dem Angriff auf seine Gegner stützt er sich in vollem Umfang auf unsere Neigung, den gesunden Menschenverstand als wesentlich vernünftig anzusehen und das Wort »vernünftig« nach *seinen* Maßstäben zu verwenden. Er bezichtigt die Gegner der »Unvernunft«. Instinktiv stimmen wir zu und vergessen dabei völlig, daß dieses Urteil von der zur Debatte stehenden Methodologie nicht gestützt wird und gar keinen Grund in ihr findet. Vgl. auch die nächste Anmerkung.

stand darstellten) und dadurch den Alltagsverstand selbst langsam veränderten.[39]

Dieses große Geschick in mehrdeutiger Aggression macht Lakatos zu einem höchst willkommenen Bundesgenossen im Kampf gegen die »Vernunft«. Denn eine Auffassung, die »rational« *klingt, was auch immer der Sinn dieses emotional geladenen Wortes sein mag,* hat heutzutage viel mehr Aussicht, akzeptiert zu werden, als eine Auffassung, die die Autorität der Vernunft offen ablehnt. Die Lakatossche Philosophie, sein Anarchismus im Schafspelz, ist ein großartiges Trojanisches Pferd, mit dem man den wirklichen, direkten, »ehrlichen« (dieses Wort ist Lakatos sehr teuer) Anarchismus in die Köpfe unserer entschiedensten Rationalisten einschmuggeln kann. Und wenn sie einmal herausgefunden haben, daß man sie zum besten gehabt hat, dann werden sie viel eher zugestehen, daß die Ideologie des Rationalismus keinen wirklichen Vorzug besitzt, sie werden erkennen, daß man auch in der Wissenschaft der Propaganda ausgesetzt ist und sich in einem Kampf zwischen entgegengesetzten Kräften befindet, und sie werden zugeben, daß Argumentation nichts anderes ist als eine subtile und höchst wirksame Methode, einen vertrauensseligen Gegner zu lähmen.[40]

Bisher habe ich Lakatos' Maßstäbe einfach akzeptiert, ich habe sie mit anderen Maßstäben verglichen und gefragt, wie sie unser Verhalten beeinflussen (zum Beispiel habe ich gefragt,

39 Mit Hilfe des *psychologischen* Gewichts, das das Taufbekenntnis für die frühen Christen hatte, und indem er die nicht-gnostische Deutung »als dessen evidenten Inhalt« nahm (A. v. Harnack, *History of Dogma,* Bd. 2, New York 1961, S. 26), gelang es Irenäus, die gnostische Ketzerei zu besiegen. Mit Hilfe des psychologischen Gewichts, das der gesunde Menschenverstand für Wissenschaftstheoretiker und andere Gewohnheitstiere hat, und indem er die konservative Deutung seiner Maßstäbe als seinen evidenten Inhalt nahm, ist es Imre Lakatos beinahe gelungen, uns von der Vernünftigkeit seiner eigenen Philosophie von Gesetz und Ordnung sowie davon zu überzeugen, daß die dazugehörigen Maßstäbe keine bloßen Floskeln sind: heute wie damals findet man die besten Propagandisten in der Kirche und in der konservativen Politik.

40 Zu einigen gewöhnlich an dieser Stelle erhobenen Einwänden siehe Anhang 3.

worin sich eine von der Methodologie der Forschungsprogramme bestimmte Praxis von einer anarchischen Praxis unterscheidet), und ich habe die Konsequenzen der Maßstäbe für die Theorie der Rationalität untersucht. Jetzt kommt die Frage an die Reihe, warum man die Maßstäbe überhaupt in Betracht ziehen sollte, warum man sie anderen *wissenschaftlichen* Maßstäben wie dem Induktivismus oder *»nichtwissenschaftlichen«* wie etwa denen der wörtlichen Bibelgläubigkeit vorziehen sollte. Lakatos gibt eine Antwort auf die erste Frage, nicht aber auf die zweite, wenn es ihm auch gelingt, den Eindruck zu erwecken, als habe er beide beantwortet. Auch hier wieder bedient er sich des Alltagsverstands und der allgemeinen Voreingenommenheit für die Wissenschaft, um sich über Klüfte hinwegzuhelfen, die er mit Argumenten nicht überbrücken kann. Sehen wir zu, wie er vorgeht!

Ich sagte, daß sowohl Lakatos als auch ich Methodologien durch Vergleich mit historischen Daten beurteilen. Die von Lakatos verwendeten Daten sind »›grundlegende‹ Urteile der wissenschaftlichen Elite«[41] oder »grundlegende Werturteile«[42], nämlich *Wert*urteile über *konkrete* wissenschaftliche Leistungen. Beispiel: »Einsteins Relativitätstheorie von 1919 ist der Newtonschen Himmelsmechanik in ihrer Laplaceschen Form überlegen.« Für Lakatos sind solche Werturteile (die zusammengenommen das bilden, was er eine »allgemeine wissenschaftliche Weisheit« nennt) eine brauchbare Grundlage für methodologische Erörterungen, weil sie von der großen Mehrheit der Wissenschaftler anerkannt werden: »Es gibt zwar nur wenig Übereinstimmung über ein *allgemeines* Kriterium für den wissenschaftlichen Charakter von Theorien, jedoch in den letzten 200 Jahren recht verbreitete Übereinstimmung bezüglich *besonderer,* historisch zu einem bestimmten Zeitpunkt fixierbarer Leistungen.«[43] Man kann daher grundlegende Wert*urteile* heranziehen, um Theorien über die Wissenschaft oder *rationale Rekonstruktionen* der Wissenschaft auf

41 /16³/, S. 111.
42 Ebenda, S. 117.
43 Ebenda, S. 111.

ähnliche Weise zu prüfen, wie man »Basis«-*Sätze* zur Prüfung von Theorien über die Welt verwendet. Das Prüfverfahren hängt natürlich von der Methodologie ab, für die man sich entschieden hat: Ein Falsifikationist wird methodologische Regeln verwerfen, die grundlegenden Werturteilen widersprechen[44], ein Anhänger von Lakatos wird methodologische Forschungsprogramme anerkennen, die »eine *fortschrittliche Veränderung* in der Folge der Forschungsprogramme rationaler Rekonstruktionen bilden: ... Fortschritt auf dem Gebiet der Theorie der wissenschaftlichen Vernunft zeigt sich an Entdekkungen neuer geschichtlicher Tatsachen, an der Rekonstruktion einer wachsenden Menge wertgetränkter Geschichte als vernünftig«.[45] Der Maßstab der methodologischen Kritik stellt sich also als das beste zu einer bestimmten Zeit vorhandene methodologische Forschungsprogramm heraus. Soweit eine erste Näherung an das Verfahren von Lakatos.

Die Näherung hat zwei wichtige Eigenschaften der Wissenschaft ausgelassen. Einerseits sind die grundlegenden Werturteile nicht so einheitlich, wie angenommen wurde. Die Wissenschaft ist in zahlreiche Disziplinen gespalten, deren jede eine andere Haltung gegenüber einer gegebenen Theorie einnehmen kann, und die einzelnen Disziplinen sind weiter in Schulen gespalten. Die grundlegenden Werturteile eines Experimentators unterscheiden sich von denen eines Theoretikers (man braucht nur Rutherford, Michelson oder Ehrenhaft über Einstein zu lesen), ein Biologe wird eine Theorie anders ansehen als ein Kosmologe, der treue Anhänger Bohrs wird Änderungen der Quantenmechanik mit anderen Augen betrachten als der treue Anhänger Einsteins. Und was an Einheitlichkeit noch besteht, wird bei Revolutionen aufgelöst, wo kein Grundsatz unbezweifelt und keine Methode unverletzt bleibt. Selbst einzelne Wissenschaftler kommen zu verschiedenen Urteilen über eine vorgeschlagene Theorie: Lorentz, Poincaré, Ehrenfest glaubten, Kaufmanns Experiment habe die spezielle Relativitätstheorie widerlegt, und wollten das Relativitätsprin-

44 Vgl. die Regel in /16³/, S. 111.
45 /16³/, S. 117-118.

zip in der von Einstein vorgeschlagenen Form aufgeben, während Einstein selbst anderer Auffassung war.[46] Zweitens werden grundlegende Werturteile nur selten mit guten Gründen gefällt. Jedermann ist der Auffassung, daß *die Hypothese des Kopernikus* ein großer Schritt nach vorn war, doch kaum jemand kann sie auch nur halbwegs richtig formulieren, geschweige denn die Gründe für ihre Überlegenheit aufzählen. Die *Newtonsche Theorie* (der Gravitation) wurde »von den größten Wissenschaftlern hoch eingeschätzt«[47], die aber zumeist ihre Schwierigkeiten nicht erkannten und teilweise glaubten, sie lasse sich aus den Keplerschen Gesetzen ableiten.[48] Die *Quantentheorie*, die quantitativ und qualitativ mit den Daten nicht übereinstimmt[49] und stellenweise auch sehr unhandlich ist, wird nicht *trotz* ihrer Schwierigkeiten anerkannt, in *bewußter Verletzung* des naiven Falsifikationismus, sondern weil »alle Daten mit unerbittlicher Eindeutigkeit in die ... Richtung ... weisen, [daß] alle Vorgänge, bei denen ... unbekannte Wechselwirkungen stattfinden, dem Quanten-Grundgesetz entsprechen«.[50] Und so weiter. *Das* sind die Gründe, aus denen die grundlegenden Werturteile entspringen, auf die Lakatos gelegentlich als »allgemeine wissenschaftliche Weisheit« so großen Wert legt.[51] Man nehme hinzu, daß die meisten Wissenschaftler grundlegende Werturteile unbesehen anerkennen, sie nicht prüfen, sondern sich einfach der Autorität ihrer spezialisierten Kollegen beugen, und man erkennt, daß die *»allgemeine wissenschaftliche Weisheit« gar nicht so allgemein ist und sicher nicht sehr weise.*

Lakatos ist sich dieser Schwierigkeit bewußt. Er erkennt, daß

46 Literaturangaben in *Philosophical Papers*, Bd. 2, Kap. 9, Fußnote 58 ff.
47 /16³/, S. 112.
48 M. Born, *Natural Philosophy of Cause and Chance*, London 1948, S. 129 ff.
49 Vgl. Anm. 5 und 15-17 zu Kap. 5.
50 Rosenfeld in: *Observation and Interpretation*, London 1957, S. 44.
51 »Ist es nicht ... Hybris, den fortgeschrittensten Wissenschaften eine aprioristische Wissenschaftstheorie oktroyieren zu wollen? ... Ich glaube, ja.« /16³/, S. 121.

grundlegende Werturteile nicht immer vernünftig sind[52], und er gibt zu, daß »das Urteil der Wissenschaftler gelegentlich irrt«.[53] In solchen Fällen, sagt er, muß es durch das »gesatzte Recht des Philosophen« zurechtgerückt und womöglich sogar völlig ersetzt werden.[54] Die »rationale Rekonstruktion der Wissenschaft«, die Lakatos als Maßstab für die Methode verwendet, ist also nicht bloß die Gesamtheit aller grundlegenden Werturteile, auch nicht das beste Forschungsprogramm, das versucht, sie zu vereinigen. Es ist ein »pluralistisches System von Autoritäten«[55], in dem grundlegende Werturteile einen beherrschenden Einfluß haben, solange sie einheitlich *und* vernünftig sind. Doch wenn die Einheitlichkeit schwindet oder wenn »eine Tradition degeneriert«[56], dann kommen allgemeine philosophische Gesichtspunkte zum Vorschein und stellen die Vernunft und Einheit wieder her.

Nun habe ich den Verdacht, daß Lakatos die Zahl der Situationen, in denen es dazu kommt, gewaltig unterschätzt. Er glaubt, eine Einheitlichkeit der grundlegenden Werturteile habe »während der letzten zwei Jahrhunderte«[57] geherrscht; doch in Wirklichkeit war sie etwas sehr Seltenes. Doch wenn das so ist, dann sind seine »rationalen Rekonstruktionen« entweder nur dem Alltagsverstand[58] oder nur den abstrakten Grundsätzen und konkreten Zwängen der Methodologie der Forschungsprogramme unterworfen, nicht mehr aber der Geschichte. Außerdem erkennt Lakatos eine *einheitliche* Meinung nur dann an, wenn sie sich nicht zu weit von seinen Maßstäben entfernt: »Wenn eine wissenschaftliche Schule zur Scheinwissenschaft degeneriert, dann kann es sich lohnen, eine methodologische Diskussion zu erzwingen.«[59] Das bedeutet, daß die Urteile, die Lakatos so freizügig fällt, letzten Endes weder Forschungsergebnisse noch Bestandteile der »wissenschaftlichen Praxis« sind, sondern Stücke einer *Ideologie*, die

52 Ebenda, Anm. 80
53 Ebenda, S. 121.
54 Ebenda, S. 121.
55 Ebenda, S. 121.
56 Ebenda, S. 122.
57 Ebenda, S. 111.
58 Vgl. Anm. 38 zum laufenden Kapitel.
59 /16[3]/, S. 122.

er uns unter dem Namen einer »›allgemeinen‹ wissenschaftlichen Weisheit« oktroyieren möchte. Ein zweites Mal stoßen wir auf einen höchst interessanten Unterschied zwischen der *Formulierung* von Lakatos' Vorschlägen und ihrem *wahren Kern*. Wir sahen bereits, daß die Methodologie der Forschungsprogramme in der Absicht eingeführt wurde, dem Rationalismus unter die Arme zu greifen. Sie kann aber keine einzige Handlung als »vernunftwidrig« verurteilen. Immer wenn Lakatos ein *solches* Urteil fällt – und das tut er oft genug –, stützt er sich auf »äußere« Instanzen, z. B. seine eigenen konservativen Neigungen oder den im Alltagsdenken liegenden Konservativismus. Jetzt sehen wir, daß seine »Rekonstruktionen« den allgemeinen Grundsätzen, die er angeblich prüft, sehr nahestehen und in Krisenzeiten mit ihnen zusammenfallen. Trotz seiner rhetorischen Distanzierungen (»Ist es nicht ... Hybris, eine apriorische Wissenschaftstheorie den fortgeschrittensten Wissenschaften oktroyieren zu wollen? ... Ich glaube, ja«[60]), trotz der Absicht, konkret zu bleiben (»Es gab recht verbreitete Übereinstimmung ... bezüglich *einzelner* Leistungen«[61]), unterscheidet sich Lakatos nicht eigentlich von den traditionellen Erkenntnistheoretikern; ganz im Gegenteil, er liefert ihnen ein wirkungsvolles neues Propagandainstrument: er verknüpft seine Maßstäbe mit etwas, was zunächst wie eine beachtliche Menge unabhängigen wissenschaftlichen Menschenverstands aussieht, aber diese Menge ist weder besonders beachtlich noch unabhängig. Sie ist durchsetzt mit den abstrakten Grundsätzen, die er verteidigen möchte, und im Hinblick auf sie konstituiert.

Hinter der Berufung auf die »allgemeine wissenschaftliche Weisheit« verbirgt sich noch eine weitere wichtige Annahme. Eine »rationale Rekonstruktion« im Sinne von Lakatos umfaßt konkrete Urteile über Ereignisse auf einem bestimmten Gebiet sowie auch allgemeine Maßstäbe. Sie ist »rational« in dem Sinne, daß sie wiedergibt, was auf dem Gebiet *für eine wertvolle Leistung gehalten wird*. Sie spiegelt gewissermaßen

60 Ebenda, S. 121.
61 Ebenda, S. 111.

die *Berufsideologie* des Wissenschaftszweiges wider. Selbst dann, wenn diese nun aus nichts anderem als einer einheitlichen Menge grundlegender Werturteile bestünde und keinerlei abstrakte Bestandteile hätte, *würde sie nicht gewährleisten, daß der entsprechende Wissenschaftszweig interessante oder der Wirklichkeit entsprechende Ergebnisse hervorbringt.* Jeder Medizinmann geht nach komplizierten Regeln vor, er vergleicht seine Ergebnisse und seine Tricks mit denen anderer Medizinmänner des gleichen Stammes, er hat eine reichhaltige und systematische Berufsideologie – und doch würde ihn kein Rationalist ernst nehmen wollen. Die astrologische Medizin geht von strengen Maßstäben aus und enthält ziemlich einheitliche grundlegende Werturteile, und doch verwerfen die Rationalisten ihre gesamte Berufsideologie als »irrational«. Sie sind z. B. nicht bereit, das »grundlegende Werturteil« auch nur in Erwägung zu ziehen, die tropische Methode zur Herstellung eines Horoskops sei der siderischen vorzuziehen (oder umgekehrt[62]). Diese Möglichkeit, fachliche Maßstäbe ohne weitere Untersuchung kurzerhand zu verwerfen, zeigt, daß »rationale Rekonstruktionen« *allein* das Problem der Methode nicht lösen können. Um die richtige Methode zu finden, muß man die *richtige Disziplin* rekonstruieren. Doch was ist eine richtige Disziplin?

Lakatos geht auf diese Frage nicht ein – und das braucht er auch nicht, solange er nur wissen möchte, was *in der Wissenschaft* nach dem 17. Jahrhundert vor sich geht, und solange er annehmen kann, daß dieses Unternehmen auf einer systematischen und einheitlichen Berufsideologie beruht. (Wir haben gesehen, daß das nicht der Fall ist.) Doch Lakatos will mehr. Nachdem er seine »Rekonstruktion« der modernen Wissenschaft abgeschlossen hat, wendet er sie gegen andere Gebiete, *als wäre schon ausgemacht,* daß die moderne Wissenschaft der Magie oder der Aristotelischen Wissenschaft überlegen ist und keine Scheinergebnisse enthält. Doch *dafür* gibt es nicht den Schatten eines Arguments. Die »rationalen Rekonstruktio-

62 »Umgekehrt« – nach Keplers Meinung. Vgl. Norbert Herz, *Keplers Astrologie,* Wien 1895, sowie die dortigen Literarangaben.

nen« nehmen die »allgemeine wissenschaftliche Weisheit« *als selbstverständlich* hin, sie *zeigen* nicht, daß diese besser ist als die »allgemeine Weisheit« von Hexen und Zauberern. Niemand hat gezeigt, daß die Wissenschaft (der »letzten beiden Jahrhunderte«[63]) Ergebnisse gebracht hat, die ihrer eigenen »Einsicht« entsprechen, während das bei anderen Disziplinen nicht der Fall ist. Was aber neuere anthropologische Untersuchungen *tatsächlich* gezeigt haben, ist, daß *alle* Ideologien und *alle* auf Ideologien gegründete Institutionen Ergebnisse haben, die ihren Maßstäben entsprechen, und andere Ergebnisse, die sich ihren Maßstäben entziehen. Zum Beispiel war die Aristotelische Wissenschaft imstande, mit zahlreichen Tatsachen fertigzuwerden, ohne ihre Grundbegriffe und Grundsätze zu ändern, womit sie ihrem eigenen Maßstab der *Stabilität* genügte. Es bedarf offenbar weiterer Überlegungen, um zu entscheiden, welche Disziplin zum Maßstab der Methode gemacht werden soll.

Genau das gleiche Problem erhebt sich im Falle *spezieller* methodologischer Regeln. Es befriedigt kaum, den naiven Falsifikationismus deshalb zu verwerfen, weil er mit gewissen grundlegenden Werturteilen hervorragender Wissenschaftler nicht übereinstimmt. Die meisten dieser hervorragenden Wissenschaftler halten ja an widerlegten Theorien nicht darum fest, weil sie Grenzen des naiven Falsifikationismus erkannt hätten, sondern weil sie nicht bemerkt haben, daß die Theorien widerlegt sind (vgl. die Beispiele im Text zu den Anmerkungen 46-49 dieses Kapitels). Außerdem würde auch eine »vernünftigere« Praxis nicht genügen, um die Regel zu verwerfen: allgemeine Großzügigkeit gegenüber widerlegten Theorien könnte schließlich ein Fehler sein. Sie ist sicherlich ein Fehler in einer Welt, die wohlbestimmte Arten enthält, die von den Sinnen nur selten verkannt werden. In einer solchen Welt liegen die Grundgesetze offen zutage, und Beobachtungen, die nicht zu ihnen passen, werden mit Recht als Anzeichen für Fehler in den *Theorien* und nicht in der *Methodologie*

63 /16³/, S. 111.

angesehen. Die Verhältnisse ändern sich, wenn die Störungen überhandnehmen und jede Beobachtung umgeben. Eine derartige kosmologische Entdeckung zwingt uns zu einer Entscheidung: sollen wir am naiven Falsifikationismus festhalten und zu dem Ergebnis kommen, daß Erkenntnis unmöglich ist; oder sollen wir uns einer mehr abstrakten Vorstellung von der Erkenntnis und einer entsprechend großzügigeren (und weniger »empirischen«) Methodologie zuwenden? Die meisten Wissenschaftler sind sich des nomologisch-kosmologischen Hintergrunds des Problems, ja des Problems selbst gar nicht bewußt, sie halten an Theorien fest, die mit anerkannten Beobachtungen und Experimenten unvereinbar sind, und preisen ihre Vorzüge. Man könnte sagen, sie finden die richtige Entscheidung *instinktiv*[64] – aber man wird das entsprechende Verhalten kaum als entscheidenden Maßstab für die Methode gelten lassen wollen, insbesondere angesichts der Tatsache, daß der Instinkt schon bei mehr als einer Gelegenheit geirrt hat. Die soeben skizzierte *kosmologische Kritik* (die Allgegenwart von Störungen) ist vorzuziehen.

Eine kosmologische Kritik[65] gewinnt an Bedeutung, wenn neue Methoden und neue Erkenntnisformen auftauchen. In Zeiten der Degeneration, sagt Lakatos, kommt das gesatzte Recht des Philosophen zum Vorschein und versucht, »die Autorität des verderbten Präzedenzfallsrechts« des Wissenschaftslers »zu stürzen«.[66] Seine Beispiele für beginnende oder fortgeschrittene Degeneration sind gewisse Teile der Soziologie, der Sozialastrologie[67], der modernen Teilchenphysik.[68]

64 »Bis auf den heutigen Tag waren die wissenschaftlichen Grundsätze in ihrer ›instinktiven‹ Anwendung durch die wissenschaftliche *Elite* in *Einzelfällen* der hauptsächliche – wenn auch nicht einzige – Maßstab für die *allgemeinen* Gesetze des Philosophen«, /16³/, S. 121.

65 Zur »Kosmologie« gehören hier Geschichte, Soziologie, Psychologie und alle weiteren Faktoren, die Einfluß auf den Erfolg eines Verfahrens haben können. Das »Gesetz« der ungleichmäßigen Entwicklung, das ich in Kap. 12 erwähnte, gehört ebenfalls zur Kosmologie in diesem Sinne.

66 /16³/, S. 122.

67 Ebenda, Anm. 132; /16¹/, S. 176.

68 /16³/, Anm. 130.

Alle diese Forschungszweige verstoßen gegen eine »ordentliche Methodologie«[69], d. h. eine »von der reifen Wissenschaft ›abdestillierte‹« Methodologie[70]; mit anderen Worten, sie verletzen die Ideologie der Wissenschaft Newtons, Maxwells, Einsteins (aber nicht Bohrs[71]). Doch der pausenlose Wandel der modernen Wissenschaft, der sich mit Galilei ankündigt, ihr unscharfer Gebrauch von Begriffen, ihre Abneigung vor den üblichen Normen, ihre »unempirischen« Verfahren verletzten die Fachideologie der Aristoteliker und waren *für sie* ein Beispiel beginnender Degeneration. Bei diesem Urteil wandten die Aristoteliker *ihre* allgemeine Philosophie an, ihre Forderungen (Schaffung einer stabilen geistigen Ordnung auf der Grundlage der gleichen Art von Wahrnehmung, wie sie dem Menschen im Alltagsleben von Nutzen ist, »Rettung der Erscheinungen« mit Hilfe mathematischer Kunstgriffe, usw.) und die grundlegenden Werturteile *ihrer* Wissenschaft (die die Ockhamisten ebensowenig ernst nahm wie Lakatos heute die Kopenhagener Bande). Und die Aristoteliker hatten einen ungeheuren Vorteil, denn die grundlegenden Werturteile der Anhänger des Kopernikanischen Glaubens waren noch vielgestaltiger und unvernünftiger als die der heutigen Elementarteilchenphysiker. Außerdem konnte sich die Aristotelische Philosophie auf den weitverbreiteten, von Newton geteilten Glauben stützen, die meisten Neuerungen seien von geringer Bedeutung und alles Wesentliche sei schon entdeckt. Es ist klar, daß ein Lakatos im 17. Jahrhundert sich auf die Seite der Schulen gestellt hätte. *Und damit hätte er die gleichen »falschen« Entscheidungen getroffen wie ein damaliger Induktivist oder*

69 Ebenda, Anm. 132.
70 Ebenda, S. 122.
71 Ebenda, Anm. 130; /16[1]/, S. 145; »Die *rationale Position* wird am besten von Newton charakterisiert.« Man erkennt, wie *willkürlich* diese Auswahl der Grundsätze ist: der einsame Einstein wird anerkannt, die disziplinierten Kohorten der Kopenhagener Schule werden beiseitegeschoben. Der ganze komplizierte Apparat der grundlegenden Werturteile, ausgewogen durch »gesunden Menschenverstand« und philosophische Grundsätze, ist offenbar unnötig, wenn man schon vorher weiß, welche Entwicklungen man nicht anerkennen wird.

Konventionalist oder Falsifikationist! Wieder sehen wir, daß Lakatos die Schwierigkeiten nicht bewältigt hat, die katastrophale Entwicklungen in den Wissenschaften für andere Methodologien bilden; es ist ihm nicht gelungen, zu zeigen, daß solche Entwicklungen alle mit »der Popperschen Brille«[72] gesehen werden können. Wieder einmal muß ein Methodologe zugeben, daß sich der Streit zwischen dem Alten und dem Neuen nicht rational rekonstruieren läßt. Mindestens läßt sich eine solche Rekonstruktion *zur Zeit des Streites* nicht angeben.

Doch heute ist die Situation genau die gleiche. Man kann natürlich den Übergang »rekonstruieren«, indem man die Aristotelischen grundlegenden Werturteile (über Aristotelische Theorien) durch moderne grundlegende Werturteile ersetzt, und man kann natürlich moderne Maßstäbe (Fortschritt durch Gehaltsvermehrung) anstelle der Aristotelischen (Stabilität der Grundsätze; nachträgliche »Rettung der Erscheinungen«) anwenden. Doch zunächst einmal würde die Notwendigkeit einer *solchen* »Rekonstruktion« zeigen, was Lakatos bestreitet, nämlich daß »neue Paradigmen eine ... neue Rationalität mit sich bringen«.[73] Und zweitens hätte man die Fachideologie der Aristoteliker verworfen, ohne gezeigt zu haben, daß sie schlechter ist als das, wodurch sie ersetzt werden soll: um zwischen einer »rationalen Rekonstruktion« (im Sinne Lakatos') der Aristotelischen Wissenschaft, die vom »gesatzten Recht« der Aristotelischen Philosophie und den grundlegenden Werturteilen der besten Aristotelischen Wissenschaftler Gebrauch macht, und einer »rationalen Rekonstruktion« der »modernen« Wissenschaft (der »letzten beiden Jahrhun-

72 /16¹/, S. 177.

73 Ebenda, S. 178.

74 /16³/, S. 111. Alle methodologischen Aussagen von Lakatos gründen sich (sofern sie sich überhaupt auf Basisaussagen gründen – siehe den Text zu den Anm. 58 ff. in diesem Kapitel) auf die grundlegenden Werturteile und auf das »gesatzte Recht« der Gegenwart, wobei die grundlegenden Werturteile der Schulen, die er nicht mag, außer acht gelassen werden. Und wenn die grundlegenden Werturteile nicht genügend einheitlich sind, dann werden sie flugs durch Poppersche Maßstäbe ersetzt. Kein Wunder,

derte«[74]) aufgrund des »modernen« gesatzten Rechts und »moderner« grundlegender Werturteile zu entscheiden, braucht man mehr als »moderne« Maßstäbe und »moderne« grundlegende Werturteile. Man muß entweder zeigen, daß zur damaligen Zeit die Aristotelischen Methoden nicht die Aristotelischen Ziele erreichten oder daß sie dabei große Schwierigkeiten hatten, daß aber die »Modernen« mit ihren modernen Methoden keine solchen Schwierigkeiten bezüglich *ihrer* Ziele hatten, *oder* man muß zeigen, daß die modernen Ziele den Aristotelischen vorzuziehen sind. Nun haben wir gesehen, daß die »Aristoteliker«[75] sehr gut zurechtkamen, während die »Modernen« zahlreichen Problemen gegenüberstanden, die sie mit Hilfe von Propagandastrategien verdeckten.[76] Wenn man wissen möchte, warum es zu dem Übergang kam und wie

daß Lakatos im Mittelalter keine Spur »wissenschaftlicher Erkenntnis« findet. Denn damals gingen die Denker in der Tat anders vor. Anhand seiner eigenen Maßstäbe kann Lakatos nicht behaupten, daß sie schlechter waren – also fällt er einfach auf die Vulgärideologie unseres »wissenschaftlichen« Zeitalters zurück. Die meisten Untersuchungen über die ägyptische, babylonische und griechische Astronomie sind von derselben Art. Sie interessieren sich nur für die Bruchstücke der alten Vorstellungen, die der Ideologie der modernen Wissenschaft entsprechen. Sie gehen an den alten Kosmologien und den Zielen vorbei, die diese und weitere Bruchstücke zu einer höchst eindrucksvollen Einheit zusammenfaßten. Kein Wunder, daß die Ergebnisse uneinheitlich und »irrational« aussehen. Eine einsame Ausnahme ist B. L. van der Waerden, *Erwachende Wissenschaft*, Bd. 2, Basel 1968, S. 7: »In diesem Buch soll die Geschichte der babylonischen Astronomie in ihrer Wechselwirkung mit der Sternreligion und der Astrologie untersucht werden. Bei dieser Methode wird die Astronomie nicht aus dem kulturhistorischen Zusammenhang, in den sie hineingehört, herausgerissen.«

75 Ich wiederhole: hier meine ich nicht die Lehren der Aristotelischen Schriften selbst, sondern ihre Weiterführung innerhalb der Astronomie, Psychologie usw. des Spätmittelalters. Der Ausdruck »Aristoteliker« ist natürlich eine Vereinfachung und muß eines Tages durch eine Analyse des Einflusses einzelner Denker ersetzt werden. Vorläufig können wir ihn aber in unserer Kritik an einer anderen Vereinfachung verwenden, nämlich der »modernen« Wissenschaft »der letzten zwei Jahrhunderte«.

76 Nach Lakatos' Maßstäben sind sie reine Propaganda. Erkennt man ihre Funktion beim Aufstieg der modernen Wissenschaft, so gewinnt man eine bessere Meinung von ihnen, und daher nennen wir sie »rational«.

er sich aufgrund *unserer* Voreingenommenheit für die Methoden und Ergebnisse der heutigen Wissenschaft rechtfertigen läßt, dann muß man die *Beweggründe* herausfinden, die die Menschen dazu veranlassen, trotz der Probleme voranzuschreiten[77], und man wird auch die *Funktion* von Propaganda, Vorurteil, Verdunkelung und anderen »irrationalen« Manövern bei der allmählichen Lösung des Problems untersuchen müssen. Das alles sind »äußere« Faktoren im Schema von Lakatos.[78] Doch ohne sie gibt es kein Verständnis einer der wichtigsten geistigen Revolutionen. Ohne sie kann man nur sagen, daß die Fachideologie der Physik und Astronomie des 15. und 16. Jahrhunderts von der Fachideologie der »modernen« Wissenschaft abgelöst wurde und daß diese jetzt fest im Sattel sitzt. Man kann nicht erklären, wie es dazu kam, und es gibt auch keinen Grund für die Behauptung, unsere Fachideologie sei besser als die der Aristoteliker.

Man muß daher zugeben, daß mit der Kopernikanischen Revolution neue grundlegende Werturteile und ein neues »gesatztes Recht« die Astronomie betreten. Es gibt nicht nur neue Theorien, neue Tatsachen, neue Instrumente, *sondern auch eine neue wissenschaftliche Ideologie.* Diese wird nicht völlig neu erfunden, sondern hat Vorgänger in der Antike und spielt eine gewisse Rolle in Gewerben und Berufen außerhalb der Physik und Astronomie. Wichtig für diese Gruppen ist nicht die *Erhaltung* von Traditionen (des Denkens und Handelns), sondern ihre *Umwandlung*, so daß sie neue Ergebnisse erzielen können. Nicht innere Vervollkommnung, sondern die Fähigkeit, Neues zu erzeugen, ist jetzt das Ideal.[79] Fruchtbarkeit

77 Das Verhältnis zwischen den Aristotelikern und den Anhängern des Kopernikus ähnelt in vielen Punkten dem zwischen der Kopenhagener Schule und den Anhängern der Theorie der verborgenen Variablen. Die einen stellen Grundsätze auf und erklären dann neuentdeckte Tatsachen rein formal, während die anderen möchten, daß die Grundsätze selbst alle bedeutsamen Tatsachen voraussagen und/oder erklären. Angesichts der Schwierigkeiten jeder einheitlichen Theorie dürfte die erste Methode wesentlich realistischer sein.

78 /16[3]/, Abschn. i/E.

79 Vgl. Anm. 12 zu Kap. 12.

anstelle von Erklärungskraft wird zum Ziel. Diese Veränderung der Sichtweise führte zur Nachsicht gegenüber vielversprechenden Theorien. Mochten diese auch unvollkommen, uneinheitlich und mit Anomalien belastet sein, sie wurden aufrechterhalten, solange sie den Horizont der Tatsachen zu erweitern versprachen. Der wachsende Einfluß von Gruppen mit einer solchen Einstellung verstärkte den Einfluß der Einstellung selbst und stützte diejenigen, die sie in die Astronomie einführten. Diese Nachsicht gegenüber Mängeln kam zu der Neubewertung hinzu, die bei den neuen Klassen »Kopernikus« (fortschrittlich, vorwärtsschauend, gegen den Status quo) und »Aristoteles« (rückwärtsgewandt, für den Status quo, den neuen Klassen feindlich) erfuhren. Es waren also *zwei* Faktoren, die Kopernikus begünstigten: die Ausbreitung einer neuen *Kosmologie,* die die Erdbewegung nicht mehr ausschloß, und eine neue Einstellung gegenüber empirischen und theoretischen Schwächen, eine neue *Methodologie.* Keiner dieser Faktoren kam auf rationale Weise zum Zuge, d. h. mit Hilfe von Argumenten; beide zusammen stützten und schützten den Gedanken der Erdbewegung – und mehr war in diesem Stadium, wie wir sahen, nicht nötig. (Wir sahen auch in vorhergehenden Kapiteln, wie meisterhaft Galilei die Situation ausnützte und mit eigenen Tricks, Scherzen und Pseudoargumenten ausbaute.) Diese zweifache Eigenart der Kopernikanischen Revolution entgeht Lakatos.

Es bestehen auch gewisse Zweifel, ob das Lakatossche Kriterium der Gehaltsvermehrung, das in seinen Maßstäben eine so wichtige Rolle spielt, seine eigenen Bedingungen für eine annehmbare Theorie der Rationalität erfüllt. Die Vertreter neuer Theorien erwähnen ja gewöhnlich nur jene Tatsachen, die ihre eigenen Annahmen betreffen, und vernachlässigen die oft sehr zahlreichen Tatsachen, die frühere Theorien unterstützten, die aber irrelevant sind zur Beurteilung ihres eigenen Gesichtspunktes. Galilei, zum Beispiel, setzt sich sehr eingehend mit dem Verhalten schwimmender Körper auseinander. Jedoch er verliert nicht ein Wort über den Lernprozeß eines Schülers in Gegenwart eines Lehrers, den die Aristotelische Bewegungslehre *auch* erfaßte. Dieser Vorgang war für seine Vorstellung von der Bewegung einfach nicht relevant. Die meisten Erkenntnistheoretiker haben sich dieser Auffassung angeschlossen. Für sie ist der Gehalt der Aristotelischen Theorie nicht dadurch bestimmt, was Aristoteles mit ihr erklärte, sondern durch jenen Teil von ihr, mit dem sich Galilei befaßt, und der letzte wird natürlich vermehrt. Das erzeugt die »erkenntnistheoretische Illusion«, daß die Wissenschaften nicht nur besser sind (d. h. nach der hier diskutierten Auffassung größeren Gehalt besitzen) als ihre Vorgänger, sondern auch selbst ständig fortschreiten. Eine objektive Bewertung kommt allerdings zu einem ganz anderen Ergebnis. Stützt man sich auf *dieses* Ergebnis, dann muß man sagen, daß eine Vermehrung des Gehalts in der Geschichte unserer Erkenntnis *etwas sehr Seltenes ist* und daß also ein *historisches* Forschungsprogramm, das Vermehrung annimmt, sich in einem Stadium äußerster Degeneration befindet.

Schließlich noch ein paar Worte über die von Lakatos und seiner Schule angestellten *Falluntersuchungen* (case studies).[80]

Diese Falluntersuchungen haben eine zweifache Funktion. Einmal sollen sie die Methodologie der Forschungsprogramme historisch stützen; zum anderen sollen sie den Wissenschaftler anleiten, der auf einem der betreffenden Gebiete arbeitet. Alle Studien betonen die Rationalität der beschriebenen Wandlungen und den objektiven Charakter der für sie maßgebenden Umstände. Wörter wie »vernünftig«, »objektiv«, »degenerierend« usw. usw. wiederholen sich bis zur Ermüdung: Forschungsprogramme verschwinden oder werden aktuell nicht wegen gesellschaftlicher Einflüsse, die nichts mit ihrem Inhalt und ihren Leistungen (oder deren Fehlen) zu tun haben, sondern deshalb, weil die Wissenschaftler »objektiven« Maßstäben folgen und damit »rational« vorgehen. Die Verfasser halten ihre Untersuchungen nicht einfach für soziologische

80 Diese sind enthalten in den Werken von Lakatos sowie in C. Howson, Hg., *Reconstruction and Discovery in the History of Science*, Cambridge 1976. Details finden sich in Bd. 2, Kap. 10 meiner *Philosophical Papers*.

Geschichten, sondern sie glauben es mit den Gesetzen der Vernunft selber zu tun zu haben. Die wichtigsten Veränderungen, die sie beschreiben, sind ihrer Ansicht nach nicht einfach soziologische Regelmäßigkeiten, sondern Ausflüsse einer Vernunft, die im Medium der Geschichte am Werke ist. Die eben angestellten Betrachtungen zeigen, daß eine solche Deutung nicht gerechtfertigt werden kann: die »objektiven« Urteile sind willkürlich, »subjektiv« oder »irrational« auf mindestens dreifache Weise.

Erstens sind sie willkürlich, weil sie von einer willkürlich gewählten Autorität ausgehen: der Wissenschaft »der letzten zwei Jahrhunderte«. Die *Wissenschaft* wird nicht darum gewählt, weil ihre Vorzüge argumentativ gezeigt worden wären, sondern weil jeder von ihr beeindruckt ist. Die *moderne* Wissenschaft wird nicht darum gewählt, weil sie sich als besser als die Aristotelische erwiesen hätte, sondern weil sie besser in die allgemeine Ideologie von Lakatos und seiner Schule hineinpaßt. Die Untersuchungen und die in ihnen enthaltenen Urteile sind zweitens deshalb willkürlich, weil die Sache gar nicht von der Wissenschaft entschieden wird – dazu ist sie viel zu chaotisch –, sondern von einem Idealbild von ihr, und es gibt keine unabhängigen Argumente für die Grundsätze, nach denen dieses Idealbild entworfen ist. Drittens sind die Bewertungen willkürlich, weil die in den (willkürlichen) beiden ersten Schritten gewonnenen Maßstäbe nicht stark genug sind, um Urteile über Rationalität oder Irrationalität zu begründen. Jedes solche Urteil ist von den Maßstäben unabhängig, es hat in ihnen keine Stütze, und es gibt keine sonstigen Argumente zu seinen Gunsten. All das wurde weiter oben ausführlich dargelegt.

Diese dreifache Willkürlichkeit der Bewertungen wird durch die tendenziöse Ausdrucksweise von Lakatos und seinen Anhängern verdeckt. Gewisse Forschungsprogramme werden »progressiv« genannt, andere »degenerierend«. Das erweckt den Eindruck, daß die ersten einen Vorzug besitzen, der den letzten fehlt. Eine solche Redeweise wäre angebracht, wenn bereits gezeigt wäre, daß es objektive Gründe für die Weise gibt, in der Lakatos Lob und Tadel verteilt. Doch es gibt keine solchen objektiven Gründe. Man kann lediglich sagen, es gebe zwei Arten von Beziehungen zwischen Forschungsprogrammen und Daten, und Lakatos ziehe die eine der anderen vor. Nennen wir die erste eine Relation von der Art L (und die andere von der Art A), so läßt sich sagen, daß Lakatos Forschungsprogramme vorzieht, die in der L-Beziehung zu den Daten stehen, und solche verurteilt, die zu ihnen in der A-Beziehung stehen. Das ist eine psychologische Feststellung. Wir können auch sagen, daß Lakatos für seine Bevorzugung Gründe anzugeben versucht, aber damit scheitert. Es könnte sich vielleicht sogar herausstellen, daß die Wissenschaftler in der Tat ganz allgemein Forschungsprogramme der Art L solchen der Art A vorziehen. Das wäre ein höchst interessantes *soziologisches Gesetz,* das der Untersuchung und Erklärung wert wäre. Ich halte es nicht für wahr, aber zweifellos spricht eine ganze Menge dafür. Mehr kann man nicht sagen. Alles weitere Gerede von »Objektivität« und »Rationalität« ist nichts als fauler Zauber.

Um zu zeigen, wie faul dieser Zauber ist, möchte ich jetzt zwei weitere Ursachen der Willkür bei der Verteilung von Lob und Tadel im Rahmen der Methodologie der Forschungsprogramme besprechen.

Betrachten wir zwei konkurrierende Forschungsprogramme F und F′. Nach der Methodologie der Forschungsprogramme werden beide mit Anomalien behaftet sein. Seien f und f′ Teilprogramme von F bzw. F′, und seien die Anomalien von F und F′ so verteilt, daß f progressiv ist und f′ degeneriert. Ein Anhänger der Methodologie der Forschungsprogramme wird dann f gegenüber f′ unterstützen. Wenn er f mit F verwechselt, könnte er auch F gegenüber F′ stützen wollen. Doch damit könnte er gegen seine eigenen Grundsätze verstoßen, denn es ist durchaus möglich, daß F′ progressiv, f′ degeneriert und f progressiv ist.

Sei etwa F′ die Aristotelische Kosmologie, f′ die Ptolemäische Astronomie, f die Kopernikanische Astronomie und F ein dynamisches Forschungsprogramm, das aus f und entsprechenden dynamischen Grundsätzen besteht. Lakatos und Zahar behaupten, daß f progressiv ist und f′ degeneriert. Nun sind sie entweder Instrumentalisten oder Realisten. Im ersten Falle werden sie mit dem Gezeigten zufrieden sein. Im zweiten Falle werden sie die Bewegungen im Sinne von f als wirklich betrachten und schließen, daß F′ aufgegeben werden müsse. Doch F′ war noch lange nach Kopernikus progressiv, wie sich aus den Arbeiten von Harvey ergibt.

Ähnliches gilt für Zahars Vergleich zwischen den Forschungsprogrammen von Lorentz und Einstein.[81] Nennen wir diese L und E, die von Zahar verglichenen Programme L′ und E′; die gewöhnlich als die entscheidenden Konkurrenten im Jahre 1905 betrachteten *Theorien* L^t und E^t; und die Teile der Programme, die sich lediglich mit der inertialen Raumzeit beschäftigen, L″ und E″. Oft wird die Äquivalenz von L^t und E^t behauptet, und Zahar schließt sich dem an.[82] Das ist falsch[83], aber es tut nichts zur Sache. Es geht nicht um Theorien, sondern um Forschungsprogramme. Das Lorentzsche Programm soll bestehen aus den Maxwellschen Gleichungen, dem Newtonschen Bewegungsgesetz (mit den Galilei-Transformationen) und der Lorentz-Kraft.[84] Zahar erwähnt nie den harten Kern des Einsteinschen Programms, dagegen ein Programm E″, das das Relativitätsprinzip zusammen mit dem Prinzip der Konstanz der Lichtgeschwindigkeit enthält.[85] Dieses Programm begann 1905 zu degenerieren, während das Lorentzsche voranschritt[86] und auch schon für lange Zeit vorange-

81 »Why did Einstein's Programme supersede Lorentz's?«, in: *British Journal for the Philosophy of Science* 24 (1973), in zwei Teilen.

82 Ebenda, S. 237.

83 Die Lorentz-Kontraktion wird durch Kräfte verursacht, die zu Schwingungen führen müßten. Aus der Einsteinschen Theorie ergeben sich keine Schwingungen. In dem Experiment von Wood, Tomlinson und Essen (*Proc. Roy. Soc.* 158 (1937), S. 606) wurden keine gefunden.

84 Zahar /16[81]/, S. 100.

85 Ebenda, S. 232.

86 Das Licht-Prinzip »wird ohne jegliche Rechtfertigung eingeführt« (ebenda, S. 232), während Lorentz »das Michelsonsche Ergebnis nicht-ad-hoc erklärte ... ebenso die Invarianz von c« (S. 122). Außerdem »gab

schritten war. Nun möchte Zahar rational erklären, »warum . . . glänzende Mathematiker und Physiker wie Minkowski und Planck das klassische Programm aufgaben und sich der speziellen Relativitätstheorie zuwandten«[87], und er möchte auch zeigen, daß der Erfolg der allgemeinen Relativitätstheorie bei der Erklärung der Perihelbewegung des Merkur »ein Erfolg des *gesamten* relativistischen Programms« war.[88] Um diese beiden Ziele zu erreichen, ersetzt er E″ durch E′ auf folgende Weise[89]: c wird nicht aus »empirischen« Gründen (nicht degenerativ) verwendet, sondern weil Einstein glaubte, daß die Maxwellschen Gleichungen (a) grundlegend[90] und (b) beschränkt gültig[91] seien. Das Prinzip der Konstanz der Lichtgeschwindigkeit ist alles, was man von (a) angesichts (b) retten kann, und das bedeutet: es ist nicht nur wegen seiner Stellung innerhalb der Theorie ein fundamentales Prinzip, sondern wegen der Beschaffenheit der Welt. Damit degeneriert E′ nicht mehr, scheint aber auch nicht voranzuschreiten. Um seine Annahme durch Planck, Minkowski und andere mit »innerwissenschaftlichen« Gründen zu erklären, wendet sich Zahar der Heuristik zu. Um den Zusammenhang mit der allgemeinen Relativitätstheorie aufrechtzuerhalten und Whittackers Vermutung zu widerlegen, das Ätherprogramm »habe sich zum Relativitätstheorie aufrechtzuerhalten und Whitackers Vernoch mit dieser Heuristik und überhaupt nicht mehr mit irgendeinem harten Kern.[93] Das bringt ihn sehr in die Nähe von E, dem immer unbekannten Forschungsprogramm, das der ganzen Tätigkeit Einsteins zugrunde lag, und damit scheint er sich in der richtigen Richtung zu bewegen. Doch E wird immer noch mit L′ verglichen, dem *verkürzten und erstarrten* Programm von Lorentz, und L, worin der Atomismus wie auch die Möglichkeit einer tiefergehenden Erklärung der elek-

es keine Sammlung ungelöster Anomalien, die die Einsteinsche Theorie besser aufgelöst hätte als die Lorentzsche« (S. 238).

87 Ebenda, S. 237.

88 Ebenda, S. 249.

89 S. 233; S. 235, Anm. 2.

90 S. 233.

91 S. 235, Anm. 2.

92 Ebenda, S. 238.

93 S. 252, 224 f.

tromagnetischen Erscheinungen enthalten ist, kommt nie ins Blickfeld. Doch L kommt mit allen Tatsachen zurecht, die E″ aus der relativistischen Formulierung der Elektrodynamik der Medien bezieht.[94] Die Konstanz von c ergibt sich aus L als zufällige Tatsache, und damit steht es der allgemeinen Relativitätstheorie näher als E″ und E′, wo die Konstanz von c ein Grundgesetz ist.[95] Und seine Heuristik ist mindestens so überzeugend wie die von E′, denn jedes Gesetz, das aus einem Forschungsprogramm folgt, kann natürlich in dessen Heuristik verwendet werden.[96] Man erkennt: die Wahl von Forschungsprogrammen und Konkurrenten ist recht willkürlich, und damit auch die Urteile, die sich auf sie gründen. Doch diese Urteile sind die Grundlage von Zahars »objektiver« und »innerwissenschaftlicher« Beurteilung der Handlungen Plancks, Minkowskis und anderer.

Es gibt eine weitere und recht amüsante Ursache der Willkürlichkeit. Planck und Minkowski wenden sich der Relativitätstheorie zu, Planck und Minkowski sind große Wissenschaftler, also müssen ihre Handlungen »objektiv« erklärt werden. Doch es gab viele große Wissenschaftler, die die Theorie entweder ablehnten oder unbeachtet ließen. Ja, »an der Theorie wurde nur in Deutschland weitergearbeitet«.[97] Wie ist das Verhalten der Dissidenten zu erklären? Ebenso wie das von Planck und Minkowski? Wohl nicht. »Innerwissenschaftlich«? Das würde heißen, daß eine Theorie sowohl Vorzüge als

94 $E = mc^2$ wie auch die Einseitigkeit der elektromagnetischen Ausstrahlung wurde von Poincaré 1900 ohne relativistische Gesichtspunkte hergeleitet. Vgl. *Archives Neérland*, Bd. 5 (1900), S. 252. Hasenöhrl erzielte vier Jahre später ein beschränkteres Ergebnis. Es ist durchaus richtig, daß Lorentz selbst keinen Hinweis darauf gibt, »daß die Ruhemasse variabel ist« (Zahar, S. 249) – doch wir reden nicht über Lorentz, sondern über sein Forschungsprogramm.

95 Siehe Einsteins Vergleich zwischen »konstruktiven Theorien« wie der Lorentzschen und »Grundsatztheorien« wie der speziellen Relativitätstheorie in seinen autobiographischen Bemerkungen. *Albert Einstein: Philosopher-Scientist*, Evanston 1951, S. 53.

96 So hätte die Ableitung S. 246 ff. von einem Lorentzianer stammen können, der freilich ihr Ergebnis völlig anders gedeutet hätte.

97 Stanley Goldberg, »In Defense of Ether«, in: *Historical Studies in the*

auch Nachteile hat, daß verschiedene Leute sie verschieden ansehen und zu verschiedenen Ergebnissen kommen, obwohl sie von den gleichen Maßstäben ausgehen. Eine solche Erklärung dürfte Zahar kaum akzeptieren. Doch dann ist der einzige Ausweg das Zugeständnis, daß die Dissidenten »irrational« sind und aus außerwissenschaftlichen Gründen handelten. Wenn *sie* aber irrational handeln können, warum dann nicht Planck und Minkowski? Dies ist die fünfte Art der Willkürlichkeit, die sich in den Untersuchungen findet. Man sieht mit Erstaunen, wie eine Philosophie, die so viel Aufhebens von »Rationalität« und »Objektivität« macht, so erschreckend wenig von beidem besitzt.

Ich fasse zusammen: Die Falluntersuchungen von Lakatos und seiner Schule enthalten (A) eine Erörterung bestimmter soziologischer Regelmäßigkeiten; (B) den Vorschlag willkürlicher Maßstäbe, die keine methodologische Kraft haben; (C) die Unterstellung, daß die Regelmäßigkeiten nicht bloß in den Tatsachen liegen, sondern Züge der Vernunft sind und daß sie den Maßstäben sowohl eine Grundlage als auch die zur Verwendung als Forschungshilfe nötige Autorität verleihen. A kann man akzeptieren mit der Zurückhaltung, die gegenüber jeder neuen »Entdeckung« in der Soziologie am Platze ist; C ist abzulehnen (und damit auch die tendenziöse Sprache der Untersuchungen); B kann man annehmen oder ablehnen, je nach Stimmung, Wetter usw.

Die Leistung von Lakatos im ganzen ist aber so zu beurteilen. Alle Theorien der (wissenschaftlichen) Erkenntnis gehen von der Frage aus: Was ist Erkenntnis, und wie läßt sie sich erlangen?

Die *herkömmliche Antwort*[98] enthält eine Definition der Erkenntnis oder möglichen Erkenntnis (ein Abgrenzungskriterium) und eine Aufzählung der Schritte, mittels derer Erkenntnis erlangt werden kann (mittels derer Erkenntnis von

Physical Sciences, Bd. 2, Hg. Russell McCormach, Philadelphia 1970, S. 97.

98 Diese Redeweise ist natürlich eine Vereinfachung, ebenso die ihr folgende Beschreibung.

Nicht-Erkenntnis unterschieden werden kann). Die herkömmliche Antwort wird gewöhnlich als endgültig betrachtet. Jedenfalls hört man nur selten etwas darüber, wie sie abgeändert werden könnte.[99] Und wenn sie abgeändert wird, dann heimlich, ohne Argumente und oft nur auf dem Gebiet der erkenntnisvermehrenden Praxis, nicht aber der begleitenden Erkenntnistheorie.[100] Als Folge davon wird die Verbindung zwischen Wissenschaft und Erkenntnistheorie schwächer und reißt schließlich ganz ab.[101] Diese Verhältnisse habe ich in den vorangehenden Kapiteln dieses Essays beschrieben.[102] Niemand gibt zu, daß es verschiedene Formen der Erkenntnis geben könnte und daß es vielleicht nötig ist, sich zwischen ihnen zu entscheiden.

Im Vergleich zu dieser herkömmlichen Theorie bringt die *Theorie von Lakatos* eine gewaltige Verbesserung. Seine Maß-

99 Das gilt für Popper: »Er stellt gar nicht die Frage, geschweige daß er sie beantwortete: ›*Unter welchen Umständen würdest du dein Abgrenzungskriterium aufgeben?*‹«, /16[4]/, S. 110, Hervorhebung im Original. Es gilt *nicht* für Platon und Aristoteles, die die Erkenntnis *untersuchen* und ihre Komplexität *erkennen*. Vgl. W. Wieland, *Die Aristotelische Physik*, Göttingen 1970, S. 76 ff. (Hier wird das Gerede der Popperianer von einem »Hintergrundwissen« mit starken und einfachen Argumenten und Beobachtungen vorweggenommen.) Es *gilt* aber für die Aristoteliker des Spätmittelalters.

100 Ein Beispiel beschreibe ich in Bd. 2, Kap. 2 meiner *Philosophical Papers*.

101 Als Beispiele nehme man das Verhältnis zwischen der Philosophie und der Physik von Descartes, zwischen der Methodologie und der Physik Newtons, zwischen Poppers Philosophie und Einsteins Physik *so, wie sie Einstein selbst verstanden hat*. Das letzte Beispiel ist deswegen nicht so deutlich, weil Popper Einstein als einen der Hauptanreger und als das Hauptbeispiel für seinen Falsifikationismus erwähnt. Nun ist es durchaus möglich, daß Einstein, der etwas von einem erkenntnistheoretischen Opportunisten an sich gehabt zu haben scheint (oder einem Zyniker – vgl. den Text zu Anm. 6 der Einleitung), gelegentlich Dinge sagt, die man als Stütze einer falsifikationistischen Methodologie verstehen könnte. Doch sein Verhalten und die Mehrzahl seiner schriftlichen Äußerungen sprechen eine andere Sprache. Vgl. wieder Bd. 2, Kap. 9, Fußnoten 58-64 meiner *Philosophical Papers*.

102 Vgl. auch Kap. 12, Abschnitt 2 von *Der wissenschaftstheoretische Realismus und die Autorität der Wissenschaften*, Braunschweig 1979.

stäbe und sein Begriff der Erkenntnis stehen der Wissenschaft wesentlich näher als die der früheren Analysen, sie lassen sich revidieren – so scheint es wenigstens –, und man erfährt auch, wie. Die Methoden der Revision verweisen auf die Geschichte und schließen wenigstens in Worten die Kluft zwischen der Erkenntnis*theorie* und dem Materiel (der »Erkenntnis«), das *tatsächlich* erzeugt wird. Man kann jetzt auch die einfachste Regel in einem wirklichkeitsnahen Zusammenhang erörtern und entscheiden, ob sie beizubehalten oder durch eine andere zu ersetzen ist. Dieser Eindruck entsteht durch die Art, wie Lakatos seine Methodologie *darstellt*; so *erscheint* sie dem unbedachten und begeisterten Leser. Genaueres Hinsehen, eine »rationalere« Untersuchung, führt zu einem völlig anderen Bild: Lakatos hat nicht gezeigt, daß seine Maßstäbe die der Wissenschaft sind, daß sie zu gewichtigen Ergebnissen führen, ja er hat ihnen nicht einmal Gewicht verleihen können außer durch Druckmittel, Einschüchterung, Drohung. Er hat den Anarchismus nicht widerlegt, ja nicht einmal gezeigt, daß seine Methodologie das bessere historische Forschungsprogramm ist. Er macht willkürlich die Wissenschaft zum Maßstab der Methode und Erkenntnis, ohne die Vorzüge anderer Berufsideologien untersucht zu haben. Diese anderen Ideologien gibt es für ihn einfach nicht. Er beachtet sie nicht, und so liefert er nichts als eine Karikatur der großen gesellschaftlichen und geistigen Umwälzungen, die er begreifen will, er vernachlässigt die »äußeren« Einflüsse, und er verfälscht die Geschichte der Wissenschaften durch die Insinuation, daß der Fortschritt der beobachteten Abweichungen von seinen Maßstäben nicht bedarf. Das ist die »wahre Geschichte« von Imre Lakatos. Jedoch, wie ich schon sagte, *das ist nicht die Geschichte, die sich dem Leser darstellt.* Wie auch sonst wird ein Mensch, der die Methodologie der Forschungsprogramme studiert, durch ihre Erscheinung beeinflußt, *nicht* durch ihren »rationalen« Kern (wobei jetzt »rational« im Sinne der von Lakatos vertretenen Rationalitätstheorie gemeint ist). Aber da diese Erscheinung ein gewaltiger Schritt selbst über die wirklichen älteren Auffassungen hinaus ist, da sie zu interessanten historischen und philosophischen Entdeckungen geführt hat und da sie einen klaren, eindeutigen Leitfaden durch das Gewirr der Geschichte zu bieten scheint, kann man sich ihr anschließen, ohne den Anarchismus aufzugeben.[103] Man kann sogar zugestehen, daß im gegenwärtigen Stadium des philosophischen Bewußtseins eine unvernünftige Theorie, fälschlich als neue Analyse der Vernunft vorgestellt, ein besseres Mittel zur Befreiung des Geistes ist als ein ausgesprochener Anarchismus, dem ja die meisten Gehirne noch gar nicht gewachsen sind. Andererseits gibt es keinen Grund, warum man nicht versuchen sollte, das nächste Stadium vorwegzunehmen, indem man Hindernisse aufhäuft und sie möglichst eindrucksvoll darstellt. Werfen wir daher einen Blick auf das Phänomen der Inkommensurabilität, das nach meiner Auffassung ein Problem für alle Theorien der Rationalität ist, die Methodologie der Forschungsprogramme eingeschlossen. Diese geht davon aus, daß konkurrierende Theorien und Forschungsprogramme stets bezüglich ihres Inhalts vergleichbar seien. Dem scheint das Phänomen der Inkommensurabilität zu widersprechen. Wie läßt es sich bestimmen, und aus welchen Gründen tritt es auf?

103 »Die Behauptung, daß Lakatos einen ›versteckten Anarchismus‹ vertrat, ist ohne alle Grundlage«, schreibt Gellner in seiner Besprechung meines Buches (loc. cit., S. 331), ohne mit auch nur einem Wort auf meine detaillierte Kritik im vorliegenden Kapitel einzugehen. Sein Schweigen überrascht nicht, denn er sagt selbst, daß er einen Großteil meines Buches nicht versteht (334). Aber welcher Kobold hat ihm dann erzählt, daß meine Kritik von Lakatos »ohne alle Grundlage« ist? Auch verwahrt sich Gellner mit ernster Miene gegen meine Widmung (in der Englischen Ausgabe: »To Imre Lakatos, friend and fellow anarchist«), und er sagt: »In Fairneß zum Andenken von Imre Lakatos muß festgestellt werden, daß dieser Eindruck (Lakatos als Anarchist) mit der Wahrheit aber auch schon gar nichts zu tun hat.« Armer Imre! Du hast dir wohl nie gedacht, daß Dein »Andenken« einmal so tierisch-ernste Verteidiger finden würde! Imre Lakatos kannte die Widmung, fühlte sich geschmeichelt (»flattered« – das war sein Wort) und amüsierte sich köstlich über die in ihr enthaltene Ironie. Aber die Zeiten ändern sich. Einfallsreiche, heitere, zu Witzen aufgelegte Denker werden von dumpfen Puritanern abgelöst und ihre vielfach schillernden Ideen durch öde rationalistische Predigten ersetzt.

Anhang 3

Als Professor Wigner eine meiner anarchistischen Predigten gehört hatte, erwiderte er: »Aber Sie lesen doch sicher nicht alle Manuskripte, die Ihnen die Leute schicken, sondern werfen die meisten von ihnen in den Papierkorb.« Ganz gewiß tue ich das. »Anything goes« bedeutet nicht, ich müßte jede einzelne Arbeit lesen, die geschrieben wird – Gott bewahre! –, sondern es bedeutet, daß ich meine Auswahl auf höchst individuelle und subjektive Weise treffe, teils weil man mir nicht zumuten kann, etwas zu lesen, was mich nicht interessiert – und meine Interessen wechseln von Woche zu Woche, von Tag zu Tag –, teils weil ich davon überzeugt bin, daß die Menschheit und sogar die Wissenschaft davon Nutzen hat, wenn jeder das tut, was ihm wirklich zusagt: ein Physiker zieht vielleicht eine schlampige und teilweise unverständliche Arbeit, die voller Fehler ist, einer kristallklaren Darstellung vor, weil sie eine natürliche Fortsetzung seiner eigenen, noch ziemlich unabgeklärten Forschung ist, und vielleicht erringt er Erfolg wie auch Klarheit lange vor seinem Konkurrenten, der sich geschworen hat, niemals auch nur eine verschwommene Zeile zu lesen (eine der Stärken der Kopenhagener Schule war ihre Fähigkeit, nicht zu früh exakt zu werden: vgl. *Philosophical Papers,* Bd. 1, Kap. 16, Abschnitt 6). Bei anderen Gelegenheiten sucht er vielleicht nach dem exaktesten Beweis eines Grundsatzes, den er verwenden will, um sich bei der Diskussion dessen, was er als seine wesentlichen Ergebnisse betrachtet, nicht ablenken zu lassen. Es gibt natürlich sogenannte »Denker«, die ihre Post genau auf die gleiche Art einteilen, ob es stürmt oder schneit, und die auch die Auswahlgrundsätze ihrer Kollegen nachahmen – doch man wird sie schwerlich wegen ihrer Monotonie bewundern und ihr Verhalten als »rational« ansehen: die Wissenschaft braucht anpassungsfähige und erfinderische Menschen, keine starren Nachahmer »anerkannter« Verhaltensmuster.

Bei Institutionen und Organisationen wie etwa der National Science Foundation liegen die Verhältnisse genauso. Das Gesicht eines Geschäfts und seine Leistungsfähigkeit hängen von den Mitgliedern ab und verbessert sich mit deren geistiger und emotionaler Lebendigkeit. Selbst bei Procter & Gamble hat man inzwischen erkannt, daß ein Haufen von Jasagern in der Konkurrenz einer Gruppe von Leuten mit ungewöhnlichen Anschauungen unterlegen ist, und die Businesswelt hat Möglichkeiten gefunden, die erstaunlichsten Nonkonformisten in ihre Organisationen einzubauen. Besondere Probleme ergeben sich bei Stiftungen, die Geld verteilen und das auf gerechte und vernünftige Weise tun wollen. Die Gerechtigkeit scheint zu fordern, daß die Verteilung der Mittel auf Grundsätzen beruhe, die nicht von Bewerber zu Bewerber wechseln und die die geistige Situation auf den zu unterstützenden Gebieten berücksichtigen. Diese Forderung läßt sich ad hoc erfüllen, ohne daß auf *allgemeine* »Rationalitätsgrundsätze« zurückgegriffen werden muß: Jede freie Vereinigung von Menschen muß die Illusionen ihrer Mitglieder achten und institutionell stützen. Die Illusion der *Rationalität* wird besonders stark, wenn sich eine wissenschaftliche Institution politischen Forderungen widersetzt. In diesem Falle widerspricht eine Klasse von Grundsätzen einer anderen – und das ist völlig berechtigt: jede Organisation, jede Partei, jede religiöse Gruppe hat das Recht, ihre besondere Lebensform mit allen ihren Grundsätzen zu verteidigen. *Doch die Wissenschaftler gehen viel weiter.* Wie einst die Verteidiger der einen und wahren Religion behaupten sie, daß ihre Grundsätze für die Erkenntnis der Wahrheit oder die Erzielung praktischer Ergebnisse *wesentlich seien,* sie verlangen, daß alle gesellschaftlichen Tätigkeiten, auch das Bildungswesen, diesen Grundsätzen folgen müssen, und sie halten es für selbstverständlich, daß der Steuerzahler die Mittel zur Ausführung ihrer Forschungsideen bereitstellt. Bezahlt möchten sie werden, aber sie widersetzen sich jeder politischen Einmischung und tun ihr möglichstes, um den Zuhörer oder den Leser durch Hinweis auf den verhängnisvollen Ausgang der Lyssenko-Affäre zu erschrecken.

Nun haben wir gesehen, daß die Vorstellung von einem eindeutigen System von Maßstäben, das stets zum Erfolg geführt hat und führen wird, nichts als ein Trugbild ist. Die *theoretische* Autorität der Wissenschaft ist viel geringer, als angenommen wird. *Ihre gesellschaftliche Autorität dagegen ist inzwischen so übermächtig geworden, daß politische Eingriffe notwendig sind, um eine ausgewogene Entwicklung wiederherzustellen.* Um die *Auswirkungen* solcher Eingriffe zu beurteilen, muß man aber mehr als einen unanalysierten Fall untersuchen. Man muß sich jener Fälle entsinnen, in denen die Wissenschaft, sich selbst überlassen, schwere Fehler beging, und man darf die Fälle nicht vergessen, in denen politische Eingriffe die Situation *verbessert* haben. Eine solche ausgewogene Darstellung des vorliegenden Materials könnte sogar davon überzeugen, daß die Zeit überreif ist, der inzwischen üblich gewordenen Trennung von Staat und Kirche eine Trennung von Staat und Wissenschaft folgen zu lassen. Die Wissenschaft ist nur *eines* der vielen Mittel, die der Mensch erfunden hat, um mit seiner Umwelt fertig zu werden. Sie ist nicht das einzige, sie ist nicht unfehlbar, und sie ist zu mächtig, zu aufdringlich und zu gefährlich geworden, als daß man sie sich selbst überlassen könnte.

Als nächstes ein Wort über das *praktische Ziel*, das Lakatos mit Hilfe seiner Methodologie erreichen möchte.

Lakatos ist über die geistige »Umweltverschmutzung« besorgt. Ich teile seine Sorge. Ungebildete und stümperhafte Bücher überschwemmen den Markt, leeres Gerede, das von unverständlichen Ausdrücken strotzt, behauptet tiefe Erkenntnisse zu vermitteln, »Fachleute« ohne Geist und Charakter, ja ohne ein Mindestmaß intellektuellen, stilistischen und emotionalen Temperaments belehren uns über unsere »Situation« und die Möglichkeiten ihrer Verbesserung, und sie predigen nicht nur uns, die wir sie vielleicht durchschauen könnten, sondern sie werden auch noch auf unsere Kinder losgelassen und dürfen sie in ihre eigene geistige Verkommenheit hinabziehen. »Lehrer« kneten mit Hilfe von Zensuren und der Angst vor dem Versagen den Geist der Jugend, bis sie jeden

Rest von Einbildungskraft verloren hat, den sie einmal besaß. Das ist eine katastrophale Situation, und sie ist nicht leicht zu beheben. Doch ich sehe nicht, wie die Methodologie von Lakatos hier helfen könnte. Für mich persönlich ist das erste und dringendste Problem, wie man berufsmäßige »Erzieher« aus dem Bildungswesen entfernt. Der Zwang der Zensuren, die Konkurrenz, die ständigen Prüfungen, alles das muß beseitigt werden, *und man muß auch das Lernen von der Vorbereitung auf einen bestimmten Beruf trennen.* Ich gestehe der Wirtschaft, den Religionen, bestimmten Berufen wie der Wissenschaft oder der Prostitution das Recht zu, von ihren Mitgliedern und/oder Vertretern zu verlangen, daß sie sich an die Grundsätze halten, die auf diesen Gebieten als wichtig angesehen werden, und daß sie ihre Fähigkeiten unter Beweis stellen. Ich gestehe auch zu, daß daraus die Notwendigkeit besonderer Arten der Ausbildung folgt, die einen Mann oder eine Frau auf die entsprechenden »Prüfungen« vorbereiten. Die dabei gelehrten Grundsätze brauchen nicht in irgendeinem Sinne »rational« oder »vernünftig« zu sein, wenn sie auch gewöhnlich so dargestellt werden; es genügt, daß sie von den Gruppen, in die man eintreten möchte, *anerkannt* werden, sei es nun die Wissenschaft, die Großindustrie oder die eine wahre Religion. Schließlich hat in einer Demokratie die »Vernunft« genausoviel Recht auf Gehör und Äußerungsmöglichkeit wie die »Unvernunft«, besonders in Anbetracht der Tatsache, daß des einen Vernunft des anderen Wahnsinn ist. Doch eines ist unter allen Umständen zu vermeiden: die besonderen Grundsätze, die Spezialgebiete und Spezialberufe definieren, dürfen nicht in die *allgemeine* Erziehung eindringen und zum Kriterium des »gebildeten Menschen« gemacht werden. Die allgemeine Erziehung sollte den Bürger befähigen, *zwischen* den Grundsätzen zu *wählen* oder seinen Weg in einer Gesellschaft zu finden, die aus Gruppen besteht, die sich unterschiedlichen Grundsätzen verschrieben haben; *doch sie darf unter keinen Umständen sein Bewußtsein so verzerren, daß es nur mehr den Grundsätzen einer bestimmten Gruppe entspricht.* Die Grundsätze sind zu *betrachten* und zu *diskutieren,* die Kinder sollen dazu ermutigt werden, sich auf den wichtigeren Gebieten zu bilden, *aber nur so, wie man ein Spiel erlernt,* und ohne daß der Geist unfähig gemacht wird, auch andere Spiele zu spielen. Ein junger Mensch, der eine solche Bildung genossen hat, kann sich entscheiden, sein weiteres Leben einem bestimmten Beruf zu widmen, und er kann diesen von nun an ernst nehmen. Dieses »Engagement« sollte auf einer bewußten und mit der Existenz verschiedener Lebensformen bekannten Entscheidung beruhen, *es darf keine ausgemachte Sache sein.*

Das alles bedeutet natürlich, daß man die Wissenschaftler daran hindern muß, das Bildungswesen in die Hand zu nehmen und als »Tatsache« und »die eine wahre Methode« alles das zu lehren, was zufällig gerade bei ihnen in Mode ist. Übereinstimmung mit der Wissenschaft, der Entschluß, nach wissenschaftlichen Regeln zu arbeiten, sollte das Ergebnis von Prüfung und Entscheidung und *nicht* einer bestimmten Erziehung der Kinder sein.

Mir scheint, daß eine solche Veränderung des Bildungswesens und damit der Anschauungen der Menschen einen großen Teil der von Lakatos beklagten geistigen Umweltverschmutzung beseitigen würde. Die Veränderung der Perspektive macht klar, daß es viele Möglichkeiten gibt, die uns umgebende Welt zu ordnen, daß die verhaßten Beschränkungen *eines* Systems von Grundsätzen durchbrochen werden können, indem man aus eigener Freiheit heraus *andere* Grundsätze übernimmt, und daß es nicht nötig ist, *alle* Ordnung abzulehnen und sich in einen winselnden Bewußtseinsstrom aufzulösen. Eine Gesellschaft, die auf einem System wohlbestimmter einschränkender Regeln beruht, so daß Menschsein gleichbedeutend wird mit der Einhaltung dieser Regeln, *vertreibt den Nonkonformisten in ein Niemandsland ohne alle Regeln und beraubt ihn damit seiner Vernunft und seiner Menschlichkeit.* Es ist die Paradoxie des modernen Irrationalismus, daß seine Verfechter den Rationalismus stillschweigend mit Ordnung und wohlgesetzter Rede statt mit einer *bestimmten Art* von Ordnung oder Rede gleichsetzen und sich damit gezwungen sehen, Gestammel und Absurdität zu propagieren – viele Formen der »Mystik« und des »Existentialismus« sind gar nicht möglich ohne eine feste, aber nicht bewußte Bindung an die Grundsätze der verachteten Ideologie (man denke nur an die »Theorie«, daß die Dichtung nichts anderes ist als der farbenreiche Ausdruck von Gefühlen). Mach dich frei von dem Gedanken der *Allein*gültigkeit dieser Grundsätze, sieh die Möglichkeit vieler verschiedener Lebensformen ein, und solche Erscheinungen verfliegen wie ein böser Traum.

Meine Diagnose und meine Therapievorschläge stimmen also mit denen von Lakatos überein – aber nicht zur Gänze. Lakatos hat übermäßig starre Rationalitätsgrundsätze als Ursache einiger Formen des Irrationalismus erkannt und uns neue und liberalere Grundsätze empfohlen. Ich sehe übermäßig starre Rationalitätsgrundsätze wie auch eine allgemeine Hochachtung vor der »Vernunft« als Ursache mancher Formen der Mystik und des Irrationalismus an, und ich bin ebenfalls für liberalere Grundsätze. Doch während Lakatos' große »Hochachtung für große Wissenschaft« (»History« /16[4]/, S. 113) ihn solche Grundsätze innerhalb der Grenzen der modernen Wissenschaft »der letzten beiden Jahrhunderte« (S. 111) suchen läßt, schlage ich vor, die Wissenschaft auf ihren Platz zu verweisen als eine interessante, aber keineswegs die einzige Form der Erkenntnis, die viele Vorteile, aber auch viele Nachteile hat: »Obschon die Wissenschaft als ganzes Unfug ist, ist sie lehrreich« (Gottfried Benn, Brief an Gert Micha Simon vom 11. Oktober 1949; *Lyrik und Prosa, Briefe und Dokumente*, Wiesbaden 1962, S. 235). Ich glaube auch nicht, daß man mit Scharlatanen einfach dadurch fertig wird, daß man die Regeln verschärft.

Scharlatane hat es zu allen Zeiten und in den bestorganisierten Berufen gegeben. Einige der von Lakatos erwähnten Beispiele (»Falsification« /15[3]/, S. 176, Anm. 1) scheinen zu zeigen, daß das Problem durch zu viel und nicht durch zu wenig Kontrolle entsteht (vgl. auch seine Bemerkungen über das »falsche Bewußtsein« in »History« /16[4]/, S. 94, 108 ff.). Das gilt insbesondere von den neuen »Revolutionären« und ihrer »Reform« der Universitäten. Ihr Fehler ist, daß sie Puritaner sind, *nicht* etwa, daß sie Libertinisten wären (ein älteres Beispiel findet sich in dem Briefwechsel zwischen Born und Einstein, New York 1971, S. 150). Und wer wollte sich übrigens von Feiglingen eher eine Verbesserung des geistigen Klimas versprechen als von Libertinisten? (Einstein erkannte dieses Problem, daher empfahl er, Forschung und Beruf zu trennen: die Forschung muß von den Zwängen frei sein, die das Berufsleben leicht mit sich bringt – Born-Einstein-Briefwechsel, S. 105 ff.) Man darf auch nicht vergessen, daß die seltenen Fälle, in denen großzügige Methodologien *tatsächlich* leeres Gerede und loses Denken fördern (»lose« von einem Standpunkt aus, aber vielleicht nicht von einem anderen), möglicherweise in dem Sinne unvermeidlich sind, daß die schuldige Freizügigkeit *auch* eine Vorbedingung des Fortschritts ist.

Schließlich möchte ich wiederholen, daß in meinen Augen der Chauvinismus der Wissenschaft ein viel größeres Problem ist als die geistige Umweltverschmutzung. Er könnte sogar eine ihrer Hauptursachen sein. Die große Zahl der Wissenschaftler (keinesfalls alle) gibt sich nicht damit zufrieden, die Regeln, die sie für die Grundlage der wissenschaftlichen Methode halten, auf ihre eigenen Spielplätze anzuwenden; sie möchten diese Regeln verallgemeinern und zu einem Bestandteil der Gesamtgesellschaft machen, und dabei wenden sie jedes Mittel an – Argumente, Propaganda, Druckmittel, Einschüchterung, Lobbyismus. Die chinesischen Kommunisten erkannten die in diesem Chauvinismus liegenden Gefahren und machten sich an ihre Beseitigung. Dabei stellten sie wichtige Teile des geistigen und emotionalen Erbes des chinesischen Volkes wieder her und verbesserten auch die medizinische Praxis (vgl. den Text zu den Anmerkungen 9-13 von Kapitel 4). Andere Regierungen täten gut daran, ihrem Beispiel zu folgen.

17

Außerdem sind die Maßstäbe von Lakatos nicht immer anwendbar. Sie setzen voraus, daß sich zwischen Sätzen, die verschiedenen Forschungsprogrammen entspringen, immer Beziehungen herstellen lassen. Aber die Gehaltsklassen von alternativen wissenschaftlichen Theorien sind oft unvergleichbar in dem Sinn, daß sich keine der üblichen logischen Beziehungen (Einschließung, Ausschließung, Überschneidung) zwischen ihnen herstellen lassen. Eine solche Unvereinbarkeit besteht sicher zwischen Mythen und wissenschaftlichen Theorien. Man findet sie wieder in den fortgeschrittensten, allgemeinsten und daher mythologischsten Teilen der Wissenschaften selbst.

Ich habe viel für die von Whorf klar und elegant formulierte (und von Bacon vorweggenommene) Auffassung übrig, daß Sprachen und die mit ihnen verbundenen Verhaltensmuster nicht bloß Mittel zur *Beschreibung* von Ereignissen (Tatsachen, Sachverhalten) sind, sondern auch Ereignisse (Tatsachen, Sachverhalte) *konstituieren*[1], daß ihre »Grammatik« eine Kosmologie enthält, umfassende Geschichten von der Welt, der Gesellschaft, der Situation des Menschen[2], welche das Denken, das Verhalten und die Wahrnehmung beeinflussen.[3] Nach Whorf drückt sich die Kosmologie einer Sprache zum Teil im manifesten Gebrauch von Wörtern aus, doch sie be-

1 Nach Whorf ist »das linguistische Hintergrundsystem (mit anderen Worten, die Grammatik) jeder Sprache nicht bloß ein reproduktives System zur Formulierung von Gedanken, sondern formt selbst die Gedanken, das Programm und die Leitlinie für die geistige Tätigkeit des einzelnen, für seine Analyse der Eindrücke, für seine Synthese seines geistigen Horizonts«. *Language, Thought and Reality,* MIT Press, 1956, S. 121. Siehe auch Anhang 4.

2 Ein Beispiel ist Whorfs Analyse der Metaphysik der Hopi /17[1]/, S. 57 ff.

3 »Menschen, die sich wesentlich verschiedener Grammatiken bedienen, werden von diesen auf verschiedenartige Beobachtungen gelenkt ...«, ebenda, S. 221.

ruht auch auf Klassifikationen, »die kein manifestes Anzeichen besitzen . . ., sondern mittels einer unsichtbaren ›zentralen Vermittelungsstelle‹ von Verbindungen wirken, die andere Wörter bestimmt, die für die Klasse charakteristisch sind«.[4] »Die dem Sinne nach männlichen oder weiblichen Substantive wie Junge, Mädchen, Vater, Gattin, Onkel, Frau, Dame sowie Tausende von Eigennamen wie George, Fred, Mary, Charley, Isabel, Isadore, Jane, John, Alice, Aloys, Esther, Lester, haben kein Genuszeichen wie das lateinische -us oder -a innerhalb des jeweiligen motorischen Vorgangs, und trotzdem hat jedes dieser vielen tausend Wörter eine unveränderliche und unfehlbar arbeitende Verbindung zu dem Wort ›er‹ oder dem Wort ›sie‹, die sich aber nicht in manifestem Verhalten niederschlägt, solange keine besonderen Redesituationen es erfordern.«[5] Die *latenten* Klassifikationen (die wegen ihres Untergrundcharakters »eher gespürt als begriffen werden – ihre Kenntnis hat etwas Intuitives«[6] –, die »durchaus rationaler sein können als manifeste«[7] und die sehr »fein« sein können und nicht »mit

4 Ebenda, S. 69.

5 Ebenda, S. 68.

6 Ebenda, S. 70. Selbst »ein Phonem kann eindeutige semantische Funktionen übernehmen. Im Englischen kommt das Phonem ð [wie th in »the«] zunächst nur in dem Kryptotyp [latente Klassifikation, die mit keiner großen Dichotomie zusammenhängt – S. 70] der Demonstrativpartikel vor (the, this, there, than usw.). Das schafft einen *psychischen Widerstand* gegen den stimmhaften th-Laut in neuen oder in Fantasiewörtern: thig, thay, thob, thuzzle usw., die diese demonstrative Bedeutung nicht haben. Liest man ein solches neues Wort (etwa »thob«), so ordnet man ihm ›instinktiv‹ den stimmlosen th-Laut wie in ›think‹ zu. Aber das ist kein ›Instinkt‹. Es ist wieder unser alter Freund, der sprachliche Rapport.« (Ebenda, S. 76, Hervorhebung von mir.)

7 Ebenda, S. 80. Der Text fährt so fort: ». . . eine ziemlich formale und nicht sehr bedeutungsträchtige sprachliche Gruppe, die sich durch eine offenkundige Eigenschaft auszeichnet, kann zufällig andeutungsweise mit einer bestimmten Ereigniskette zusammenfallen, so daß hinter dieser Parallelität ein Grund gesucht wird. Im Laufe der phonetischen Entwicklung geht das Kennzeichen, die Endung oder was es sei, verloren, und aus der formalen wird eine semantische Klasse. Ihre Reaktionsweise macht sie jetzt zur Klasse, ihre Idee zur Einheit. Im Laufe der Zeit und des Gebrauchs ordnet sie sich zunehmend einem Grundgedanken unter, zieht semantisch passende Wörter an sich und verliert Mitglieder, die jetzt se-

irgendeiner groben Zweiteilung« verbunden zu sein brauchen[8]) führen zu »strukturierten Widerständen gegen andere Auffassungen«.[9] Richten sich diese Widerstände nicht bloß gegen die Wahrheit der betrachteten Alternativen, sondern gegen die Annahme, es liege überhaupt eine Alternative vor, dann haben wir einen Fall von Inkommensurabilität. Ich glaube auch, daß wissenschaftliche Theorien wie die Aristotelische Theorie der Bewegung, die Relativitätstheorie, die Quantentheorie, die klassische und die moderne Kosmologie so allgemein und »tief« sind und eine so komplizierte Entwicklung durchgemacht haben, daß sie sich wie natürliche Sprachen verhalten. Die Diskussionen, die einer neuen Epoche in der Physik oder Astronomie vorangehen, beschränken sich daher nur selten auf die ausdrücklich formulierten Bestandteile der orthodoxen Auffassung. Sie fördern oft verborgene Gedanken zutage, ersetzen sie durch andere und verändern sowohl manifeste wie auch latente Klassifikationen. Galileis Analyse des Turmarguments führte zu einer klareren Formulierung der Aristotelischen Theorie des Raumes und enthüllte auch den Unterschied zwischen Impetus (einer absoluten Größe, die einem Gegenstand innewohnt) und Impuls (der von dem gewählten Bezugssystem abhängt). Einsteins Analyse der Gleichzeitigkeit förderte einige Gesichtspunkte der Newtonschen Kosmologie zutage, die unbemerkt alle Erörterungen über Raum und Zeit beeinflußt hatten, und Niels Bohr fand zusätzlich, daß die physikalische Welt nicht als völlig getrennt vom Beobachter angesehen werden kann, und er gab so dem klassischen Gedanken der Objektivität einen Gehalt, der an Bestimmtheit bei weitem den Gehalt der vorhergehenden Ideen der Objektivität übertraf. An solchen Beispielen

mantisch nicht mehr passen. Jetzt wird sie von der Logik zusammengehalten.«

8 Whorf /17[1]/, S. 70. Solche Feinklassifikationen nennt Whorf »Kryptotypen«. Ein Kryptotyp ist »eine verschüttete, subtile und schwer festzulegende Bedeutung, die keinem bestimmten Wort entspricht, sich aber aufgrund linguistischer Analyse als funktional bedeutsam in der Grammatik erweist«.

9 Ebenda, S. 247.

erkennt man, daß wissenschaftliche Argumente in der Tat »strukturierten Widerständen« ausgesetzt sein können, und man erwartet, daß auch Theorien inkommensurabel sein werden.

(Da die Inkommensurabilität mit latenten Klassifikationen und weitreichenden begrifflichen Veränderungen zusammenhängt, kann man sie kaum je explizit definieren. Auch mit den üblichen »Rekonstruktionen« ist sie nicht in den Griff zu bekommen. Das Phänomen muß gezeigt, der Leser muß anhand einer Vielzahl von Beispielen auf es hingeführt werden und muß dann selbst urteilen. Ich werde mich dieser Methode bedienen.[10])

Interessante Fälle von Inkommensurabilität gibt es bereits auf dem Gebiet der *Wahrnehmung.* Aus gleichem Reizmaterial können verschiedene Klassifikationssysteme (»Einstellungen«) unseres Wahrnehmungsapparates Gegenstände machen, die sich nicht leicht vergleichen lassen.[11] Ein unmittelbares Urteil ist nicht möglich. Man kann die beiden Gegenstände in der *Erinnerung* vergleichen, aber *nicht,* während man *ein und dasselbe Bild* betrachtet. Die erste der beiden folgenden Abbildungen geht einen Schritt weiter. Sie läßt Wahrnehmungsgegenstände entstehen, die nicht bloß andere *negieren* – wobei die Fundamentalkategorien bestehen bleiben –, sondern jede Gegenstandsbildung überhaupt verhindern (man beachte, wie sich der Zylinder in der Mitte in Nichts auflöst, wenn man sich dem Inneren des hufeisenförmigen Reizgegenstandes zuwendet). Auch die Erinnerung kann uns jetzt keinen vollständigen Überblick über die Alternativen geben.

Jedes Bild mit einem Mindestmaß an Perspektive zeigt diese

10 Vgl. Anm. 6 und Text.

11 »Ein Meister der Introspektion, Kenneth Clark, beschrieb kürzlich höchst anschaulich, wie er bei dem Versuch scheiterte, eine Illusion ›festzunageln‹. Er betrachtete ein großes Werk von Velasquez und wollte festhalten, was geschah, wenn sich die Pinselstriche und Farbflecken auf der Leinwand in ein Bild umgesetzter Wirklichkeit verwandelten, wenn er zurücktrat. Doch er konnte zurück- und vortreten, soviel er wollte, nie konnte er beide Eindrücke gleichzeitig festhalten . . .« E. Gombrich, *Art and Illusion,* Princeton 1956, S. 6.

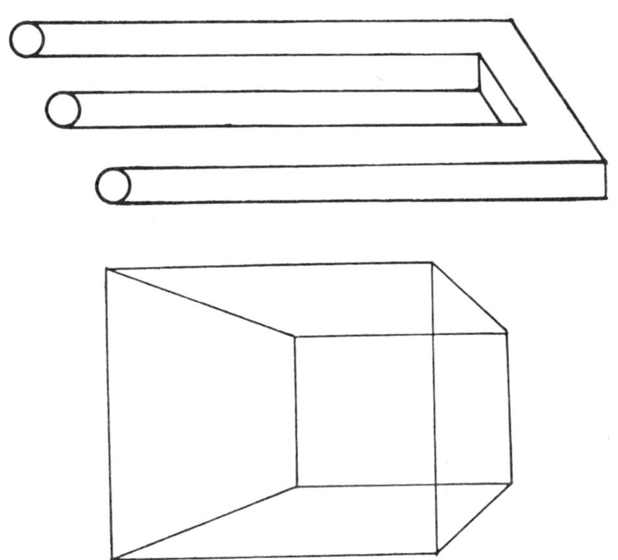

Erscheinung: man kann seine Aufmerksamkeit auf das Papier richten, auf dem die Linien gezeichnet sind – aber dann gibt es kein dreidimensionales Gebilde; oder man kann sich entschließen, die Eigenschaften dieses Gebildes zu untersuchen, aber dann verschwindet die Papieroberfläche oder wird Teil eines Phänomens, das man nur eine Täuschung nennen kann. Es gibt keine Möglichkeit, den Übergang vom einen zum anderen »dingfest« zu machen.[12] In allen diesen Fällen hängt das wahrgenommene Bild von »Einstellungen« ab, die man willkürlich ändern kann, ohne Drogen, Hypnose oder Gehirnwäsche. Doch Einstellungen können erstarren als Folge von Krankheit, dem Aufwachsen in einer bestimmten Kultur oder man-

12 Vgl. R. L. Gregory, *The Intelligent Eye*, London 1970, Kap. 2. Vgl. auch die Unterscheidung zwischen eikon und phantasma bei Platon, *Sophistes*, 235b 8 ff.: »Dies ›Sichdarstellen‹ und ›Scheinen‹, und doch nicht ›Sein‹ . . .alles das birgt eine Fülle von Schwierigkeiten in sich, wie vordem so auch jetzt . . .« Platon spricht über die Verzerrungen bei Kolossalstatuen, damit diese in den richtigen Proportionen *erscheinen.* »Man kann nicht eine Illusion verwenden und gleichzeitig beobachten«, sagt Gombrich in solchen Fällen /17[11]/, S. 6.

gelnder Kontrolle über physiologische Faktoren. Unser Verhalten gegenüber anderen Rassen oder Menschen aus anderen Kulturen wird oft von »eingefrorenen« Einstellungen der zweiten Art bestimmt: man hat gelernt, Gesichter auf eine festgelegte Weise zu »lesen«, und kommt daher zu Fehlurteilen.

Ein interessantes Beispiel für physiologisch bestimmte Einstellungen, die zur Inkommensurabilität führen, ist die *Entwicklung der Wahrnehmung beim Menschen.* Nach Piaget und seiner Schule[13] durchläuft die Wahrnehmung des Kindes verschiedene Stadien, ehe sie ihre verhältnismäßig stabile Erwachsenenform annimmt. In einem Stadium verhalten sich Gegenstände wie Nachbilder, und sie werden entsprechend behandelt: das Kind folgt dem Gegenstand mit seinen Augen, bis er verschwindet; es macht nicht den geringsten Versuch, ihn wiederzufinden, auch wenn das nur ganz geringen physischen (oder geistigen) Aufwand erfordert, der dem Kind durchaus möglich wäre. Es gibt nicht einmal einen Ansatz zum Suchen – und das ist, »theoretisch« gesprochen, ganz richtig. Denn es wäre unsinnig, nach einem Nachbild zu »suchen«. Sein »Begriff« läßt so etwas nicht zu.

Die Verhältnisse ändern sich dramatisch, sobald materielle Gegenstände auftreten. Das Benehmen der Kinder zeigt neue Züge, desgleichen ihr Denken. Nachbilder oder Dinge, die ihnen nicht ganz unähnlich sind, gibt es immer noch; doch sie sind jetzt schwer und nur mit besonderen Methoden zu entdecken (die frühere visuelle Welt *verschwindet* daher ganz buchstäblich).[14] Die neuen Methoden sind verbunden mit neuen Ideen (Nachbilder treten im *Menschen* auf, sie gehören nicht zur physikalischen Welt) und können nicht mehr zu den Erscheinungen des vorhergehenden Stadiums zurückführen.

13 J. Piaget, *The Construction of Reality in the Child*, New York 1954, S. 5 ff.

14 Das scheint allgemein für den Erwerb einer neuen Wahrnehmungswelt zu gelten: »Die älteren Darstellungen müssen größtenteils unterdrückt, nicht verändert werden«, schreibt Stratton in seinem epochemachenden Aufsatz »Vision without Inversion of the Retinal Image«, in: *The Psychological Review* 4 (1897), S. 471.

(Diese Erscheinungen sollte man daher anders nennen, etwa »Pseudo-Nachbilder« – eine sehr interessante Parallele auf dem Gebiet der Wahrnehmung zu dem Übergang etwa von der Newtonschen Mechanik zur speziellen Relativitätstheorie.) Weder Nachbilder noch Pseudo-Nachbilder nehmen in der neuen Welt eine besondere Stellung ein. Zum Beispiel werden sie nicht als *Daten* behandelt, auf die sich der neue Begriff des materiellen Gegenstandes stützen könnte. Sie können auch nicht zur *Erklärung* dieses Begriffs dienen: Die Nachbilder *entstehen zusammen mit ihm*, sie sind auf ihn angewiesen, und es gibt sie nicht bei Menschen, die noch keine materiellen Gegenstände wahrnehmen; umgekehrt verschwinden die Pseudonachbilder mit dem Erscheinen der materiellen Gegenstände. Im Wahrnehmungsfeld kommen nie Nachbilder und Pseudo-Nachbilder gleichzeitig vor. Es ist zuzugeben, daß jedes Stadium eine Art Beobachtungs»grundlage« besitzt, die besonders beachtet wird und von der eine Vielzahl von Anregungen ausgeht. Doch diese Grundlage ändert sich von einem Stadium zum anderen und sie ist ein *Bestandteil* des Begriffsapparats jeder Stufe und nicht seine einzige Interpretationsquelle, wie uns manche Empiristen einreden möchten.
Entwicklungen wie diese können zu der Vermutung Anlaß geben, die Familien der Begriffe mit dem Mittelpunkt »materieller Gegenstand« und mit dem Mittelpunkt »Pseudo-Nachbild« seien inkommensurabel in genau dem Sinne, um den es hier geht; sie lassen sich nicht gleichzeitig verwenden, und man kann keine logischen oder wahrnehmungsmäßigen Verbindungen zwischen ihnen herstellen.
Kann man nun vernünftigerweise erwarten, daß begriffliche und Wahrnehmungsänderungen wie diese nur in der Kindheit vorkommen? Sollte man sich über die Tatsache – wenn es eine ist – freuen, daß der Erwachsene an eine stabile Wahrnehmungswelt und ein entsprechendes stabiles Begriffssystem gekettet ist, das er zwar an vielen Punkten etwas verändern kann, dessen Grundzüge aber ein für allemal festliegen? Oder ist nicht die Annahme realistischer, daß grundlegende Veränderungen, die zur Inkommensurabilität führen, immer noch

möglich sind und gefördert werden sollten, damit man nicht für immer von möglichen höheren Stufen der Erkenntnis und des Bewußtseins ausgeschlossen bleibt? Im übrigen ist die Frage der Veränderlichkeit des Erwachsenenstadiums auf jeden Fall eine Frage der *Forschung* und nicht forschungsunabhängiger »methodologischer« *Entschlüsse.* Der Versuch, die Grenzen eines gegebenen Begriffssystems zu durchbrechen, ist ein Teil dieser Forschung (und sollte auch ein wesentlicher Teil jedes interessanten Lebens sein).

Ein solcher Versuch braucht mehr als eine lange »kritische Diskussion«, wie einige Nachzügler der Aufklärung uns einreden wollen. Man muß neue Wahrnehmungen haben und neue begriffliche Verbindungen erzeugen, darunter auch solche, die nicht unmittelbar einsichtig sind (latente Beziehungen – siehe oben), und man muß sich vor allem darauf vorbereiten, daß alle Darstellungsweisen und selbst die besten Regeln ihre Grenzen haben, daß es Verhältnisse gibt, die sie nicht ohne erhebliche Veränderung ihrer Grundstruktur ausdrücken können, und die daher nicht bloß *nicht vorhanden* sind, sondern für jeden Benützer der Darstellungsweise *unvorstellbar.* Keine kritische Diskussion kann aber das nicht Vorhandene schaffen und das Unvorstellbare begreiflich machen. Die Wissenschaftsentwicklung, die von einer Darstellungsweise zu einer anderen führt, macht oft das bisher Vorstellbare unvorstellbar, und umgekehrt, und führt so zu einem grundlegenden Wandel der Kosmologie: wir betreten eine neue Welt mit neuen Gegenständen, die in neuen und überraschenden Beziehungen zueinander stehen. Solche Züge des Wandels in der Wissenschaft werden oft durch Rekonstruktions- und Deutungsmethoden verdeckt, die den Formalismus der wissenschaftlichen Theorien in den Vordergrund stellen, latente Beziehungen vernachlässigen und annehmen, daß die Wissenschaften sich in einem einheitlichen Gegenstandsbereich bewegen, nämlich im Bereich von Beobachtungen oder Alltagssituationen oder, neuerdings, klassischen Zuständen. Diese Methode ist so bequem und bei Positivisten so gewohnt, daß jede Erörterung ungewöhnlicher Ideen sofort in die gewohnteren Kanäle einer Abfolge von Routineantworten umgelenkt wird. Doch jetzt ist dieses ganze Repertoire dem Zweifel unterworfen. Jeder Begriff des Repertoirs ist verdächtig, vor allem Grundbegriffe wie »Beobachtung«, »Prüfung«, »Theorie« und ihre Ableitungen. Und was das Wort »Wahrheit« betrifft, so kann man an diesem Punkt nur sagen, daß es die Menschen sicherlich hypnotisiert, aber sonst nicht viel leistet. Unter solchen Umständen ist es ratsam, den Bereich der Routinereaktionen zu verlassen und Beispiele aus einem anderen Bereich heranzuziehen. Ich werde daher anstatt theoretischer *bildliche* Darstellungen der »Wirklichkeit« untersuchen. Es wird sich herausstellen, daß es auch hier keine »neutralen« Gegenstände gibt, die in jedem Stil dargestellt werden können und mit deren Hilfe man über die »objektive« Gültigkeit eines Stils entscheiden kann. Schaffen eines Gegenstandes durch einen Stil und Abstraktion eines Stils von einem Gegenstand sind Prozesse, die sich zwar in Gedanken, nicht aber in der Wirklichkeit voneinander unterscheiden lassen. Die Anwendung auf Theorien liegt auf der Hand.

Der »archaische Stil« hat nach der Definition von Emmanuel Loewy in seinem Werk über die antike griechische Kunst[15] die folgenden Eigenschaften:

1. Die Struktur und die Bewegung der Figuren und ihrer Teile sind auf einige typische Schemata beschränkt; 2. Die einzelnen Formen sind stilisiert und »mit ... exakter Abstraktion ausgeführt«[16]; 3. Die Darstellung einer Form hängt von der *Kontur*

15 *Die Naturwiedergabe in der älteren griechischen Kunst*, Rom 1900, Kap. 1. Loewy verwendet »archaisch« als *Gattungs*begriff, unter den Erscheinungen in der ägyptischen, griechischen und primitiven Kunst, in Kinderzeichnungen und Darstellungen unausgebildeter Beobachter fallen. In Griechenland beziehen sich seine Bemerkungen auf den *geometrischen Stil* (1000-700 v. Chr.) und die *archaische Periode* (700-500 v. Chr.), die die menschliche Gestalt mehr in Einzelheiten behandelt und in lebendige Szenen hineinstellt. Vgl. auch F. Matz, *Geschichte der griechischen Kunst*, Bd. 1, 1950, sowie Beazly und Ashmole, *Greek Sculpture and Painting*, Cambridge 1966, Kap. 2 u. 3.

16 Webster, *From Mycenae to Homer*, New York 1964, S. 292. Webster betrachtet diese Verwendung »einfacher und klarer Formen« in der griechischen geometrischen Kunst als »Vorgänger späterer Entwicklungen in

ab, die den Wert einer unabhängigen Linie behalten oder den Umriß einer Silhouette bilden kann. »Die Silhouetten konnten eine Reihe von Posen erhalten: sie konnten stehen, marschieren, rudern, Wagen fahren, kämpfen, sterben, wehklagen ... Aber stets mußte ihr wesentlicher Aufbau klar sein«[17]; 4. Die *Farbe* erscheint in einer einzigen Schattierung, und es gibt keine Abstufungen zwischen Licht und Schatten; 5. In der Regel zeigen die Figuren ihre Körperteile (und größere Episoden ihre Bestandteile) *unter ihrem vollständigsten Aspekt* – selbst wenn dies die Komposition etwas ungeschickt macht und »die räumlichen Beziehungen in gewissem Maße mißachtet«. Den Teilen wird ihr üblicher Wert gegeben, auch wenn dies mit ihrer wahrgenommenen Beziehung zum Ganzen nicht recht übereinstimmt[18]; daher: 6. Mit ein paar wohlbestimmten Ausnahmen sind die Figuren, die eine Komposition bilden, so angeordnet, daß sich *nichts überdeckt,* und Gegenstände, die sich hintereinander befinden, werden nebeneinander dargestellt; 7. Die *Umgebung* einer Szene (Berge, Wolken, Bäume usw.) wird entweder völlig oder doch weitgehend weggelassen. Die Handlung besteht aus in sich abgeschlossenen typischen Szenen (Schlachten, Bestattungen usw.).[19]

Diese stilistischen Elemente, die sich in verschiedenen Abwandlungen in Kinderzeichnungen, in der »frontalen« Kunst der Ägypter, in der frühgriechischen Kunst wie auch bei Primitiven findet, erklärt Loewy aufgrund psychologischer Mechanismen: »Unmittelbar neben den Bildern, die die Wirklichkeit dem physischen Auge bietet, gibt es eine völlig andere Welt von Bildern, die nur in unserem Geiste leben oder besser zum Leben erweckt werden; sie gehen zwar von der Wirklichkeit aus, verwandeln sie aber völlig. Jede primitive Zeichnung ... versucht diese Bilder und nichts anderes mit der instinktiven Regelmäßigkeit einer psychischen Funktion wie-

der Kunst (letzten Endes der Erfindung der Perspektive), der Mathematik und der Philosophie«.

17 Webster, ebenda, S. 205.

18 Ebenda, S. 207.

19 Beazly und Ashmole /17[15]/, S. 3.

derzugeben.«[20] Der archaische Stil ändert sich als Ergebnis »vieler geplanter Naturbeobachtungen, die die rein geistigen Bilder verändern«[21], die Entwicklung zum Realismus einleiten und damit den Beginn der Kunstgeschichte bilden. Es werden *natürliche,* physiologische Gründe für den archaischen Stil und seine Veränderung angegeben.

Nun ist nicht einzusehen, warum es »natürlicher« sein sollte, Erinnerungsbilder wiederzugeben als Wahrnehmungsbilder, die so viel bestimmter und dauerhafter sind.[22] Man findet auch, daß der Realismus oft mehr schematischen Darstellungsformen *vorausgeht.* Das gilt von der älteren Steinzeit[23], von der ägyptischen Kunst[24], von der attischen geometrischen Kunst.[25] In allen diesen Fällen ist der »archaische Stil« das Ergebnis einer *bewußten Bemühung* (die natürlich von unbewußten Strebungen und physiologischen Gesetzen unterstützt oder behindert werden kann) und nicht eine natürliche Reaktion auf die inneren Spuren äußerer Reize.[26] Statt nach den

20 Loewy /17[15]/, S. 4.

21 Ebenda, S. 6.

22 Die Tatsachen der Perspektive werden *bemerkt,* gehen aber *nicht* in die *bildliche Darstellung* ein; das ergibt sich aus sprachlichen Beschreibungen. Vgl. H. Schäfer, *Von ägyptischer Kunst,* Wiesbaden 1963, S. 88 ff., wo das Problem weiter erörtert wird.

23 Vgl. Paolo Graziosi, *Paleolithic Art,* New York 1960, sowie André Leroi-Gourhan, *Treasures of Prehistoric Art,* New York 1967, beide mit ausgezeichneten Abbildungen. Diese Ergebnisse waren Loewy nicht bekannt: Cartailhacs »Mea culpa d'un sceptique« etwa erschien erst 1902.

24 Vgl. den Wandel in der Tierdarstellung beim Übergang von der vordynastischen Zeit zur ersten Dynastie. Der Berliner Löwe (Berlin, Staatliches Museum, Nr. 22440) sieht wild und drohend aus, ganz anders in Ausdruck und Ausführung als das majestätische Tier aus der zweiten und dritten Dynastie. Dieses scheint eher eine Darstellung des *Begriffs* des Löwen als eines Einzeltieres zu sein. Siehe auch den Unterschied zwischen dem Falken auf der Siegestafel des Königs Marmer (Rückseite) und auf dem Grabstein des Königs Wadji (Djet) der ersten Dynastie. »Überall ging man zu Reinheit und Klarheit über, die Formen verdeutlichten und vereinfachten sich«, Schäfer /17[22]/, S. 12 ff., insbes. S. 15, dort weitere Einzelheiten.

25 »Die attische geometrische Kunst sollte man nicht primitiv nennen, obwohl sie nicht den fotografischen Realismus besitzt, den Gelehrte, die mehr mit der Literatur vertraut sind, in der Malerei zu verlangen scheinen.

psychologischen *Ursachen* eines »Stils« zu suchen, sollte man also seine *Elemente* identifizieren, ihre *Funktion* analysieren, sie mit anderen Erscheinungen derselben Kultur vergleichen (literarischer Stil, Satzkonstruktion, Grammatik, Ideologie); so entstünde dann eine Skizze der zugrundeliegenden *Weltauffassung* und ihres Einflusses auf Wahrnehmung, Denken, Argumentieren sowie der Grenzen, die sie der schweifenden Fantasie zieht. Wir werden sehen, daß solche vergleichenden Studien zu einem weit besseren Verständnis begrifflicher Umschichtungen führen als eine naturalistische Analyse oder rationalistische Trivialitäten wie die, daß »eine kritische Diskussion und ein Vergleich verschiedener Systeme immer möglich ist«.[27] Sicher ist ein solcher Vergleich »immer möglich«. Zum Beispiel kann eine physikalische Theorie zur Gitarre rezitiert schöner klingen als eine andere. Doch man identifiziere bestimmte Regeln für den Vergleich, man fordere zum Beispiel, daß es Gehaltsklassen gebe und daß diese immer in einer logischen Beziehung zueinander stehen – und man trifft auf eine Ausnahme nach der anderen. Interessanter und lehrreicher als logische Übungen dieser Art ist es zu untersuchen, wie kluge Menschen ihre Umgebung *tatsächlich* beurteilt haben und wie sie ihre Urteile änderten. Ein solches Studium kann sich allerdings nicht mit Allgemeinheiten zufriedengeben – es muß konkrete historische Phänomene untersuchen. Auch können die Begriffe, deren sich das Studium bedient, nicht unabhängig vom Studim konstruiert werden – sie müssen aus dem Studium selbst hervorgehen. Beginnen wir also mit einer Darstellung des archaischen Stils!

Die Abbildungen B und C am Ende dieses Kapitels zeigen

Sie ist eine hochdifferenzierte Kunst mit eigenen Regeln und Zwecken. Wie bei den Formen und Ornamenten liegt eine Revolution zwischen ihr und der spätmykenischen Malerei. In dieser Revolution wurden die Gestalten auf ihren einfachsten Umriß reduziert, und aus diesem entwickelte sich die neue Kunst.« Webster /17[16]/, S. 205.

26 Diese Behauptung wird durch die Beobachtung weiter gestützt, daß sogenannte Primitive oft den Gegenständen, die sie zeichnen wollen, den Rücken zukehren; Schäfer /17[22]/, S. 102, nach Conze.

27 Popper, in *Criticism* ... /16[1]/, S. 56.

folgende Eigenschaften der menschlichen Figur: »Die Menschen sind sehr groß und schlank, der Rumpf ist ein Dreieck, das zur Taille hin spitz zuläuft, der Kopf eine Knolle mit einer bloßen Ausbuchtung für das Gesicht; gegen Ende der Stilepoche wird der Kopf verdeutlicht – die Knolle wird im Umriß gezeichnet, und ein Punkt deutet das Auge an.«[28] Alle oder fast alle Glieder werden im Profil dargestellt und hängen so zusammen wie die Teile einer Marionette oder Stoffpuppe. Sie fügen sich nicht zu einem organischen Ganzen zusammen. Diese »Additivität« des archaischen Stils wird an der Behandlung des Auges besonders deutlich. Das Auge nimmt an den Tätigkeiten des Körpers nicht teil, es leitet ihn nicht und stellt keine Verbindung mit der Umgebung her, es »blickt« nicht. Es wird dem im Profil dargestellten Kopf wie ein Zeichen einer Zeichensprache hinzugefügt, als wollte der Künstler sagen: »Und neben all dem anderen wie Beinen, Armen, Füßen hat der Mensch auch Augen, sie befinden sich am Kopf, eines auf jeder Seite« (die Abbildungen D und A enthalten das »Frontalauge«). Ebenso werden besondere Zustände des Körpers (Leben, Tod, Krankheit) nicht durch eine bestimmte Anordnung seiner Teile dargestellt, sondern indem der *gleiche* Normalkörper in verschiedene Normal*lagen* gebracht wird. So ist der Körper des Toten auf dem Leichenwagen auf Bild C genau so gegliedert wie der eines stehenden Menschen, nur um 90° gedreht und in den Raum zwischen dem Leichentuch als Unterlage und der oberen Begrenzung der Bahre eingefügt.[29] Er ist wie der Körper eines lebendigen Menschen gestaltet und *zusätzlich dazu* in die Totenlage gebracht. Ein weiteres Beispiel ist das Bild von einem Zicklein, das von einem Löwen halb verschlungen ist.[30] Der Löwe sieht wild aus, das Zicklein friedlich, und das Verschlingen wird der Darstellung dessen, was ein Löwe *ist* und was ein Zicklein *ist*, lediglich *angehängt*.

28 Beazly und Ashmole /17[15]/, S. 3.
29 Webster /17[16]/, S. 204: »Der Maler hält es für nötig, zu sagen, er habe zwei Arme, zwei Beine und eine männliche Brust.«
30 R. Hampl, *Die Gleichnisse Homers und die Bildkunst seiner Zeit*, Tübingen 1952.

(Es liegt ein sogenanntes *parataktisches Aggregat* vor: seine Bestandteile sind alle gleich wichtig, die einzige Beziehung zwischen ihnen ist die der Aufeinanderfolge, kein Teil wird als anderen untergeordnet oder von ihnen bestimmt dargestellt.) Das Bild *besagt:* wilder Löwe, friedliches Zicklein, Verschlingen des Zickleins durch den Löwen.

Die Notwendigkeit, alle wesentlichen Bestandteile einer Situation zu zeigen, führt oft zur Trennung von Dingen, die einander in Wirklichkeit berühren. Das Bild wird zu einer Landkarte. So wird der Wagenlenker in Abbildung E als über dem Wagenboden stehend dargestellt (dieser selbst wird in Daraufsicht wiedergegeben), ohne Störung durch das Geländer, so daß seine Füße, der Wagenboden und das Geländer alle klar zu sehen sind. Man kann das Bild ohne Schwierigkeit als einen *visuellen Katalog* der Bestandteile eines Ereignisses statt als eine illusionschaffende Darstellung des Ereignisses selbst ansehen (man kann ja ohne weiteres *sagen:* seine Füße berührten den *Boden,* der *rechteckig* ist, und er war von einem *Geländer* umgeben . . .).[31] Doch eine solche Deutung muß *gelernt* werden, sie läßt sich nicht einfach aus dem Bild ablesen.

Unter Umständen muß noch viel mehr gelernt werden. Einige ägyptische Zeichnungen und Gemälde lassen sich entziffern nur mit Hilfe des Gegenstandes selbst oder dreidimensionaler Darstellungen von ihm (Statuen im Falle von Menschen, Tieren usw.). Mit Hilfe solcher Kenntnisse macht man sich klar, daß der Stuhl in der folgenden Abbildung A der Gegenstand der Abbildung C, nicht B ist und die Darstellung folgendermaßen gelesen werden muß: »Stuhl mit Rückenlehne und vier Beinen, die durch Streben verbunden sind«, was so zu verstehen ist, daß jeweils ein Vorder- mit einem Hinterbein verbunden ist.[32] Die Deutung von Gruppen ist kompliziert und in einigen Fällen noch nicht möglich.[33]

31 »Alle geometrischen Wagenbilder zeigen mindestens eine dieser Entstellungen«, Webster /17[16]/, S. 204. In der spätmykenischen Keramik dagegen verschwinden die Beine der Insassen hinter den Seitenwänden.
32 Schäfer /17[22]/, S. 123.
33 Ebenda, S. 223 ff.

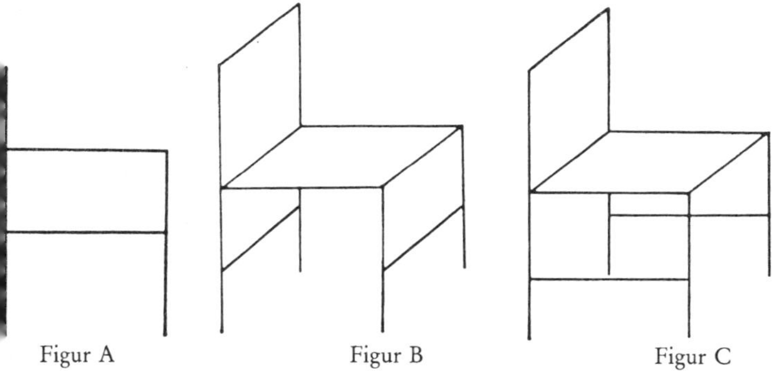

Figur A Figur B Figur C

(Zur Fähigkeit, einen bestimmten Stil zu »lesen«, gehört auch, daß man weiß, welche Eigenschaften *irrelevant* sind. Nicht jede Eigenschaft aus einer archaischen Liste hat einen Darstellungswert, so wie auch nicht jede Eigenschaft eines geschriebenen Satzes bei der Vermittlung des Inhalts eine Rolle spielt. Das wurde von den Griechen übersehen, die die Gründe für die »würdige Haltung« der ägyptischen Statuen zu untersuchen begannen [schon Platon äußerte sich darüber]. Diese Frage »könnte einem ägyptischen Künstler so vorgekommen sein wie uns die Frage nach dem Alter oder der Stimmung des Königs auf einem Schachbrett«.[34])
Soweit eine kurze Darstellung einiger Besonderheiten des »archaischen« Stils.

Ein Stil läßt sich auf verschiedene Weise beschreiben und analysieren. Die bisher gegebene Beschreibung beschäftigte sich mit den *formalen Eigenschaften:* der archaische Stil liefert *bildliche Listen,* deren Teile ungefähr so angeordnet sind, wie sie in der »Natur« vorkommen, außer wenn dies Wichtiges verdecken würde. Alle Teile stehen auf der gleichen Ebene, man soll die Listen »lesen« und nicht als illusionsschaffende Darstellungen der Situation »sehen«.[35] Die Listen sind im

34 Gombrich /17[11]/, S. 134, mit Literaturangaben.

35 »Man kommt dem Sachgehalt geradvorstelliger Gegenstandszeichnungen näher, wenn man damit beginnt, ihre Teilinhalte in Form erzählender

Sinne einer Reihenfolge organisiert, d. h. die Gestalt eines Bestandteils hängt nicht vom Vorhandensein anderer Bestandteile ab (wenn ein Löwe und das Verschlingen hinzukommt, dann sieht das Zicklein deswegen nicht unglücklich aus; wenn das Sterben hinzukommt, dann sieht ein Mensch deswegen nicht schwach aus). Archaische Bilder sind *parataktische Aggregate,* keine hypotaktischen Systeme. Die Bestandteile des Aggregats können physikalische Gebilde wie Köpfe, Arme, Räder sein, sie können Zustände sein wie etwa, daß ein Körper tot ist, sie können Handlungen sein wie etwa das Verschlingen.

Anstelle der formalen Eigenschaften eines Stils kann man auch die *ontologischen Eigenschaften* einer Welt beschreiben, die aus den in dem Stil vorkommenden Bestandteilen in passender Anordnung besteht, und man kann auch den *Eindruck* beschreiben, den eine solche Welt auf den Beschauer macht. Das ist das Vorgehen eines Kunstkritikers, der sich gern bei dem besonderen Verhalten der Gestalten aufhält, die der Künstler auf die Leinwand setzt, und bei dem »Innenleben«, das das Verhalten anzuzeigen scheint. So schreibt G. M. F. Hanfmann[36] über die archaische Figur:

»Gleichgültig, wie belebt und aktiv archaische Helden sind, sie scheinen nicht von ihrem eigenen Willen bewegt zu werden. Ihre Gesten sind Erklärungsformeln, die den Schauspielern von außen vorgeschrieben wer-

Beschreibungssätze *abzulesen.* Diese geradvorstellige Darstellungsweise liefert uns einen ›Sehbegriff‹ des dargestellten Gegenstandes (der Situation).« Schäfer /17[22]/, S. 118. Vgl. auch Webster /17[16], S. 202, über das »Erzählende« und »Erklärende« der mykenischen und geometrischen Kunst. Vgl. jedoch H. A. Groenewegen-Frankfort, *Arrest and Movement,* London 1951, S. 33 f.: die Szenen aus dem täglichen Leben auf den Wänden ägyptischer Gräber »sind zu ›lesen‹: zum Ernten gehört das Pflügen, Säen und Reifen; zur Viehzucht gehört das Durchwaten von Wasserläufen und das Melken ... die Szenenfolge ist rein begrifflich, nicht erzählend, ebensowenig ist der dazugehörige Text dramatischer Art. Die Zeichen, Bemerkungen, Namen, Lieder und Erklärungen, die die Handlung beleuchten ..., verknüpfen keine Ereignisse und erklären nicht deren Entwicklung; es sind typische Reden zu typischen Situationen.«

36 »Narration in Greek Art«, in: *American Journal of Archaeology* 61, Januar 1957, S. 74.

den, um zu erklären, was für eine Handlung vor sich geht. Und das entscheidende Hindernis für eine überzeugende Darstellung des Innenlebens war der merkwürdig distanzierte Charakter des archaischen Auges. Es zeigt, daß einer lebt, aber es kann sich nicht den Forderungen einer bestimmten Situation anpassen. Auch wenn es dem archaischen Künstler gelingt, eine fröhliche oder traurige Stimmung darzustellen, so erinnern doch diese äußerlichen Gesten und dieser distanzierte Blick an das Übertriebene eines Puppenspiels.«

Eine ontologische Beschreibung fügt der formalen Analyse oft nur leere Worte hinzu; sie ist nichts weiter als eine Übung in Sensitivität und Niedlichkeit. Doch man darf die Möglichkeit nicht übersehen, daß ein bestimmter Stil *eine genaue Darstellung der Welt liefert, wie sie der Künstler und seine Zeitgenossen sehen,* und daß jede formale Eigenschaft (latenten oder ausdrücklichen) Annahmen der zugrunde liegenden Kosmologie entspricht. (Im Falle des »archaischen« Stils darf man die Möglichkeit nicht übersehen, daß der Mensch sich damals wirklich als Marionette *fühlte,* die von äußeren Kräften gelenkt wurde, und daß er seine Mitmenschen entsprechend *sah* und *behandelte.*[37]) Eine solche *realistische Deutung* von Stilen und anderen Darstellungsmitteln würde der Whorfschen These entsprechen, daß Sprachen nicht nur Mittel zur *Beschreibung* von Ereignissen sind (die noch andere Eigenschaften haben können), sondern auch Ereignisse *gestalten* (so daß eine Sprache dem Grenzen zieht, was sich ausdrücken läßt, und diese Grenzen fallen mit denen des Gegenstandes selbst zusammen).[38] Die realistische Deutung ist sehr einleuchtend, sie ist aber keinesfalls selbstverständlich.[39]

Sie ist nicht selbstverständlich, denn es gibt technische Versager oder besondere Absichten (Karikatur), die einen Stil verändern können, ohne die Kosmologie zu verändern. Man darf

37 Das ist natürlich eine sehr ungenaue Redeweise. Man kann den »Eindruck, eine Puppe zu sein«, nur haben, wenn andere Eindrücke auftreten oder wenigstens vorstellbar sind. Anderenfalls ist man einfach, was man ist, ohne weitere Bestimmung.

38 Vgl. Anm. 1 und Text in diesem Kapitel.

39 Eine Skizze des Problems, die sich im Falle *physikalischer Theorien* ergeben, findet sich in meinen *Philosophical Papers*, Bd. I, Kap. 6, Abschnitt 5-8.

auch nicht vergessen, daß alle Menschen ungefähr die gleiche neurophysiologische Ausstattung haben, so daß die Wahrnehmung nicht in jede beliebige Richtung umgebogen werden kann.[40] Und in einigen Fällen kann man in der Tat zeigen, daß Abweichungen von einer »getreuen Wiedergabe der Natur« trotz genauer Kenntnis des Gegenstandes und Seite an Seite mit »realistischeren« Darstellungen vorkommen: In der Werkstatt des Bildhauers Thutmosis in Tel al-Amarna (dem alten Achet-Aton) gibt es Masken, die direkt vom lebenden Modell abgenommen sind und alle Einzelheiten der Kopfbildung (Einbuchtungen) und des Gesichts erkennen lassen, und daneben von ihnen abgeleitete Skulpturen. Einige dieser Skulpturen behalten die Einzelheiten bei, andere ersetzen sie durch einfache Formen. Ein extremes Beispiel ist der völlig glatte Kopf eines Ägypters. Er zeigt, daß »mindestens einige Künstler bewußt von der Natur unabhängig blieben«.[41] Während der Regierung von Amenophis IV. änderte sich die Darstellungsweise zweimal; das erste Mal in realistischer Richtung, nur vier Jahre nach seiner Thronbesteigung, was zeigt, daß die für den Realismus erforderlichen technischen Fähigkeiten vorhanden waren, aber bewußt nicht entwickelt wurden. *Ein Schluß von Stil (oder Sprache) auf Kosmologie und Wahrnehmungsweisen bedarf daher besonderer Argumente; er ist nicht selbstverständlich.* (Entsprechendes gilt für jeden Schluß von in der Wissenschaft beliebten Theorien wie etwa der Relativitätstheorie oder dem Gedanken der Erdbewegung auf Kosmologie und Wahrnehmungsweisen.)

Die besonderen Argumente (die niemals zwingend sein können) bestehen im Hinweis auf ähnliche Verhältnisse in anderen Gebieten. Wenn sich die Eigenheiten eines bestimmten Stils der Malerei auch in der Bildhauerei oder in der Grammatik der Sprachen der Zeit finden (und hier insbesondere in latenten Klassifikationen, die nicht so leicht verändert werden kön-

40 Bei drogenerzeugten Zuständen mag es anders sein, besonders wenn sie zu einer systematischen Ausbildung gehören. Siehe voriges Kapitel, Anm. 19 und Text dazu.

41 Schäfer /17[22]/, S. 63.

nen), wenn sich zeigen läßt, daß diese Sprachen in gleicher Weise von den Künstlern und dem gemeinen Volk gesprochen werden, wenn in ihnen philosophische Grundsätze formuliert sind, die jene Eigenheiten als Eigenschaften der Welt und nicht bloß als Kunstprodukte auffassen und ihren Ursprung zu erklären versuchen, wenn Mensch und Natur diese Eigenschaften nicht nur in der Malerei haben, sondern auch in der Dichtung, in Sprichwörtern, im Gewohnheitsrecht, wenn der Vorstellung, diese Eigenheiten gehörten zur normalen Wahrnehmung, keine Ergebnisse der Physiologie oder der Wahrnehmungspsychologie entgegenstehen, wenn spätere Denker diese Eigenheiten als »Irrtümer« aufgrund von Unkenntnis des »wahren Weges« angreifen, dann kann man annehmen, daß man es nicht bloß mit technischen Versagern und besonderen Absichten zu tun hat, *sondern mit einer kohärenten Lebensform*, und man kann erwarten, daß die nach ihr lebenden Menschen die Welt so sahen wie wir jetzt ihre Bilder. Es scheint, daß alle diese Bedingungen im archaischen Griechenland erfüllt waren: die formale Struktur und die Ideologie des *griechischen Epos*, wie sie sich aus dem Text und aus späteren Bezugnahmen rekonstruieren lassen, wiederholen alle Eigenheiten des späteren geometrischen und des frühen archaischen Stils.[42]

Beginnen wir damit, daß etwa 9/10 der homerischen Epen aus *Formeln* bestehen, aus vorgefertigten Wendungen, deren Länge von ein oder zwei Wörtern bis zu mehreren Zeilen reicht, und die sich bei passender Gelegenheit wiederholen.[43] Ein Fünftel der Dichtungen besteht aus Zeilen, die als ganze an anderen Stellen übernommen werden; in 28 000 Zeilen Homers gibt es etwa 25 000 sich wiederholende Wendungen. Wiederholungen kommen bereits in der mykenischen höfi-

42 Webster /17[16]/, S. 294 ff.

43 Im 20. Jahrhundert wurde die Rolle der Formeln beschrieben und geprüft von Milman Parry, *L'épithète traditionelle chez Homère*, Paris 1928; *Harvard Studies in Classical Philology* 41 (1930), 43 (1932). Eine kurze Darstellung findet sich bei D. L. Page, *History and the Homeric Iliad*, University of California Press, 1966, Kap. 6, sowie bei G. S. Kirk, *Homer and the Epic*, Cambridge 1965, Teil 1.

schen Dichtung vor und lassen sich auf die höfische Dichtung des Ostens zurückverfolgen:

»Titel von Göttern, Königen und Menschen müssen richtig formuliert sein, und in einer höfischen Welt kann der Grundsatz der richtigen Formulierung noch weiter ausgedehnt werden. Die königliche Korrespondenz ist sehr förmlich, und diese Förmlichkeit wird von den Botenszenen der Dichtung auf die Formeln für die Einleitung von Reden ausgedehnt. Ähnlich wird über Tätigkeiten mit den Formulierungen der entsprechenden Befehle berichtet, ob diese selbst nun gegeben worden sind oder nicht, und diese Technik wird auf andere Beschreibungen ausgedehnt, bei denen überhaupt kein solcher Befehl im Hintergrund steht. Diese Zwänge leiten sich letzten Endes alle vom Königshofe her, und man kann durchaus annehmen, daß der Hof wiederum sich dieser Förmlichkeit in der Dichtung erfreute.«[44]

Die Verhältnisse an den (sumerischen, babylonischen, hurrischen, hethitischen, phönizischen, mykenischen) Höfen erklären auch das Auftreten standardisierter *Inhalts*elemente (typische Szenen; der König und die Edlen in Krieg und Frieden; Möbel; Beschreibung schöner Gegenstände), die sich von einer Stadt zur anderen und sogar über Staatsgrenzen hinaus wiederholen und den örtlichen Verhältnissen angepaßt werden.

Die Verbindung gleichbleibender und veränderlicher Bestandteile, die sich allmählich aus zahlreichen Anpassungen dieser Art ergab, wird von den analphabetischen Dichtern des »dunklen Zeitalters« Griechenlands benutzt, die eine Sprache und Ausdrucksweise entwickelten, welche den Anforderungen des *mündlichen Gestaltens* am besten entsprach. Die Bedingungen des *Gedächtnisses* verlangen fertige Beschreibungen von Vorgängen, die ein Dichter verwenden kann, der aus dem Kopf und ohne Niederschrift gestaltet. Die *Metrik* verlangt, daß grundlegende beschreibende Wendungen zum Gebrauch an den verschiedenen Stellen der Zeile bereitstehen, an der der Dichter gerade arbeitet: »Anders als der Dichter, der seine Zeilen aufschreibt ... kann [der mündliche Dichter] nicht in Ruhe über sein nächstes Wort nachdenken oder etwas verändern oder, ehe er weitermacht, das Bisherige noch einmal

44 Webster /17[16]/, S. 75 f.

durchlesen ... Er muß Wortgruppen zur Verfügung haben, die in seinen Vers passen.«[45] Die *Sparsamkeit* verlangt, daß es in einer Situation und unter bestimmten metrischen Bedingungen (Anfang, Mitte oder Ende einer Zeile) nicht mehr als eine Fortsetzung der Erzählung gibt – und diese Forderung wird in erstaunlichem Maße erfüllt:

»Alle Hauptfiguren der *Ilias* und der *Odyssee*, deren Namen zusammen mit einem Beiwort in die zweite Hälfte des Verses passen, haben eine Substantiv-Beiwort-Formel im Nominativ, die mit einem einfachen Konsonanten beginnt und den Versteil zwischen der trochäischen Zäsur des dritten Fußes und dem Versschluß ausfüllt: z. B. πολύτλας διος 'Οδυσσεύς. In einer Liste von 37 Figuren, die solche Formeln haben – sie enthält alle Figuren, die in den Gedichten von Bedeutung sind –, gibt es nur drei Namen mit einer zweiten Formel, die die erste ersetzen könnte.«[46] »Nimmt man in den fünf grammatischen Fällen den Singular aller Substantiv-Beiwort-Formeln, die für Achilles verwendet werden, so ergeben sich 45 verschiedene Formeln, von denen keine im gleichen Kasus den gleichen metrischen Wert hat.«[47]

Bei diesem Rüstzeug hat der homerische Dichter »kein Interesse an Originalität oder Abwechslung des Ausdrucks. Er verwendet hergebrachte Formeln oder wandelt sie ab.«[48] Für ihn gibt es keine »Entscheidung, er hat nicht einmal die Vorstellung von einer solchen; für einen bestimmten Teil einer Zeile liefert der Formelschatz sofort eine fertige Wortzusammenstellung, welcher Kasus auch notwendig sei, und um welchen Gegenstand es sich auch handle«.[49]

Mit den Formeln gibt der homerische Dichter eine Darstellung *typischer Szenen*, in denen die Gegenstände gelegentlich dadurch beschrieben werden, daß »die Bestandteile in einer *Wortreihe* appositiv aneinandergereiht werden«.[50] Gedanken, die man heute als anderen logisch untergeordnet betrachten würde, werden in selbständigen, grammatisch beigeordneten Sätzen geäußert. Beispiel (*Ilias*, 9.556 ff.): Meleagros »lag bei

45 Parry (1930) /17[43]/, S. 77.
46 Ebenda, S. 86 f.
47 Ebenda, S. 89.
48 Page /17[43]/, S. 230.
49 Ebenda, S. 242.
50 Webster /17[16]/, S. 99 f.; Hervorhebung von mir.

seinem angetrauten Weibe, der schönen Kleopatra, Tochter der schönfüßigen Marpessa, Tochter von Euenos und von Ides, der damals der stärkste Mann auf Erden war – und der erhob wider den Herrn Phoebos Apollo seinen Bogen um des schönfüßigen Mädchens willen: sie ward in ihren Hallen von ihrem Vater und ihrer edlen Mutter mit dem Namen Alkyon genannt, weil...« und so fort weitere zehn Zeilen lang, mit zwei oder drei weiteren Hauptthemen vor dem nächsten größeren Einschnitt. Diese *parataktische* Eigenschaft der homerischen Dichtung, die dem Fehlen komplizierter Systeme untergeordneter Nebensätze im Frühgriechischen entspricht[51], er-

51 Vgl. Eduard Norden, *Die antike Kunstprosa,* Bd. 1, Neudruck Darmstadt 1974, S. 36 ff. mit Hinweis auf den schon von Aristoteles bemerkten Unterschied zwischen der »aneinander gereihten« und der »gewundenen« Rede. Im 20. Jahrhundert wurde eine parataktische oder »simultanistische« Darstellungsweise von den frühen Expressionisten angewandt, z. B. von Jakob von Hoddis in seinem Gedicht »Weltende«:

Dem Bürger fliegt vom spitzen Kopf der Hut,
In allen Lüften hallt es wie Geschrei.
Dachdecker stürzen ab und gehn entzwei,
Und an den Küsten – liest man – steigt die Flut.

Der Sturm ist da, die wilden Meere hupfen
An Land, um dicke Dämme zu zerdrücken.
Die meisten Menschen haben einen Schnupfen.
Die Eisenbahnen fallen von den Brücken.

Von Hoddis beruft sich auf Homer als Vorläufer; dieser habe die Gleichzeitigkeit nicht angewandt, um ein Ereignis durchsichtiger zu machen, sondern um ein Gefühl unbegrenzter Weite zu erzeugen. Wenn Homer eine Schlacht beschreibt und den Waffenlärm mit den Schlägen eines Holzfällers vergleicht, so möchte er lediglich zeigen, daß es zwar die Schlacht gibt, aber auch die Stille des Waldes, die nur durch die Arbeit des Holzfällers unterbrochen wird. Eine Katastrophe läßt sich nicht denken, ohne daß man gleichzeitig an irgendein höchst unbedeutendes Ereignis denkt. Das Große vermischt sich mit dem Kleinen, das Bedeutende mit dem Alltäglichen. (Siehe J. R. Becher in: *Expressionismus,* Hg. P. Raabe, Olten und Freiburg 1965, S. 50 ff.; dieser kurze Aufsatz enthält auch eine Beschreibung des ungeheuren Eindrucks, den von Hoddis' Achtzeiler bei seinem Erscheinen 1911 machte.) Man kann aber nicht schließen, der gleiche Eindruck müsse bei den Zuhörern der Homerischen Sänger entstanden sein, denn diese konnten sich bei Vergleichen nicht auf komplexe,

klärt auch, warum Aphrodite »süß lächelnd« genannt wird, wenn sie in Wirklichkeit tränenreich klagt (*Ilias*, 5.375), oder warum Achilles »schnellfüßig« genannt wird, wenn er dasitzt und mit Priamos spricht (*Ilias*, 24.559). Genau wie in der späten geometrischen Töpferei (im »archaischen« Stil Loewys) ein toter Körper ein lebendiger ist, der in die Todesstellung gebracht wurde (vgl. Text zu Anm. 33 zu diesem Kapitel) oder ein gefressenes Zicklein ein lebendiges und *friedliches*, das in die passende Beziehung zum Maul eines wilden Löwen gebracht wurde, genauso ist die klagende Aphrodite einfach Aphrodite – und das ist die lächelnde Göttin –, *eingefügt* in die Situation des Klagens, an der sie nur äußerlich teilnimmt, ohne ihre Natur zu verändern.

Die *additive Behandlung* von Ereignissen wird besonders deutlich im Falle der (menschlichen) Bewegung. In *Ilias* 22.298 schleift Achilles den Hektor durch den Staub, »und der Staub wirbelte auf hinter dem Geschleiften, sein dunkles Haar floß auf beiden Seiten lose herab, und im Staube *lag* sein einst strahlendes Haupt« – das heißt, der *Vorgang* des Schleifens enthält den *Zustand* des Liegens als unabhängigen Bestandteil, der zusammen mit anderen solchen die Bewegung bildet.[52] Abstrakter könnte man sagen, für den Dichter »bestehe die Zeit aus Augenblicken«.[53] Viele Vergleiche gehen davon aus, daß die Bestandteile eines zusammengesetzten Gegenstandes ein Eigenleben haben und leicht abtrennbar sind. Der geometrische Mensch ist eine sichtbare Liste von Körperteilen und Stellungen, der Homerische Mensch setzt sich zusammen aus

romantisierende und in tränenreiche Sentimentalität abgeglittene Medien der Darstellung beziehen.

52 Vgl. Gebhard Kurz, *Darstellungsformen menschlicher Bewegung in der Ilias*, Heidelberg 1966, S. 50.

53 Diese Theorie schreibt Aristoteles, *Physik*, 239 b 31, Zenon zu. Sie wird am deutlichsten im Pfeilargument: »Der fliegende Pfeil ruht. Denn falls etwas ruht, wenn es einen ihm selbst entsprechenden Raum einnimmt, und wenn etwas Fliegendes jederzeit einen ihm selbst entsprechenden Raum einnimmt, dann kann es sich nicht bewegen« (nach *Physik*, 239 b). Man kann nicht wissen, ob Zenon selbst diese Theorie vertrat, aber man kann vermuten, daß sie zu seiner Zeit eine Rolle spielte.

Gliedern, Flächen, Verbindungen, die durch Vergleich mit leblosen Gegenständen ganz bestimmter Gestalt isoliert werden: Wie ein *Baumstamm* rollt der Rumpf des Hippolochos über das Schlachtfeld, nachdem ihm Agamemnon Kopf und Arme abgeschlagen hat (*Ilias,* 11.146 – ὅλμος, zylindrischer Stein), wie ein *Kreisel* wirbelt Hektors Körper herum (*Ilias,* 14.412), »wie eine *Mohnpflanze,* die schwer ist von Frucht und vom Frühlingsregen« (*Ilias,* 8.302)[54] fällt Gorgythions Kopf auf die Seite; und so fort. Auch epische Formeln, besonderes Hauptwort-Attribut-Verbindungen, werden häufig nicht gemäß dem Inhalt, sondern zur bequemen Einhaltung des Versmaßes verwendet: »Zeus ist bald Ratgeber, bald Gott der Stürme und Berge, bald Vater – *nicht* im Zusammenhang damit, was er gerade tut, sondern nach der Notwendigkeit des Versmaßes, Nephelegerata Zeus ist er nicht, wenn er Wolken versammelt, sondern wenn er das Metrum ∪ ∪ – ∪ ∪ – – füllt«[55], ganz wie der geometrische Künstler räumliche Beziehungen verändern kann – Berührung schafft, wo es keine gibt, und auflöst, wo sie besteht –, um die visuelle Geschichte auf seine besondere Weise zu erzählen. Der Dichter wiederholt also die formalen Mittel des geometrischen und frühen archaischen Künstlers. Keiner scheint an eine »zugrundeliegende Substanz« zu denken, die die Gegenstände zusammenhält und ihre Bestandteile so anordnet, daß sie eine »höhere Einheit« erkennen lassen, zu der sie gehörten.

Ebensowenig findet sich eine solche »höhere Einheit« in den *Begriffen* der Sprache. Zum Beispiel gibt es keinen Ausdruck für den menschlichen Körper als Ganzes.[56] »Soma« ist die Leiche, »demas« der accusativus specificationis und bedeutet »strukturell« oder »bezüglich der Gestalt«; man spricht von *Gliedern,* wo man heute vom Körper spricht (γυῖα, Glieder, die sich in Gelenken bewegen; μέλεα, Glieder in ihrer körperlichen Kraft; μέλυντο γυῖα, sein ganzer Körper zitterte; ἵδρως

54 Kurz /17[52]/.

55 R. Lattimore, *The Iliad of Homer,* Chicago 1951, S. 39 f.

56 Zum folgenden siehe B. Snell, *Die Entdeckung des Geistes,* 3. Aufl., Hamburg 1955, Kap. 1.

ἐκ μελέων ἔρρεν, sein Körper war voller Kraft). Es ist immer nur eine Puppe, die aus mehr oder weniger ausgebildeten Teilen zusammengesetzt ist.

Diese Puppe hat keine Seele in unserem Sinne. Der »Körper« ist eine Verbindung von Gliedern, Rumpf, Bewegung, die »Seele« eine Sammlung von »Bewußtseins«vorgängen, die nicht unbedingt privat sind, sondern zu einem anderen Menschen, ja selbst einem Gott gehören können. »Nie geht Homer in seiner Beschreibung von Gedanken oder Gefühlen über eine rein räumliche oder quantitative Bestimmung hinaus; nie versucht er, ihre besondere, unkörperliche Beschaffenheit auszudrücken.«[57] Handlungen werden nicht von einem »autonomen Ich« in Gang gesetzt, sondern von anderen Handlungen, Ereignissen, auch göttlichen Eingriffen. Und genauso werden die Bewußtseinsvorgänge auch *erlebt.*[58] Träume, ungewöhnliche psychische Leistungen, wie plötzliches Erinnern, plötzliches Erkennen, plötzliche Zunahme der Vitalität, in der Schlacht, auf einer anstrengenden Flucht, plötzliche Wutanfälle werden nicht nur mit Hilfe von Göttern und Geistern *erklärt*, sondern auch so *empfunden.* Agamemnons Traum »hörte auf seine [des Zeus] Worte und stieg herab« (*Ilias* 2.16) – der *Traum* steigt herab, nicht eine Gestalt in ihm, »und er stand darauf neben seinem [Agamemnons] Haupt in der Gestalt Nestors« (*Ilias*, 2.20). Einen Traum *hat* man nicht (er ist kein »subjektives« Ereignis), sondern man *sieht* ihn (es ist ein »objektives« Ereignis), und man sieht auch, wie er kommt und sich wieder entfernt.[59] Plötzlicher Zorn, Kraftausbrüche wer-

57 Snell, ebenda; engl. *The Discovery of the Mind*, Harper Torchbooks, 1960, S. 18.

58 Vgl. Dodds, *The Greeks and the Irrational*, Boston 1957, Kap. 1.

59 Mit einiger Anstrengung läßt sich diese Erfahrung auch heute herbeiführen. 1. Schritt: Man lege sich hin, schließe die Augen und achte auf seine hypnagogischen Halluzinationen. 2. Schritt: Man lasse den Halluzinationen ihren eigenen Lauf. Sie werden dann von Ereignissen *vor* unseren Augen zu solchen, die den Betrachter allmählich umgeben, ohne daß er freilich aktiv an einer Handlung im dreidimensionalen Traumraum teilnähme. 3. Schritt: Man gehe von der *Betrachtung* des halluzinierten Vorgangs dazu über, *Teil* eines Komplexes wirklicher Vorgänge zu werden,

den als göttliche Akte beschrieben *und empfunden*[60]: »Zeus gibt und nimmt dem Menschen Stärke, wie es ihm beliebt, denn seine Macht ist größer als jede andere« (*Ilias*, 20.241) ist nicht bloß eine objektive Beschreibung (die man auf das Verhalten von Tieren ausdehnen könnte), sondern drückt auch das *Gefühl* aus, daß die Veränderung von außen hereinkam, daß man »gefüllt ward ... mit starkem Mut« (*Ilias*, 13.60). Heute sind solche Ereignisse entweder vergessen, oder sie werden als rein zufällig betrachtet.[61] »Doch für Homer und das frühe Denken überhaupt gibt es keinen Zufall.«[62] Jedes Ereignis wird erklärt. Das macht die Ereignisse deutlicher, objektiver, kleidet sie in die Gestalt bekannter Götter und Geister und macht sie so zu gewichtigen Beweisen für die Götterwelt, die zu ihrer Erklärung herangezogen wird: »Die Götter sind da. Daß wir dies als gegebene Tatsache mit den Griechen erkennen und anerkennen, ist die erste Bedingung für das Verständnis ihres Glaubens und ihres Kultus. Daß wir wissen, sie sind da, beruht auf einer Wahrnehmung, sei sie innerlich oder äußerlich, mag der Gott selbst wahrgenommen sein oder etwas, in dem wir die Wirkung eines Gottes erkennen.«[63]

die auf den Betrachter wirken, und auf die er einwirken kann. Der 3. Schritt kann durch einen Akt eines fast nicht mehr vorhandenen Willens oder durch ein Geräusch von außen umgekehrt werden. Dann wird die dreidimensionale Szene zu einer zweidimensionalen, zieht sich auf ein Gebiet vor den Augen zusammen und entschwindet. Interessant wäre, wie sich derartige *formale* Elemente von Kultur zu Kultur unterscheiden (bisher wurde nur der Traum*inhalt* untersucht, und formale Elemente nur, soweit sie zum 3. Stadium gehören).

60 Heute sagt man, jemand werde von Gefühlen »überwältigt«; er empfindet seinen Zorn vielleicht als etwas Äußeres, das sich seiner gegen seinen Willen bemächtigt. Die Geisterontologie der Griechen enthält eine objektive Sprache zur Beschreibung dieser Eigenschaft unserer Gefühle und *festigt sie dadurch.*

61 Die Psychoanalyse und ähnliche Ideologien tragen heute wieder dazu bei, solche Ereignisse in einen größeren Zusammenhang zu stellen und ihnen dadurch Gewicht zu verleihen.

62 Dodds /17[58]/, S. 6.

63 Wilamowitz-Moellendorf, *Der Glaube der Hellenen*, 1, Basel und Stuttgart 1955, S. 17. Unsere Begriffe von der Welt gliedern ein sonst einförmiges Material und schaffen in der Wahrnehmung Helligkeitsunter-

Fassen wir zusammen: Die archaische Welt ist viel weniger festgefügt als die uns umgebende, und sie wird auch so erfahren. Dem archaischen Menschen fehlt die »körperliche« Einheit, sein »Körper« besteht aus einer Vielheit von Teilen, Gliedern, Flächen, Verbindungen; und es fehlt ihm die Einheit des »Bewußtseins«, sein »Bewußtsein« ist zusammengesetzt aus einer Vielzahl von Vorgängen, von denen einige nicht einmal »bewußt« in unserem Sinne sind, sondern entweder der Körperpuppe als zusätzliche Bestandteile innewohnen oder von außen in sie hineingebracht werden. Die Vorgänge in der Außenwelt werden vom Individuum nicht *gestaltet,* sondern sind komplizierte Anordnungen von Teilen, in die die Körperpuppe am entsprechenden Platz *eingefügt* ist.[64] Diese Weltsicht ergibt sich aus einer Analyse der *formalen* Eigenschaften

schiede, wo es objektiv keine gibt. Der gleiche Vorgang führt zur Ordnung der ziemlich chaotischen Eindrücke unseres Innenlebens, zu einer (inneren) Wahrnehmung göttlicher Eingriffe und kann Geister, Götter, Feen zu Gegenständen der äußeren Wahrnehmung machen.

64 Damit ist der Erfolg nicht das Ergebnis von Bemühungen des einzelnen, sondern des glücklichen Zusammentreffens von Umständen. Das zeigt sich sogar in Wörtern wie πϱάττειν, die *Tätigkeiten* zu bezeichnen scheinen. Bei Homer bezeichnen solche Wörter weniger die Wirksamkeit des Handelnden als die Tatsache, daß das Ergebnis auf die richtige Art zustande kommt, daß der Vorgang, der zu ihm führt, verhältnismäßig ungestört verläuft, daß er zu anderen Vorgängen paßt (im attischen Dialekt bedeutet εὐπϱάττο immer noch »ich komme gut zurecht«). Ähnlich betont τέυχειν weniger eine persönliche Leistung als die Tatsache, daß die Dinge gut laufen, in die Verhältnisse hineinpassen. Gleiches gilt für den Erwerb von Wissen. »Odysseus hat viel gesehen und viel erfahren, ferner ist er der πολυμήχανος, der sich auf immer neue Weise zu helfen weiß, schließlich ist er der, der auf seine Göttin Athena hört. Das auf dem Sehen beruhende Wissen, die Fülle der Erfahrungen und Kenntnisse hat er nicht eigentlich durch eigene Tätigkeit und Forschung erworben, sondern sie ist ihm, dem Vielumhergetriebenen, eher zugestoßen. Er ist noch kein Solon, von dem Herodot sagt, er sei als erster der Theorie wegen auf Reisen gegangen, aus reinem Forschungsinteresse. In Odysseus liegt das Vielwissen merkwürdig getrennt neben seiner Aktivität im Felde des ἐπίσασϑαι: diese beschränkt sich darauf, Mittel zu finden, um ein bestimmtes Ziel zu erreichen, zumal um sein eigenes und seiner Gefährten Leben zu retten.« B. Snell, *Die alten Griechen und wir,* Göttingen 1962, S. 48. Dort auch eine genauere Analyse der einschlägigen Ausdrücke.

der »archaischen« Kunst und der homerischen Dichtung in Verbindung mit einer Analyse der *Begriffe*, die der homerische Dichter zur Beschreibung dessen verwendet, was er sieht. Ihre Hauptzüge werden von den Menschen, die die Begriffe verwenden, *erfahren. Diese Menschen leben in der Tat in genau derselben Welt, die von ihren Künstlern dargestellt wird.*

Weitere Stützen für die Vermutung ergeben sich aus einer Untersuchung von »Meta-Einstellungen« wie etwa allgemeinen religiösen Einstellungen und »Theorien« der (Einstellungen zur) Erkenntnis.

Denn der soeben beschriebene Mangel an Festgefügtheit herrscht auch auf dem Gebiet der Ideologie. In religiösen Dingen herrscht eine *Toleranz*, die späteren Generationen moralisch und theoretisch unannehmbar war und die selbst heute noch als Ausdruck von Oberflächlichkeit und Naivität gilt.[65] Der archaische Mensch ist ein religiöser Eklektiker, er hat nichts gegen fremde Götter und Mythen, er fügt sie dem vorhandenen Inventar der Welt hinzu, ohne eine Synthese oder die Beseitigung von Widersprüchen zu versuchen. Es gibt keine Priester, kein Dogma, keine kategorischen Aussagen über Götter, Menschen und Welt.[66] (Diese Toleranz findet sich noch bei den ionischen Naturphilosophen, die ihre Gedanken in enger Verbindung mit dem Mythos entwickeln, ohne zu versuchen, diesen zu beseitigen.) Es gibt keine religiöse »Moral« in unserem Sinne, auch sind die Götter keine abstrakten Verkörperungen ewiger Grundsätze.[67] Das wurden sie erst später, im archaischen Zeitalter, und als Folge davon »verloren sie ihre menschlichen Eigenschaften. So tendierte die Olympik in ihrer moralisierten Form zu einer Religion der Angst, was sich in dem religiösen Wortschatz niederschlägt. In der *Ilias* gibt es kein Wort für ›gottesfürchtig‹.«[68] So wird das

65 Beispiel: F. Schachermayer, *Die frühe Klassik der Griechen*, Stuttgart 1966.

66 Vgl. Wilamowitz-Moellendorf /17[63]/.

67 M. P. Nilsson, *A History of Greek Religion*, Oxford 1949, S. 152.

68 Dodds /17[58]/, S. 35.

Leben entmenschlicht durch das, was einige sogenannte Denker »moralischen Fortschritt« oder »wissenschaftlichen Fortschritt« zu nennen belieben.
Ähnliches gilt für die »Erkenntnistheorie«, die in dieser frühen Weltauffassung steckt. Die Musen in *Ilias* 2.284 ff. besitzen Wissen, weil sie den Dingen *nahe* sind – sich nicht auf Gerüchte verlassen müssen – und weil sie alle die *vielen* Dinge eins um das andere wissen, die für den Schriftsteller von Interesse sind. »Quantität, nicht Intensität ist Homers Maßstab des Urteils« und der Erkenntnis[69]; das wird deutlich an Wörtern wie πολύφρων und πολύμητις, »viel sinnend« und »viel denkend«, ebenso an späteren Kritiken wie »Vielwisserei [πολυμαθίη] lehrt nicht Verstand haben«.[70] Ein Interesse an *vielen merkwürdigen Dingen* und ihrem Verständnis (Erdbeben, Sonnen- und Mondfinsternisse, das rätselhafte Steigen und Fallen des Nils), die alle auf besondere Weise und *ohne* allgemeine Grundsätze erklärt werden, herrscht in den Küstenbeschreibungen des 8. und 7. Jahrhunderts (und später) vor (es werden einfach die Stämme, ihre Gewohnheiten und die Küstenlandschaften aufgezählt, die auf der Reise angetroffen wurden), und selbst Denker wie Thales sind zufrieden, wenn sie viele interessante Beobachtungen machen und viele Erklärungen anbieten, ohne eine systematische Darstellung zu versuchen.[71] (Der erste Denker, der ein »System« konstruierte, war Anaximander im Anschluß an Hesiod.) *Erkenntnis* in diesem Sinne erlangt man nicht durch den Versuch, ein Wesen hinter den Sinneserfahrungen zu erfassen, sondern erstens, in-

69 Snell /17[58]/, engl. S. 18.
70 Heraklit, nach Diogenes Laertius, IX, 1.
71 Der Gedanke, Thales habe ein Prinzip verwendet, das eine den Naturerscheinungen zugrundeliegende Einheit ausdrückt, nämlich das Wasser, findet sich zuerst bei Aristoteles, *Metaphysik*, 983 b 6-12 und 26 ff. Eine genauere Betrachtung dieser und anderer Stellen, auch bei Herodot, deutet darauf hin, daß Thales immer noch zu der Gruppe von Denkern gehört, die sich mit vielen merkwürdigen Erscheinungen beschäftigen und viele Boebachtungen machen ohne den Versuch einer systematischen Darstellung. Vgl. die anschaulichen Ausführungen bei F. Krafft, *Geschichte der Naturwissenschaften*, 1, Freiburg 1971, Kap. 3.

dem sich der Beobachter in die richtige Position gegenüber dem Gegenstand (Vorgang, Aggregat) begibt, indem er in dem komplizierten System, das die Welt ist, die richtige Stelle einnimmt, und zweitens, indem er das unter diesen Umständen Erfahrene aufaddiert. Erkenntnis ist die Summe von Beobachtungen, gemacht an passenden Beobachtungspunkten. Man kann an einem unklaren Bericht oder einer Darstellung aus fünfter Hand zweifeln, aber nicht an dem, was man mit eigenen Augen deutlich sieht. Der bildlich oder sprachlich dargestellte *Gegenstand* ist die richtige Anordnung der Bestandteile, zu der Verkürzungen und andere perspektivische Erscheinungen gehören können.[72] Das im Wasser geknickte Ruder hat hier nicht die skeptische Kraft, die es in einer anderen Ideologie besitzt.[73] So wie das Sitzen des Achilles keinen Zweifel daran aufkommen läßt, daß er leichtfüßig ist – ganz im Gegenteil, man müßte an seiner Leichtfüßigkeit zweifeln, wenn es sich herausstellte, daß er nicht sitzen kann –, genauso erweckt das geknickte Ruder keinen Zweifel daran, daß es in der Luft gerade ist – man müßte an seiner Geradheit zweifeln, wenn es im Wasser nicht geknickt aussähe.[74] Das geknickte Ruder ist kein Aspekt, der einem anderen Aspekt widerspricht, so daß

72 Perspektivische Erscheinungen werden manchmal wie besondere Eigenschaften der dargestellten Gegenstände behandelt. Z. B. hat ein Behälter aus dem alten ägyptischen Königreich oben eine Vertiefung, die die Perspektive andeutet, aber als Eigenschaft des Gegenstandes selbst auftritt; Schäfer /17[22]/, S. 266. Einige griechische Künstler versuchen Situationen zu finden, in denen die Perspektive keine Rolle spielt. So besteht die Eigenart des sogenannten Stils der roten Figuren um 530 v. Chr. »weniger darin, daß Verkürzungen gezeichnet werden, sondern in der neuen und vielfältigen Art, sie zu vermeiden«; E. Pfuhl, *Malerei und Zeichnung der Griechen*, Bd. I, München 1923, S. 378.

73 Vgl. die Diskussion in Kap. 1 von A. J. Ayers Buch *Foundations of Empirical Knowledge*. Das Beispiel ist den antiken Skeptikern wohlbekannt.

74 So behandelt auch J. L. Austin den Fall: *Sense and Sensibilia*, New York 1962. Offenbar können unter diesen Umständen auch keine Probleme wie das der »Existenz theoretischer Entitäten« entstehen. Alle diese Probleme werden durch die neue Auffassung *geschaffen*, die die additive Ideologie der archaischen und vorarchaischen Zeit ablöste: Die Erkenntnistheorie ist der Versuch, die Probleme zu lösen, die mit dem Einführen

unsere Untersuchung der *Natur* des Ruders mißlungen wäre, sondern es ist ein bestimmter *Teil* (eine Situation) des wirklichen Ruders, der nicht nur mit seiner Geradheit *verträglich* ist, sondern sie *fordert.* Man erkennt: die Gegenstände der Erkenntnis sind genau so additiv wie die visuellen Listen des archaischen Künstlers und die vom archaischen Dichter beschriebenen Situationen.

Es gibt auch keine einheitliche Vorstellung von der Erkenntnis.[75] Viele verschiedene Wörter werden für das gebraucht, was wir heute als verschiedene Formen der Erkenntnis oder der Gewinnung von Erkenntnis ansehen. σοφία[76] bedeutet Fachkenntnis in einem bestimmten Beruf (Zimmermann, Sänger, Feldherr, Arzt, Wagenlenker, Ringer) einschließlich der Künste (wo das Wort den Künstler nicht als einen großen Schöpfer, sondern als einen Meister seines Gewerbes preist); εἰδέναι, wörtlich »gesehen haben«, bedeutet Wissen aufgrund von Betrachtung; συνίημι, besonders in der *Ilias,* wird oft mit »zuhören« oder »verstehen« übersetzt, ist aber stärker, es enthält den Gedanken des Folgens und Gehorchens, man nimmt etwas auf und handelt in Übereinstimmung damit (das Hören kann dabei eine wichtige Rolle spielen). Und so weiter. In vielen dieser Ausdrücke liegt eine rezeptive Haltung des Erkennenden. Er wiederholt in seinen Handlungen das Verhalten der Dinge um ihn herum, er folgt ihnen[77], er handelt, wie es einem Ding zukommt, das die von ihm besetzte Stelle einnimmt.

Ich wiederhole und fasse zusammen: die Darstellungsweisen

neuer und mehr ›wissenschaftlicher‹ Begriffe auftauchen, und die es vorher nicht gab.

75 B. Snell, *Die Ausdrücke für den Begriff des Wissens in der vorplatonischen Philosophie*, Berlin 1924. Eine kurze Darstellung findet sich in Snell, *Die alten Griechen und wir,* Göttingen 1962, S. 41 ff. Vgl. auch von Fritz, *Philosophie und sprachlicher Ausdruck bei Demokrat, Platon und Aristoteles,* Leipzig–Paris–London 1938.

76 Einziges Vorkommen bei Homer: *Ilias,* 15.42, wo von der σοφία eines Zimmermanns die Rede ist (Lattimore übersetzt: ein »erfahrener Zimmermann«).

77 Vgl. Snell, *Die Ausdrücke* ... /17[75]/, S. 50.

der frühen archaischen Periode in Griechenland sind nicht einfach Ausflüsse von Unfähigkeit oder besonderen künstlerischen Absichten, sondern liefern eine getreue Darstellung dessen, was als ein Grundzug der Welt des archaischen Menschen empfunden, gesehen, gedacht wird. Diese Welt ist eine offene Welt. Ihre Bestandteile werden nicht durch eine »zugrundeliegende Substanz« gebildet oder zusammengehalten, es sind keine Erscheinungen, aus denen man mühsam auf jene Substanz schließen müßte. Bisweilen verschmelzen sie und bilden mehr umfangende Aggregate. Die Beziehung eines Einzeldings zum Aggregat, zu dem es gehört, entspricht der eines leicht entfernbaren Teils zu einer Ansammlung von Teilen und nicht der eines untergeordneten Elements zu einem übermächtigen Ganzen, das ihm erst Sinn und Wesen gibt. Das spezielle Aggregat »Mensch« wird von »Bewußtseinsvorgängen« besucht und gelegentlich bewohnt. Solche Vorgänge können in ihm hausen oder auch von außen hereinkommen. Wie jeder andere Gegenstand ist der Mensch eine Austauschstation von Einflüssen und nicht eine einzigartige Quelle von Handlungen, kein »Ich« (Descartes' »cogito« hat in dieser Welt keinen Ansatzpunkt, und sein Argument könnte überhaupt nicht in Gang kommen). Diese Auffassung ähnelt stark der Kosmologie von Mach, nur daß die Bestandteile der archaischen Welt erkennbare materielle und geistige Gestalten und Vorgänge sind, während sie bei Mach abstrakter sind, sie sind hier noch unbekannte *Ziele* der Forschung, nicht ihre *Gegenstände.* Mit einem Wort, die Darstellungselemente der archaischen Weltauffassung lassen eine realistische Deutung zu, sie drücken eine Ontologie aus, und Whorfs Betrachtungen sind anwendbar.

An diesem Punkt unterbreche ich meinen Gedankengang, um einige Bemerkungen zu machen, die die bisherigen Feststellungen mit Problemen der Wissenschaftstheorie verbinden.

1. Man könnte einwenden, daß Verkürzungen und andere Auswirkungen der Perspektive so offensichtliche Eigenschaften unserer Wahrnehmungswelt sind, daß sie in der Antike

nicht gefehlt haben können. Die archaische Darstellungsweise ist daher unvollständig und ihre realistische Deutung nicht richtig. Antwort: Verkürzungen sind keine offensichtliche Eigenschaft unserer Wahrnehmungswelt, solange man die Aufmerksamkeit nicht besonders auf sie richtet (was freilich im Zeitalter der Fotografie und des Films ziemlich oft geschieht). Wenn man kein Berufsfotograf, Filmmacher oder Maler ist, nimmt man *Dinge* und keine *Aspekte* wahr. Wenn wir uns flink zwischen komplizierten Gegenständen umherbewegen, nehmen wir viel weniger Veränderungen wahr, als es bei einer Wahrnehmung von Aspekten der Fall sein müßte. Soweit Aspekte, Verkürzungen überhaupt in unser Bewußtsein treten, werden sie gewöhnlich unterdrückt, ganz wie Nachbilder, und sie werden nur unter besonderen Verhältnissen bemerkt. Im alten Griechenland lagen solche Verhältnisse im Theater vor, für die Zuschauer in der ersten Reihe bei den eindrucksvollen Aufführungen von Äschylos und Agatharchos, und es gibt in der Tat eine Schule, die dem Theater einen entscheidenden Einfluß auf die Entwicklung der Perspektive zuschreibt.[78] Und warum sollte die Wahrnehmungswelt der alten Griechen die gleiche sein wie unsere? Um den Einwand zu untermauern, sind wesentlich bessere Argumente nötig als der Hinweis auf eine nicht existierende Form der Wahrnehmung.

2. Der Leser sollte sich die Methode klarmachen, die verwendet wurde, um die Besonderheiten der archaischen Kosmologie herauszuarbeiten. *Grundsätzlich* stimmt sie mit der Methode eines Anthropologen überein, der die Weltauffassung einer Gruppe von Stämmen untersucht. Die Unterschiede sind erklärbar durch die Knappheit der Daten und die besonderen Umstände ihrer Entstehung (schriftliche Quellen; Kunstwerke; kein persönlicher Kontakt). Betrachten wir die in beiden Fällen angewandte Methode genauer!

Ein Anthropologe, der die Kosmologie eines Stammes und ihre Widerspiegelung in der Sprache, der Kunst, dem täglichen

78 Vgl. Teil 2 von Hedwig Kenner, *Das Theater und der Realismus in der griechischen Kunst*, Wien 1954, insbes. S. 121 f.

Leben ermitteln möchte, erlernt zunächst die Sprache und die grundlegenden sozialen Gewohnheiten; er untersucht, wie sie mit anderen Tätigkeiten zusammenhängen, auch mit auf den ersten Blick so unbedeutenden wie dem Melken und Kochen[79]; er versucht *Schlüsselideen* zu identifizieren.[80] Sein Interesse für Kleinigkeiten ist nicht das Resultat eines fehlgeleiteten Vollständigkeitsstrebens, sondern die Einsicht, daß etwas, das nach einer Denk- (und Wahrnehmungs-)weise belanglos zu sein scheint, in einer anderen die größte Bedeutung haben kann. (Der Unterschied zwischen den *Formeln* eines Lorentzianers und eines Einsteinianers ist gering; hinter ihm verbirgt sich aber ein grundlegender Unterschied in der Ontologie.)

Wenn der Anthropologe die Schlüsselideen gefunden hat, versucht er sie zu *verstehen.* Das geht genauso vor sich wie das Erlernen der Muttersprache und auch der Sprache des Spezialberufs, der ihm sein Einkommen verschafft. Er *internalisiert* die Ideen, so daß sich ihre Verbindungen fest in seinem Gedächtnis und seinen Reaktionen einprägen und willkürlich produziert werden können. »Die Eingeborenengesellschaft muß im Anthropologen selbst und nicht nur in seinen Notizbüchern vorhanden sein, wenn er sie verstehen soll.«[81] *Dieser Vorgang muß vor allen äußeren Störungen geschützt werden.* Zum Beispiel darf der Forscher nicht versuchen, die Vorstellungen des Stammes dadurch besser zu erfassen, daß er sie mit Ideen vergleicht, die er bereits kennt, oder die er verständlicher oder genauer findet. Auf keinen Fall darf er eine »logische Rekonstruktion« versuchen. Ein solches Vorgehen würde ihn an das *Bekannte* oder das von bestimmten Gruppen Bevorzugte ketten und ihn für immer daran hindern, die von ihm untersuchte *unbekannte* Ideologie zu erfassen.

Am Ende seiner Untersuchungen trägt der Anthropologe sowohl die Eingeborenengesellschaft als auch seine eigene Kultur in sich und kann nun beginnen, beide zu vergleichen. Der

79 Evans-Pritchard, *Social Anthropology*, Free Press, 1965, S. 80.
80 Ebenda, S. 80.
81 Ebenda, S. 82.

Vergleich entscheidet, ob die Denkweise der Eingeborenen mit europäischen Begriffen wiedergegeben werden kann (falls es ein eindeutiges System »europäischer Begriffe« gibt), oder ob sie ihre eigene »Logik« hat, die sich in keiner abendländischen Sprache findet. Bei seinem Vergleich gibt der Anthropologe vielleicht gewisse Eingeborenenideen auf deutsch wieder. Das bedeutet aber nicht, daß das Deutsche, *sofern es unabhängig von dem Vergleich gesprochen wird,* der Eingeborenensprache in gewisser Hinsicht ähnlich ist. Es bedeutet nur, daß sich Sprachen in viele Richtungen *verbiegen* lassen und daß das Verstehen nicht an ein bestimmtes Regelsystem gebunden ist.

3. Die Untersuchung von Schlüsselideen durchläuft verschiedene Stadien, von denen keines zu einer vollständigen Klärung führt. Hier muß der Forscher sein Bedürfnis nach sofortiger Klarheit und logischer Vollkommenheit streng im Zaum halten. Er darf nie versuchen, einen Begriff klarer zu machen, als es das Material nahelegt (außer als vorübergehendes Hilfsmittel für die weitere Untersuchung). Dieses Material und nicht seine logische Intuition bestimmt den Inhalt der Begriffe. Nehmen wir ein Beispiel. Die Nuer, ein Stamm am Nil, der von Evans-Pritchard untersucht wurde, haben interessante Raum-Zeit-Begriffe.[82] Ein Forscher, der mit dem Denken der Nuer nicht besonders vertraut ist, wird diese Begriffe »unklar und nicht hinreichend genau« finden. Um der Sache abzuhelfen, könnte er versuchen, sie mit Hilfe der Begriffe der speziellen Relativitätstheorie zu explizieren. Das könnte zu klaren Begriffen führen, aber es wären nicht mehr die Begriffe der Nuer. Wenn er dagegen zu Begriffen kommen möchte, die sowohl klar als auch Nuerbegriffe sind, dann muß er seine Schlüsselbegriffe unklar und unvollständig lassen, *bis er auf die richtige Information stößt,* d. h. bis die Felduntersuchung die fehlenden Bestandteile zutage fördert, die für sich allein ebenso unklar sind wie die bereits aufgefundenen.

Jede Einzelinformation ist ein Baustein zum Verständnis, und

82 Evans-Pritchard, *The Nuer,* Oxford 1940, Teil 3; vgl. auch die kurze Darstellung in /17[79]/, S. 102 ff.

das bedeutet, daß sie durch die Auffindung weiterer Bausteine aus der Sprache und Ideologie des Stammes zu klären ist und nicht durch voreilige Definitionen. Aussagen wie »... die Nuer ... können von der Zeit nicht so sprechen, als wäre sie etwas Wirkliches, das vorübergeht, auf das man warten kann, das man einsparen kann usw. Ich glaube nicht, daß sie überhaupt das Gefühl haben, gegen die dahineilende Zeit zu kämpfen oder ihre Handlungen auf ein abstraktes Dahinfließen der Zeit abstimmen zu müssen, weil ihre Bezugspunkte hauptsächlich die Handlungen selbst sind, die im allgemeinen den Charakter der Muße haben ...«[83] sind entweder Bausteine – dann ist ihr Inhalt unvollständig und nicht vollständig verstanden –, oder sie sind vorläufige Versuche, die Gesamtordnung aller Bausteine vorwegzunehmen. Dann müssen sie durch die Entdeckung weiterer Bausteine geprüft und verdeutlicht werden und nicht durch logische Klärungen (ein Kind lernt die Bedeutung eines Wortes nicht durch logische Klärung, sondern indem es einsieht, wie es zu Dingen und anderen Wörtern in Beziehung tritt). Wenn eine bestimmte anthropologische Aussage nicht klar ist, dann spiegelt das die Unvollständigkeit des Materials und nicht die Undeutlichkeit der logischen Intuitionen des Anthropologen wider.

4. Genau das gleiche gilt für meinen Versuch, die Inkommensurabilität zu erforschen. In den Wissenschaften hängt die Inkommensurabilität eng mit dem Sinn von Sätzen zusammen. Eine Untersuchung der Inkommensurabilität in den Wissenschaften wird also zu Aussagen führen, die Sinnbegriffe enthalten – doch diese werden nur unvollständig verstanden sein, so wie der Ausdruck »Zeit« im vorigen Absatz. Die Bemerkung, solche Aussagen sollten erst *nach* der Aufstellung einer klaren Theorie des Sinnes gemacht werden[84], ist also nicht vernünftiger als die Bemerkung, Aussagen über die Zeitvorstel-

83 *The Nuer* /17[82]/, S. 103.

84 Achinstein, in: *Minnesota Studies in the Philosophy of Science,* 4, Minneapolis 1970, S. 224: »Feyerabend ist uns eine Theorie des Sinns schuldig geblieben«, und Hempel will Inkommensurabilität nur anerkennen, *nachdem* der dabei verwendete Begriff des Sinns erklärt ist, ebenda, S. 156.

lung der Nuer (die das *Material* sind, das zu einem Verständnis dieser Vorstellung führt) sollten erst gemacht werden, wenn das Verständnis erreicht ist. Mein Argument setzt natürlich voraus, daß die anthropologische Methode die richtige Methode ist für die Untersuchung der Struktur der Wissenschaft (und überhaupt jeder Lebensform).

5. Logiker werden höchstwahrscheinlich Einwände erheben. Sie werden geltend machen, daß die Untersuchung des Sinns von Sätzen und der Beziehungen zwischen Begriffen die Aufgabe der Logik ist und nicht der Anthropologie. Nun kann man unter »Logik« mindestens zweierlei verstehen: die Untersuchung (oder Ergebnisse der Untersuchung) der Strukturen eines bestimmten Fachs oder einer bestimmten Redeweise; oder aber ein bestimmtes logisches System oder eine Menge von solchen.

Eine Untersuchung der ersten Art gehört zur Anthropologie. Denn um zu erkennen, ob z. B. $AB \vee A\bar{B} \equiv A$ zur »Logik der Quantentheorie« gehört, wird man die Quantentheorie studieren müssen. Und da diese keine göttliche Offenbarung, sondern Menschenwerk ist, muß man sie in der Form studieren, in der Menschenwerk gewöhnlich vorliegt, d. h., man muß geschichtliche Zeugnisse studieren – Lehrbücher, Originalarbeiten, Protokolle von Tagungen und Privatgesprächen, Briefe und ähnliches. (Im Falle der Quantenmechanik kommt uns zustatten, daß der Stamm der Quantentheoretiker noch nicht ausgestorben ist. Daher kann man die historische Arbeit durch anthropologische Feldarbeit ergänzen.)

Es ist zuzugeben, daß diese Zeugnisse für sich allein noch keine *eindeutige* Lösung unserer Probleme liefern. Doch wer hat das je erwartet? Historische Zeugnisse liefern auch keine eindeutige Lösung für historische Probleme, aber niemand meint, sie müßten außer acht gelassen werden. Es besteht kein Zweifel, daß die Zeugnisse für eine logische Untersuchung in dem jetzt betrachteten Sinne *notwendig* sind. Die Frage ist, wie sie *verwendet* werden sollen.

Wir wollen die Struktur eines Sprachsystems ermitteln, das sich in den Zeugnissen nur unvollständig niederschlägt. Wir wollen das System kennenlernen, ohne es auch nur im geringsten zu verändern. In unserem Beispiel interessieren wir uns nicht dafür, ob eine *vervollkommnete* Quantenmechanik der Zukunft die Beziehung $AB \vee A\overline{B} \equiv A$ verwendet, oder ob es eine *Erfindung* von uns tut, eine kleine »Rekonstruktion«, die die Theorie so verändert, daß sie gewissen vorgefaßten Grundsätzen der modernen Logik entspricht und sofort zur Antwort führt. Wir wollen vielmehr wissen, ob die Quantentheorie, *so wie sie von den Physikern wirklich betrieben wird,* jenen Grundsatz verwendet. Denn wir wollen ja die Arbeit der Physiker untersuchen und nicht die der Rekonstrukteure. Und diese Arbeit kann voll von Widersprüchen und Lücken sein. Ihre »Logik« (in dem Sinne, wie ich diesen Ausdruck jetzt gebrauche) kann vom Standpunkt eines bestimmten Systems der formalen Logik aus beurteilt ganz »unlogisch« sein.

Wenn man nun die Frage in dieser Form stellt, so erkennt man, daß sie vielleicht gar keine Antwort hat. Vielleicht gibt es gar nicht eine eindeutige Theorie, eine »Quantentheorie«, die von allen Physikern in gleicher Weise verwendet wird. Der Unterschied etwa zwischen Bohr und von Neumann läßt das als durchaus möglich erscheinen. Um die Möglichkeit zu prüfen, d. h. sie entweder auszuschließen oder zu konkretisieren, muß man konkrete Fälle betrachten. Das könnte dann zu dem Ergebnis führen, daß sich die Quantentheoretiker untereinander so stark unterscheiden wie die Katholiken und die verschiedenen Arten von Protestanten: sie haben dasselbe Buch (doch nicht einmal das steht fest – man vergleiche nur einmal Dirac mit von Neumann), aber sie lesen es auf sehr verschiedene Weise.

Die Notwendigkeit anthropologischer Falluntersuchungen auf einem Gebiet, das anfänglich von einem einzigen Mythos beherrscht schien, zeigt, daß unsere übliche Vorstellung von der Wissenschaft schwere Mängel haben kann. Sie ist vielleicht völlig auf dem Holzweg (auf einige Fehler wurde in den vorangehenden Kapiteln verwiesen). Unter diesen Umständen ist es das einzig Richtige, seine Unkenntnis zuzugeben, Rekonstruktionen aufzugeben und mit der Analyse der Wissenschaft von vorn zu beginnen. Man muß ihr wie ein Anthropologe gegenübertreten, der sich an die Untersuchung der Geistesakrobatik der Medizinmänner einer neu entdeckten Gruppe von Stämmen macht. Und man muß auf die Entdeckung gefaßt sein, daß diese Geistesakrobatik *tatsächlich* total unlogisch ist (vom Standpunkt eines bestimmten logischen Systems aus gesehen) und unlogisch *sein muß*, damit sie die Ergebnisse produziert, die wir an ihr schätzen und immer noch von ihr erwarten.

6. Doch unter »Logik« kann man auch die Untersuchung eines bestimmten und von der Geschichte getrennten logischen Systems verstehen. Das scheint den meisten Logikern und Wissenschaftstheoretikern vorzuschweben, wenn sie das Wort »Logik« verwenden. Professor Giedymin z. B. versteht unter »Logik« sein Lieblingssystem, das ziemlich weit gespannt, aber keineswegs allumfassend ist. (Beispielsweise enthält es nicht die Gedanken Hegels, und es wäre auch zu ihrer Formulierung nicht tauglich. Und einige Mathematiker haben bezweifelt, daß sich die nicht formalisierte Mathematik in ihm ausdrücken läßt.) Eine logische Untersuchung der Wissenschaft, wie sie Giedymin und die anderen Logiker verstehen, ist eine Untersuchung von Mengen von Formeln *dieses Systems*, ihrer Struktur, der Eigenschaften ihrer letzten Bestandteile (Intension, Extension usw.), ihrer Folgerungen und ihrer möglichen Modelle. Wenn diese Untersuchung nicht die Züge wiederfindet, die ein Anthropologe in der Wissenschaft gefunden hat, dann zeigt dies entweder, daß die Wissenschaft Fehler hat oder daß der Anthropologe die Logik nicht versteht. Es macht dem Logiker in diesem zweiten Sinne nicht das geringste aus, wenn seine Formeln nicht wie wissenschaftliche Aussagen *aussehen*, wenn sie nicht wie wissenschaftliche Aussagen verwendet werden und wenn die Wissenschaft nicht auf die einfache Weise betrieben werden kann, die sein Gehirn allein versteht (und daher als das einzig Zulässige betrachtet). Entweder bemerkt er den Unterschied nicht, oder er führt ihn auf Unvollkommenheiten zurück, die aus einer befriedigenden

Analyse ausgemerzt werden müssen. Nicht ein einziges Mal kommt ihm der Gedanke, daß die »Unvollkommenheiten« eine wichtige *Funktion* haben und zum Fortschritt der Wissenschaft notwendig sein könnten. Für ihn *ist* die Wissenschaft Axiomatik plus Modelltheorie plus Korrespondenzregeln plus Beobachtungssprache.

Ein solches Vorgehen nimmt an (ohne zu bemerken, daß hier eine Annahme vorliegt), daß eine anthropologische Untersuchung, die uns mit den manifesten und latenten Klassifikationen der Wissenschaft bekannt macht, durchgeführt wurde, und daß sie zugunsten des axiomatischen (usw. usw.) Ansatzes entschieden hat. Doch es gibt keine solche Untersuchung. Und die kümmerlichen Brocken an Feldarbeit, die wir heute vor allem aufgrund der Arbeiten von Hanson, Kuhn, Lakatos u. a. besitzen, zeigen, daß der Ansatz der Logiker nicht bloß unwesentlichen Aufputz, sondern für den Fortschritt der Wissenschaften wesentliche Bestandteile entfernt.

7. Die Diskussionen über den Sinn wissenschaftlicher Sätze, auf die ich angespielt habe, sind ein weiteres Beispiel für die Schwächen des Vorgehens der Logiker. Für Giedymin ist der Ausdruck »Sinn« samt seinen Ableitungen wie etwa dem Ausdruck »Inkommensurabilität« »unklar und nicht hinreichend genau«. Ich stimme zu. Giedymin möchte die Ausdrücke klarer machen, er möchte sie besser verstehen. Wieder stimme ich zu. Er versucht die Klarheit, die seinem Gefühl nach fehlt, durch eine Explikation in einer bestimmten formalen Logik und mit Hilfe des Zweisprachenmodells zu erzielen, wobei er die Diskussion auf »Intension« und »Extension« im Sinne dieser Logik beschränkt. Hier trennen sich unsere Wege. Denn die Frage ist nicht, auf welche Art Ausdrücke wie »Sinn« und »Inkommensurabilität« in einem bestimmten logischen System vorkommen, die Frage ist, welche Rolle sie in der (wirklichen, d. h. nicht rekonstruierten) Wissenschaft spielen. Die Klärung muß sich aus einer genaueren Untersuchung dieser Rolle ergeben, die entweder die bestehenden Lücken ausfüllen oder ihre Funktion erklären muß. Und da das seine Zeit braucht, werden die Schlüsselbegriffe noch auf Jahre und viel-

leicht Jahrzehnte hinaus »unklar und nicht hinreichend genau« bleiben. (Siehe auch Punkt 3 und 4 oben.)

8. Unklarheit und Ungenauigkeit aber ist etwas, was ein Logiker nicht dulden kann. Er findet sich auch nicht in einer lokkeren Argumentation zurecht, die sowohl ein Versprechen zukünftigen Verstehens als auch eine Zusammenfassung bereits erreichter Ergebnisse enthält. Er erkennt nicht, daß das die einzige Möglichkeit ist, entweder neue Auffassungen zu produzieren oder Auffassungen zu verstehen, die sich von den seinen unterscheiden, und so verlangt er eine »Klärung« der Hauptbegriffe der Diskussion. Und unter einer »Klärung« versteht er weder eine *Erweiterung* des Kontextes, zu dem sie gehören, noch ein Studium der *zusätzlichen* und noch unbekannten Eigenschaften des untersuchten Gegenstandsgebiets; unter einer »Klärung« versteht er einen Vorgang, bei dem die fraglichen Ideen mit *bereits existierenden* Begriffen aus den völlig anderen Gebieten der Logik und des Alltagsverstandes erfüllt werden, bis sie selber alltäglich klingen, wobei darauf geachtet wird, daß der Prozeß der Erfüllung den anerkannten Gesetzen der Logik und des Empirismus genau gehorcht. Die Diskussion darf erst beginnen, *nachdem* ihre Anfangsschritte auf die beschriebene Weise geformt worden sind. So wird jede Untersuchung in die engen Geleise des bereits Bekannten umgelenkt, und die Möglichkeit einer grundlegenden theoretischen Entdeckung (oder eines grundlegenden theoretischen Wandels) wird erheblich verringert. Grundlegender theoretischer Wandel setzt ja neue Weltauffassungen und neue Sprachen voraus, um sie auszudrücken. Nun ist der Aufbau einer neuen Weltauffassung und einer entsprechenden neuen Sprache etwas recht langwieriges, in der Wissenschaft wie in der Metawissenschaft. Die Begriffe der neuen Sprache klären sich erst, wenn der Vorgang schon ziemlich weit fortgeschritten ist, derart, daß jedes einzelne Wort Knotenpunkt zahlreicher Verbindungen zu anderen Wörtern, Sätzen, Gedankensplittern, Gesten ist, die zunächst widersinnig wirken, aber sich als völlig vernünftig herausstellen, wenn die Verbindungen begriffen werden. Argumente, Theorien, Begriffe, Ge-

sichtspunkte und Diskussionen lassen sich daher auf mindestens zwei verschiedene Weisen klären: (a) auf die oben beschriebene Weise, die auf bekannte Ideen zurückführt und das Neue als Spezialfall des bereits Bekannten behandelt, und (b) durch Einbau in eine Sprache der Zukunft, und das bedeutet, *daß man lernen muß, mit unerklärten Begriffen zu argumentieren und Sätze zu verwenden, für die noch keine klaren Gebrauchsregeln vorhanden sind.* Genauso wie ein Kind, das Worte zu gebrauchen beginnt, ohne sie noch zu verstehen, und in seine spielerische Tätigkeit immer mehr unverstandene Sprachbruchstücke einbezieht, das sinnverleihende Prinzip erst *nach* einer langen Betätigung dieser Art entdeckt – sie ist eine notwendige Vorbedingung für das schließliche Aufblühen von Sinn –, ganz genauso muß der Erfinder einer neuen Weltauffassung (und der Anthropologe oder der Wissenschaftstheoretiker, der diesen Vorgang verstehen möchte) fähig sein, Unsinn zu reden, bis der Unsinn, den er und seine Freunde geschaffen haben, groß genug ist, um den Bestandteilen dieses Unsinns Sinn zu verleihen. Für diesen Vorgang gibt es keine bessere Beschreibung als jene, die John Stuart Mill von den Wechselfällen seiner Erziehung gegeben hat. Über die Erklärungen seines Vaters zu logischen Fragen schreibt er: »Die Erklärungen machten mir damals die Sache keineswegs durchsichtig; doch deswegen waren sie nicht vergeblich; *sie blieben ein Kristallisationskern für meine Beobachtungen und Überlegungen;* die Bedeutung seiner allgemeinen Bemerkungen erschloß sich mir an den Einzelfällen, auf die ich *später* stieß.«[85] Der Aufbau einer neuen Sprache (zum Verstehen der Welt, zur Erkenntnis) ist ein Vorgang genau derselben Art, *außer* daß die anfänglichen »Kristallisationskerne« nicht gegeben

85 Autobiographie zitiert nach *Essential Works of John Stuart Mill,* Hg. Lerner, New York 1965, S. 21. Dieser Vorgang ist viel zufälliger, als ein Rationalist je zulassen, erwarten oder auch nur erkennen würde. Vgl. von Kleist, »Über die allmähliche Verfertigung der Gedanken beim Reden«, in: *Meisterwerke deutscher Literaturkritik,* Hg. Hans Mayer, Stuttgart 1962, S. 741-747 (zitiert in Anm. 2 zu Kap. 1). Hegel hatte eine Ahnung von der Sachlage. Vgl. K. Loewith und J. Riedel, Hg., *Hegel, Studienausgabe,* I, Frankfurt 1968, S. 54.

sind, sondern erfunden werden müssen. Man erkennt hier, wie wichtig es ist, daß man lernt, in Rätseln zu reden, und welche katastrophale Wirkung der Drang nach sofortiger Klarheit auf das Verstehen haben muß. (Außerdem verrät ein solcher Drang eine recht engstirnige und barbarische Gesinnung: »Leichte Gewandtheit in Worten und Wendungen unter Vermeidung allzu peinlicher Genauigkeit ist im allgemeinen nicht ein Zeichen der Unbildung; eher ist es ungebildet, zu sehr auf Präzision zu drängen ...«[86])

Diese Bemerkungen sind ziemlich trivial und lassen sich an naheliegenden Beispielen verdeutlichen. Die klassische Logik trat erst auf, als ein ausreichendes Material an Argumenten (in der Mathematik, der Rhetorik, der Politik) vorlag, um als Ausgangspunkt und Prüffeld zu dienen. Die Arithmetik entwickelte sich ohne klares Verständnis des Begriffs der Zahl; dieses entstand erst, als genügend arithmetische »Tatsachen« vorlagen, um ihm Substanz zu verleihen. Ebenso kann eine brauchbare Theorie des Sinns (und der Inkommensurabilität) erst entstehen, wenn sich genügend »Tatsachen« angesammelt haben, so daß eine solche Theorie mehr wird als eine Pflichtübung in Begriffsklauberei. Das ist der Grund für die Beispiele in diesem Kapitel.

9. Es ist noch ein weiteres Dogma zu betrachten, ehe wir zur Hauptdarstellung zurückkehren. Es ist das Dogma, daß alle Gebiete, wie sie auch zusammengesetzt sein mögen, ganz von selbst den Gesetzen der Logik gehorchen oder gehorchen sollten. Wenn das Dogma richtig wäre, dann wäre die anthropologische Feldarbeit natürlich ganz überflüssig. »Was in der Logik gilt, gilt auch in der Psychologie ..., für die wissenschaftliche Methode und die Wissenschaftsgeschichte«, schreibt Popper.[87]

Diese dogmatische Behauptung ist weder klar noch (in einer

86 Platon, *Theaitetos*, 184 c. Vgl. auch I. Düring, *Aristoteles*, Heidelberg 1966, S. 379, wo die Forderung des Aristoteles nach sofortiger Exaktheit kritisiert wird.

87 *Objektive Erkenntnis*, Hamburg 1973, S. 18. Vorweggenommen von Comte, *Cours*, 52[e] leçon.

ihrer hauptsächlichen Deutungen) wahr. Zunächst einmal nehme man an, daß die Ausdrücke »Psychologie«, »Wissenschaftsgeschichte«, »Anthropologie« bestimmte Bereiche von Tatsachen und Regelmäßigkeiten (der Natur, der Wahrnehmung, des menschlichen Bewußtseins, der Gesellschaft) bezeichnen. Dann ist die Behauptung nicht *klar*, da es keinen einheitlichen Gegenstand – die LOGIK – gibt, die allen diesen Bereichen zugrunde liegen könnte. Da ist Hegel, da ist Brouwer, da sind die Formalisten. Sie liefern nicht bloß verschiedene Deutungen ein und derselben Menge logischer »Tatsachen«, sondern verschiedene »Tatsachen«. Ferner ist die Behauptung nicht *wahr*, da es rechtmäßige wissenschaftliche Aussagen gibt, die einfache logische Regeln verletzen. Zum Beispiel gibt es Aussagen, die in wohletablierten Wissenschaften eine wichtige Rolle spielen und nur dann den Beobachtungen entsprechen, wenn sie widersprüchlich sind: man fixiere ein bewegtes Muster, das gerade zum Stillstand gekommen ist, und man sieht, daß es sich in der entgegengesetzten Richtung bewegt, aber ohne seine Lage zu ändern. Die einzige phänomenologisch richtige Beschreibung dieses Sachverhalts lautet: »Es bewegt sich im Raum, aber es ändert seinen Ort nicht«, und diese Beschreibung ist widersprüchlich.[88] Auch in der Geometrie gibt es Beispiele[89]: die folgende Figur (die nicht unbedingt jedem gleich erscheint) wird als gleichschenkliges Dreieck gesehen, dessen Grundlinie von der durch die Spitze verlaufenden Senkrechten nicht halbiert wird. Und es gibt Beispiele mit $a = b \,\&\, b = c \,\&\, a \gg c$ als der einzigen phänome-

88 Es ist eingewendet worden (Ayer, G. E. L. Owen), man habe es mit Erscheinungen, nicht mit wirklichen Ereignissen zu tun, und die richtige Beschreibung laute »es scheint sich zu bewegen . . .«. Doch das behebt die Schwierigkeit nicht. Denn wenn man das »Scheint« einführt, dann muß man es an den Anfang des Satzes stellen, der dann lautet: »es scheint, daß es sich bewegt und seinen Ort nicht verändert«. Und da Erscheinungen in die phänomenologische Psychologie gehören, folgt unsere Behauptung, nämlich daß deren Gegenstandsbereich widersprüchliche Elemente enthält.

89 E. Rubin, »Visual Figures Apparently Incompatible with Geometry«, in: *Acta psychologica* 7 (1950), S. 365 ff.

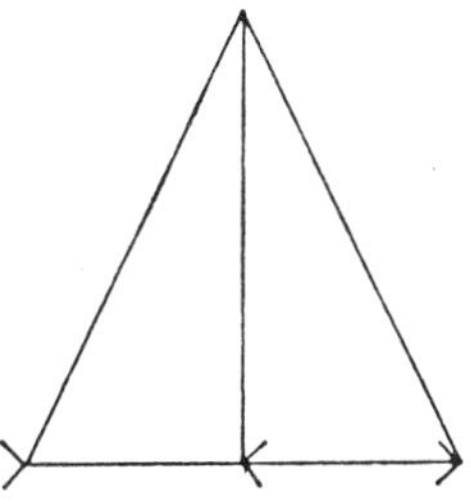

nologisch richtigen Beschreibung des Augenblickseindrucks.[90] Außerdem gibt es keine einzige Wissenschaft oder andere Lebensform, die nützlich und fortschrittlich wäre und gleichzeitig den Forderungen der Logik genügte. Jede Wissenschaft enthält Theorien, die sowohl mit Tatsachen als auch mit anderen Theorien unverträglich sind und selbst Widersprüche aufweisen, wenn sie genau analysiert werden. Nur ein dogmatischer Glaube an die Grundsätze einer angeblich einheitlichen Disziplin »Logik« kann den Blick von diesen Verhältnissen ablenken. Und der Einwand, logische und etwa arithmetische Grundsätze unterschieden sich von empirischen dadurch, daß sie der Methode der Vermutung und Widerlegung (oder einer anderen »empirischen« Methode) nicht zugänglich seien, ist durch neuere Forschungen auf diesem Gebiet entkräftet worden.[91]

Zweitens wollen wir annehmen, daß die Ausdrücke »Psychologie«, »Anthropologie«, »Wissenschaftsgeschichte«, »Physik« sich nicht auf Tatsachen und Gesetze, sondern auf bestimmte *Methoden* zum Sammeln von Tatsachen und bestimmte Arten des Verbindens von Beobachtungen mit Theorien und Hypothesen beziehen. Das heißt, wir wollen die *Tätigkeit* »Wissenschaft« und ihre verschiedenen Teilgebiete betrachten. In diesem Fall argumentieren wir folgendermaßen. Man kann an diese Tätigkeit auf zweierlei Weise herangehen.

90 E. Tranekjær-Rasmussen, »Perspectoid Distances«, in: *Acta psychologica* 11 (1955), S. 297.

91 Hauptsächlich durch den Essay von Imre Lakatos: »Proofs and Refutations«, in: *British Journal for the Philosophy of Science* 1962/63.

Man kann *ideale Forderungen* für Erkenntnis und Erkenntnisgewinnung aufstellen und versuchen, einen (sozialen) Apparat zu konstruieren, der diesen Forderungen entspricht. Fast alle Erkenntnistheoretiker und Wissenschaftstheoretiker halten das für ihre wichtigste Aufgabe. Gelegentlich gelingt es ihnen, einen Apparat zu finden, der unter gewissen idealen Bedingungen funktionieren könnte; sie fragen sich aber nie – und hielten das auch für eine überflüssige Frage –, ob der Apparat auch in unserer unordentlichen physikalischen und sozialen Welt zu nennenswerten Ergebnissen führt. Dazu müßten sie feststellen, wie sich die Wissenschaftler *wirklich* verhalten, wie das, was sie herstellen, ihr »Wissen«, wirklich aussieht, und wie es sich infolge von Entscheidungen und Handlungen unter komplexen gesellschaftlichen und materiellen Bedingungen verändert. Mit einem Wort, ihre Untersuchung müßte eine anthropologische sein.

Es gibt keine Möglichkeit vorauszusagen, was eine anthropologische Untersuchung zutage fördern wird. In den vorangehenden Kapiteln, die eine grobe Skizze einer anthropologischen Untersuchung bestimmter Episoden sind, hat sich gezeigt, daß die Wissenschaft voll von Lücken und Widersprüchen ist, daß Unwissenheit, Dickköpfigkeit, Vorurteil, Lüge alles andere als Hindernisse für den Erkenntnisfortschritt sind, vielmehr wesentliche Vorbedingungen für ihn, und daß die herkömmlichen Tugenden der Exaktheit, Widerspruchsfreiheit, Ehrlichkeit, Achtung vor Tatsachen Maximierung des Wissens unter gegebenen Bedingungen, konsequent angewandt, ihn zum Stillstand bringen können. Es hat sich auch gezeigt, daß die logischen Grundsätze nicht nur eine viel geringere Rolle bei den (argumentativen und anderen) Schritten spielen, die die Wissenschaft voranbringen, sondern daß der Versuch, sie allgemein durchzusetzen, die Wissenschaft ernstlich behindern würde. (Man kann nicht behaupten, daß von Neumann die Quantentheorie gefördert hat. Aber die Diskussion ihrer Grundlage hat er ohne Zweifel erschwert.[92])

92 Außerdem tauchen die Ungenauigkeiten, die er aus dem Formalismus entfernt, in der Beziehung zwischen Theorie und Tatsachen wieder auf.

Nun hat ein Wissenschaftler, der sich einer bestimmten Forschungsaufgabe widmet, noch nicht alle Schritte ausgeführt, die in wohlbestimmte Ergebnisse münden. Seine Zukunft ist noch offen. Wird er dem unfruchtbaren und ungebildeten Logiker folgen, der ihm die Tugenden der Klarheit, Widerspruchsfreiheit, experimentellen Stützung (oder experimentellen Falsifikation), der Genauigkeit des Argumentierens, der »Ehrlichkeit« usw. predigt, oder wird er sich seinen Vorgängern auf seinem eigenen Gebiet anschließen, die Fortschritte machten, indem sie die meisten der strengen Regeln verletzten, die ihm die Logiker jetzt einreden möchten? Wird er sich auf abstrakte Dekrete oder auf die Ergebnisse einer Untersuchung konkreter Episoden verlassen? Mir scheint die Antwort klar, und damit die Relevanz der anthropologischen Feldarbeit nicht nur für den Anthropologen, sondern auch für die Mitglieder der Gesellschaften, die er untersucht.
Ich fahre jetzt mit meiner geschichtlichen Darstellung fort und komme zur Beschreibung des Übergangs von der parataktischen Welt der archaischen Griechen zur Substanz-Erscheinungs-Welt ihrer Nachfahren.

Die archaische Kosmologie (die ich von nun an Kosmologie A nenne) enthält Gegenstände, Ereignisse, ihre Teile; sie enthält keine Erscheinungen.[93] Die vollständige Kenntnis eines Ge-

Hier herrscht das Korrespondenzprinzip noch immer unbeschränkt. Vgl. Anm. 22 zu Kap. 5. Man wird vielleicht darauf hinweisen, daß die neueren Untersuchungen über verborgene Variablen nicht hätten in Gang kommen können, wenn nicht von Neumann den Weg bereitet hätte. Doch das ist nicht richtig. Die empirische Untersuchung verborgener Variablen setzte bei dem Gedankenexperiment von Einstein, Podolsky und Rosen an, nicht bei den »physikalisch unrealistischen Postulaten« von Neumanns. Vgl. Clauser, Horn, Shimony und Holt, *Physical Review Letters* *23* (1969), S. 880.

93 Snell, *Die Ausdrücke* . . . /17[75]/, S. 28 (über Homer), spricht von »Erkenntnis, die von Erscheinungen ausgeht und deren Mannigfaltigkeit zusammenschließt in einer Einheit, die als ihr wahres Wesen gesetzt wird«. Das mag auf die Vorsokratiker zutreffen, aber nicht auf Homer. Bei ihm wird »die Welt als die Summe der im Raume sichtbaren Gegenstände begriffen, und nicht als intensiv handelnde Vernunft« (Snell, ebenda, S. 67,

genstands besteht in der vollständigen Aufzählung seiner Teile und Eigenheiten. Der Mensch kann kein vollständiges Wissen haben. Es gibt zu viele Dinge, zu viele Ereignisse, zu viele Situationen (*Ilias*, 2.448), und er kann nur einigen wenigen von ihnen nahe sein (*Ilias*, 2.485). Der Mensch kann zwar kein vollständiges Wissen haben, aber doch ein durchaus beträchtliches. Je umfangreicher seine Erfahrung, je größer die Zahl der Abenteuer, der Dinge, die er gesehen, gehört, gelesen hat, desto größer sein Wissen.[94]

Die neue Kosmologie (Kosmologie B), die im 7. bis 5. Jahrhundert v. Chr. entsteht, unterscheidet zwischen dem Vielwissen, πολυμαθίη, und dem wahren Wissen[95], und sie warnt davor, sich auf »Sitten, die aus vielfältiger Erfahrung entspringen«, ἔθος πολύπερον, zu verlassen.[96] Eine solche Unterscheidung und eine solche Warnung ist nur in einer Welt sinnvoll, die eine wesentlich andere Struktur als A besitzt. In einer Fassung, die in der Entwicklung der abendländischen Kultur eine große Rolle spielte und Problemen wie dem der Existenz theoretischer Gegenstände und dem der Entfremdung zugrunde liegt, bilden die neuen Ereignisse etwas, was man eine *»wirkliche Welt«* nennen könnte, während die Ereignisse des Alltagslebens jetzt *Erscheinungen* sind, die jene nur undeutlich und irreführend widerspiegeln.[97] Die »wirkliche Welt« ist einfach und kohärent und sie läßt sich einheitlich beschreiben. Gleiches gilt für jeden Akt, mit dem ihre Elemente erfaßt wer-

über Empedokles; vgl. auch die darauffolgenden Zeilen, die den Gesichtspunkt weiterführen).

94 Snell, *Die alten Griechen und wir*, Göttingen 1962, S. 48.

95 Vgl. Heraklit, Fr. 40 (Diels-Kranz).

96 Parmenides, Fr. 7, 3. »Hier werden zum erstenmal Sinne und Vernunft in Gegensatz gebracht«; W. K. Guthrie, *A History of Greek Philosophy*, Bd. 2, Cambridge 1965, S. 25.

97 Diese Unterscheidung ist auch für bestimmte mythologische Auffassungen kennzeichnend. Homer unterscheidet sich also sowohl von den vorhergehenden Mythologien wie von den späteren Philosophien. Sein Standpunkt hat große Originalität. Im 20. Jahrhundert hat J. L. Austin ähnliche Gedanken entwickelt. Und er hat die Entwicklung von Thales über Platon zum heutigen Essentialismus kritisiert. Vgl. das erste Kapitel von *Sense and Sensibilia* /17[94]/.

den: einige wenige abstrakte Begriffe ersetzen die zahlreichen Begriffe, die Kosmologie A zur Beschreibung der Weise verwendet, in der der Mensch in seine Umgebung »eingefügt« werden kann, und zum Ausdrücken der entsprechenden ebenso zahlreichen Arten von Information. Von nun an gibt es nur noch *eine* wesentliche Art von Information, nämlich *Erkenntnis.*

Der theoretische Totalitarismus, der sich im Gefolge des langsamen Aufstiegs der Welt B einstellt, hat interessante Konsequenzen, die nicht alle wünschenswert sind. Situationen, die sinnvoll waren, wenn an eine bestimmte Art der Erkenntnis gebunden, erscheinen jetzt als isoliert, unvernünftig, scheinbar unverträglich mit anderen Situationen: man hat ein »Chaos von Erscheinungen«. Das »Chaos« ist eine direkte Folge der Vereinfachung der Sprache, die mit dem Glauben an eine »Wahre Welt« einhergeht.[98] Außerdem richten sich jetzt die ganzen vielfältigen Fähigkeiten der Beobachter auf diese »Wahre Welt«, sie werden einem *einheitlichen* Ziel untergeordnet, auf *einen bestimmten* Zweck zugeschnitten, einander stärker angeglichen, und das bedeutet, daß der Mensch zusammen mit seiner Sprache verarmt, und zwar gerade in dem Augenblick, in dem er ein autonomes »Ich« entdeckt und zu etwas vordringt, was manche eine »fortgeschrittenere Vorstellung von Gott« zu nennen beliebten (so angeblich Xenophanes), einer Vorstellung von Gott, der der Reichtum typisch menschlicher Züge fehlt.[99] »Bewußtseinsereignisse«, die früher wie körperliche Ereignisse behandelt und *entsprechend erfahren wurden*[100], werden jetzt »subjektiver«, sie werden zu Zuständen, Handlungen, Offenbarungen einer spontanen Seele: die Unterscheidung zwischen Erscheinung (erstem Eindruck, bloßer Meinung) und Wirklichkeit (wahrer Erkennt-

98 Snell, *Die Ausdrücke* . . . /17[75]/, S. 80 f.; von Fritz /17[75]/, S. 11.

99 ». . . als Zeus zur Verkörperung der kosmischen Gerechtigkeit wurde, verlor er seine Menschlichkeit. Daher tendierte die olympische Religion in ihrer moralisierten Form dazu, eine Religion der Angst zu werden . . .« Dodds /17[58]/, S. 35.

100 Snell /17[56]/, engl. S. 69.

nis) dringt überallhin vor. Selbst die Aufgabe des *Künstlers* besteht jetzt darin, seine Gestalten so anzuordnen, daß das zugrundeliegende Wesen leicht erfaßbar wird. In der Malerei führt das zur Entwicklung von Verfahrensweisen, die man systematische Methoden zur Täuschung des Auges nennen muß und die Platon erkannt und kritisiert hat: der archaische Künstler hatte die Fläche, auf der er malte, so behandelt, wie ein Schreiber ein Stück Papyrus behandeln würde; sie *ist* eine wirkliche Fläche, sie soll auch so *gesehen* werden (wenn sich auch die Aufmerksamkeit nicht immer darauf richtet), und was er darauf zeichnet, ist vergleichbar mit den Linien eines Grundrisses oder den Buchstaben eines Wortes. Es sind Symbole, die den Leser über die *Struktur des Gegenstandes informieren*, über seine Teile und über ihre Beziehungen zueinander. Die folgende einfache Zeichnung z. B. könnte drei Wege darstellen, die sich an einem Punkt treffen.

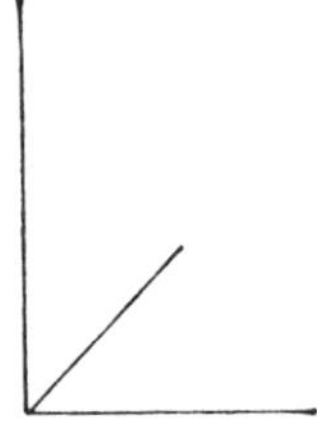

Der Künstler dagegen, der sich der Perspektive bedient, betrachtet die Fläche und das, was er darauf setzt, als *Reize*, die die *Illusion* einer Anordnung von dreidimensionalen Gegenständen hervorrufen. Diese tritt auf, weil das menschliche Bewußtsein fähig ist, aus geeigneten Reizen illusorische Erfahrungen herzustellen. Jetzt wird die Zeichnung als Ecke eines Würfels gesehen, der sich entweder auf den Beschauer zu erstreckt oder von ihm weg (und dann von unten gesehen wird), oder auch als Ebene, die über der Papierfläche schwebt und eine zweidimensionale Zeichnung dreier sich treffender Wege enthält.

Verbindet man diese neue Art des Sehens mit dem neuen Begriff der Erkenntnis, der soeben beschrieben wurde, so erhält man neue Gegenstände, nämlich materielle Gegenstände, so wie sie heute von den meisten Philosophen aufgefaßt werden. Zur Erklärung ziehe ich wieder das Beispiel des Ruders heran.

Nach archaischer Auffassung ist »das Ruder« ein Komplex, der aus Teilen besteht, von denen einige Gegenstände, einige Situationen, einige Ereignisse sind. Man kann sagen: »das gerade Ruder ist geknickt« (nicht »erscheint als geknickt«), genau wie es möglich ist zu sagen: »der schnellfüßige Achilles geht langsam«, denn die Elemente sind alle von gleicher Wichtigkeit. Sie sind Teile eines parataktischen Aggregats. Genau wie ein Reisender alle Teile eines fremden Landes erforscht und sie in einer »Periegese« beschreibt, die die Eigenheiten und eine nach der anderen aufzählt, genau so fügt sich derjenige, der einfache Gegenstände wir Ruder, Boot, Pferde, Menschen untersucht, in die »hauptsächlichen Ruder-Situationen« ein, er faßt sie auf geeignete Weise auf und berichtet über sie in einer Liste von Eigenschaften, Ereignissen, Beziehungen. Und genau wie eine ausführliche Periegese alles enthält, was sich über ein bestimmtes Land sagen läßt, so enthält eine ausführliche Liste alles, was sich über einen bestimmten Gegenstand sagen läßt.[101] »Im Wasser geknickt« gehört zum Ruder ebenso wie »für die Hand gerade«; es ist »gleich wirklich«. Doch in der Kosmologie B ist »im Wasser geknickt« eine »Erscheinung«, die dem *widerspricht*, was durch die »Erscheinung« der Geradheit nahegelegt wird, und so die grundsätzliche Unzuverlässigkeit aller Erscheinungen zeigt.[102] Der Begriff des Ge-

101 Der Gedanke, das Wissen bestehe aus *Listen*, reicht weit in die Geschichte zurück. Vgl. von Soden, *Leistung und Grenzen sumerisch-babylonischer Wissenschaft*, Nachdruck, Darmstadt 1965. Genau hier liegt der Unterschied zwischen der babylonischen und der griechischen Mathematik und Astronomie. Die eine entwickelt Methoden für die Darstellung dessen, was wir heute »Erscheinungen« nennen, und das waren interessante und wichtige Ereignisse am Himmel; die andere versucht die Astronomie zu entwickeln und dabei »den Himmel beiseite zu lassen« (Platon, *Staat*, 530 c; *Gesetze*, 818 a).

102 Xenophanes, Fr. 34.

genstandes ist vom Begriff eines Aggregats gleich wichtiger wahrnehmbarer Teile zum Begriff eines nicht wahrnehmbaren Wesens geworden, das einer Vielzahl trügerischer Erscheinungen zugrunde liegt. (Man kann vermuten, daß sich auch das Aussehen eines Gegenstandes entsprechend verändert hat, daß der Gegenstand jetzt weniger »flach« aussieht als früher.)
Angesichts dieser Veränderungen und Eigenheiten leuchtet die Annahme ein, daß der Vergleich zwischen A und B *im Sinne der Beteiligten* (nicht im Sinne der »Rekonstruktionen« durch logisch wohlinformierte, aber sonst ungebildete Außenseiter) eine Reihe von Problemen aufwerfen wird. Im Rest dieses Kapitels werden nur einige Seiten dieser Probleme besprochen werden. So werde ich kaum die psychologischen Veränderungen erwähnen, die den Übergang von A nach B begleiten und die nicht bloß Vermutungen sind, sondern sich durch unabhängige Forschung erhärten lassen. Hier liegt ein reichhaltiges Material für die genaue Untersuchung der Rolle von Begriffssystemen (Einstellungen, Sprachen, Darstellungsweisen) und der Grenzen des Rationalismus vor.

Zunächst einmal bestehen Welt A und Welt B aus verschiedenen *Bestandteilen.*
Die Bestandteile von A sind verhältnismäßig unabhängige Teile von Gegenständen, die in äußere Beziehungen zueinander treten. Sie gehen in Aggregate ein, ohne ihre eigenen Eigenschaften zu verändern. Die »Natur« eines bestimmten Aggregats wird durch seine Teile und ihre Beziehungen zueinander bestimmt. *Man zähle die Teile in der richtigen Reihenfolge auf, und man hat den Gegenstand.* Das gilt für materielle Aggregate, für Menschen (Bewußtsein und Körper), für Tiere, aber auch für soziale Aggregate wie etwa die Ehre eines Kriegers.
Die Bestandteile von B zerfallen in zwei Klassen: Wesenheiten (Gegenstände) und Erscheinungen (von Gegenständen – das Folgende gilt nur für einige relativ einfache Versionen von B). Gegenstände (Ereignisse usw.) können sich wiederum verbinden. Sie können harmonische Ganzheiten bilden, bei denen

jeder Teil dem Ganzen Bedeutung verleiht und von ihm Bedeutung erhält (ein Extremfall ist Parmenides, für den isolierte Teile nicht nur unerkennbar, sondern überhaupt undenkbar sind). Passend kombinierte Aspekte bilden nicht *Gegenstände*, sondern psychologische Bedingungen für die Erfassung von *Phantomen*, das heißt von weiteren Aspekten, und zwar von besonders irreführenden (sie wirken so überzeugend). *Keine Aufzählung von Aspekten ist mit dem Gegenstand identisch* (Induktionsproblem).

Der Übergang von A zu B führt also neue Gegenstände und neue Beziehungen zwischen solchen ein (das zeigt sich sehr deutlich in der Malerei und Skulptur). Er verändert auch den Begriff und die Selbsterfahrung des Menschen. Der archaische Mensch ist eine Sammlung von Gliedern, Verbindungen, Rumpf, Hals, Kopf[103], er ist eine Puppe, die in Bewegung gesetzt wird durch äußere Kräfte wie Feinde, soziale Bedingungen, Gefühle (die als objektive Wirkkräfte beschrieben und wahrgenommen werden – siehe oben)[104]: »Der Mensch steht vielerlei Kräften offen, die auf ihn eindringen, die ihn durchdringen können.«[105] Er ist Austauschstelle von materiellen und spirituellen, aber immer objektiven Ereignissen. Und das ist nicht bloß eine »theoretische« Idee, sondern eine Beobachtungstatsache. Der Mensch wird nicht nur so *beschrieben*, sondern auch *bildlich dargestellt*, und er *empfindet sich* als so beschaffen. Er hat keine Handlungszentrale, kein spontanes »Ich«, das *seine eigenen* Gedanken, Gefühle, Absichten erzeugt und sich von Verhalten, sozialen Situationen, »Bewußtseinsvorgängen« des Typs A unterscheidet. Ein solches Ich wird weder erwähnt noch wahrgenommen. Es ist nirgends in A zu finden. Doch in B spielt es eine ganz entscheidende

103 »Genaugenommen, gibt es bei Homer nicht einmal Wörter für Arm und Bein, sondern nur für Hand, Unterarm, Oberarm, Fuß, Unterschenkel und Oberschenkel. Ebenso fehlt auch für den Rumpf ein zusammenfassendes Wort.« Snell /17[56]/, Kap. 1, Anm. 7, dt. S. 25.

104 »Gefühlsregungen entspringen nicht spontan aus dem Menschen, sondern werden ihm von den Göttern eingegeben«, Snell /17[56]/, engl. S. 52.

105 Ebenda, S. 20.

Rolle. Ja, die Annahme ist nicht abwegig, daß einige besondere Eigenheiten von B wie Aspekte, Erscheinungen, Mehrdeutigkeit des Gefühls[106] als Ergebnis einer *beträchtlichen Zunahme des Selbstbewußtseins* in Erscheinung treten.[107]

Nun könnte man geneigt sein, den Übergang folgendermaßen zu erklären: Der archaische Mensch hat eine beschränkte Kosmologie; er hat manches entdeckt, anderes nicht. Seiner Welt fehlen wichtige Gegenstände, seiner Sprache wichtige Begriffe, seiner Wahrnehmung wichtige Strukturen. Man füge der Welt A die fehlenden Gegenstände hinzu, der Sprache A die fehlenden Ausdrücke, der Wahrnehmungswelt von A die fehlenden Strukturen, und es ergibt sich Welt B, Sprache B, Wahrnehmung B.

Vor einiger Zeit[108] nannte ich die einer solchen Erklärung zugrundeliegende Theorie die »Löchertheorie« oder »Schweizer-Käse-Theorie« der Sprache (und anderer Darstellungsmittel). Nach der Löchertheorie hat jede Kosmologie (jede Sprache, jede Wahrnehmungsweise) erhebliche Lücken, die man ausfüllen kann, *ohne irgend etwas zu verändern.* Die Löchertheorie hat mit zahlreichen Schwierigkeiten zu kämpfen. Im vorliegenden Fall ist es die, daß die Welt B keinen einzigen Bestandteil der Welt A enthält. Weder die Alltagssprache noch philosophische Theorien, weder Malerei und Bildhauerei noch die Begriffe der Kunst, weder die Religion noch theologische Spekulationen enthalten einen einzigen Bestandteil von A, wenn der Übergang zu B einmal erfolgt ist. *Das ist eine geschichtliche Tatsache.*[109] Ist es ein Zufall, oder hat A Struktur-

106 Vgl. Sapphos »bittersüßen Eros«, Snell, ebenda, S. 60.

107 Zum Selbstbewußtsein vgl. Karl Pribram, »Problems Concerning the Structure of Consciousness«, Manuskript, Stanford 1973.

108 »Problems of Empiricism«, in: *Beyond the Edge of Certainty*, Hg. Colodny, Prentice Hall 1965. Vgl. auch *Philosophical Papers*, Bd. 1, Kap. 9, Abschnitt 9.

109 Diese Tatsache ist nicht leicht nachzuweisen. Viele Darstellungen von A, auch einige sehr eingehende und differenzierte, sind mit B-Begriffen infiziert. Ein Beispiel wird in Anm. 93 zu diesem Kapitel angeführt. Hier wie anderswo kann nur die anthropologische Methode zu Erkenntnissen führen, die mehr sind als ein Ausfluß von Wunschdenken.

eigenschaften, die das gleichzeitige Auftreten von A-Situationen und B-Situationen verhindern? Sehen wir zu!
Ich habe bereits ein Beispiel angeführt, das uns eine Ahnung von den Gründen vermitteln könnte, warum es in B keinen Platz für A-Tatsachen gibt: Die folgende Zeichnung kann der Treffpunkt dreier Wege in A-Darstellung sein (Bilder sind vi-

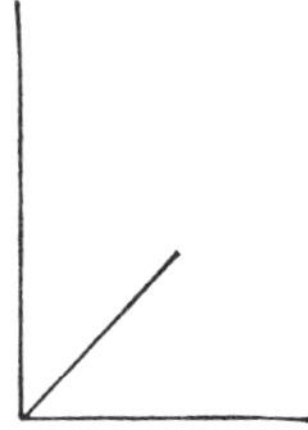

suelle Listen). Nachdem die Perspektive eingeführt worden ist (entweder als objektive Methode oder als Einstellung gegenüber den Erscheinungen), kann das Bild nicht mehr so gesehen werden. Anstelle von Linien auf dem Papier haben wir die Illusion der Tiefe und sehen etwas Dreidimensionales, wenn auch ziemlich Einfaches. Es gibt keine Möglichkeit, das A-Bild in das B-Bild einzubauen, außer als Teil dieser Illusion. Doch die Illusion einer visuellen Liste ist keine visuelle Liste.

Die Verhältnisse werden durchsichtiger, wenn wir uns mit Begriffen beschäftigen. Oben sagte ich, die »Natur« eines Gegenstandes (= Aggregats) in A sei bestimmt durch die Bestandteile des Aggregats und ihre Beziehung zueinander. Man sollte hinzusetzen, daß diese Bestimmung in dem Sinne »geschlossen« ist, daß die Bestandteile und ihre Beziehungen den Gegenstand *schaffen;* sind sie gegeben, so ist es der Gegenstand auch. Beispielsweise *konstituieren* die »Elemente«, die Odysseus in seiner Rede in *Ilias* 9.225 ff. beschreibt, Ehre, Gnade, Achtung. A-Begriffe sind also Begriffen wie »schachmatt« ganz ähnlich: ist eine bestimmte Anordnung der Figuren auf dem Brett gegeben, so gibt es keine Möglichkeit zu »entdekken«, daß das Spiel doch noch fortgesetzt werden könnte. Eine solche »Entdeckung« würde keine Lücke ausfüllen, sie würde unsere Kenntnis möglicher Schachstellungen nicht bereichern, sondern das Spiel auflösen.

Genau das gleiche gilt für die »Entdeckung« eines persönlichen Ich, das sich von Gesichtern, Verhalten, objektiven »Bewußtseinszuständen«, wie sie in A vorkommen, unterscheidet, für die »Entdeckung« einer Substanz hinter »Erscheinungen« (bisher Bestandteile von A), oder die »Entdeckung«, daß die Ehre fehlen kann, obwohl alle ihre äußeren Anzeichen vorhanden sind. Eine Aussage wie die des Heraklit: »Du könntest nicht die Grenzen der Seele finden, auch wenn Du überallhin gingest, so tief ist ihr logos« (Diels, S. 45) *fügt* der Welt A nicht einfach etwas *hinzu,* sondern sie *entzieht* den Grundsätzen *den Boden,* die zur Konstruktion von »Bewußtseinszuständen« der Art A notwendig sind, während Heraklits Verwerfung von πολυμαθίη und des Parmenides Verwerfung eines ἔθος πολύπειρον den Regeln den Boden entzieht, die der Konstruktion *jeder einzelnen Tatsache* von A zugrunde liegen. Eine ganze Weltauffassung, ein umfassendes System des Denkens, Sprechens, Wahrnehmens wird aufgelöst.

Es ist interessant zu verfolgen, wie sich diese Auflösung in Einzelfällen darstellt. In seiner langen Rede in *Ilias* 9.308 ff. möchte Achilles sagen, die Ehre könne fehlen, auch wenn alle ihre äußeren Zeichen vorhanden seien. Die sprachlichen Ausdrücke, die er verwendet, sind so eng an bestimmte soziale Situationen geknüpft, daß er »nicht die Sprache hat, um seine Enttäuschung auszudrücken. Doch er drückt sie aus, und zwar auf eine bemerkenswerte Weise. Er mißbraucht die Sprache, die er verwendet. Er stellt Fragen, die sich nicht beantworten lassen, und stellt Forderungen, die sich nicht erfüllen lassen.«[110] Er verhält sich höchst »irrational«.

Die gleiche Irrationalität findet sich in den Schriften anderer früherer Autoren. Im Vergleich zu A reden die Vorsokratiker

110 A. Parry, »The Language of Achilles«, *Trans. & Proc. Amer. Phil. Assoc.* 87 (1956), S. 6.

in der Tat seltsam, ebenso die Lyriker, die die neuen Möglichkeiten des von ihnen »entdeckten« Selbstseins erforschen. Ohne die Fesseln einer wohlgebauten und eindeutigen Ausdrucks- und Denkweise verlieren die Bestandteile von A ihre übliche Funktion und beginnen ziellos herumzuschweben – das »Chaos der Empfindungen« beginnt. Ohne die festen und eindeutigen sozialen Situationen werden die Gefühle fließend, mehrdeutig, widersprüchlich: »Ich liebe, und ich liebe nicht; ich rase, und ich rase nicht«, schreibt Anakreon.[111] Befreit von den Regeln der späten geometrischen Malerei erzeugen die Künstler merkwürdige Mischungen von Perspektive und Grundriß.[112] Ohne die wohlbestimmten psychologischen Einstellungen und ihren realistischen Sinn können Begriffe jetzt ohne jedes Odium der Lüge »hypothetisch« gebraucht werden, und die Künste können damit beginnen, mögliche Welten in der Vorstellung zu erforschen.[113] Das ist derselbe »Schritt

111 Diehl, *Anthologia lyrica* 2, Fr. 79.

112 Pfuhl /17[72]/; vgl. auch J. White, *Perspective in Ancient Drawing and Painting*, London 1965.

113 Plutarch berichtet folgende Geschichte in seinem »Leben Solons« (Abschn. 29): »Um diese Zeit fing Thespis an, Tragödien aufzuführen, und er zog durch die Neuheit der Sache alles Volk an sich; doch war damit noch kein Wettstreit verbunden. Solon, der von Natur gern hörte und lernte und nun im Alter noch weit mehr dem Scherz und Zeitvertreib, ja selbst auch der Musik und den Freuden der Tafel nachhing, sah ebenfalls dem Thespis zu, der, wie es in älteren Zeiten Sitte war, an der Aufführung selbst teilnahm. Nach beendeter Vorstellung aber wendete er sich an Thespis und fragte ihn, ob er sich nicht schäme, vor so vielen Menschen so große Unwahrheiten zu sagen. Als Thespis ihm antwortete, es sei ja eben nichts Böses, im Scherz solche Dinge zu sagen und vorzustellen, stieß Solon mit seinem Stock heftig auf die Erde und rief: ›Wenn wir diesen Dingen im Scherz Beifall zollen, dann werden wir es bald auch im Ernst tun.‹« Diese Geschichte dürfte historisch unmöglich sein, beleuchtet aber eine verbreitete Einstellung (darüber vgl. Kap. 8 von John Forsdyke, *Greece before Homer*, New York 1964). Solon selbst scheint von herkömmlichen Denkformen etwas weniger beeindruckt gewesen zu sein, und vielleicht war sogar er einer der ersten dramatischen Schauspieler (der politischen Spielart): vgl. G. Else, *The Origin and Early Form of Tragedy*, Cambridge 1965, S. 40 ff. Die entgegengesetzte Haltung, die den selbstsicheren und bereits etwas eingebildeten Bürger von B verrät, drückt Simonides aus. Auf die Frage, warum sich die Thessalier nicht von ihm täu-

zurück«, der oben als notwendige Voraussetzung der Veränderung und möglicherweise des Fortschritts erkannt wurde[114] – nur setzt er jetzt nicht bloße Beobachtungen außer Kraft, sondern auch einige wichtige Vernunftgrundsätze. Von A her gesehen (ebenso von einigen späteren Ideologien her), sind alle diese Denker, Dichter, Künstler Rasende und Verrückte.

Man erinnere sich der Umstände, die für diese Situation verantwortlich sind. Wir haben eine Auffassung (Theorie, Bezugssystem, Welt, Darstellungsweise), deren Bestandteile (Begriffe, »Tatsachen«, Bilder) nach bestimmten Prinzipien aufgebaut sind. Die Prinzipien verursachen eine gewisse »Abgeschlossenheit«: es gibt Dinge, die nicht gesagt oder »entdeckt« werden können, ohne die Prinzipien zu verletzen (und das heißt *nicht:* ohne ihnen zu widersprechen). Sagt man derartige Dinge, entdeckt man sie, dann sind die Prinzipien außer Kraft gesetzt. Man nehme nun die Konstruktionsprinzipien, die jedem Bestandteil der Welt (der Theorie), jeder Tatsache (jedem Begriff) zugrunde liegen. Nennen wir sie *universelle Prinzipien* der betreffenden Welt (Theorie). Universelle Prinzipien außer Kraft setzen heißt, alle Tatsachen und alle Begriffe außer Kraft setzen. Schließlich wollen wir eine Entdeckung oder eine Aussage oder eine Einstellung *inkommensurabel* mit der Welt (der Theorie, dem Bezugssystem) nennen, wenn sie einige ihrer universellen Prinzipien außer Kraft setzt. Heraklit 45 ist inkommensurabel mit dem psychologischen Teil von A: die für die Konstituierung von Individuen notwendigen Regeln werden außer Kraft gesetzt, und es gibt keine A-Tatsachen über Individuen mehr (Erscheinungen, die solchen Tatsachen entsprechen, können natürlich noch erhebliche Zeit weiterbestehen, da nicht alle theoretischen Veränderungen zu Veränderungen der Wahrnehmung führen und manche von ihnen überhaupt keine Spur in den Erscheinungen hinterlassen[115];

schen ließen, gibt er die Antwort: »Weil sie zu dumm dazu sind.« Plutarch, *De und. poet.*, 15 D.

114 Kapitel 12.

115 Das übersieht Hanson, der zu glauben scheint, jede größere theoretische Veränderung müsse sofort die Wahrnehmungen verändern. Einzel-

jedoch lassen sich solche Erscheinungen nicht mehr in der herkömmlichen Weise *beschreiben* und können daher nicht als Beobachtungen der herkömmlichen »objektiven Tatsachen« gelten).

Man beachte, wie vorläufig und unbestimmt diese Erklärung von »inkommensurabel« ist, und daß sie keine logische Terminologie verwendet. Der Grund für die Unbestimmtheit wurde schon erklärt (Punkt 3 und 4 oben). Daß keine Logik vorkommt, liegt daran, daß wir es mit Erscheinungen außerhalb ihres Bereichs zu tun haben. Mein Ziel ist, eine Terminologie für die Beschreibung bestimmter komplizierter historisch-anthropologischer Erscheinungen zu finden, die nur unvollkommen durchschaut sind, nicht aber Eigenschaften logischer Systeme zu definieren, deren Struktur wir genau kennen. Begriffe wie »universelle Prinzipien« und »aufheben« sollen die anthropologische Information auf ähnliche Weise zusammenfassen, wie Evans-Pritchards Analyse der Zeitvorstellung der Nuer (Text zu Anm. 82 in diesem Kapitel) die ihm zur Verfügung stehende anthropologische Information zusammenfaßt (vgl. auch die kurze Erörterung unter Punkt 3 oben). Die Unbestimmtheit der Erklärung spiegelt die Unvollständigkeit und Komplexität des Materials und fordert zur Verdeutlichung durch weitere Forschung auf. Die Erklärung muß *etwas* sagen – sonst wäre sie unbrauchbar. Aber sie darf nicht *zuviel* sagen, sonst wäre sie zur Erfassung komplexer historischer Ereignisse nicht brauchbar.

Man beachte auch, daß ich mit einem »Prinzip« nicht einfach eine *Aussage* meine wie »Begriffe treffen zu, wenn eine endliche Zahl von Bedingungen erfüllt ist« oder »Erkenntnis ist die Aufzählung diskreter Elemente, die parataktische Aggregate bilden«, sondern die der Aussage entsprechende *grammatische Gewohnheit*. Die beiden soeben angeführten Aussagen beschreiben die Gewohnheit, einen Gegenstand immer dann als gegeben zu betrachten, wenn die Liste seiner Teile vollständig aufgeführt ist. Diese Gewohnheit wird außer Kraft gesetzt

heiten in Anm. 52 und dem zugehörigen Text in Kap. 6, Bd. 1 meiner *Philosophical Papers*.

(aber ohne daß einem Prinzip widersprochen würde) durch die Vermutung, daß auch die vollständigste Liste einen Gegenstand nicht vollständig beschreibt; sie wird *ebenfalls* außer Kraft gesetzt (wiederum ohne Widerspruch mit einem Prinzip) durch eine nicht endende Suche nach neuen Aspekten und neuen Eigenschaften. (Daher kann man »Inkommensurabilität« nicht durch Rückgriff auf Aussagen definieren.[116]) Wird die Gewohnheit außer Kraft gesetzt, dann sind damit auch die A-Gegenstände außer Kraft gesetzt: man kann A-Gegenstände nicht mit einer Methode der Vermutungen und Widerlegungen untersuchen, die kein Ende kennt.

Wir wird die »Irrationalität« der Übergangszeit überwunden? In der üblichen Weise (vgl. Punkt 8 oben), nämlich durch konsequente Produktion von Unsinn, bis so viel Material vorliegt, daß die Aufständischen neue universelle Prinzipien aufzeigen und alle sie erkennen können. (Dieses Aufzeigen braucht nicht darin zu bestehen, daß die Prinzipien in Form klarer und präziser Aussagen aufgeschrieben werden.) Aus Wahnsinn wird Vernunft, vorausgesetzt, der Wahnsinn ist genügend reich und regelmäßig, um als Grundlage einer neuen Weltauffassung dienen zu können. Und wenn *das* eintritt, dann haben wir ein neues Problem: Wie läßt sich die alte Auffassung mit der neuen vergleichen?

Aus dem Gesagten geht eindeutig hervor, daß man nicht die *Inhalte* von A und B vergleichen kann. A-Tatsachen und B-Tatsachen lassen sich nicht nebeneinanderstellen, nicht einmal in Gedanken: wenn man B-Tatsachen vorstellt, dann bedeutet das, daß Prinzipien außer Kraft gesetzt werden, die in die Konstruktion von A-Tatsachen eingingen. Man kann lediglich B-*Bilder* von A-Tatsachen in B zeichnen oder B-*Aussagen* über A-Tatsachen in B machen. Man kann keine A-Aussagen

116 Damit wird eine Kritik in Shaperes Aufsatz in *Mind and Cosmos,* Pittsburgh 1966, Anm. 63, berücksichtigt, ebenso Prof. Stegmüllers Bemerkung, ich hielte wissenschaftliche Theorien für Aussagen oder Konjunktionen von Aussagen (*Theorie und Erfahrung,* Berlin 1973, Einleitung). Die durch die Maßstäbe bewirkten Klassifikationen sind »latent« im Sinne Whorfs: vgl. Anm. 4 zu diesem Kapitel und den Text bis Anm. 9.

über A-Tatsachen in B machen. Man kann auch nicht die Sprache A in die Sprache B *übersetzen*. Das bedeutet nicht, daß man die beiden Auffassungen nicht *diskutieren* könnte – aber die Diskussion kann sich nicht auf logische Beziehungen zwischen den Bestandteilen von A und B gründen. Die Diskussion muß genauso »irrational« sein wie die Rede derer, die die Welt A verlassen wollten.

Es scheint mir nun, daß es in den Wissenschaften Theorien gibt, die sich zueinander genauso verhalten wie die Kosmologien A und B. Noch schlimmer: es gibt inkommensurable wissenschaftliche Theorien, die scheinbar denselben Gegenstand haben. Das gilt nicht für alle konkurrierenden Theorien, und es gilt für die besonderen Theorien, die ich im Auge habe, nur dann, wenn sie auf bestimmte Weise interpretiert werden, z. B. ohne Bezug auf eine »unabhängige Beobachtungssprache«.[117] Die Illusion, man habe es mit dem gleichen Gegenstand zu tun, entsteht in diesen Fällen aus einer unbewußten Verwechslung zweier verschiedener Arten der Interpretation. Bei einer »instrumentalistischen« Interpretation der Theorien, die in ihnen lediglich Mittel zur Klassifikation bestimmter »Tatsachen« sieht, bekommt man den Eindruck, es gebe einen gemeinsamen Gegenstand. Bei einer »realistischen« Deutung, die die Theorien aus ihren eigenen Begriffen zu verstehen versucht, scheint es keinen solchen gemeinsamen Gegenstand mehr zu geben, obwohl man eindeutig das Gefühl hat (unbewußter Instrumentalismus), es müsse ihn geben. Untersuchen wir nun, wie inkommensurable Theorien zustande kommen.

117 Die in diesem Satz enthaltene Einschränkung wird von vielen Kritikern übersehen, welche meinen, ich behauptete die Inkommensurabilität aller konkurrierenden oder auf einem Gebiet einander ablösenden Theorien. Solche allgemeinen Behauptungen habe ich nie aufgestellt. Ganz im Gegenteil, ich habe von allem Anfang an betont, daß nur allgemeine *und* nicht instanzengebundene Theorien inkommensurabel sein können, und auch diese nur dann, wenn man sie in bestimmter Weise interpretiert. Die Bedingung, daß es sich um nicht instanzengebundene Sätze handeln muß, schließt »Theorien« wie »Alle Raben sind schwarz« aus.

Die wissenschaftliche Forschung, sagt Popper, *beginnt* mit einem Problem und schreitet fort zu seiner *Lösung*.
Diese Kennzeichnung berücksichtigt nicht, daß Probleme falsch formuliert sein können, daß man hinter Eigenschaften von Dingen und Vorgängen her sein kann, die es nach späteren Auffassungen gar nicht gibt. Solche Probleme werden nicht *gelöst*, sie werden *aufgelöst* und aus dem Bereich der sinnvollen Forschung ausgeschieden. Beispiele sind das Problem der absoluten Geschwindigkeit der Erde, das Problem der Bahn von Elektronen in einem Interferenzmuster und das wichtige Problem, ob ein Inkubus Nachkommen direkt erzeugen kann oder sich dazu menschlichen Samens bedienen muß.[118]
Das erste Problem wurde durch die Relativitätstheorie aufgelöst, die die Vorstellung der absoluten Geschwindigkeit außer Kraft setzt. Das zweite Problem wurde durch die Quantentheorie aufgelöst, die die Bahnen in Interferenzmustern außer Kraft setzt. Das dritte Problem wurde, wenn auch weniger eindeutig, durch die moderne Psychologie und Physiologie wie auch durch die mechanistische Kosmologie von Descartes aufgelöst.
Veränderungen der Ontologie wie die soeben beschriebenen sind oft von *begrifflichen Veränderungen* begleitet.
Die Entdeckung, daß es gewisse Gegenstände nicht gibt, kann den Wissenschaftler veranlassen, die Ereignisse, Vorgänge, Beobachtungen anders zu beschreiben, die als ihre Manifestationen galten und daher in ihre Existenz voraussetzenden Worten beschrieben wurden. (Oder sie kann ihn auch veranlassen, neue *Begriffe* einzuführen, denn die alten *Wörter* bleiben noch lange Zeit im Gebrauch.) Das gilt besonders für »Entdeckungen«, die universelle Prinzipien außer Kraft setzen. Die »Entdeckung« einer »zugrundeliegenden Substanz« und eines »spontanen Ichs« ist, wie wir sahen, von dieser Art.
Eine interessante Entwicklung tritt ein, wenn die beseitigte Ontologie *umfassend* ist, d. h., wenn ihr Gegenstände als in jedem Vorgang eines bestimmten Gebietes vorhanden vorge-

118 Vgl. den *Malleus maleficarum*, übers. v. Summers, London 1928, Teil 2, Kap. 4, Frage I. Die Theorie geht auf Thomas von Aquin zurück.

stellt werden. In *diesem* Falle muß *jede* Beschreibung innerhalb dieses Gebietes abgeändert und durch eine andere Aussage (oder durch gar keine) ersetzt werden. Die klassische Physik ist ein Beispiel. Sie hat eine umfassende Terminologie zur Beschreibung gewisser ganz grundlegender Eigenschaften physikalischer Gegenstände entwickelt wie Form, Masse, Volumen, Zeitabschnitte usw. Das mit dieser Terminologie verbundene Begriffssystem setzt wenigstens in einer seiner zahlreichen Deutungen voraus, daß die Eigenschaften den Gegenständen *innewohnen* und sich nur als Ergebnis unmittelbarer physikalischer Einwirkungen verändern. Das ist eines der »universellen Prinzipien« der klassischen Physik. Nach der Relativitätstheorie, zumindest in der von Einstein und Bohr anerkannten Deutung, gibt es keine den Gegenständen selbst zukommenden Eigenschaften der angeführten Art, sondern Form, Masse, Zeitintervalle sind Beziehungen zwischen physikalischen Gegenständen und Koordinatensystemen, die sich *ohne physikalische Einwirkung* ändern können, wenn man ein Koordinatensystem durch ein anderes ersetzt. Die Relativitätstheorie enthält auch neue Prinzipien für die Konstituierung mechanischer Tatsachen. Das so entstehende neue Begriffssystem *leugnet* nicht einfach das Bestehen der klassischen Sachverhalte, das könnte es gar nicht, denn es gestattet nicht einmal die *Formulierung von Aussagen*, die solche Sachverhalte ausdrücken. Es hat keine einzige Aussage mit seinem Vorgänger gemeinsam – wobei stets vorausgesetzt wird, daß man Theorien nicht lediglich als Klassifikationsschemata für neutrale Tatsachen verwendet. Deutet man beide Theorien realistisch, dann können die »formalen Bedingungen für einen brauchbaren Nachfolger einer widerlegten Theorie«, die bei einigen Wissenschaftstheoretikern eine Rolle spielen (sie muß zu den richtigen Konsequenzen der älteren Theorie führen, mit ihren falschen unvereinbar sein und weitere Voraussagen machen), nicht erfüllt sein, und das positivistische Schema des Fortschritts mit seiner »Popperschen Brille« bricht zusammen. Auch die liberalisierte Fassung von Lakatos kann angesichts dieser Feststellung nicht bestehen; denn auch sie geht davon aus, daß die Gehaltsklassen verschiedener Theorien vergleichbar seien, d. h. daß man die Beziehung der Einschließung, Ausschließung oder Überschneidung zwischen ihnen herstellen kann. Es hat keinen Sinn, klassische Aussagen mit relativistischen durch eine *empirische Hypothese* verbinden zu wollen. Eine solche Hypothese wäre genauso lächerlich wie die Aussage »Immer, wenn jemand von einem Dämon besessen ist, findet in seinem Gehirn eine Entladung statt«, die eine Verbindung zwischen Begriffen aus einer älteren Theorie der Epilepsie und neueren »wissenschaftlichen« Begriffen herstellt. Denn man will doch sicher nicht die ältere Teufelsterminologie weiter mit sich herumschleppen und ernst nehmen, bloß um die Gehaltsklassen vergleichbar zu machen. Doch im Falle der Relativitätstheorie und der klassischen Mechanik ließe sich eine derartige Hypothese *nicht einmal formulieren.* Wenn man klassische Begriffe verwendet, setzt man ein universelles Prinzip voraus, das von der Relativitätstheorie außer Kraft gesetzt wird, was heißt, das Prinzip wird schon dann außer Kraft gesetzt, wenn man einen Satz in der Absicht hinschreibt, einen relativistischen Sachverhalt auszudrücken. Verwendet man klassische und relativistische Begriffe in der gleichen Aussage, so verwendet man gewisse universelle Prinzipien und setzt sie gleichzeitig außer Kraft, und das bedeutet nichts anderes, als daß es solche »gemischte« Aussagen nicht gibt: der Fall von Relativitätstheorie und klassischer Mechanik ist ein Beispiel für zwei inkommensurable Systeme. Weitere Beispiele sind die Quantentheorie und die klassische Mechanik[119], die Impetustheorie und die Newtonsche Mechanik[120], der Materialismus und der Leib-Seele-Dualismus, usw.

119 Bohr (*Z. Physik* 13 [1922], S. 144) betont, »daß der asymptotische Zusammenhang« zwischen der Quantentheorie und der klassischen Physik, »wie er im Korrespondenzprinzip angenommen wird, ... keineswegs auf ein allmähliches Verschwinden der Unterschiede zwischen der quantentheoretischen Behandlung der Strahlungsvorgänge und den Ideen der klassischen Elektrodynamik hinausläuft; es wird lediglich eine asymptotische Übereinstimmung der zahlenmäßigen statistischen Ergebnisse behauptet«. Mit anderen Worten, das Korrespondenzprinzip behauptet eine Übereinstimmung von *Zahlen*, nicht von *Begriffen*. Nach Bohr hat diese

Nun kann man alle diese Fälle natürlich auch anders interpretieren. Shapere z. B. sagt als Kritik an meiner Diskussion der Impetustheorie: »Newton selbst drückt sich nicht völlig klar darüber aus, ob die Trägheitsbewegung einer Ursache bedarf.«[121] Außerdem sieht er »eine große Zahl von ... Ähnlichkeiten und Kontinuitäten« zwischen Aristoteles und Newton, wo ich Inkommensurabilität sehe.[122] Der erste Einwand ist leicht zu erledigen, indem man (a) auf die Formulierung von Newtons erstem Bewegungsgesetz verweist – »corpus omne perseverare *in statu quiescendi vel movendi* uniformiter in di-

zahlenmäßige Übereinstimmung sogar einen gewissen Nachteil, denn sie »verdeckt den grundsätzlichen Unterschied zwischen den Gesetzen, die für die tatsächlichen Mechanismen der mikrophysikalischen Vorgänge gelten, und den kontinuierlichen klassischen Gesetzen« (ebenda, S. 129; vgl. auch *Atomic Theory and the Description of Nature*, Cambridge 1932, S. 85 und 87 ff.). Bohr betonte daher wiederholt, daß »das Korrespondenzprinzip als ein rein quantentheoretisches Gesetz zu betrachten ist, das den Gegensatz zwischen den Postulaten [dem der Existenz stationärer Zustände und dem Übergangspostulat] und der elektromagnetischen Theorie in keiner Weise verkleinern kann« (ebenda, S. 142, Anm.). Die aus der Verkennung dieser Verhältnisse entstehenden Schwierigkeiten erklärt sehr deutlich der verstorbene N. R. Hanson in *Patterns of Discovery*, Kap. 6; vgl. auch meine Bemerkungen dazu in *Phil. Rev.* 69, insbes. S. 251. Sie werden von naiven Rationalisten nicht erkannt, die aus dem Bestehen von Näherungen und formalen Ähnlichkeiten auf begriffliche Kontinuität schließen; vgl. Poppers Aufsatz in *Criticism* ... /16¹/, S. 57, sowie Giedymin in: *British Journal for the Philosophy of Science*, Bd. 24 (1973), S. 270 ff. Giedymin wiederholt meine Argumente in mehr formeller Sprache und erwähnt, daß sie von Philipp Frank vorweggenommen wurden. Er spricht sogar von der »empirischen Sinnlosigkeit der Newtonschen Begriffe, wenn man den Standpunkt der speziellen Relativitätstheorie zugrundelegt« (S. 274 – Professor Watkins, *British Journal*, Bd. 26 [1975], S. 97, kann ihn also kaum richtig verstanden haben, wenn er ihn als Kämpfer *gegen* die Inkommensurabilität ins Feld führt). Aber die Existenz formaler Gesetze, die beiden Gebieten gemeinsam sind, führt ihn in die Irre, und so findet er sich am Ende, wie man im Deutschen so schön sagt, mit einem Hintern auf zwei Hochzeiten.

120 Vgl. meine Erörterung der Impetustheorie in Bd. I, Kap. 4, Abschnitt 5 meiner *Philosophical Papers*.

121 »Meaning and Scientific Change«, in: *Mind and Cosmos*, Hg. Colodny, Pittsburgh 1966, S. 78.

122 Ebenda.

rectum . . .« –, die die Bewegung als *Zustand* und nicht als Veränderung auffaßt[123], und indem man (b) zeigt, daß der Begriff des »Impetus« gemäß einem Gesetz definiert ist, das von Galilei und Newton außer Kraft gesetzt wird und daher kein Prinzip für die Konstituierung von Tatsachen mehr ist (das tue ich einigermaßen ausführlich in meiner Diskussion des Falles). Gesichtspunkt (b) erledigt auch den zweiten Einwand: es ist richtig, daß inkommensurable Systeme und Begriffe strukturelle Ähnlichkeiten aufweisen können – doch das ändert nichts an der Tatsache, daß die universellen Prinzipien des einen Systems durch das andere außer Kraft gesetzt werden. Es ist *diese* Tatsache, die zur Inkommensurabilität führt trotz aller Ähnlichkeiten, die man sonst noch finden mag.[124]

Shapere (und andere nach ihm) haben auch zu zeigen versucht, daß inkommensurable Theorien nicht bloß selten sind, sondern eine philosophische Unmöglichkeit darstellen. Ich wende mich jetzt diesen Argumenten zu.

Ich sagte, eine wissenschaftliche Veränderung könne zur Ersetzung der Aussagen auf einem bestimmten Gebiet führen, und zwar einer umfassenden Ersetzung, wenn es sich um umfassende Ideologien handelt. Sie beeinflußt nicht nur Theorien, sondern auch Beobachtungsaussagen und (siehe oben, Galilei) natürliche Interpretationen. Eine solche Anpassung der Beobachtung an die Theorie (und das ist der springende Punkt des *ersten Einwands*) beseitigt oft widersprechende Beobachtungsaussagen und rettet eine neue Kosmologie ad hoc. Außerdem erhebt sich der *Verdacht*, daß Beobachtungen, die im Sinne einer neuen Theorie gedeutet werden, diese nicht mehr widerlegen können. Es ist nicht schwer, auf diese Punkte zu antworten.

Was den Einwand betrifft, so möchte ich in Übereinstimmung mit dem bereits Gesagten (vgl. Kapitel 5 und 6) darauf hinweisen, daß ein Widerspruch zwischen Theorie und Beobachtung einen Fehler der *Beobachtungssprache* (ja selbst unserer Wahr-

123 Vgl. A. Koyré, »The Significance of the Newtonian Synthesis«, in: *Newtonian Studies*, London 1965, S. 9 ff.

124 Das erledigt auch Giedymins »Analyse« – siehe Anm. 119.

nehmungen) enthüllen kann, so daß es durchaus naheliegt, die Beobachtungssprache zu ändern, sie der neuen Theorie anzupassen und zu sehen, was geschieht. Eine solche Veränderung gibt – und das sollte auch so sein – Anlaß zu neuen Hilfswissenschaften (Hydrodynamik, Theorie der Festkörper, Optik im Falle Galileis), die den Verlust an empirischem Gehalt unter Umständen mehr als ausgleichen. Und was den Verdacht betrifft[125], so muß man daran denken, daß die Voraussagen einer Theorie von ihren Axiomen (und zugehörigen Grammatikregeln) *wie auch* von den Anfangsbedingungen abhängen, während der Sinn der »Grundbegriffe« *nur* von den Axiomen (und zugehörigen Grammatikregeln) abhängt. Und in den seltenen Fällen, in denen eine Theorie Aussagen über mögliche Anfangsbedingungen impliziert[126], kann man sie widerlegen mit Hilfe von *selbstwidersprechenden Beobachtungsaussagen* wie: »Der Gegenstand A bewegt sich nicht auf einer geodätischen Linie«, die nach Einstein-Infeld-Hoffmann analysiert, besagt: »Die Singularität α, die sich auf einer geodätischen Linie bewegt, bewegt sich nicht auf einer geodätischen Linie.« Doch die wichtigste Entgegnung besteht in dem Hinweis, daß es keine selbständigen Beobachtungsaussagen gibt, was aber der Einwand voraussetzt.

Der *zweite Einwand* kritisiert eine Auffassung von der Wissenschaft, die für die Entstehung der Inkommensurabilität notwendig zu sein scheint. Ich habe bereits darauf verweisen, daß die Frage, ob zwei bestimmte umfassende Theorien wie die klassische Mechanik und die spezielle Relativitätstheorie inkommensurabel seien, eine unvollständige Frage ist. Theorien lassen sich verschieden interpretieren. In manchen Interpretationen sind sie kommensurabel, in anderen nicht. Der Instrumentalismus z. B. macht alle Theorien kommensu-

125 Dieser Verdacht wurde von Professor Hempel in einer Diskussion im Minnesota Center for the Philosophy of Science geäußert, vgl. *Minnesota Studies*, Bd. 4, Minneapolis 1970, S. 236 ff.

126 Das scheint in einigen Fassungen der allgemeinen Relativitätstheorie der Fall zu sein; vgl. Einstein, Infeld und Hoffmann, *Ann. Math.* 39 (1938), S. 65, sowie Sen /5[16]/, S. 19 ff.

rabel, die mit der gleichen Beobachtungssprache zusammenhängen und aufgrund von ihr gedeutet werden. Ein Realist dagegen möchte Beobachtbares und Nichtbeobachtbares auf gleiche Weise darstellen und erklären und benützt dazu die abstraktesten Begriffe der Theorie, die ihm gerade vorschwebt.[127] Er benützt sie, um Beobachtungssätzen entweder einen Sinn zu *verleihen* oder ihren üblichen Sinn zu *ersetzen*. (Zum Beispiel wird er die Ideen der speziellen Relativitätstheorie verwenden, um die übliche klassische Interpretation von Alltagsaussagen über Form, zeitliche Reihenfolge usw. zu ersetzen.) Hier wenden fast alle Empiristen ein, daß theoretische Begriffe durch Verknüpfung mit einer präexistenten Beobachtungssprache oder einer Theorie gedeutet werden, die bereits mit einer solchen verknüpft ist. So behauptet Carnap[128], es gebe »keine unabhängige Deutung für L_T [die Sprache, in der eine bestimmte Theorie oder Weltauffassung formuliert ist]. Das System T [die Axiome der Theorie und die Ableitungsregeln] ist selbst ein uninterpretiertes System von Postulaten. [Seine] Ausdrücke . . . erfahren nur eine mittelbare und unvollständige Deutung durch die Tatsache, daß einige von ihnen durch die [Korrespondenz-]Regeln C mit Beobachtungsausdrücken verknüpft sind . . .« Wenn nun die theoretischen Ausdrücke keine »unabhängige Deutung« besitzen,

127 Diese Überlegung wurde von Bohr und Rosenfeld zu einem Prinzip erhoben, *Kgl. Danske Videnskab, Selskab Mat.-Phs. Medd.*, Bd. 12, Nr. 8 (1933), und neuerdings von Marzke und Wheeler in »Gravitation and Geometry, I«, ebenda, S. 48: »Jede brauchbare Theorie sollte von sich aus eigene Mittel zur Definition der Größen bereitstellen, von denen sie handelt. Nach diesem Grundsatz sollte die klassische allgemeine Relativitätstheorie Raum- und Zeitmessungen gestatten, die sich überhaupt nicht auf Gegenstände beziehen [die ihr äußerlich sind] wie starre Stäbe, Inertial-Uhren oder Atomuhren, die das Wirkungsquantum [ins Spiel bringen].« Ihre Begriffe sollten auch vor einer Verseuchung durch Beobachtungsbegriffe geschützt werden, die zu einer früheren und primitiveren Stufe der Erkenntnis gehören. Vgl. *Philosophical Papers*, Bd. 2, Kap. 8, Appendix.

128 The Methodological Character of Theoretical Concepts, in: *Minnesota Studies in the Philosophy of Science*, Bd. 1, Minneapolis 1956, S. 47.

dann kann man sie nicht zur Berichtigung der Deutung von Beobachtungsaussagen heranziehen, die ja die einzige Quelle ihrer Bedeutung sind. Es folgt, daß der Realismus, so wie er hier beschrieben wurde, unmöglich ist, und daß keine Inkommensurabilität entstehen kann, solange man sich innerhalb der Grenzen der »vernünftigen« (d. h. empiristischen) wissenschaftlichen Methode hält.
Der Leitgedanke hinter diesem sehr beliebten Einwand ist der, daß neue und abstrakte Sprachen nicht direkt eingeführt werden können, sondern zunächst mit einer bereits vorhandenen und als fest angesehenen Beobachtungssprache verknüpft werden müssen.[129]

129 Ein noch konservativerer Grundsatz wird manchmal bei der Erörterung der Möglichkeit von Sprachen mit einer anderen Logik als der unseren angewandt: »Eine angeblich neue Möglichkeit muß sich in unser jetziges Begriffs- oder Sprachsystem einfügen oder übersetzen lassen.« B. Stroud, »Conventionalism and the Indeterminacy of Translations«, in: *Synthese* 1968, S. 173. Der Gedanke, daß eine neue Sprache mit Hilfe einer stabilen Beobachtungssprache gelehrt werden müsse, leitet sich von der empiristischen Tradition her, vor allem von den Auffassungen zur *logischen Rekonstruktion,* die im Wiener Kreis entstanden sind. Nach diesen findet man den empirischen Gehalt einer Theorie (oder natürlichen Sprache), indem man nachsieht, wieviel sich von ihr in eine *Idealsprache* übersetzen läßt, deren empiristische Eigenschaften leicht erkennbar sind. Theorien gelten nur insoweit als sinnvoll, wie eine solche Übersetzung möglich ist. Aufgrund dieser Auffassungen lag es nahe, die Erlernung einer neuen Sprache an die gewählte Idealsprache zu binden. Doch es stellte sich bald heraus, daß man gar nicht so leicht zu einer Idealsprache kommen kann und daß schon die allerersten Schritte auf Probleme führen, von denen man in der Physik nichts weiß. Außerdem mußte man die Begriffe der gewählten »Basen« der Rekonstruktion allmählich anreichern, um der Intersubjektivität der wissenschaftlichen Ausdrücke gerecht zu werden. Eine Reihe solcher Entwicklungsschritte, die nur selten klar durchschaut *oder auch nur erkannt* wurden, führte allmählich weg von dem Gedanken der Rekonstruktion zu dem der Interpretation und von da zum Gedanken des Lehrens (vgl. Hempels scharfsichtige Kritik der gegenwärtigen Verhältnisse in: *Minnesota Studies,* Bd. 4, Minneapolis 1970, S. 162 ff.). Diese Entwicklung mit ihren Irrtümern und Versehen, mit ihrem allmählichen Hinübergleiten von einer Position zu einer anderen, ist J. Giedymin unbekannt (*British Journal for the Philosophy of Science* 22 [1971], S. 40 ff.), und so kritisiert er mich, weil ich sie berücksichtige. Giedymins Unwissenheit überrascht keineswegs, denn er weigert

Dieser Leitgedanke wird sofort durch den Hinweis darauf widerlegt, wie Kinder das Sprechen lernen – sie gehen gewiß nicht von einer angeborenen Beobachtungssprache aus – und wie Anthropologen und Sprachwissenschaftler die unbekannte Sprache eines neuentdeckten Stammes lernen.

Der erste Fall wurde bereits kurz beschrieben. Im zweiten Fall erkennt man, daß das, was in der Anthropologie verpönt ist, und zwar mit sehr guten Gründen, für die heutigen Vertreter der Philosophie des Wiener Kreises noch immer ein fundamentales Prinzip darstellt. Nach Carnap, Feigl, Hempel, Nagel u. a. erlangen die Begriffe einer Theorie ihren Sinn auf mittelbare Weise, indem sie zu einem anderen Begriffssystem in Beziehung gesetzt werden, das entweder eine ältere Theorie oder eine Beobachtungssprache ist.[130] Ältere Theorien oder Beobachtungssprachen werden nicht wegen ihrer theoretischen Vorzüge herangezogen (sie können gar keine haben – die älteren Theorien sind gewöhnlich widerlegt), sondern weil sie »von einer bestimmten Sprachgemeinschaft als Verständigungsmittel verwendet werden«.[131] Nach dieser Methode wird der Ausdruck »hat wesentlich größere relativistische Maße als ...« teilweise gedeutet, indem er zunächst mit gewissen *vorrelativistischen Begriffen* (klassischen Begriffen, Alltagsbegriffen) verknüpft wird, die »allgemein verständlich sind« (vermutlich deshalb, weil sie früher in Verbindung mit groben Wägemethoden gelehrt wurden), und er wird erst verwendet, nachdem ihm eine solche Verknüpfung einen mehr oder weniger bestimmten Inhalt verliehen hat.

Dieses Verfahren, das manchmal einen ungeheuren logischen Apparat erfordert und deshalb oft als der letzte Schrei einer

sich ja ganz ausdrücklich, die Geschichte ernst zu nehmen (*British Journal for the Philosophy of Science* 21 [1970], S. 257).

130 Zum Folgenden vgl. auch meine Besprechung von Nagels *Structure of Science*, in: *British Journal for the Philosophy of Science* 6 (1966), S. 237-249.

131 Carnap, *Methodological Character of Theoretical Concepts*, in: »Minnesota Studies in the Philosophy of Science«, Bd. 1, Minneapolis, S. 40; vgl. auch Hempel, *Philosophy of Natural Science*, New York 1966, S. 74 ff.

wahrhaft wissenschaftlichen Philosophie angesehen wird, ist noch schlechter als die einst recht beliebte Forderung, Zweifelsfragen durch Übersetzung ins Lateinische zu klären. Denn während das Lateinische wegen seiner Genauigkeit und Klarheit und auch wegen seines größeren Begriffsreichtums gegenüber den sich langsam entwickelnden Volkssprachen gewählt wurde[132], also aus einem theoretischen Grund, wählt man eine Beobachtungssprache oder eine ältere Theorie, weil sie »bereits verständlich« sind: *man wählt sie wegen ihrer Popularität.* Wenn übrigens vorrelativistische Begriffe, die von der Wirklichkeit ziemlich weit entfernt sind (insbesondere darum, weil sie aus einer falschen Theorie stammen, die auf einer nicht existierenden Ontologie beruht), durch ostensive Definition gelehrt werden können, beispielsweise mit Hilfe grober Wägemethoden (und man muß annehmen, daß das möglich ist, sonst würde das ganze Schema sofort zusammenbrechen), warum sollte man dann die relativistischen Begriffe nicht *unmittelbar* und *ohne* Unterstützung durch die Begriffe einer anderen Sprache einführen? Und schließlich entspricht es dem gesunden Menschenverstand, daß das Lehren oder Lernen oder Konstruieren neuer und unbekannter Sprachen nicht mit fremdem Material durchsetzt sein darf. Die Sprachwissenschaftler erinnern uns daran, daß eine vollkommene Übersetzung niemals möglich ist, auch wenn man komplizierte Kontextdefinitionen verwendet. Das ist einer der Gründe für die Wichtigkeit der *Feldarbeit,* in der neue Sprachen *von Grund auf* gelernt werden, und für die Ablehnung einer Analyse, die sich auf eine vollständige oder teilweise Übersetzung stützt. *Doch gerade das, was in der Sprachwissenschaft verpönt ist, wird jetzt von den logischen Empiristen für selbstverständlich gehalten,* wobei eine mythische »Beobachtungssprache« an die

132 Aus diesem Grunde hielt Leibniz das damalige Deutsch, besonders das der Handwerker, für eine vollkommene Beobachtungssprache, während das Latein für ihn schon viel zu stark mit theoretischen Begriffen infiziert war. Siehe »Unvorgreifliche Gedancken, betreffend die Ausübung und Verbesserung der Teutschen Sprache«, in: *Wissenschaftliche Beihefte zur Zeitschrift des allgemeinen deutschen Sprachvereins*, 4. Reihe, Heft 29, Berlin 1907, S. 292 ff.

Stelle der Muttersprache der Übersetzer tritt. Fangen wir auch auf diesem Gebiet mit der Feldarbeit an und studieren wir die Sprache neuer Theorien nicht in den Definitionsfabriken des Zweisprachenmodells, sondern in Gesellschaft der Metaphysiker, Physiker, Dramatiker, Kurtisanen, die die neuen Weltauffassungen aufgebaut haben! Damit beschließe ich meine Diskussion des Leitgedankens hinter dem zweiten Einwand gegen den Realismus und die Möglichkeit inkommensurabler Theorien.

Ein *dritter Einwand* lautet, es gebe *entscheidende Experimente,* die eine von zwei angeblich inkommensurablen Theorien widerlegen und die andere bestätigen. Beispielsweise sollen das Michelson-Morley-Experiment, die Veränderung der Masse von Elementarteilchen, der transversale Dopplereffekt die klassische Mechanik widerlegen und die Realtivitätstheorie bestätigen. Auch hier ist die Antwort nicht schwer. Vom Standpunkt der Relativitätstheorie aus ergibt sich, daß die Experimente, *die jetzt natürlich mit relativistischen Begriffen* (der Länge, Zeitdauer, Masse, Geschwindigkeit usw.) *beschrieben werden*[133], für die Theorie *relevant* sind und sie auch *stützen.* Vom Standpunkt der klassischen Mechanik aus (mit oder ohne Äther) ergibt sich wiederum, daß die Experimente, *die jetzt mit den ganz anderen Begriffen der klassischen Physik beschrieben werden* (d. h. ungefähr so, wie es Lorentz tat), relevant sind, daß sie aber die (Verbindung von Elektrodynamik und) klassische(r) Mechanik *unterminieren.* Warum sollte es eine Terminologie geben, in der man sagen kann, daß dasselbe Experiment die eine Theorie bestätigt und die andere widerlegt? – Aber haben wir nicht selbst soeben eine solche Terminologie verwendet? Nun, einmal dürfte es einfach, wenn auch etwas mühsam sein, das soeben Gesagte *ohne* Voraussetzung der Identität auszudrücken. Zweitens steht die Identifi-

133 Beispiele solcher Beschreibungen finden sich bei Synge, »Introduction to General Relativity«, Abschn. 2, in: *Relativity, Groups, and Topology,* Hg. de Witt und de Witt, 1964. Eine noch elegantere Art der Einführung der Relativitätstheorie findet sich bei Bondi, *Assumptions and Myth in Physical Theory,* Cambridge 1967, S. 29 ff. (der k-Kalkül).

kation meiner These natürlich nicht entgegen, denn wir *gebrauchen* nun nicht die Begriffe der Relativitätstheorie oder der klassischen Physik, wie es bei einer Prüfung der Theorie geschieht, sondern wir *sprechen über* sie und ihre Beziehung zur physikalischen Welt. Die Sprache, in der *dies* geschieht, kann klassisch, relativistisch oder Wodu sein. Es hilft nicht, wenn man behauptet, die Wissenschaftler verhielten sich so, als wäre die Situation viel weniger kompliziert.[134] Wenn sie das tun, dann sind sie entweder Instrumentalisten (siehe oben) oder sie begehen einen Fehler: viele Wissenschaftler interessieren sich heutzutage für *Formeln*, aber mir geht es um *Interpretationen*. Es ist auch möglich, daß sie wegen ihrer guten Vertrautheit mit beiden Theorien zwischen ihnen so rasch hin und her springen, daß es aussieht, als blieben sie in ein und demselben Sprachsystem.

(Diese letzte Bemerkung erledigt übrigens auch den Einwand, »der Übergang von der Newtonschen Theorie der Gravitation zur Einsteinschen« könne »kein irrationaler Sprung sein«, weil die Newtonsche Theorie »aus der Einsteinschen Theorie« als sehr gute Näherung »folgt«.[135] Gute Denker können sehr schnell springen, und Kontinuität der formalen Beziehungen bedeutet nicht Kontinuität der Deutungen, wie jeder allmählich wissen sollte, der die berüchtigte »Ableitung« des Gravitationsgesetzes aus den Keplerschen Gesetzen kennt.)

Es heißt auch, wenn man Inkommensurabilität in der Wissenschaft zulasse, könne man nicht mehr entscheiden, ob eine neue Auffassung das *erkläre*, was sie erklären soll, oder ob sie in ganz andere Gebiete abwandere.[136] Beispielsweise würde man nicht wissen, ob eine neuerfundene physikalische Theorie es noch mit den Problemen von Raum und Zeit zu tun habe oder ob ihr Urheber nicht aus Versehen eine biologische Aussage gemacht habe. Doch ein solches Wissen ist ganz unnötig.

134 So Popper /16¹/, S. 57.

135 Popper, ebenda.

136 Auf diese Schwierigkeit wurde von Roger Buck in einer Diskussion im Minnesota Center hingewiesen, vgl. *Minnesota Studies*, Bd. 4, S. 232.

Denn wenn einmal die Tatsache der Inkommensurabilität zugegeben worden ist, dann entsteht die dem Einwand zugrunde liegende Frage überhaupt nicht (theoretischer Fortschritt macht es oft unmöglich, bestimmte Fragen zu stellen und bestimmte Dinge zu erklären; so kann man nicht mehr nach der absoluten Geschwindigkeit eines Gegenstandes fragen, jedenfalls nicht, solange man die Relativitätstheorie ernst nimmt). Ist das für die Wissenschaft ein ernsthafter Verlust? Keineswegs! Fortschritte wurden gerade durch jenes »Abwandern in andere Gebiete« erzielt, dessen Unentscheidbarkeit jetzt den Kritiker jetzt beunruhigt: Aristoteles sah die Welt als einen riesigen *Organismus,* als etwas *Biologisches,* während eine wesentliche Eigenschaft der neuen Wissenschaft von Descartes, Galilei und ihren Nachfolgern in Medizin und Biologie die ausschließlich mechanistische Sichtweise ist. Sollen solche Entwicklungen verboten werden? Und wenn nicht, was bleibt dann von dem Einwand übrig?
Ein ganz ähnlicher Einwand geht vom Begriff der *Erklärung* oder *Reduktion* aus und betont, daß dieser eine Kontinuität der Begriffe voraussetzt (dasselbe Argument kann an Hand anderer Argumente entwickelt werden). Um bei meinem Beispiel zu bleiben: Die Relativitätstheorie soll die richtigen Teile der klassischen Physik erklären, also kann sie nicht mit ihr inkommensurabel sein! Die Antwort liegt wieder auf der Hand. Warum sollte sich der Relativitätstheoretiker um das Schicksal der klassischen Mechanik kümmern, außer als historische Übung? Nur *eines* kann man mit Recht von einer Theorie fordern, nämlich, daß sie eine richtige Analyse der Welt liefert, d. h. der Gesamtheit der Tatsachen, *so wie sie von ihren eigenen Grundbegriffen konstituiert werden.* Was haben die Grundsätze der Erklärung mit dieser Forderung zu tun? Ist es nicht vernünftig anzunehmen, daß die klassische Mechanik, die sich in verschiedenen Punkten als mangelhaft erwiesen hat und *mit ihren eigenen Tatsachen* in Schwierigkeiten kommt (siehe oben über entscheidende Experimente), auch mangelhafte Begriffe haben wird? Und ist es nicht ebenso vernünftig zu versuchen, diese Begriffe durch die einer erfolgreicheren

Kosmologie zu ersetzen? Übrigens, warum sollte man den Begriff der Erklärung mit der Forderung nach Kontinuität der Begriffe belasten? Der Begriff der Erklärung hat sich schon einmal als zu eng erwiesen (Forderung der Ableitbarkeit) und mußte so erweitert werden, daß er partielle und statistische Verknüpfungen einbezog. Nichts hindert uns, ihn noch weiter auszudehnen und etwa »Erklärungen durch Äquivokation« zuzulassen.

Inkommensurable Theorien lassen sich also widerlegen durch Heranziehung ihrer jeweils eigenen Art der Erfahrung, d. h. durch Aufdeckung der *inneren Widersprüche,* an denen sie leiden. (Beim Fehlen vergleichbarer Alternativen sind diese Widerlegungen freilich ziemlich schwach, wie sich aus den Argumenten für den Theorienpluralismus in den Kapiteln 2 und 3 ergibt.) Ihre *Gehalte* lassen sich nicht vergleichen. Auch die *Wahrheitsähnlichkeit* läßt sich nur innerhalb der Grenzen einer bestimmten Theorie beurteilen (man vergesse nicht, daß das Problem der Inkommensurabilität nur dann entsteht, wenn man die Veränderung *umfassender kosmologischer Auffassungen* analysiert – beschränkte Theorien führen selten zu den nötigen begrifflichen Revisionen). Keine der Methoden, die Carnap, Hempel, Nagel, Popper oder selbst Lakatos heranziehen möchten, um wissenschaftliche Veränderungen rational zu machen, läßt sich anwenden, und die einzige Methode, die übrigbleibt, die Widerlegung, wird stark geschwächt. Es bleiben ästhetische Urteile, Geschmacksurteile, metaphysische Vorurteile, religiöse Bedürfnisse, kurz, *es bleiben unsere subjektiven Wünsche:* die fortgeschrittensten und allgemeinsten Bereiche der Wissenschaft geben dem einzelnen eine Freiheit zurück, die er in ihren einfacheren Teilen zu verlieren schien. Das ist das letzte Argument, das nötig ist, um die Schlußfolgerungen der vorhergehenden Kapitel trotz der Angriffe unserer modernsten und klügsten Rationalisten aufrechtzuerhalten.

Dieses Ergebnis zeigt, daß eine gewisse Form des Realismus zu eng ist und im Gegensatz zur wissenschaftlichen (zur Erkenntnis-)Praxis steht. Der Positivismus glaubte, daß sich die

Wissenschaft im wesentlichen mit Beobachtungen befaßt, die sie ordnet und klassifiziert, über die sie aber nie hinausgeht. Der Wandel der Wissenschaft (der Erkenntnis) ist für den Positivisten ein Wandel der Klassifikationsschemata, der nur darum so dramatisch aussieht, weil die Schemata irrtümlicherweise verdinglicht wurden. Die Kritiker des Positivismus wiesen darauf hin, daß die Welt nicht bloß aus Beobachtungen besteht. Es gibt Organismen, Felder, Kontinente, Elementarteilchen, Scheidungen und viele andere Gegenstände und Ereignisse. Die Wissenschaft entdeckt eines nach dem anderen und bestimmt ihre Eigenschaften und Beziehungen zueinander, und zwar *ohne sie im geringsten zu verändern.* Das ist der Kern der realistischen Auffassung.
Man kann nun diese Auffassung als eine bestimmte Theorie über den Menschen und die Welt betrachten oder aber als eine Voraussetzung für jede Diskussion über Veränderungen in der Wissenschaft (der Erkenntnis). Die meisten Realisten scheinen den zweiten Standpunkt zu vertreten, sind also Dogmatiker. Doch auch der erste Standpunkt kann nun kritisiert und widerlegt werden. Dazu braucht man nur darauf zu verweisen, wie oft die Welt schon durch Veränderungen in den grundlegenden Theorien verändert wurde. Denn man kann sicher nicht annehmen, daß zwei inkommensurable Theorien es mit ein und demselben objektiven Sachverhalt zu tun haben (dazu müßte man annehmen, daß beide zumindest auf den gleichen objektiven Sachverhalt *verweisen.* Doch wie kann man das von »beiden« behaupten, wenn sie »beide« zusammen niemals sinnvoll sind?) Wenn man also nicht annehmen will, daß sie es mit überhaupt nichts zu tun haben, so muß man zugeben, daß sie von verschiedenen Welten handeln, und daß die Veränderung durch den Übergang von der einen Theorie zur anderen zustandegekommen ist. Natürlich wäre es abwegig, sich vorzustellen, sie sei dadurch *verursacht* worden. Doch seit Bohrs Analyse des Falls von Einstein, Podolsky und Rosen weiß man, daß es Veränderungen gibt, die nicht das Ergebnis einer *kausalen Wirkung* des Beobachters auf den Beobachtungsgegenstand sind, sondern einer Veränderung der *Bedingungen,*

aufgrund derer man von Gegenständen oder Situationen bestimmter Art sprechen kann (wenn man ein Gummiband A dehnt, so ändert sich der Wahrheitswert der Aussage »Gummiband A ist kürzer als Gummiband B« von wahr nach falsch, ohne daß zwischen A und B Wirkungen stattfänden). An derartige Veränderungen denken wir, wenn wir sagen, daß eine Veränderung universeller Prinzipien zu einer Veränderung der gesamten Welt führt. Diese Redeweise setzt nicht mehr eine von unserer wissenschaftlichen Tätigkeit unberührte objektive Welt voraus. Man gibt zu, daß die Forschung einen entscheidenden Einfluß selbst auf die festgefügtesten Bestandteile des Kosmos hat. Man gibt zu, daß die Welt in der wir leben, von uns nicht nur erkannt, sondern durch unseren Erkenntnisprozeß auch fortwährend neu geschaffen wird. Genaueres bei Gonzalo Munévar, *Radical Knowledge,* Dissertation, University of California, Berkeley 1975.

Anhang 4

Whorf spricht von »Ideen«, nicht von »Ereignissen« oder »Tatsachen«, und es ist nicht immer klar, ob er meiner Erweiterung seiner Auffassungen zustimmen würde. Einerseits sagt er, »Zeit, Geschwindigkeit und Materie sind für den Aufbau eines konsistenten Weltbildes nicht notwendig« (/17[1]/, S. 216), und er erklärt, »wir zerlegen die Natur, organisieren sie in Begriffe und schreiben Bedeutungen zu hauptsächlich deshalb, weil wir voreingenommen sind für ein Abkommen, sie auf solche Weise zu organisieren« (S. 213), woraus zu folgen scheint, daß völlig verschiedene Sprachen nicht nur verschiedene Ideen für die Ordnung der gleichen Tatsachen setzen, sondern daß sie auch verschiedene Tatsachen setzen. Das »linguistische Relativitätsprinzip« scheint in dieselbe Richtung zu weisen. Es besagt, »informal gesprochen, daß die Verwender wesentlich verschiedener Grammatiken von diesen auf verschiedene Arten von Beobachtungen und verschiedene Bewertungen äußerlich gleicher Beobachtungen verwiesen werden und daher keine gleichartigen Beobachter sind, sondern zu etwas verschiedenen Auffassungen von der Welt kommen müssen« (S. 221). Doch die »formaleren Fassungen« (S. 221) des Prinzips enthalten bereits etwas anderes, denn hier heißt es: »Die Beobachter werden nur dann von den *gleichen physikalischen Daten* zum gleichen Weltbild geführt, wenn ihre Sprachen ähnlich sind oder ähnlich gemacht werden können« (S. 214, Hervorhebung von mir), und das kann entweder heißen, daß Beobachter mit wesentlich verschiedenen Sprachen unter den gleichen physikalischen Bedingungen in der gleichen physikalischen Welt *verschiedene Tatsachen setzen*, oder es kann heißen, daß sie *gleiche Tatsachen auf verschiedene Art anordnen.* Die zweite Deutung findet eine gewisse Stütze in den angegebenen Beispielen, wo von verschiedenen Bedeutungsbruchstücken aus dem Englischen und dem Shawnee gesagt wird, sie würden »zur Beschreibung *der gleichen Erfah-*

rung benützt« (S. 208), und wo wir lesen: »Sprachen klassifizieren Erfahrungsstücke auf verschiedene Weise« (S. 209): die Erfahrung wird als ein einheitlicher Vorrat von Tatsachen angesehen, die von verschiedenen Sprachen verschieden *klassifiziert* werden. Sie findet eine weitere Stütze in Whorfs Beschreibung des Übergangs von der horror-vacui-Analyse der barometrischen Erscheinungen zur modernen Theorie: »Wenn diese Sätze [Warum steigt das Wasser in einer Pumpe auf? Weil die Natur das Vakuum scheut] einmal der Logik als befriedigend erschienen, heute dagegen als Idiosynkrasien eines besonderen Jargons, so liegt das nicht daran, daß die Wissenschaft neue Tatsachen entdeckt hätte. Sie hat neue sprachliche Formulierungen für die alten Tatsachen eingeführt, und nun, da man sich in der neuen Sprache zu Hause fühlt, sind gewisse Eigenschaften der alten nicht mehr verbindlich« (S. 222). Ich messe jedoch diesen konservativeren Aussagen weniger Bedeutung bei als denen, die den grammatischen Kategorien großen Einfluß zuschreiben, insbesondere den verborgeneren »Beziehungssystemen« einer Sprache (S. 68 ff.).
Schließlich noch einige Bemerkungen zur Beziehung zwischen Kuhns Idee der Inkommensurabilität und der meinen.
In meiner Dissertation (Wien 1951) fragte ich nach dem Sinn von Beobachtungsaussagen. Ich zog die Idee in Betracht, daß Beobachtungsaussagen ›das Gegebene‹ beschreiben, und suchte also ›das Gegebene‹ zu identifizieren. *Phänomenologisch* war das nicht möglich: wir sehen Gegenstände, ihre Eigenschaften, ihre Beziehungen, nicht aber ›Gegebenes‹. Natürlich können wir die Eigenschaften beobachtbarer Gegenstände unmittelbar an ihnen ablesen, aber das macht diese Gegenstände nicht zu etwas anderem, sondern zeigt nur, daß wir uns in besonderer Beziehung zu ihnen befinden. Phänomenologisch ist also das, was gegeben ist, von derselben Natur wie das, was außerhalb des Rahmens der Beobachtung liegt – es ist nicht ein Gegenstand besonderer Art. Spezielle Anordnungen, wie der Reduktionsschirm, führen aber neue Bedingungen ein – sie enthüllen nicht Bestandteile, die in der gewöhnlichen Beobachtung schon vorhanden waren. Resultat: das ›Gege-

bene‹ und überhaupt alle Gegenstände, die man als beobachtbare Gegenstände von theoretischen Entitäten trennen möchte, lassen sich nicht durch Beobachtung isolieren. Das ›Gegebene‹ ist phänomenologisch nicht auffindbar.

Man kann nun versuchen, es durch *logische* Verfahren zu isolieren: ›Gegebenes‹ ist *sicher* feststellbar, also ist etwa der Tisch vor mir nur dann ›gegeben‹, wenn ich aus dem *Satz* ›vor mir steht ein Tisch‹ alle jene Folgen entferne, die eine zukünftige Überprüfung ermöglichen. Das zeigt, daß das ›Gegebene‹ eine Sache des *Entschlusses* ist, und zwar eines *unvernünftigen* Entschlusses: objektiv nicht überprüfbare Sätze taugen nicht als Basis der Wissenschaft.

Wir kommen so zur Annahme, daß der Sinn von Beobachtungsaussagen von der Natur der Gegenstände abhängt, die sie beschreiben, und unberührt ist vom Umstand, daß es sich um Beobachtungssätze handelt. Diese Annahme habe ich in »An Attempt at a Realistic Interpretation of Experience«, *Proc. Aristot. Soc.* 1958, genauer untersucht.

Nun ändern sich unsere Annahmen über die Natur von Gegenständen oft ganz radikal, und zwar so, daß ein Vergleich nicht leicht möglich ist (was ›wirklich‹ ist, wird später als Traum oder Illusion angesehen und umgekehrt). Mein Studium Wittgensteins, das ich 1950 in Diskussionen mit G. E. M. Anscombe begann (die *Philosophischen Untersuchungen* waren damals noch nicht publiziert, und ich las sie im Manuskript), lieh dieser Annahme Unterstützung, und so gab ich meine erste Darstellung der Inkommensurabilität in Anscombes Haus in Oxford, im Winter 1952/53, in der Gegenwart von L. L. Hart und G. H. von Wright: die Entdeckung neuer wissenschaftlicher Entitäten, sagte ich, ist oft nicht der Entdeckung Amerikas vergleichbar, die die Grundzüge unserer Welt unverändert läßt, sondern der Entdeckung, daß eine geträumte Situation nicht ein Traum ist, sondern Wirklichkeit. Beobachtungssätze werden in dieser Darstellung von anderen Sätzen durch ein behavioristisches Kriterium und nicht durch ihren Inhalt getrennt (das Kriterium habe ich in meiner Dissertation zum erstenmal entwickelt, dann, in etwas vereinfachter Weise, in meinem weiter oben erwähnten Aufsatz; es antizipiert Quines fast identisches Kriterium in *Word and Object*).

Kuhns Ideen, die ich 1959 zum erstenmal las, unterscheiden sich von den meinen auf die folgende Weise: sie neigen mehr in die Richtung der Psychologie und sie legen nahe, daß *jede* wissenschaftliche Veränderung (a) zu einer Verschiebung des Sinns *und daher* (b) zu Inkommensurabilität führt. In *Journ. Phil.* May 13, 1965, S. 177 ff., zeigte ich, daß nicht jede wissenschaftliche Veränderung zu Sinnverschiebungen führt, weiter oben im Text habe ich gezeigt, daß nicht jede Sinnverschiebung zu Inkommensurabilität führt. Auch sind Änderungen der Wahrnehmungswelt meiner Ansicht nach durch die Forschung festzustellen – sie sind nicht eine Selbstverständlichkeit (darum die lange Untersuchung, ob der geometrische Stil eine Eigenart der Wahrnehmungen der geometrischen Künstler ausdrückt). Außerdem sind meine *Folgerungen* von denen Kuhns verschieden. Kuhn meint, daß ein Verständnis zwischen verschiedenen Paradigmen nicht möglich ist, und findet so einen zusätzlichen Grund für seine Forderung einer Normalwissenschaft. Ich sage, daß Wissenschaftler aus verschiedenen Paradigmen sich sehr gut verstehen können, und schließe, daß Stabilität des Sinns zum Verständnis nicht nötig ist (*Journ. Phil.*, op. cit. S. 177). Für mich ist also die Tatsache der Inkommensurabilität eine Kritik einer gewissen Idee darüber, wann Verständnis stattfinden kann (man braucht stabile und wohldefinierte Sinnelemente), und *nicht* eine Kritik der Rationalität der Wissenschaft. Sie zeigt auch, daß gewisse Auffassungen vom wissenschaftlichen Fortschritt, wie die Poppers oder die von Lakatos, die beide Stabilität des Sinns von Basissätzen annehmen, den Tatsachen nicht gerecht werden.

18

Die hier vorgetragenen Gedanken sind nicht neu. Sie finden sich bei den klügeren Wissenschaftlern des 19. Jahrhunderts. An die Stelle dieser Gedanken tritt mit dem Wiener Kreis ein neuer philosophischer Primitivismus. Popper beseitigt einige Schwierigkeiten dieser primitiven Philosophie, bringt sie aber der Praxis der Wissenschaften um keinen Schritt näher.

Zusammenfassend kann man also folgendes über die »Struktur der Wissenschaften« sagen: die Wissenschaften haben keine gemeinsame Struktur, es gibt keine Elemente, die in jeder wissenschaftlichen Untersuchung vorkommen, die aber in anderen Bereichen fehlen.[1] Konkrete Entwicklungen haben gelegentlich sehr deutliche Züge, und wir können auch gelegentlich sagen, warum und wie diese Züge zum Erfolg führten. Das gilt aber nicht für alle Entwicklungen, und was einem Wissenschaftler in der Vergangenheit geholfen hat, führt einen anderen ins Unglück. Erfolgreiches Forschen gehorcht nicht allgemeinen Regeln – es verläßt sich bald auf den einen, bald auf den anderen Maßstab, und die Schachzüge, die es fördern, werden dem Forscher oft erst nach Vollendung der Forschung klar. Eine Wissenschaftstheorie, die Maßstäbe für *alle* wissenschaftlichen Tätigkeiten aufstellt und sie durch Hinweis auf eine Rationalitätstheorie autorisiert, sieht vielleicht sehr eindrucksvoll aus – aber sie ist viel zu grob und einseitig, als daß sie den Wissenschaftlern bei ihrem Geschäft helfen könnte. Andrerseits ist gar nichts gegen Faustregeln einzuwenden und gegen historische Beispiele. Die zeigen, wie komplex die Forschung eigentlich ist, und bereiten so den Forscher auf den Sumpf vor, den er betritt. Eine historische Unterweisung dieser Art gibt ihm ein Gefühl für den Reichtum und die Komplexität der Umstände, die er beeinflussen will, sie fordert ihn

1 Der Einwand, daß das Wort »Wissenschaft« ohne solche Elemente keinen Sinn hat, beruht auf einer Sinntheorie, die von Denkern wie Ockham, Berkeley und Wittgenstein mit ausgezeichneten Gründen kritisiert worden ist.

auf, kindliche Dinge, wie die Logik, hinter sich zu lassen und auch erkenntnistheoretische Regeln nie zu ernst zu nehmen – und das ist alles, was man so aus der Ferne tun kann – *wegen der Natur des Materials.* Eine Theorie, die mehr tun will, verliert die Verbindung mit der Wirklichkeit, selbst wenn es sich um eine rein normative Theorie handelt – es ist einfach unmöglich, ihren normativen Regeln zu folgen, genauso wie es unmöglich ist, den Mount Everest mit den Schritten des klassischen Balletts zu erklettern.

Die eben erklärten Ideen sind nicht neu. Wir finden sie bei vielen Wissenschaftlern des 19. Jahrhunderts, wie bei Boltzmann, Mach, Duhem, später bei Einstein und dann, in philosophisch schon sehr verdünnter Weise, bei Wittgenstein. Diese Wissenschaftler und andere vor ihnen haben Abstraktionen, wie »Raum«, »Zeit«, »Geist«, »Körper« etc., untersucht und Fehler in ihnen gefunden. Sogar die Gesetze der Logik wurden nicht aus ihren Zweifeln ausgenommen. Und Boltzmann, zum Beispiel, hat sie für vorübergehende Denkhilfen gehalten, die im Verlauf der Geschichte der Wissenschaften fortwährend durch Besseres ersetzt werden.[2] Nach Ansicht dieser Wissenschaftler müssen alle Dinge, die die Wissenschaften beeinflussen, auch von ihnen geprüft werden. Wissenschaftlich forschen heißt nicht, Probleme aufgrund von Randbedingungen lösen, die von vornherein und unabhängig von der Forschung bekannt sind und die uns erlauben, allgemeine Züge aller Lösungen vorherzusehen (zum Beispiel: alle Lösungen sind »rational« oder »falsifizierbar« oder »gehaltsvermehrend«) – es heißt, Erkenntnis und physische Instrumente (auch diese werden ja ständig umgebaut) und natürlich auch Gedanken an die Einsichten und die Forderungen eines bestimmten historischen Stadiums anpassen. Ein Wissenschaftler ist nicht ein gehorsamer Sklave, der Grundgesetzen gehorcht, die ihrerseits von strengen Hohepriestern überwacht werden, er ist ein Opportunist, der die Ergebnisse der Vergangenheit und die heiligsten Prinzipien der Gegenwart

2 Populäre Schriften, Leipzig 1905, S. 318.

einmal für diesen, dann für einen anderen Zweck verbiegt – angenommen, er achtet auf sie.[3]

Allgemeine Prinzipien spielen schon eine Rolle, aber sie werden nach Maßgabe der Forschungssituation eingesetzt, und, noch öfter, mißbraucht. Vergeblich versucht man, sie zu »explizieren« oder zu »rechtfertigen« oder »systematisch zu präsentieren«, und die Wissenschaftler, die ich eben erwähnt habe, haben in der Tat ihre erkenntnistheoretischen Hinweise »Aperçus« oder »Randbemerkungen« oder sogar »Scherze« genannt.[4] Insbesondere weigerte sich Mach, von einer besonderen »Machschen Philosophie« zu sprechen. Was ihn betrifft, so gibt es einzig die Forschung und historisch illustrierte Faustregeln – das ist alles. Alle Wissenschaften vereinigen sich, um bei der Untersuchung traditioneller Kategorien mitzuwirken, wie der Kategorie der objektiven Existenz, und auch das Studium der Geschichte wird diesem Zweck angepaßt.[5] Selbst sehr grundlegende Denkgesetze können im Verlauf des wissenschaftlichen Wandels verworfen werden. Das war nicht leeres Gerede – das waren fruchtbare Ideen: die Revolution der modernen Physik wäre ohne diese Ideen nie zustande gekommen. Da erhob sich dann eine Physik, die nicht nur Vor-

3 »Die Schablonen der *formalen* und der *induktiven* Logik können nicht viel nützen, denn die intellektuellen Situationen wiederholen sich nie genau. Aber die Beispiele der großen Forscher sind sehr lehrreich.« Ernst Mach, *Erkenntnis und Irrtum,* Leipzig 1916, S. 200. »Die äußeren Bedingungen« schreibt Einstein, *Albert Einstein: Philosopher-Scientist,* ed. P. A. Schilpp, New York 1951, S. 683 f., »die die Erfahrung dem Forscher setzt, erlauben es ihm nicht, sich bei der Konstruktion seiner Begriffswelt durch Befolgung eines epistemologischen Systems zu sehr einschränken zu lassen. Dem systematischen Epistemologen muß er daher wie ein skrupelloser Opportunist erscheinen«.

4 »Aperçus«, Mach, *Analyse der Empfindungen,* Jena 1922, S. 39. »Scherze«, Philipp Frank, *Einstein. His Life and Times,* London 1948, S. 261. Mehr zu diesen Zügen in Kap. 5 und 6 von Bd. 2 meiner *Philosophical Papers.*

5 Der Leser sei daran erinnert, wie Aristoteles die Geschichte verwendete, um die Philosophie zu verbessern, und wie er mit ihrer Hilfe ganz neue Disziplinen schuf: die Physik, die Biologie, die Psychologie, die politischen Wissenschaften, die Rhetorik, die Poetik und die Ideengeschichte.

hersageschema war, sondern eine philosophische Konzeption, und diese Konzeption war ihrerseits nicht nur intellektuelles Geschwätz, sie hatte konkreten Gehalt.
Nun ist es interessant zu sehen, wie diese fruchtbare Zusammenarbeit von Philosophie, Geschichte, Wissenschaft plötzlich zum Stillstand kam und durch einen neuen philosophischen Primitivismus ersetzt wurde. Umgeben von revolutionären Entdeckungen in den Wissenschaften, interessanten Gesichtspunkten in den Künsten, überraschenden Entwicklungen in der Politik, zogen sich die »Philosophen« des Wiener Kreises auf eine enge und schlecht konstruierte Bastion zurück. Die Verbindung mit der Geschichte riß ab. Die Verwendung aller möglichen Disziplinen zum Zweck der Lösung philosophischer Probleme kam zum Stillstand. Wissenschaftsfremde Begriffe und Probleme gewannen die Oberhand.[6] Polanyi und Kuhn waren nach langer Zeit die ersten Denker, die die resultierende Schulphilosophie mit ihrem Gegenstand – den Wissenschaften – verglichen und so ihren illusionären Charakter zeigten. Das hat die Sache nicht verbessert. Die Philosophen kehrten nicht zur Geschichte zurück. Sie gaben nicht die logischen Scharaden auf, die sie kennzeichnen. Sie bereicherten diese Scharaden mit weiteren leeren Gesten, zumeist von Kuhn (»Paradigma«, »Krise«, »Revolution« und so weiter), ohne Rücksicht auf den Zusammenhang, und komplizierten dadurch ihre Doktrin, ohne sie der Wirklichkeit auch nur einen Schritt näherzubringen. Der vorkuhnsche Positivismus war infantil – aber er war relativ klar. Der nachkuhnsche Positivismus ist noch immer infantil – aber er ist auch sehr unklar.
Unter den Wissenschaftsphilosophen nahm allein Lakatos Kuhn (und Polanyi) beim Wort. Er bekämpft sie auf ihrem eigenen Gebiet und mit ihren eigenen Waffen. Er gab zu, daß der Positivismus (induktivistischer oder falsifikationistischer Abart) die Wissenschaftler weder aufklärt noch ihnen bei ihrer Forschung hilft. Er bestritt aber, daß uns ein näheres Herantreten an die Geschichte zwingt, *alle* allgemeinen Maßstäbe

6 Details in Bd. 2, Kap. 5 meiner *Philosophical Papers.*

aufzugeben. Das glaubt zwar der verwirrte Rationalist, der der Geschichte zum erstenmal in all ihrer Pracht gegenübersteht. Aber ein gründlicheres Studium desselben Materials zeigt, daß wissenschaftliche Prozesse eine gemeinsame Struktur haben und allgemeinen Regeln gehorchen. Es gibt eine Theorie der Wissenschaften und, allgemeiner, eine Theorie der Rationalität, weil das Denken die Geschichte auf gesetzmäßige Weise betritt.

Diese These wurde im vorhergehenden Kapitel widerlegt. Nichts hindert uns mehr, zur Position von Mach und Einstein zurückzukehren: es gibt keine allgemeine Theorie der Wissenschaften, es gibt nur den Prozeß der Forschung und Faustregeln, die uns helfen, ihn weiterzuführen, die aber ständig auf ihre Brauchbarkeit hin überprüft werden müssen.[7]

Damit haben wir eine einfache Antwort auf verschiedene Kritiker, die mich zur Rechenschaft ziehen, weil ich gegen Wissenschaftstheorien bin und doch eine Wissenschaftstheorie entwickle, oder die mir vorhalten, daß ich »keine positive Bestimmung dessen gebe, was gute Wissenschaft ist«: wenn man eine Sammlung von Faustregeln eine »Theorie« nennen will, gut, dann habe ich eben eine Theorie – aber sie unterscheidet sich sehr von den antiseptischen Traumschlössern von Kant und Hegel und den Hundehütten Carnaps und Poppers. Andrerseits fehlt bei Mach und Wittgenstein ein eindrucksvolleres Gebilde, ein »System« nicht darum, weil diesen Herren die spekulative Kraft fehlt, sondern weil sie Systeme für das Ende der Wissenschaften (Künste, Religionen etc.) halten.[8] Und die

7 Nach welchen Kriterien werden sie überprüft? Nach den Kriterien, die am besten auf die Situation passen. Wie bestimmen wir, ob sie passen? Wir *konstituieren* sie mit Hilfe der Forschung, die wir betreiben: Kriterien sind nicht nur *Richter* von Ereignissen und Prozessen, sie gehen oft aus diesen Ereignissen und Prozessen hervor, *und das muß auch so sein* – oder der Prozeß der Forschung könnte nie beginnen.

8 In seiner Autobiographie, die eine sehr klare Darstellung der Popperschen Philosophie enthält (*Philosophers on their own Work*, ed. A. Mercier und M. Svilar, Vol. 7, Bern-Las Vegas 1981, S. 167), schreibt Gerard Radnitzky, daß Kuhn und ich »das Problem der Theorienbewertung verloren«. Wir haben das Problem nicht verloren, sondern an die richtige

Naturwissenschaften, insbesondere die Physik und die Astronomie, betreten das Argument nicht darum, weil ich »von ihnen fasziniert« bin, wie einige Kritiker gesagt haben, sondern weil sie zur Diskussion stehen: die Mathematik, die Physik, die Astronomie waren die Waffen, mit deren Hilfe die Positivisten und ihre aufgeregten Gegner, die kritischen Rationalisten, andere Philosophien umbringen wollten. Nun stellt es sich heraus, daß die Waffen rückwärts schießen und ihre Schützen töten.[9]

Ich rede auch nicht vom Fortschritt, weil ich an ihn glaube oder wüßte, was Fortschritt heißt, sondern um den Rationalisten in Schwierigkeit zu bringen, der zugleich auch den Fortschritt liebt (eine *reductio ad absurdum* verpflichtet den Argumentierenden nicht zur Annahme der Prämissen[10]). Was aber das Schlagwort »anything goes« betrifft, so ist die Lage sehr einfach. In diesem Buch kommt es nur einmal vor, und es wird genau erklärt, was gemeint ist (S. 31 f.): »Wer sich dem reichen, von der Geschichte gelieferten Material zuwendet und es nicht darauf abgesehen hat, es zu verdünnen, um seine niedrigen Instinkte zu befriedigen, nämlich die Sucht nach geistiger

Stelle abgegeben, nämlich an die Wissenschaftler. Sicher ist es nicht die Aufgabe der Philosophen, Meßinstrumente zur Messung der Temperatur unabhängig von den Situationen zu konstruieren, in denen Temperatur gemessen werden soll. Das ist die Aufgabe der Wissenschaften, und diese Aufgabe wird je nach dem theoretischen Stand und je nach dem Gebiet, in dem man Temperatur messen will, verschieden gelöst. Es ist aber auch nicht Aufgabe der Philosophen, Meßinstrumente für Theorien, d. h. methodologische Regeln zu finden, denn wie physikalische Meßinstrumente hängen auch diese von der theoretischen Situation und dem allgemeinen Wissensstand ab.

9 Außerdem ist es sehr interessant zu sehen, wie jene Gebiete der Naturwissenschaften, denen ein Methodenbewußtsein im Sinne der Philosophie gänzlich zu fehlen scheint, wichtige Ergebnisse produzieren, während die methodisch viel bewußteren Sozialwissenschaften von einem öden Theoremchen zum anderen stolpern.

10 Eine überraschende Menge meiner Kritiker scheint dieses einfache Prinzip nicht zu kennen, das bereits beim vielfach verfluchten (und nie gelesenen) Aristoteles zu finden ist: die lautesten Verteidiger des »Rationalismus« haben keine Ahnung vom Gehalt der Doktrin, die sie verteidigen wollen.

Sicherheit in Form von Klarheit, Präzision, ›Objektivität‹, ›Wahrheit‹, der wird einsehen, daß es nur *einen* Grundsatz gibt, der sich unter *allen* Umständen und in *allen* Stadien der menschlichen Entwicklung vertreten läßt. Es ist der Grundsatz: *anything goes.*« Diese Erklärung ist bereits sehr klar, läßt aber noch immer zwei Deutungen zu: Ich *vertrete* das Schlagwort und mache es zu einer Basis des Denkens; ich vertrete es *nicht,* sondern beschreibe bloß das Schicksal eines Liebhabers von Prinzipien, der die Geschichte in Betracht zieht: das einzige Prinzip, das *ihm* verbleibt, ist »anything goes«. Auf S. 37 weise ich die erste Deutung ganz ausdrücklich zurück: »Ich habe nicht die Absicht, eine Menge allgemeiner Regeln durch eine andere Menge zu ersetzen; meine Absicht ist vielmehr, den Leser davon zu überzeugen, *daß alle Methodologien, auch die einleuchtendsten, ihre Grenzen haben* ...« Noch klarer wird die Situation aus dem folgenden Umstand: unmittelbar nach dem ersten Auftreten des Schlagwortes schreibe ich: »Diese Situation müssen wir jetzt in ihren konkreten Einzelheiten untersuchen und erklären.« Das heißt: so wie es dasteht, hat das »Prinzip« noch keinen Inhalt. Einen Inhalt bekommt es erst durch eine Analyse konkreter Prozesse, und zwar in derselben Weise, in der der Begriff der Renaissance seinen Inhalt aus der historischen Forschung erhält, die viele verschiedene und sehr komplexe Situationen erklärt. Die konkreten Prozesse, auf die ich anspiele, sind natürlich die Fallstudien. Diese Studien zeigen, wie Kopernikus, Newton, Galilei, die Vorsokratiker, Einstein das erzielten, was man heute ihre Erfolge nennt. Die Wege, die diese Forscher betraten, waren nicht ohne Richtung, und sie alle hatten eine mehr oder weniger bestimmte Ansicht, wie vorzugehen sei. Die Ideen aber, bei denen sie ankamen, unterschieden sich ganz wesentlich von den Ideen, von denen sie ausgingen. Niemand hatte eine Ahnung von der schließlichen Richtung der Forschung – aber die Reisenden kannten kein Zögern. Kühn betraten sie das unbekannte Land, entschlossen bewegten sie sich von einem Irrtum zum nächsten. Hinterher können wir oft wohlbestimmte Wege identifizieren – aber diese Wege unterscheiden sich sowohl von den Plänen der Philosophen (vgl. Descartes' übelgelaunte Einwände gegen Galilei auf S. 89) als auch von den anfänglichen Vorstellungen der Reisenden selbst. Zufälle, Naturgesetze, soziale Umstände, Eigenwilligkeiten – sie alle wirken in erstaunlicher Weise zusammen. Die Fallstudien haben also sowohl ein positives als auch ein negatives Ergebnis. Das negative Ergebnis: viele Maßstäbe werden verletzt und müssen verletzt werden, um das zu erreichen, was wir heute wichtige Ergebnisse nennen. Es gibt keine Maßstäbe, die Inhalt haben *und* alle Entdeckungen richtig beschreiben. Das positive Ergebnis: Verfahren, die heute eine gewisse Vollständigkeit aufzuweisen scheinen, waren erfolgreich und können als fruchtbare Faustregeln für die zukünftige Forschung beibehalten werden. (Ich bin also weit davon entfernt, die Beseitigung aller Regeln und aller Verfahrensvorschriften zu verlangen, denn ich versuche ja zu erklären, wie, d. h. aufgrund welcher identifizierbarer Handlungen, die Erfolge erzielt wurden, die wir heute so schätzen. Ich verweise nur darauf, daß die Erfolge unter bestimmten Umständen eintraten, daß wir oft nicht verstehen, was wirklich geschehen ist, und daß die Wiederholung der Erfolge unter ganz anderen Umständen, aber aufgrund derselben Regeln sehr unwahrscheinlich ist. Außerdem ändern sich ja die Vorstellungen vom Erfolg von einer Periode der Forschung zur nächsten.)

Nur wenige Leser sind meinem Rat gefolgt und haben sich die Fallstudien näher angesehen. Die meisten Kritiker scheinen mit ihrer Lektüre gleich nach dem ersten Auftreten von »anything goes« Schluß gemacht zu haben. Für sie waren die Fallstudien entweder zu schwer[11] oder zu detailliert, oder sie hielten, die Leere ihres Kopfes sich zum Vorbild nehmend, das leere und unerklärte Prinzip bereits für die Sache selber.

Es gibt einen weiteren Grund, warum viele Wissenschafts-

11 So gesteht Gellner in seiner Besprechung meines Buches freimütig seine Inkompetenz in wissenschaftlichen Dingen ein, schreibt aber noch immer eine Besprechung (und eine sehr dumme) unter der Annahme, daß man meine Behauptungen unabhängig von den Beispielen verstehen und kritisieren kann.

theoretiker glauben, ohne Beispiele auskommen zu können. Es ist die Annahme, *daß nicht die Beispiele selbst in einem Argument zählen, sondern nur ihre abstrakte Beschreibung.* Natürlich muß die Beschreibung durch Vergleich mit den Beispielen überprüft werden. Ist sie aber wahr, dann hängt ihre argumentative Kraft nicht mehr von einer genauen Kenntnis der Beispiele ab. Diese Annahme gilt sicher nicht für Kunstwerke. Um künstlerische Errungenschaften richtig einschätzen zu können, muß man sie sich ansehen (oder lesen oder hören) – Beschreibungen reichen nicht aus, selbst wahre oder hochkonfirmierte Beschreibungen nicht. Nun ist einer der wichtigsten Punkte der Machschen Analyse der Wissenschaften, der Einstellung Einsteins zur Forschung, der Philosophie Bohrs und der beiden Bücher, die ich geschrieben habe, um die Einstellung aller dieser Denker zu verteidigen, daß die Wissenschaften den Künsten gerade in dieser Hinsicht sehr ähnlich sind. Oder, um die Sache etwas paradox auszudrücken: *die besten Teile der Wissenschaften, das heißt jene Teile, die von den großen Wissenschaftlern entwickelt wurden, sind Künste und nicht Wissenschaften im Sinne eines »rationalen« Unternehmens, das allgemeinen Maßstäben der Vernunft genügt und wohldefinierte, stabile, »objektive« und daher praxisunabhängige Begriffe verwendet.* Man kann auch sagen, daß es keine »Wissenschaften« im Sinne unserer Rationalisten gibt, sondern nur Humaniora. Wissenschaften im Gegensatz zu Künsten gibt es nur in den traumverseuchten Geistern unserer Philosophen.[12]

12 Vgl. mein Buch *Wissenschaft als Kunst*, Frankfurt 1983.

19

Es gibt also keinen klar formulierbaren Unterschied zwischen Mythen und wissenschaftlichen Theorien. Die Wissenschaft ist eine der vielen Lebensformen, die die Menschen entwickelt haben, und nicht unbedingt die beste. Sie ist laut, frech, teuer und fällt auf. Grundsätzlich überlegen ist sie aber nur in den Augen derer, die bereits eine gewisse Position bezogen haben oder die die Wissenschaften akzeptieren, ohne jemals ihre Vorzüge und Schwächen geprüft zu haben. Und da das Annehmen und Ablehnen von Positionen dem einzelnen oder, in einer Demokratie, demokratischen Ausschüssen überlassen werden sollte, so folgt, daß die Trennung von Staat und Kirche *durch die Trennung von Staat und* Wissenschaft *zu ergänzen ist.*

Diese Einschätzung der Wissenschaften hat eine neue Einstellung zu ihrer Rolle in der Gesellschaft zur Folge. Das Bild der Wissenschaft des 20. Jahrhunderts in den Augen der Wissenschaftler und Laien ist bestimmt durch technische Wunder wie das Farbfernsehen, die Mondflüge, den Infrarotgrill sowie durch ein ziemlich vages, aber noch immer recht einflußreiches Gerücht oder Märchen über die Art, wie diese Wunder zustande kommen.
Nach diesem Märchen entsteht der Erfolg der Wissenschaft aus einer subtilen Verbindung von Erfindergeist und Kontrolle. Die Wissenschaftler haben *Ideen.* Und sie haben spezielle *Methoden* für die Verbesserung von Ideen. Die wissenschaftlichen Theorien haben die methodische Prüfung bestanden. Sie liefern eine bessere Darstellung der Welt als Ideen, die diese Prüfung nicht bestanden haben.
Das Märchen erklärt, warum die moderne Gesellschaft die Wissenschaft auf besondere Weise behandelt und ihr Vorrechte einräumt, derer sich andere Institutionen nicht erfreuen.
Im Idealfall ist der moderne Staat ideologisch neutral. Reli-

gion, Mythos, Vorurteile haben zwar einen Einfluß, aber nur auf Umwegen, durch politisch einflußreiche *Parteien.* Ideologische Grundsätze *können* in den Regierungsapparat eindringen, aber nur durch eine Mehrheitsentscheidung und nach langwieriger Diskussion der möglichen Konsequenzen. In unseren Schulen werden die Hauptreligionen als *historische Erscheinungen* gelehrt. Mit einem Wahrheitsanspruch werden sie nur gelehrt, wenn die Eltern eine direktere Unterweisung verlangen. *Sie* müssen über die religiöse Erziehung ihrer Kinder entscheiden. Die finanzielle Unterstützung für Ideologien geht nicht über die für Parteien und private Vereinigungen hinaus. Staat und Ideologie, Staat und Kirche, Staat und Mythos sind sorgfältig getrennt.

Staat und Wissenschaft hingegen arbeiten eng zusammen. Ungeheure Summen werden für die Verbesserung wissenschaftlicher Gedanken ausgegeben. Mischgebiete wie die Wissenschaftstheorie, die auf keine einzige Entdeckung hinweisen können, ziehen aus diesem Wissenschaftsboom Nutzen. Selbst die menschlichen Beziehungen werden wissenschaftlich behandelt, wie es sich in Bildungsprogrammen, Vorschlägen für die Gefängnisreform, das militärische Ausbildungswesen usw. zeigt. Fast alle Wissenschaftsgebiete sind Pflichtfächer in unseren Schulen. Die Eltern eines sechsjährigen Kindes können entscheiden, ob ihm die Grundlagen des Protestantismus oder des Judentums oder überhaupt keine Religion vermittelt werden soll, aber auf dem Gebiet der Wissenschaften haben sie kein solches Recht. Physik, Astronomie, Geschichte *müssen* gelernt werden. Sie können nicht durch Magie, Astrologie oder das Studium von Sagen ersetzt werden.

Man ist auch nicht mit einer rein *historischen* Darstellung physikalischer (astronomischer, historischer usw.) Tatsachen und Grundsätze zufrieden. Man sagt nicht: *manche Leute glauben,* daß sich die Erde um die Sonne bewegt, andere dagegen betrachten die Erde als eine Hohlkugel, in der sich die Sonne, die Planeten, die Fixsterne befinden. Es heißt: Die Erde *bewegt* sich um die Sonne – alles andere ist reiner Blödsinn.

Schließlich unterscheidet sich die Art, wie wissenschaftliche

Gedanken anerkannt oder verworfen werden, grundsätzlich von demokratischen Entscheidungsverfahren. Man akzeptiert wissenschaftliche Gesetze und wissenschaftliche Tatsachen, man lehrt sie in den Schulen, man legt sie wichtigen politischen Entscheidungen zugrunde, ohne daß jemals über sie abgestimmt worden wäre. Die *Wissenschaftler* stimmen nicht über sie ab – oder behaupten es wenigstens –, und die *Laien* bestimmt auch nicht. Gelegentlich werden konkrete Vorschläge erörtert, es werden Abstimmungen vorgeschlagen. Doch das Verfahren wird nicht auf allgemeine Theorien und wissenschaftliche Tatsachen ausgedehnt. Die moderne Gesellschaft ist nicht deshalb »kopernikanisch«, weil der Kopernikanismus demokratisch diskutiert und dann mit einfacher Mehrheit angenommen worden wäre; sie ist deshalb »kopernikanisch«, weil die *Wissenschaftler* Kopernikaner sind und weil ihre Kosmologie heute ebenso unkritisch hingenommen wird wie einst die Kosmologie der Bischöfe und Kardinäle.
Selbst kühne und revolutionäre Denker beugen sich dem Urteil der Wissenschaft. Kropotkin möchte alle bestehenden Institutionen zerbrechen – aber die Wissenschaft rührt er nicht an. Ibsen geht in der Demaskierung der menschlichen Verhältnisse seiner Zeit sehr weit – aber die Wissenschaft bleibt für ihn Maßstab der Wahrheit. Evans-Pritchard, Lévi-Strauss und andere haben erkannt, daß das »abendländische Denken« keineswegs ein einsamer Gipfel der menschlichen Entwicklung ist, sondern mit Problemen zu kämpfen hat, die in anderen Ideologien fehlen – aber die Wissenschaft nehmen diese Autoren von ihrer Relativierung aller Denkformen aus. Auch für sie ist die Wissenschaft eine *neutrale Struktur*, die *positives Wissen* enthält, das von Kultur, Ideologie, Vorurteil unabhängig ist.
Der Grund für diese Sonderbehandlung der Wissenschaft ist natürlich unser kleines Märchen: Wenn die Wissenschaft eine Methode gefunden hat, die ideologisch verseuchte Ideen in wahre und nützliche Theorien verwandelt, dann ist sie eben keine bloße Ideologie, sondern ein objektiver Maßstab für alle Ideologien. Sie fällt dann nicht unter die Forderung der Trennung von Staat und Ideologie.

Doch das Märchen ist, wie wir sahen, falsch. Es gibt keine spezielle Methode, die den Erfolg gewährleistet oder wahrscheinlich macht. Die Wissenschaftler lösen Probleme nicht darum, weil sie eine Wünschelrute besitzen – die Methodologie oder eine Theorie der Rationalität –, sondern weil sie sich mit einem Problem lange Zeit beschäftigt haben, weil sie die Verhältnisse ziemlich gut kennen, weil sie nicht gerade dumm sind (was heutzutage, wo fast jeder Wissenschaftler werden kann, freilich schon recht zweifelhaft ist), und weil die Exzesse einer wissenschaftlichen Schule fast immer durch die Exzesse einer anderen ausgeglichen werden. (Außerdem lösen die Wissenschaftler nur selten ihre Probleme, sie machen eine Menge Fehler, und viele ihrer Lösungen sind völlig unbrauchbar.) Im Grunde gibt es kaum einen Unterschied zwischen dem Vorgang, der zur Verkündung eines neuen wissenschaftlichen Gesetzes führt, und dem, der zum Erlaß eines neuen Gesetzes in der Gesellschaft führt: es werden entweder alle Bürger oder die unmittelbar Betroffenen unterrichtet, es werden »Tatsachen« und Vorurteile gesammelt, es wird diskutiert und schließlich abgestimmt. Doch während eine Demokratie gewisse Anstalten macht, den Vorgang so zu *erklären,* daß er jedem verständlich ist, wird er von den Wissenschaftlern entweder *verheimlicht* oder *verfälscht.*

Kein Wissenschaftler wird zugeben, daß Abstimmungen auf seinem Fachgebiet eine Rolle spielten. Tatsachen, Logik und Methodologie entscheiden allein – das erzählt uns das Märchen. Doch wie entscheiden die Tatsachen? Welche Funktion haben sie beim Erkenntnisfortschritt? Man kann Theorien nicht aus ihnen *ableiten.* Man kann auch kein *negatives* Kriterium angeben, z. B. gute Theorien seien widerlegbare Theorien, denen aber noch keine Tatsache widerspricht. Ein Falsifikationsprinzip, das Theorien ausscheidet, weil sie nicht mit den Tatsachen übereinstimmen, würde die gesamte Wissenschaft beseitigen müssen (oder zugeben müssen, daß große Teile von ihr nicht widerlegbar sind). Auch der Gedanke, eine gute Theorie *erkläre mehr* als ihre Konkurrenten, ist nicht sehr wirklichkeitsnah. Gewiß: neue Theorien sagen oft Neues voraus – doch fast stets auf Kosten des bereits Bekannten. Was die Logik anlangt, so erkennen wir, daß selbst ihre einfachsten Forderungen in der wissenschaftlichen Praxis nicht erfüllt *sind* und wegen der Komplexität des Materials auch gar nicht erfüllt sein *können.* Die Ideen, mit denen die Wissenschaftler das Bekannte darstellen und ins Unbekannte vorstoßen, entsprechen nur selten den strengen Vorschriften der Logik oder reinen Mathematik, und der Versuch, sie ihnen anzupassen, würde der Wissenschaft die Elastizität rauben, ohne die es keinen Fortschritt gibt. Man erkennt: Tatsachen allein sind nicht stark genug, um zur Annahme oder Ablehnung wissenschaftlicher Theorien zu veranlassen, sie lassen dem Denken einen *zu weiten* Spielraum; Logik und Methodologie andererseits scheiden zu viel aus, sie sind *zu eng.* Zwischen diesen beiden Extremen liegt das sich immerfort wandelnde Reich menschlicher Ideen und Wünsche. Und eine genaue Analyse erfolgreicher Schritte im Wissenschaftsspiel (»erfolgreich« vom Standpunkt der Wissenschaft selbst) zeigt in der Tat, daß es einen weiten Freiheitsspielraum gibt, der eine Vielfalt der Ideen *verlangt* und die Anwendung demokratischer Verfahren (Diskussion und Abstimmung) *gestattet,* der aber durch Machtpolitik und Propaganda versperrt ist. *Hier gewinnt das Märchen von den speziellen Methoden seine entscheidende Funktion.* Es verdeckt den Entscheidungsspielraum, den schöpferische Wissenschaftler und die Öffentlichkeit auch innerhalb der strengsten und fortgeschrittensten Teile der Wissenschaft haben, durch die Rede von »objektiven« Kriterien und schützt so die großen Tiere (Nobelpreisträger, Institutchefs, Spitzen von Berufsverbänden, führende Vertreter bestimmter Schulen, »Erzieher« usw.) vor den Massen (Laien, Fachleute auf nichtwissenschaftlichen Gebieten, Wissenschaftler anderer Fachgebiete): nur jene Bürger zählen, die den Zwängen der wissenschaftlichen Institutionen ausgesetzt waren (eine lange Ausbildung durchgemacht haben), die ihnen erlegen sind (ihre Prüfungen bestanden haben) und die jetzt von der Wahrheit des Märchens fest überzeugt sind. So haben die Wissenschaftler sich selbst und alle anderen über ihr Ge-

schäft getäuscht, aber ohne einen wirklichen Nachteil zu erleiden: sie haben mehr Geld, mehr Autorität, mehr Sexappeal, als sie verdienen, und die primitivsten Methoden und lächerlichsten Ergebnisse auf ihrem Gebiet sind mit einer Aura umgeben. Es ist Zeit, sie in ihre Grenzen zu verweisen und ihnen eine bescheidenere Stellung in der Gesellschaft zu geben.
Dieser Vorschlag, den nur wenige unserer wohldressierten Zeitgenossen annehmen wollen, scheint im Gegensatz zu gewissen einfachen und allbekannten Tatsachen zu stehen.
Ist es nicht eine Tatsache, daß ein ausgebildeter Arzt besser befähigt ist, eine Krankheit zu erkennen und zu heilen, als ein Laie oder ein Medizinmann aus einer primitiven Gesellschaft? Ist es nicht eine Tatsache, daß Epidemien und gefährliche Einzelerkrankungen erst mit dem Auftreten der modernen Medizin verschwunden sind? Muß man nicht zugeben, daß die Technik seit dem Aufstieg der modernen Wissenschaft ungeheure Fortschritte gemacht hat? Und sind nicht die Mondflüge ein eindrucksvoller und unbestreitbarer Beweis für ihre Qualitäten? Das sind einige der Fragen, die dem unverschämten Kerl an den Kopf geworfen werden, der es wagt, die Sonderstellung der Wissenschaften zu kritisieren.
Die Fragen erreichen ihren polemischen Zweck nur, wenn man annimmt, die Ergebnisse der Wissenschaft, *die niemand bestreitet,* seien ohne jede Mitwirkung außerwissenschaftlicher Faktoren entstanden und könnten auch durch solche nicht verbessert werden, und wenn man weiterhin annimmt, daß sie allein den Mantel des Erfolges tragen. »Unwissenschaftliche« Verfahren wie die Kräuterkunde von Hexen und weisen Männern, die Astronomie der Mystiker, die Krankenbehandlung in primitiven Gesellschaften sind völlig wertlos. *Allein die Wissenschaft* liefert eine brauchbare Astronomie, eine wirksame Heilkunde, eine zuverlässige Technik. Man muß ferner voraussetzen, daß die Wissenschaft ihren Erfolg der richtigen Methode verdankt und nicht bloß dem glücklichen Zufall; nicht eine gute kosmologische Idee hat zum Fortschritt geführt, sondern die richtige *und kosmologisch neutrale* Behandlung von Daten. Diese Voraussetzungen sind notwen-

dig, um den Fragen die beabsichtigte polemische Spitze zu verleihen. Und keine von ihnen hält einer genaueren Prüfung stand.

Die moderne Astronomie begann mit dem Versuch des Kopernikus, die alten Ideen von Philolaos den Bedürfnissen der astronomischen Voraussagen anzupassen. Philolaos war kein exakter Wissenschaftler, sondern ein pythagoreischer Wirrkopf, wie wir gesehen haben (Kapitel 5, Anm. 25), und die Konsequenzen seiner Lehre wurden von einem Fachastronomen wie Ptolemäus »unglaublich lächerlich« genannt (Kapitel 4, Anm. 4). Selbst Galilei, der die wesentlich verbesserte Kopernikanische Fassung von Philolaos vor sich hatte, sagt: »Mein Erstaunen kennt keine Grenzen, wenn ich daran denke, daß Aristarch und Kopernikus imstande waren, die Vernunft so über die Sinne zu stellen, daß sie, im Widerspruch zu diesen, zur Beherrscherin ihrer Auffassungen wurde« (*Dialog* /5[3]/, S. 328). »Sinne« meint hier die Erfahrungen, die Aristoteles und andere zum Beweis dafür herangezogen hatten, daß die Erde ruhen müsse. Die »Vernunft«, die Kopernikus ihren Argumenten entgegensetzt, ist die höchst mystische Vernunft des Philolaos in Verbindung mit einem ebenso mystischen Glauben (»mystisch« vom Standpunkt der heutigen Rationalisten aus) an den fundamentalen Charakter der Kreisbewegung. Ich habe gezeigt, daß die moderne Astronomie und die moderne Dynamik nicht ohne diese unwissenschaftliche Verwendung vorsintflutlicher Ideen vorangekommen wären.

Die Astronomie zog Nutzen aus dem Pythagoreismus und der Platonischen Vorliebe für Kreise, die Medizin aus der Kräuterkunde, der Psychologie, der Metaphysik, der Physiologie von Hexen, Hebammen, weisen Männern, Wanderapothekern. Es ist bekannt, daß die Medizin des 16. und 17. Jahrhunderts theoretisch aufgebläht war, aber der Krankheit gegenüber völlig hilflos (was sie noch lange nach der »wissenschaftlichen Revolution« blieb). Neuerer wie Paracelsus verbesserten die Medizin durch Rückgriff auf ältere Ideen. Überall wird die Wissenschaft durch unwissenschaftliche Methoden und Ergebnisse bereichert, während Verfahren, die oft als wesent-

liche Bestandteile der Wissenschaft gelten, stillschweigend außer Kraft gesetzt oder umgangen werden.
Dieser Prozeß ist nicht auf die Frühgeschichte der modernen Wissenschaft beschränkt. Er ist nicht lediglich eine Folge des unentwickelten Zustands der Wissenschaften im 16. und 17. Jahrhundert. Auch heute kann die Wissenschaft aus unwissenschaftlichen Beimischungen Nutzen ziehen und tut es auch. Ein Beispiel, das in Kapitel 4 besprochen wurde, ist die Wiedererweckung der traditionellen Medizin im kommunistischen China. Als die Kommunisten in den 50er Jahren Krankenhäuser und medizinische Fakultäten zwangen, die Ideen und Methoden aus dem »Lehrbuch der inneren Medizin des Gelben Kaisers« zu lehren und bei der Krankenbehandlung anzuwenden, waren viele westliche Fachleute (unter ihnen Eccles, einer der »Knappen Poppers«) entsetzt und sagten den Niedergang der chinesischen Medizin voraus. Genau das Gegenteil geschah. Akupunktur, Moxibustion, Pulsdiagnose führten zu neuen Erkenntnissen, neuen Behandlungsmethoden, neuen Problemen für den westlichen wie für den chinesischen Arzt. Und wer es nicht gerne sieht, wenn sich der Staat in wissenschaftliche Angelegenheiten einmischt, der sollte sich des handfesten Chauvinismus der Wissenschaft erinnern: für die meisten Wissenschaftler bedeutet das Schlagwort »Freiheit der Wissenschaft« Freiheit zur Indoktrination nicht nur derer, die sich ihr angeschlossen haben, sondern auch der ganzen übrigen Gesellschaft. Gewiß – nicht jede Mischung wissenschaftlicher und außerwissenschaftlicher Elemente ist erfolgreich (Beispiel: Lysenko). Doch die Wissenschaft ist auch nicht immer erfolgreich. Wenn die Vermischung abzulehnen ist, weil sie gelegentlich danebengeht, dann ist die reine Wissenschaft (falls es so etwas gibt) auch abzulehnen. (Im Falle Lysenko war nicht die *Einmischung* des Staates bedenklich, sondern die *totalitäre* Einmischung, die den Gegner beseitigt, statt ihn gewähren zu lassen.[1])

1 Angesichts des naiven und dabei recht streitbaren Dogmatismus der Gegner Lysenkos fragt man sich, ob seine Gedanken ohne staatlichen Eingriff jemals eine Aussicht auf Gehör gehabt hätten. »Das Vorkommen

Verbindet man diese Feststellung mit der Erkenntnis, daß die Wissenschaft keine besondere Methode besitzt, so ergibt sich, daß die Trennung von Wissenschaft und Nichtwissenschaft nicht nur künstlich, sondern auch dem Erkenntnisfortschritt völlig abträglich ist. Wenn wir die Natur verstehen und unsere materielle Umgebung beherrschen wollen, dann müssen wir *alle* Ideen, *alle* Methoden verwenden, nicht nur einen kleinen Ausschnitt aus ihnen. Die Behauptung aber, außerhalb der Wissenschaft gebe es keine Erkenntnis – extra scientiam nulla salus –, ist nichts als ein weiteres und höchst bequemes Märchen. In primitiven Kulturen gibt es ausführlichere Klassifikationen von Tieren und Pflanzen als in der heutigen wissenschaftlichen Zoologie und Botanik, es gibt Heilmittel, deren Wirkung die Ärzte in Erstaunen setzt (während die Arzneimittelindustrie hier bereits neue Verdienstmöglichkeiten wittert), es gibt dort Mittel zur Menschenbeeinflussung, an deren Existenz die Wissenschaft lange Zeit nicht glaubte (Wodu), es

von Mutationen in lebenden Systemen ist eine unbezweifelbare objektive Realität.« »Ohne jede Tatsachengrundlage ... aus abstrakten Erwägungen heraus ... meinte Vil'yams ...« Die Existenz der Gene »war bereits zweifelsfrei erwiesen ...« Mendel, »dessen Daten unwiderleglich sind« »... es kann keine zwei Biologien geben [d. h. zwei verschiedene Denksysteme in der Biologie].« Solche Aussagen sind großzügig eingestreut in Medvedevs naives Buch *The Rise and Fall of T. D. Lysenko,* New York 1969, S. 30, 89, 145, 193. Siehe auch Vavilovs verworrene Rede, wie sie in dem Buch S. 58, wiedergegeben wird, nach Medvedev eine »konzentrierte und treffende« Analyse. Was sagt Vavilov? Folgendes: »Ich habe geglaubt und glaube noch und bekräftige, was ich für das Richtige halte, und ich glaube es nicht nur, denn in der Wissenschaft ist es unsinnig, einfach an etwas zu glauben, sondern ich spreche aufgrund umfangreicher Erfahrung. Das ist eine Tatsache ... Die Dinge liegen doch so: man greife zu irgendeinem beliebigen ausländischen Buch, es widerspricht immer den Lehren des Odessaer Instituts ...« Treffend? Konzentriert? Ganz gewiß. Denn hier haben wir einen Wissenschaftler vor uns, der nicht bereit ist, eine seiner Lieblingsideen zu überprüfen, und sie mit folgenden Aussagen verteidigt: (a) er glaubt an sie, (b) er glaubt nicht an sie, weil Glaube in der Wissenschaft unsinnig ist, (c) sie stützt sich auf umfangreiche Erfahrung, (d) sie ist eine Tatsache, (e) sie stimmt mit ausländischen Büchern überein. Das sind die Leute, mit denen sich Lysenko auseinandersetzen mußte. Ganz offensichtlich war Hilfe von außen notwendig, um seinen Ideen faires Gehör zu verschaffen.

gibt Lösungen für schwierige Probleme, die man immer noch nicht ganz durchschaut (Bau von Pyramiden, polynesische Seefahrt), in der älteren Steinzeit gab es eine hochentwickelte und international bekannte Astronomie, die mit den Tatsachen übereinstimmte *und gleichzeitig* emotional befriedigte, *die sowohl physikalische als auch soziale Probleme löste* (was man von der modernen Astronomie nicht behaupten kann) und auf sehr einfache und sinnreiche Weise geprüft wurde (steinerne Sternwarten in England und im Südpazifik, astronomische Schulen in Polynesien). Tiere wurden zu Haustieren gemacht, der Fruchtfolgewechsel wurde erfunden, neue Arten von Pflanzen wurden gezüchtet und durch sorgfältige Vermeidung von Fremdbestäubung rein erhalten, chemische Erfindungen wurden gemacht, es entstand eine höchst erstaunliche Kunst, die sich mit den besten Leistungen der Gegenwart messen kann. Gewiß, es gab keine Ausflüge auf den Mond, aber einzelne Menschen erhoben sich unter Mißachtung großer Gefahren für ihre Seele und ihre geistige Gesundheit zu immer neuen Sphären, bis sie schließlich Gott selbst in seiner ganzen Herrlichkeit von Angesicht schauten, während andere sich in Tiere und wieder in Menschen zurückverwandelten (vgl. Kapitel 16, Anm. 20 und 21). Zu allen Zeiten trat der Mensch seiner Umwelt mit wachen Sinnen und einer fruchtbaren Intelligenz gegenüber, zu allen Zeiten machte er unglaubliche Entdeckungen, zu allen Zeiten kann man von seinen Ideen lernen.

Die moderne Wissenschaft andererseits ist keineswegs so schwierig und so vollkommen, wie die wissenschaftliche Propaganda uns einreden möchte. Ein Fach wie die Medizin, die Physik oder die Biologie erscheint nur deshalb als schwierig, weil es schlecht gelehrt wird, weil seine üblichen Darstellungen viel zuviel Unnötiges enthalten und weil man sich zu spät im Leben mit ihm zu beschäftigen beginnt. Während des Zweiten Weltkrieges, als das amerikanische Militär kurzfristig Ärzte brauchte, war es auf einmal möglich, die medizinische Ausbildung auf ein halbes Jahr zu verkürzen (doch die entsprechenden Lehrbücher sind schon lange wieder verschwun-

den. Im Krieg kann die Wissenschaft vereinfacht werden. Im Frieden verlangt ihr Prestige, daß sie kompliziert sei.) Und wie oft geschieht es doch, daß das stolze und dünkelhafte Urteil eines Fachmanns von einem Laien zurechtgewiesen wird! Zahlreiche Erfinder bauten angeblich »unmögliche« Maschinen. Rechtsanwälte zeigen immer wieder, daß ein Sachverständiger nicht weiß, wovon er redet. Wissenschaftler, vor allem Ärzte, gelangen oft zu verschiedenen Ergebnissen, so daß die Verwandten des Kranken (oder die Einwohner eines bestimmten Gebiets) *durch Abstimmung* entscheiden müssen, was geschehen soll. Wie oft wird die Wissenschaft durch außerwissenschaftliche Einflüsse verbessert und in neue Bahnen gelenkt! Wir, die Bürger einer freien Gesellschaft, müssen entscheiden, ob wir den Chauvinismus der Wissenschaft widerspruchslos hinnehmen oder durch öffentliches Handeln überwinden wollen. Öffentliches Handeln wurde von den Kommunisten in China in den 50er Jahren gegen die Wissenschaft eingesetzt, ebenso unter ganz anderen Umständen von einigen Gegnern der Entwicklungstheorie in Kalifornien in den 70er Jahren. Folgen wir ihrem Beispiel und befreien wir die Gesellschaft aus dem Würgegriff einer ideologisch erstarrten Wissenschaft, genau wie unsere Vorfahren *uns* aus dem Würgegriff der »einen wahren Religion« befreit haben!
Der Weg zu diesem Ziel ist klar. Eine Wissenschaft, die behauptet, über die einzig richtige Methode und die einzig brauchbaren Ergebnisse zu verfügen, ist Ideologie und muß vom Staat und insbesondere vom Bildungswesen getrennt werden. Man mag sie lehren, aber nur denen, die sich entschlossen haben, sich diesen besonderen Aberglauben zu eigen zu machen. Eine Wissenschaft aber, die solche totalitären Ansprüche aufgegeben hat, ist nicht mehr unabhängig und in sich abgeschlossen und kann in vielen Verbindungen gelehrt werden (Mythos und moderne Kosmologie sind *eine* solche Verbindung). Natürlich haben die Vertreter jedes Berufs das Recht, von denen, die ihn ausüben wollen, eine bestimmte Ausbildung zu fordern, vielleicht sogar die Anerkennung einer bestimmten Ideologie (ich persönlich bin gegen die modi-

sche Verdünnung von Fächern und Ideologien, so daß sie einander immer ähnlicher werden; wer den heutigen Katholizismus nicht mag, sollte austreten und Protestant oder Atheist werden, statt ihn durch alberne Reformen zu verderben). Das gilt für die Physik genau wie für die Religion oder die Prostitution. Doch solche speziellen Ideologien und Fähigkeiten haben keinen Platz in der *allgemeinen Erziehung*, die den Bürger auf seine Rolle in der Gesellschaft vorbereitet. Ein mündiger Bürger ist nicht jemand, der in einer speziellen Ideologie *unterwiesen* worden ist, etwa im Puritanismus oder im kritischen Rationalismus, und diese Ideologie jetzt wie einen geistigen Höcker mit sich herumträgt, sondern jemand, der gelernt hat, sich eine Meinung zu bilden, und sich dann für das *entschieden* hat, was er für sich für das Beste hält. Er hat ein gewisses geistiges Durchstehvermögen (er fällt nicht dem ersten besten ideologischen Bänkelsänger zum Opfer) und kann sich daher *bewußt entscheiden,* welcher Beruf ihm am anziehendsten erscheint, statt daß er einfach einer bestimmten Berufsideologie unterliegt. Um sich auf diese Entscheidung vorzubereiten, wird er die wesentlichen Ideologien als *historische Erscheinungen* studieren, auch die Wissenschaft, und nicht als die einzige vernünftige Methode zur Behandlung eines Problems. Er studiert sie zusammen mit anderen Märchen wie etwa den Mythen der »primitiven« Gesellschaften, um die für eine freie Entscheidung notwendigen Kenntnisse zu erlangen. Ein wesentlicher Teil einer solchen Allgemeinbildung ist die Bekanntschaft mit den wichtigsten Propagandisten auf allen Gebieten, so daß der Schüler einen Widerstand gegen alle Propaganda aufbauen kann, auch die Propaganda, die »Argumentation« genannt wird. Erst *nach* einer solchen Festigung wird er aufgerufen, sich in Fragen wie Rationalismus und Irrationalismus, Wissenschaft und Mythos, Wissenschaft und Religion usw. zu entscheiden. Entscheidet er sich für die Wissenschaft, dann wird seine Entscheidung wesentlich »rationaler« sein, als jede solche Entscheidung heute ist. Auf jeden Fall wird die Wissenschaft vom Schulwesen genauso sorgfältig getrennt sein wie heute die Religion. Wissenschaftler werden natürlich an

Regierungsentscheidungen teilnehmen, weil jeder das tut. Doch sie verfügen über keine besondere Autorität. Die *Stimme jedes Betroffenen* entscheidet über Grundfragen wie Lehrmethoden, die Wahrheit grundlegender Ansichten wie der Entwicklungstheorie oder der Quantentheorie – nicht die Autorität der großen Tiere, die sich hinter einer nicht vorhandenen Methodologie versteckt. Es gibt keinen Grund zu der Befürchtung, daß eine solche Gesellschaftsordnung zu unerwünschten Ergebnissen führen wird. Die Wissenschaft selbst wendet die Methode der Diskussion und Abstimmung an, wenn auch ohne klare Vorstellung von ihr und auf höchst einseitige Weise. Details über diese pädagogischen und politischen Folgen findet man in meinem Buch *Erkenntnis für freie Menschen*, Frankfurt 1980, sowie in meiner Antwort an Kritiker in Bd. 2 der *Versuchungen*, Hg. Hans Peter Duerr, Frankfurt 1981.

A. Ajax und Achilles beim Würfelspiel. Vatikanisches Museum. (Mit Genehmigung des Vatikanischen Museums.)

B. Vase vom Dipylon-Friedhof, Athen. Mitte 8. Jahrh. (Mit Genehmigung der Mansell Collection.)

C. Attische Bestattungsurne, um 750 v. Chr. Nationalmuseum Athen. (Mit Genehmigung der Mansell Collection.)

D. Kriegervase, Akropolis von Mykene, um 1200 v. Chr. Nationalmuseum Athen. (Mit Genehmigung der Mansell Collection.)

E. Details aus Abb. C: Wagenlenker mit Wagen.

Sachregister

Kursiv gesetzte Seitenzahlen beziehen sich auf Fußnoten. **Halbfett** gesetzte Begriffe kennzeichnen Begriffe mit mehreren Untergliederungen.

Namenregister

Kursiv gesetzte Seitenzahlen beziehen sich auf Fußnoten.

Geschichte und Theorie der Naturwissenschaften

Bakteriologie und Moderne. Studien zur Biopolitik des Unsichtbaren 1870 – 1920. Herausgegeben von Philipp Sarasin. Silvia Berger, Marianne Hänseler und Myriam Spörri. stw 1807. 544 Seiten

Susan Blackmore. Gespräche über Bewußtsein. Gebunden. 380 Seiten

Lorraine Daston/Peter Galison. Objektivität. Aus dem Amerikanischen von Christa Krüger. Mit zahlreichen Abbildungen und farbigem Bildteil. Gebunden. 530 Seiten

John Dupré. Darwins Vermächtnis. Die Bedeutung der Evolution für die Gegenwart des Menschen. Aus dem Englischen von Eva Gilmer. 144 Seiten. Gebunden

Michael Esfeld. Naturphilosophie als Metaphysik der Natur. stw 1863 218 Seiten

Gene, Meme und Gehirne. Geist und Gesellschaft als Natur. Eine Debatte. Herausgegeben von A. Becker, C. Mehr, H. H. Nau, G. Reuter und D. Stegmüller. stw 1643. 330 Seiten

Geschichte, Theorie und Ethik der Medizin. Eine Einführung. Herausgegeben von Stefan Schulz u.a. stw 1791. 511 Seiten

Das Geschlecht der Natur. Feministische Beiträge zur Geschichte und Theorie der Naturwissenschaften. Herausgegeben von Barbara Orland und Elvira Scheich. Texte aus dem Amerikanischen von Xenia Rajewsky. Gender Studies. es 1727. 290 Seiten

NF 152/1/11.08

Stephen Jay Gould. Der falsch vermessene Mensch. Aus dem Amerikanischen von Günter Seib. stw 583. 400 Seiten

Michael Hampe. Eine kleine Geschichte des Naturgesetzbegriffs. Die Gesetze der Natur und die Handlungen der Menschen. stw 1864. 201 Seiten

Lily E. Kay. Das Buch des Lebens. Wer schrieb den genetischen Code? Mit Abbildungen. Aus dem Amerikanischen von Gustav Roßler. stw 1746. 556 Seiten

Alexandre Koyré. Von der geschlossenen Welt zu unendlichen Universum. Aus dem Amerikanischen von Rolf Dornbacher. stw 320. 259 Seiten

Werner Kutschmann. Der Naturwissenschaftler und sein Körper. Die Rolle der »inneren Natur« in der experimentellen Naturwissenschaft der frühen Neuzeit. 428 Seiten. Gebunden

Humberto R. Maturana. Biologie der Realität. Aus dem Amerikanischen von Wolfram K. Köck. stw 1502. 400 Seiten

Naturerkenntnis und Natursein. Für Gernot Böhme. Herausgegeben von Michael Hauskeller, Christoph Rehmann-Sutter und Gregor Schiemann. stw 1327. 406 Seiten

Naturwissenschaft, Technik und NS-Ideologie. Beiträge zur Wissenschaftsgeschichte des Dritten Reiches. Herausgegeben von Herbert Mehrtens und Steffen Richter. stw 303. 289 Seiten

Philosophie der Biologie. Eine Einführung. Herausgegeben von Ulrich Krohs und Georg Toepfer. stw 1745. 456 Seiten

Physiologie und industrielle Gesellschaft. Studien zur Verwissenschaftlichung des Körpers im 19. und 20. Jahrhundert.

NF 152/2/11.08

Herausgegeben von Philipp Sarasin und Jakob Tanner. stw 1343. 529 Seiten

Die Transformation des Humanen. Beiträge zur Kulturgeschichte der Kybernetik. Herausgegben von Michael Hagner und Erich Hörl. stw 1848. 464 Seiten

Hans-Jörg Rheinberger.
- Epistemologie des Konkreten. Studien zur Geschichte der modernen Biologie. stw 1771. 415 Seiten
- Experimentalsysteme und epistemische Dinge. Eine Geschichte der Proteinsynthese im Reagenzglas. stw 1806. 383 Seiten

Lothar Schäfer. Das Bacon-Projekt. Von der Erkenntnis, Nutzung und Schonung der Natur. stw 1401. 279 Seiten

NF 152/3/11.08

Kulturwissenschaft und Kulturtheorie im Suhrkamp Verlag Eine Auswahl

Aleida Assmann/Ulrich Gaier/Gisela Trommsdorff (Hg.). Positionen der Kulturanthropologie. stw 1724. 391 Seiten

Michail M. Bachtin
- Rabelais und seine Welt. Volkskultur als Gegenkultur. Übersetzt von Gabriele Leupold. Herausgegeben und Vorwort von Renate Lachmann. stw 1187. 546 Seiten
- Autor und Held in der ästhetischen Tätigkeit. Herausgegeben von Rainer Grübel, Edward Kowalski und Ulrich Schmid. Aus dem Russischen von Hans-Günter Hilbert, Rainer Grübel, Alexander Haardt und Ulrich Schmid. stw 1878. 356 Seiten
- Chronotopos. Aus dem Russischen von Michael Dewey. Mit einem Nachwort von Michael C. Frank und Kirsten Mahlke. stw 1879. 242 Seiten

Mieke Bal. Kulturanalyse. Herausgegeben von Thomas Fechner-Smarsly und Sonja Neef. Übersetzt von Joachim Schulte. Mit zahlreichen Abbildungen. Gebunden. 372 Seiten

Roland Barthes
- Fragmente einer Sprache der Liebe. Übersetzt von Hans-Horst Henschen. st 1586. 279 Seiten
- Die Körnung der Stimme. Interviews 1962-1980. Übersetzt von Agnès Bucaille-Euler, Birgit Spielmann und Gerhard Mahlberg. es 2278. 404 Seiten
- Mythen des Alltags. Übersetzt von Helmut Scheffel. es 92. 168 Seiten

Hans Blumenberg. Arbeit am Mythos. stw 1805. 699 Seiten

NF 118/1/03.13

Günter Burkart/Gunter Runkel (Hg.). Luhmann und die Kulturtheorie. stw 1725. 290 Seiten

Jonathan Crary. Aufmerksamkeit. Wahrnehmung und moderne Kultur. Übersetzt von Heinz Jatho. Mit zahlreichen Abbildungen. Gebunden. 408 Seiten

Ute Daniel. Kompendium Kulturgeschichte. Theorien, Praxis, Schlüsselwörter. stw 1523. 492 Seiten

Norbert Elias
Über den Prozeß der Zivilisation. Soziogenetische und psychogenetische Untersuchungen. Zwei Bände in Kassette oder auch einzeln erhältlich
- Band 1: Wandlungen des Verhaltens in den weltlichen Oberschichten des Abendlandes. stw 158. 504 Seiten
- Band 2: Wandlungen der Gesellschaft. Entwurf zu einer Theorie der Zivilisation. stw 159. 604 Seiten

Harry G. Frankfurt. Bullshit. Übersetzt von Michael Bischoff. Gebunden. 73 Seiten

Josef Früchtl. Das unverschämte Ich. Eine Heldengeschichte der Moderne. stw 1693. 422 Seiten

Michael Giesecke. Sinnenwandel, Sprachwandel, Kulturwandel. Studien zur Vorgeschichte der Informationsgesellschaft. stw 997. 374 Seiten

Hans Ulrich Gumbrecht. 1926. Ein Jahr am Rand der Zeit. Übersetzt von Joachim Schulte. Gebunden. 540 Seiten.
stw 1655. 554 Seiten

NF 118/2/03.13

Thomas Hauschild. Ritual und Gewalt. Ethnologische Studien an europäischen und mediterranen Gesellschaften. Mit Abbildungen. Gebunden. 258 Seiten

Martin Ludwig Hofmann/Tobias F. Korta/Sibylle Niekisch (Hg.)
- Culture Club. Klassiker der Kulturtheorie. stw 1668. 304 Seiten
- Culture Club II. Klassiker der Kulturtheorie. stw 1798. 333 Seiten

Eva Illouz. Gefühle in Zeiten des Kapitalismus. Übersetzt von Martin Hartmann. Broschur. 170 Seiten

Peter Janich. Kultur und Methode. Philosophie in einer wissenschaftlich geprägten Welt. stw 1773. 460 Seiten

Vladimir Jankélévitch
- Das Verzeihen. Essays zur Moral und Kulturphilosophie. Herausgegeben von Ralf Konersmann. Übersetzt von Claudia Brede-Konersmann. Mit einem Vorwort von Jörg Altwegg. Gebunden und stw 1731. 292 Seiten
- Der Tod. Übersetzt von Brigitta Restorff. Gebunden. 573 Seiten

Sebastian Knell/Marcel Weber (Hg.). Länger leben? Philosophische und biowissenschaftliche Perspektiven. stw 1900. 290 Seiten

Ralf Konersmann
- Kulturelle Tatsachen. stw 1774. 406 Seiten
- Kulturkritik. Broschur. 135 Seiten

Sybille Krämer/Werner Kogge/Gernot Grube (Hg.). Spur. Spurenlesen als Orientierungstechnik und Wissenskunst. Mit Abbildungen. stw 1830. 366 Seiten

NF 118/3/03.13

André Leroi-Gourhan. Hand und Wort. Die Evolution von Technik, Sprache und Kunst. Übersetzt von Michael Bischoff. Mit 153 Zeichnungen des Autors. stw 700. 532 Seiten

Martina Löw. Soziologie der Städte. Mit zahlreichen Abbildungen. Gebunden. 292 Seiten

Winfried Menninghaus
- Ekel. Theorie und Geschichte einer starken Empfindung. stw 1634. 592 Seiten
- Hälfte des Lebens. Versuch über Hölderlins Poetik. 142 Seiten. Gebunden
- Das Versprechen der Schönheit. Gebunden. 386 Seiten
- Wozu Kunst? Ästhetik nach Darwin. 318 Seiten. Gebunden

Stephan Moebius/Andreas Reckwitz (Hg.). Poststrukturalistische Sozialwissenschaften. stw 1869. 471 Seiten

Ohad Parnes. Das Konzept der Generation. Eine Wissenschafts- und Kulturgeschichte. stw 1855. 385 Seiten

K. Ludwig Pfeiffer. Das Mediale und das Imaginäre. Dimensionen kulturanthropologischer Medientheorie. Gebunden. 618 Seiten

Paul Rabinow
- Anthropologie der Vernunft. Studien zu Wissenschaft und Lebensführung. Herausgegeben und übersetzt von Carlo Caduff und Tobias Rees. stw 1646. 252 Seiten
- Was ist Anthropologie? Herausgegeben und übersetzt von Carlo Caduff und Tobias Rees. stw 1687. 168 Seiten

Richard Rorty. Philosophie als Kulturpolitik. Aus dem Amerikanischen von Joachim Schulte. Gebunden. 357 Seiten

NF 118/4/03.13